엑스포지멘터리
역사서
개론

엑스포지멘터리 역사서 개론

초판 1쇄 발행 2011년 8월 30일
개정2판 1쇄 발행 2022년 2월 22일

지은이 송병현

펴낸곳 도서출판 이엠
등록번호 제25100-2015-000063
주소 서울시 강서구 공항대로 220, 601호
전화 070-8832-4671
E-mail empublisher@gmail.com

내용 및 세미나 문의 스타선교회: 02-520-0877 / EMail: starofkorea@gmail.com / www.star123.kr
Copyright ⓒ 송병현, 2022, *Print in Korea.*
ISBN 979-11-86880-88-3　93230

※ 본서에서 사용한 「성경전서 개역개정판」의 저작권은 재단법인 대한성서공회 소유이며
　재단법인 대한성서공회의 허락을 받고 사용하였습니다.
※ 이 책의 전부 또는 일부 내용을 재사용하려면 사전에 저작권자와 도서출판 이엠의 동의를 받아야 합니다.
※ 가격은 표지 뒷면에 있습니다.

「이 도서의 국립중앙도서관 출판시도서목록(CIP)은 서지정보유통지원시스템 홈페이지(http://seoji.nl.go.kr)와 국가자
료공동목록시스템(http://www.nl.go.kr/kolisnet)에서 이용하실 수 있습니다. (CIP제어번호:CIP2015000753)」

엑스포지멘터리

역사서 개론

| 송병현 지음 |

EXPOSItory comMENTARY

한국 교회를 위한 하나의 희망

저의 서재에는 성경 본문 연구에 관한 많은 책이 있습니다. 그중에는 주석서들도 있고 강해서들도 있습니다. 그러나 그중에 송병현 교수가 시도한 이런 책은 없습니다. 엑스포지멘터리, 듣기만 해도 가슴이 뛰는 책입니다. 설교자와 진지한 성경 학도 모두에게 꿈의 책이 아닐 수 없습니다. 이런 책이 좀 더 일찍 나올 수 있었다면 한국 교회가 어떠했을까를 생각해 봅니다. 저는 이 책을 꼼꼼히 읽어 보면서 가슴 깊은 곳에서 큰 자긍심을 느꼈습니다.

이 책은 지금까지 복음주의 교회가 쌓아 온 모든 학문적 업적을 망라하고 있을 뿐만 아니라 한국 교회 강단이 목말라하는 모든 실용적 갈망에 해답을 던져 줍니다. 이 책에서는 실제로 활용할 수 있는 충실한 신학적 정보가 일목요연하게 제시됩니다. 그러면서도 또한 위트와 감탄을 자아내는 감동적인 적용들도 제공됩니다. 얼마나 큰 축복이며 얼마나 신나는 일이며 얼마나 큰 은총인지요. 저의 사역에 좀 더 일찍 이런 학문적 효과를 활용하지 못한 것이 아쉽기만 합니다. 진실로 한국 교회의 내일을 위해 너무나 소중한 기여라고 생각합니다.

일찍이 한국 교회 1세대를 위해 박윤선 목사님과 이상근 목사님의 기여가 컸습니다. 그러나 이제 한국 교회는 새 시대의 리더십을 열어야 하는 교차로에 서 있습니다. 저는 송병현 교수가 이런 시점을 위해 준비된 선물이라고 생각합니다. 진지한 강해 설교를 시도하고자 하는 모든 이와 진지한 성경 강의를 준비하고자 하는 모든 성경공부 지도자에게 어떤 대가를 지불하고서라도 우선 이 책을 소장하고 성경을 연구하는 책상 가까운 곳에 두라고 권면하고 싶습니다. 앞으로 계속 출판될 책들이 참으로 기다려집니다.

한국 교회는 다행스럽게 말씀과 더불어 그 기초를 놓을 수 있었습니다. 이제는 그 말씀으로 어떻게 미래의 집을 지을 것인가를 고민하고 있습니다. 이 〈엑스포지멘터리 시리즈〉는 분명한 하나의 해답, 하나의 희망입니다. 이 책과 함께 성숙의 길을 걸어갈 한국 교회의 미래가 벌써 성급하게 기다려집니다. 더 나아가 한국 교회 역사의 성과물 중의 하나인 이 책이 다른 열방에도 나누어졌으면 합니다. 이제 우리는 복음에 빚진 자로서 열방을 학문적으로도 섬겨야 하기 때문입니다. 이 책을 한국 교회에 허락하신 우리 주님께 감사와 찬양을 드립니다.

이동원 | 지구촌교회 원로목사

총체적 변화를 가져다줄 영적 선물

교회사를 돌이켜 볼 때, 교회가 위기에 처해 있었다면 결국 강단에서 하나님의 말씀이 제대로 선포되지 못한 데서 그 근본 원인을 찾을 수 있습니다. 영적 분별력이 있는 사람이라면 모두 이에 대해 동의할 것입니다. 사회가 아무리 암울할지라도 강단에서 선포되는 말씀이 살아 있는 한, 교회는 교회로서의 기능이 약화되지 않고 오히려 사회를 선도하고 국민들의 가슴에 희망을 안겨 주었습니다. 백 년 전 영적 부흥이 일어났던 한국의 초대교회가 그 좋은 예입니다. 이러한 영적 부흥은 살아 있는 하나님의 말씀이 강단에서 영적 권위를 가지고 "하나님께서 이렇게 말씀하셨다"라고 선포되었을 때 나타났던 현상입니다.

오늘날에는 날이 갈수록 강단에서 선포되는 말씀이 약화되거나 축소되고 있습니다. 이런 상황 속에서 출간되는 송병현 교수의 〈엑스포지멘터리 시리즈〉는 한국 교회와 전 세계에 흩어진 7백만 한인 디아스포라에게 주는 커다란 영적 선물이 아닐 수 없습니다. 이 시리즈는 하나님의 말씀을 쉽게 이해할 수 있도록 풀이한 것으로, 목회자와 선교사는 물론이고 평신도들의 경건생활과 사역에도 큰 도움이 될 것입니다. 무엇보다도 저는 이 시리즈가 강단에서 원 저자이신 성령님의 의도대로 하나님 나라 복음이 선포되게 하여 믿는 이들에게 총체적 변화(total transformation)를 다시 경험할 수 있는 계기를 마련해 주리라 확신합니다.

송병현 교수는 지금까지 구약학계에서 토의된 학설 중 본문을 석의하는 데 불필요한 내용들은 걸러내는 한편, 철저하게 원 저자가 전하고자 하는 메시지를 현대인들이 가장 잘 이해할 수 있도록 전하고자 부단히 애를 썼습니다. 이 시리즈를 이용하는 모든 이에게 저자의 이런 수고와 노력에 걸맞은 하나님의 축복과 기쁨과 능력이 함께하실 것을 기대하면서 이 시리즈를 적극 추천합니다.

이태웅 | GMTC 초대 원장, 글로벌리더십포커스 원장

엑스포지멘터리

주석과 강해의 적절한 조화를 이뤄낸 시리즈

한국 교회는 성경 전체를 속독하는 '성경통독' 운동과 매일 짧은 본문을 읽는 '말씀 묵상'(QT) 운동이 세계 어느 나라 교회보다 활성화되어 있습니다. 얼마나 감사한 일인지 모릅니다. 그러나 상대적으로 책별 성경연구는 심각하게 결핍되어 있는 것이 사실입니다. 때때로 교회 지도자들 중에도 성경해석의 기본이 제대로 갖춰져 있지 않아 성경 저자가 말하려는 의도와 상관없이 본문을 인용해서 자신이 하고 싶은 말을 하는 분들이 적지 않음을 보고 충격을 받은 일도 있습니다. 앞으로 한국 교회가 풀어야 할 과제가 '진정한 말씀의 회복'이라면 이를 위해 가장 중요한 것은 바른 말씀의 세계로 인도해 줄 좋은 주석서와 강해서를 만나는 일일 것입니다.

 좋은 주석서는 지금까지 축적된 다른 성경학자들의 연구 결과가 잘 정돈되어 있을 뿐 아니라 저자의 새로운 영적·신학적 통찰이 번뜩이는 책이어야 합니다. 또한 좋은 강해서는 자기 견해를 독자들에게 강요하는(impose) 책이 아니라, 철저한 본문 석의 과정을 거친 후에 추출되는 신학적·사회과학적 연구가 배어 있는 책이어야 할 것이며, 글의 표현이 현학적이지 않은, 독자들에게 친절한 저술이어야 할 것입니다.

그러나 솔직히 말씀드리면, 저는 서점에서 한국인 저자의 주석서나 강해서를 만나면 한참을 망설이다가 내려놓게 됩니다. 또 주석서를 시리즈로 사는 것은 어리석은 행동이라는 말을 신학교 교수들에게 들은 뒤로 여간해서 시리즈로 책을 사지 않습니다. 이는 아마도 풍성한 말씀의 보고(寶庫) 가운데로 이끌어 주는 만족스러운 주석서를 아직까지 발견하지 못했기 때문일 것입니다. 그러나 제가 처음으로 시리즈로 산 한국인 저자의 책이 있는데, 바로 송병현 교수의 〈엑스포지멘터리 시리즈〉입니다.

송병현 교수의 〈엑스포지멘터리 시리즈〉야말로 제가 가졌던 좋은 주석서와 강해서에 대한 모든 염원을 실현해 내고 있습니다. 이 주석서는 분명 한국 교회 목회자들과 평신도 성경 교사들의 고민을 해결해 줄 하나님의 값진 선물입니다. 지금까지 없었던, 주석서와 강해서의 적절한 조화를 이뤄낸 신개념의 해설주석이라는 점도 매우 신선하게 다가옵니다. 또한 쉽고 친절한 글이면서도 우물 깊은 곳에서 퍼 올린 생수와 같은 깊이가 느껴집니다. 이 같은 주석 시리즈가 한국에서 나왔다는 사실에 저는 감격하지 않을 수 없습니다. 이 땅에서 말씀으로 세상에 도전하고자 하는 모든 목회자와 평신도에게 이 주석 시리즈를 적극 추천합니다.

이승장 | 예수마을교회 목사, 성서한국 공동대표

시리즈 서문

"너는 50세까지는 좋은 선생이 되려고 노력하고, 그 이후에는 좋은 저자가 되려고 노력해라." 내가 시카고 근교에 위치한 트리니티 신학교(Trinity Evangelical Divinity School) 박사과정을 시작할 즘에 지금은 고인이 되신 스승 맥코미스키(Thomas E. McComiskey)와 아처(Gleason L. Archer) 두 교수님께서 주신 조언이었다. 너무 일찍 책을 쓰면 훗날 아쉬움이 많이 남는다며 하신 말씀이었다. 박사학위를 마치고 1997년에 한국에 들어와 신대원에서 가르치기 시작하면서 나는 이 조언을 마음에 새겼다. 사실 이 조언과 상관없이 내가 당시에 당장 책을 출판한다는 일은 불가능한 일이었다. 중학교를 다니던 70년대 중반에 캐나다로 이민을 갔다가 20여 년 만에 귀국하여 우리말로 강의하는 일 자체가 당시 나에게는 매우 큰 도전이었으며, 책을 출판하는 일은 사치로 느껴졌기 때문이다.

세월이 지나 어느덧 나는 선생님들이 말씀하신 50을 눈앞에 두었다. 1997년에 귀국한 후 지난 10여 년 동안 나는 구약 전체에 대한 강의안을 만드는 일을 목표로 삼았다. 내 자신에게 동기를 부여하기 위하여 내가 몸담고 있는 신대원 학생들에게 매 학기마다 새로운 구약 강해

과목을 개설해 주었다. 감사한 것은 지혜문헌을 제외한 구약 모든 책의 본문관찰을 중심으로 한 강의안을 13년 만에 완성할 수 있었다는 점이다. 앞으로 수 년에 거쳐 이 강의안들을 대폭 수정하여 매년 2-3권씩을 책으로 출판하려 한다. 지혜문헌은 잠시 미루어두었다. 시편 1권(1-41편)에 대하여 강의안을 만든 적이 있었는데, 본문관찰과 주해는 얼마든지 할 수 있었지만, 무언가 아쉬움이 남았다. 삶의 연륜이 가미되지 않은 데서 비롯된 부족함이었다. 그래서 나는 지혜문헌에 대한 주석은 60을 바라볼 때쯤 집필하기로 작정했다. 삶을 조금 더 경험한 후로 미루어 놓은 것이다. 아마도 이 시리즈가 완성될 때쯤이면, 자연스럽게 지혜문헌에 대한 책들을 출판할 때가 되지 않을까 싶다.

이 시리즈는 설교를 하고 성경공부를 인도해야 하는 중견목회자들과 평신도 지도자들을 마음에 두고 집필한 책들이다. 나는 이 시리즈의 성향을 exposimentary("해설주석")이라고 부르고 싶다. Exposimentary라는 단어는 내가 만들어낸 용어이다. 해설/설명을 뜻하는 expository라는 단어와 주석을 뜻하는 commentary를 합성하였다. 대체적으로 expository는 본문과 별 연관성이 없는 주제와 묵상으로 치우치기 쉽고, commentary는 필요이상으로 논쟁적이고 기술적일 수 있다는 한계를 의식해서 이러한 상황을 의도적으로 피하고 가르치는 사역에 조금이나마 실용적이고 도움이 되는 교재를 만들기 위하여 만들어낸 개념이다. 나는 본문의 다양한 요소와 이슈들에 대하여 정확하게 석의하면서도 전후 문맥과 책 전체의 문형(文形; literary shape)을 최대한 고려하여 텍스트의 의미를 설명하고 우리의 삶과 연결하려고 노력했다. 또한 히브리어 사용은 최소화했다.

이 시리즈를 내 놓으면서 감사할 사람이 참 많다. 먼저, 지난 25년 동안 나의 인생의 동반자가 되어 아낌없는 후원과 격려를 해주었던 아내 임우민에게 감사한다. 아내를 생각할 때마다 참으로 현숙한 여인을 (cf. 잠 31:10-31) 배필로 주신 하나님께 감사할 뿐이다. 아빠의 사역을 기도와 격려로 도와준 지혜, 은혜, 한빛에게도 고마운 마음을 표한다. 평생 기도와 후원을 아끼지 않은 친가와 처가 친척들에게도 감사하다는 말을 전하고 싶다. 항상 옆에서 돕고 격려해준 평생친구 장병환·윤인옥, 박선철·송주연 부부들에게도 고마움을 표하는 바이며, 시카고 유학시절에 큰 힘이 되어주셨던 이선구 장로님·최화자 권사님 부부에게도 이 자리를 빌려 평생 빚진 마음을 표하고 싶다. 우리 가족이 20여 년 만에 귀국하여 정착할 수 있도록 배려를 아끼지 않으신 백석학원 설립자 장종현 목사님에게도 감사하는 바이다. 우리 부부의 영원한 담임목자이신 이동원 목사님에게도 고마움을 표하고 싶다.

2009년 겨울 방배동에서

감사의 글

스타선교회의 사역에 물심양면으로 헌신하여 오늘도 하나님의 말씀이 온 세상에 선포되는 일에 기쁜 마음으로 동참하시는 김형국, 백영걸, 정진성, 장병환, 임우민, 정채훈, 송은혜, 강숙희 이사님들께 감사의 마음을 전하고 싶습니다. 이사님들의 헌신이 있기에 세상은 조금 더 살맛 나는 곳이 되고 있습니다.

2016년 여름이 시작된 방배동에서

일러두기

엑스포지멘터리(exposimentary)는 "해설/설명"을 뜻하는 엑스포지토리(expository)라는 단어와 "주석"을 뜻하는 코멘터리(commentary)를 합성한 단어이다. 본문의 뜻과 저자의 의도와는 별 연관성이 없는 주제와 묵상으로 치우치기 쉬운 엑스포지토리(expository)의 한계와 필요이상으로 논쟁적이고 기술적일 수 있는 코멘터리(commentary)의 한계를 극복하여 목회현장에서 가르치고 선포하는 사역에 실질적으로 도움이 되도록 하는 새로운 장르이다. 본문의 다양한 요소와 이슈들에 대하여 정확하게 석의하면서도 전후 문맥과 책 전체의 문형(文形; literary shape)을 최대한 고려하여 텍스트의 의미를 설명하고 성도의 삶과 연결하려고 노력하는 설명서이다. 엑스포지멘터리는 다음과 같은 원칙을 바탕으로 인용한 정보를 표기한다.

1. 참고문헌을 모두 표기하지 않고 선별된 참고문헌으로 대신한다.
2. 출처를 표기할 때 각주(foot note) 처리는 하지 않는다.
3. 출처 표기는 괄호 안에 하되 페이지는 밝히지 않는다.
4. 여러 학자들이 동일하게 해석할 때 모든 학자들을 표기하지 않고

일부만 표기한다.
5. 한 출처를 인용하여 설명할 때, 설명이 길어지더라도 각 문장마다 출처를 표기하지 않는다.

주석은 목적과 주 대상에 따라 인용하는 정보 출처와 참고문헌 표기가 매우 탄력적으로 제시되는 장르이다. 참고문헌이 없이 출판되는 주석들도 있고, 각주가 전혀 없이 출판되는 주석들도 있다. 또한 각주와 참고문헌이 없이 출판되는 주석들도 있다. 엑스포지멘터리 시리즈는 이 같은 장르의 탄력적인 성향을 고려하여 제작된 주석이다.

선별된 약어표

개역	개역성경
개정	개역성경개정판
공동	공동번역
새번역	표준새번역 개정판
현대	현대인의 성경
아가페	아가페 쉬운성경
BHK	Biblica Hebraica Kittel
BHS	Biblica Hebraica Stuttgartensia
ESV	English Standard Version
CSB	Nashville: Broadman & Holman, Christian Standard Bible
KJV	King James Version
LXX	칠십인역(Septuaginta)
MT	마소라 사본
NAB	New American Bible
NAS	New American Standard Bible
NEB	New English Bible

NIV	New International Version
NRS	New Revised Standard Bible
TNK	Jewish Publication Society Tanakh
TNIV	Today's New International Version
AAR	American Academy of Religion
AB	Anchor Bible
ABD	The Anchor Bible Dictionary
ABRL	Anchor Bible Reference Library
ACCS	Ancient Christian Commentary on Scripture
AJSL	American Journal of Semitic Languages and Literature
ANET	J. B. Pritchard, ed., The Ancient Near Eastern Texts Relating to the Old Testament. 3rd. ed. Princeton: Princeton University Press, 1969.
ANETS	Ancient Near Eastern Texts and Studies
AOTC	Abingdon Old Testament Commentary
ASORDS	American Schools of Oriental Research Dissertation Series
BA	Biblical Archaeologist
BAR	Biblical Archaeology Review
BASOR	Bulletin of the American Schools of Oriental Research
BBR	Bulletin for Biblical Research
BCBC	Believers Church Bible Commentary
BDB	F. Brown, S. R. Driver & C. A. Briggs, A Hebrew and English Lexicon of the Old Testament. Oxford: Clarendon Press, 1907.
BETL	Bibliotheca Ephemeridum Theoloicarum Lovaniensium
BibOr	Biblia et Orientalia
BibSac	Bibliotheca Sacra

BibInt	Biblical Interpretation
BJRL	Bulletin of the John Rylands Library
BJS	Brown Judaic Studies
BLS	Bible and Literature Series
BN	Biblische Notizen
BO	Berit Olam: Studies in Hebrew Narrative & Poetry
BR	Bible Review
BRS	The Biblical Relevancy Series
BSC	Bible Student Commentary
BT	The Bible Today
BV	Biblical Viewpoint
BTCB	Brazos Theological Commentary on the Bible
BZAW	Beihefte zur Zeitschrift für die alttestamentliche
CAD	Chicago Assyrian Dictionary
CBC	Cambridge Bible Commentary
CBSC	Cambridge Bible for Schools and Colleges
CBQ	Catholic Biblical Quarterly
CBQMS	Catholic Biblical Quarterly Monograph Series
CB	Communicator's Bible
CHANE	Culture and History of the Ancient Near East
DSB	Daily Study Bible
EBC	Expositor's Bible Commentary
ECC	Eerdmans Critical Commentary
EncJud	Encyclopedia Judaica
EvJ	Evangelical Journal
EvQ	Evangelical Quarterly
ET	Expository Times

ETL	Ephemerides Theologicae Lovanienses
FOTL	Forms of Old Testament Literature
GCA	Gratz College Annual of Jewish Studies
GKC	E. Kautszch and A. E. Cowley, Gesenius' Hebrew Grammar. Second English edition. Oxford: Clarendon Press, 1910.
GTJ	Grace Theological Journal
HALOT	L. Koehler and W. Baumgartner, The Hebrew and Aramaic Lexicon of the Old Testament. Trans. by M. E. J. Richardson. Leiden: E. J. Brill, 1994-2000.
HBT	Horizon in Biblical Theology
HSM	Harvard Semitic Monographs
HOTC	Holman Old Testament Commentary
HUCA	Hebrew Union College Annual
IB	Interpreter's Bible
ICC	International Critical Commentary
IDB	Interpreter's Dictionary of the Bible
ISBE	G. W. Bromiley (ed.), The International Standard Bible Encyclopedia. 4 vols. Grand Rapids: 1979-88.
ITC	International Theological Commentary
J-M	P. Joüon-T. Muraoka, A Grammar of Biblical Hebrew. Part One: Orthography and Phonetics. Part Two: Morphology. Part Three: Syntax. Subsidia Biblica 14/I-II. Rome: Editrice Pontificio Istituto Biblico, 1991.
JAAR	Journal of the American Academy of Religion
JANES	Journal of Ancient Near Eastern Society
JNES	Journal of Near Eastern Studies

JBL	Journal of Biblical Literature
JBQ	Jewish Bible Quarterly
JJS	Journal of Jewish Studies
JSJ	Journal for the Study of Judaism
JNES	Journal of Near Eastern Studies
JSOT	Journal for the Study of the Old Testament
JSOTSup	Journal for the Study of the Old Testament Supplement Series
JPSTC	JPS Torah Commentary
LCBI	Literary Currents in Biblical Interpretation
MHUC	Monographs of the Hebrew Union College
MJT	Midwestern Journal of Theology
MOT	Mastering the Old Testament
MSG	Mercer Student Guide
NAC	New American Commentary
NCB	New Century Bible Commentary
NCBC	New Collegeville Bible Commentary
NEAEHL	E. Stern (ed.), The New Encyclopedia of Archaeological Excavations in the Holy Land. 4 vols. Jerusalem: Israel Exploration Society & Carta, 1993.
NIB	New Interpreter's Bible
NIBC	New International Biblical Commentary
NICOT	New International Commentary on the Old Testament
NIDOTTE	W. A. Van Gemeren, ed., The New International Dictionary of Old Testament Theology and Exegesis. Grand Rapids: Zondervan, 1996.
NIVAC	New International Version Application Commentary

OBC	Oxford Bible Commentary
Or	Orientalia
OTA	Old Testament Abstracts
OTE	Old Testament Essays
OTG	Old Testament Guides
OTL	Old Testament Library
OTM	Old Testament Message
OTS	Oudtestamentische Studiën
OTWAS	Ou-Testamentiese Werkgemeenskap in Suid-Afrika
PBC	People's Bible Commentary
PEQ	Palestine Exploration Quarterly
PSB	Princeton Seminary Bulletin
RevExp	Review and Expositor
RTR	Reformed Theological Review
SBJT	Southern Baptist Journal of Theology
SBLDS	Society of Biblical Literature Dissertation Series
SBLMS	Society of Biblical Literature Monograph Series
SBLSymS	Society of Biblical Literature Symposium Series
SHBC	Smyth & Helwys Bible Commentary
SJOT	Scandinavian Journal of the Old Testament
SJT	Scottish Journal of Theology
SSN	Studia Semitica Neerlandica
TBC	Torch Bible Commentary
TynBul	Tyndale Bulletin
TD	Theology Digest
TDOT	G. J. Botterweck and H. Ringgren (eds.), Theological Dictionary of the Old Testament. Vol. I-. Grand Rapids:

	Eerdmans, 1974–.
TGUOS	Transactions of the Glasgow University Oriental Society
THAT	Theologisches Handwörterbuch zum Alten Testament. 2 vols. Munich: Chr. Kaiser, 1971–1976.
TJ	Trinity Journal
TOTC	Tyndale Old Testament Commentaries
TS	Theological Studies
TWAT	Theologisches Wörterbuch zum Alten Testament. Stuttgart: W. Kohlhammer, 1970–.
TWBC	The Westminster Bible Companion
TWOT	R. L. Harris, G. L. Archer, Jr., and B. K. Waltke (eds.), Theological Wordbook of the Old Testament. 2 vols. Chicago: Moody, 1980.
TZ	Theologische Zeitschrift
UBT	Understanding Biblical Themes
VT	Vetus Testament
VTSup	Vetus Testament Supplement Series
W–O	B. K. Waltke and M. O'Connor, An Introduction to Biblical Hebrew Syntax. Winona Lake: Eisenbrauns, 1990.
WBC	Word Biblical Commentary
WBCom	Westminster Bible Companion
WCS	Welwyn Commentary Series
WEC	Wycliffe Exegetical Commentary
WTJ	The Westminster Theological Journal
ZAW	Zeitschrift für die alttestamentliche Wissenschaft

선별된 참고문헌

(Select Bibliography)

Ackroyd, P. R. *The First Book of Samuel*. CBC. Cambridge: Cambridge University Press, 1977.

_____. *The Second Book of Samuel*. CBC. Cambridge: Cambridge University Press, 1977.

_____. *The Chronicler and His Age*. Sheffield: JSOT, 1991.

Albright, W. F. *Yahweh and the Gods of Canaan*. Garden City, N. Y.: Doubleday, 1968.

Aling, C. F. *Egypt and Bible History*. Grand Rapids: Baker, 1981.

Alter, R.. *The Art of Biblical Narrative*. New York: Basic Books, 1981.

Alter, R.; F. Kermode, eds. *The Literary Guide to the Bible*. Cambridge: Belknap, 1987.

Anderson, A. A. *2 Samuel*. WB. Nashville: Nelson/Paternoster, 1989.

Archer, G. L. *A Survey of Old Testament Introduction*. 2nd ed. Chicago: Moody, 1974.

Arnold, B. T. *1 and 2 Samuel*. NIVAC. Grand Rapids: Zondervan, 2003.

Augustine of Hippo. *Concerning the City of God Against the Pagans.* Trans. by Henry Bettenson. Harmondsworth: Penguin, 1972.

Auld, A. G. *Kings.* DSB. Louisville: Westminster John Knox, 1986.

_____. *Joshua, Judges, and Ruth.* DSB. Louisville: Westminster John Knox, 1984.

Bal, M. *Death and Dissymmetry: The Politics of Coherence in Judges.* Chicago: University of Chicago, 1988.

_____. *Murder and Difference: Gender, Genre, and Scholarship in Sisera's Death.* Bloomington: Indiana University, 1988.

Baldwin, J. G. *1 & 2 Samuel.* TOTC. Downers Grove, Ill.: InterVarsity, 1988.

_____. *Esther.* TOTC. Downers Grove, Ill.: InterVarsity, 1984.

Bar-Efrat, S. *Narrative Art in the Bible.* Sheffield: JOSOT, 1989.

Barnes, W. H. *Studies in the Chronology of the Divided Monarchy of Israel.* HSM 48. Atlanta: Scholars Press, 1991.

Bartlett, J. R. *Jericho. Cities of the Ancient World.* Grand Rapids: Eerdmans, 1982.

Barton, J. *Reading the Old Testament.* Rev. ed. Louisville: Westminster John Knox Press, 1997.

Bebbington, D. W. *Patterns in History: A Christian View.* Downers Grove, Illinois: InterVarsity, 1992.

Bergen, R. D. *1, 2 Samuel.* NAC. Nashville: Broadman, 1996.

Berlin, A. *Esther.* JPSBC. Philadelphia: Jewish Publication Society, 2001.

_____. *Poetics and Interpretation of Biblical Narrative.* Sheffield: Almond, 1983.

Bevan, R. J. W., ed. *Steps to Christian Understanding.* London: Oxford

University Press, 1958.

Bimson, J. J. *Redating the Exodus and Conquest.* 2nd ed. JSOTSup 5. Sheffield: Almond, 1981.

Blenkinsopp, J. *Ezra-Nehemiah.* OTL. Louisville: Westminster John Knox, 1988.

Block, D. I. *Judges, Ruth.* NAC. Louisville: Broadman, 1999.

Boling, R. G. *Joshua.* AB. Garden City, N.Y.: Doubleday, 1982.

Braun, R. L. *1 Chronicles.* WB. Louisville: Nelson/Paternoster, 1986.

Breneman, M. *Ezra, Nehemiah, Esther.* NAC. Nashville: Broadman, 1993.

Brenner, A., ed. *A Feminist Companion to Judges.* Sheffield: Sheffield Academic Press, 1994.

_____, ed. *A Feminist Companion to Samuel and Kings.* Sheffield: Academic Press, 1994.

Bright, J. *A History of Israel.* 3rd ed. Philadelphia: Westminster, 1981.

Brueggemann, W. *1 and 2 Kings.* SHBC. Macon, GA: Smyth and Helwys, 2000.

_____. *David's Truth in Israel's Imagination and Memory.* Philadelphia: Westminster, 1985.

_____. *First and Second Samuel.* Interpretation. Philadelphia: Westminster John Knox, 1990.

Bush, F. W. *Ruth/Esther.* WB. Nashville: Nelson, 1996.

Butler, T. C. *Joshua.* WBC. Waco, Tex.: Word, 1983.

Butterfield, H. *Christianity and History.* London: G. Bell and Sons, 1949.

_____. *Man on His Past: The Study of the History of Historical Scholarship.* Cambridge: Cambridge University Press, 1955.

Butterfield, H. *The Whig Interpretation of History*. London: G. Bell and Sons, 1931.

Campbell, A. F. *Prophets and Kings: A Late Ninth-Century Document (1 Samuel 1-2 Kings 10)*. CBQMS 17. Washington: Catholic Biblical Association of America, 1986.

_____. *1 Samuel*. FOTL. Grand Rapids: Eerdmans, 2003.

Campbell, E. F. *Ruth*. AB. Garden City, N. Y.: Doubleday, 1975.

Carr, E. H. *What is History?* London: Macmillan, 1961.

Childs, B. S. *Introduction to the Old Testament as Scripture*. Philadelphia: Fortress, 1979.

Clark, G. H. *Historiography: Secular and Religious*. Nutley, New Jersey: Craig Press, 1971.

Clines, D. J. A. *Ezra, Nehemiah, Esther*. NCB. Sheffield: Sheffield Academic Press, 1984.

Cogan, M.; H. Tadmor. *II Kings*. AB. Garden City, N. Y.: Doubleday, 1988.

Collingwood, R. G. *The Idea of History*. London: Oxford University Press, 1946.

Creach, J. F. D. *Joshua*. Interpretation. Louisville: Westminster John Knox, 2003.

Cross, F. M. *Canaanite Myth and Hebrew Epic*. Cambridge, Mass.: Harvard University, 1973.

Cundall, A. E. *Judges: An Introduction and Commentary*. Downers Grove, Ill.: InterVarsity, 1968.

Day, D. *Annalists and Historians: Western Historiography from the Eighth to the Eighteenth Centuries*. London: Methuen, 1977.

DeGeus, C. H. J. *The Tribes of Israel: An Investigation into Some of the*

Presuppositions of Martin Noth's Amphictyony Hypothesis. Assen/Amsterdam: Van Gorcum, 1976.

DeVries, S. J. *1 and 2 Chronicles*. FOTL. Grand Rapids: Eerdmans, 1989.

_____. *1 Kings*. WBC. Waco, Tex.: Word, 1985.

Dentan, R. C., ed. *The Idea of History in the Ancient Near East*. New Haven: Yale University Press, 1955.

Dillard, R. B. *2 Chronicles*. WBC. Waco, Tex.: Word, 1987.

Doorly, W. *Obsession with Justice: The Story of the Deuteronomists*. New Yokr: Paulist Press, 1994.

Driver, S. R. *Introduction to the Literature of the Old Testament*. New York: Charles Scribner's Sons, 1913.

Duke, R. *The Persuasive Appeal of the Chronicler: A Rhetorical Analysis*. Sheffield: Almond, 1990.

Dumbrell, W. J. "The Purpose of the Books of Chronicles." *JETS* 27 (1984): 257-66.

Eichrodt, W. *Theology of the Old Testament*. 2 vols. OTL. Philadelphia: Westminster, 1967.

Eissfeldt, O. *The Old Testament: An Introduction*. Oxford: Basis Blackwell, 1965.

Eskenaze, T. *In an Age of Prose: A Literary Approach to Ezra-Nehemiah*. Atlanta: Scholars Press, 1988.

Eslinger, L. *Into the Hands of the Living God*. Sheffield: Almond, 1989.

_____. *The Kingship of God in Crisis: A Close Reading of 1 Samuel 1-12*. Sheffield: Almond, 1985.

Evans, M. J. *1 and 2 Samuel*. NIBCOT. Grand Rapids: Hendrickson, 2000.

Exum. J. C.; D. Clines. *The New Literary Criticism and the Hebrew Bible*. Sheffield: JSOT Press, 1993.

Fensham, F. C. *The Books of Ezra and Nehemiah*. NICOT. Grand Rapids: Eerdmans, 1982.

Fewell, D. N.; D. M. Gunn. *Compromising Redemption: Relating Characters in the Book of Ruth*. Louisville: Westminster/John Knox, 1990.

Finkelstein, I. *The Archaeology of the Israelite Settlement*. Jerusalem: Israel Exploration Society, 1988.

Finley, M. I. *The Use and Abuse of History*. London: Chatto and Windus, 1975.

Fleisher, H. *Marxism and History*. London: Allen Lane, The Penguin Press, 1973.

Fohrer, G. *Introduction to the Old Testament*. Trans. by D. E. Green. Nashville: Abingdon, 1965.

Fokkelman, J. *Narrative Art and Poetry in the Book of Samuel*. 2 vols. Assen: Van Gorcum, 1981, 86.

Freedman, D. N.; E. F. Campbell. "Chronology of Israel and the Ancient Near East." Pp. 203–28 in *The Bible and the Ancient Near East*. Winona Lake, Ind.: Eisenbrauns, 1979.

Frei, H. W. *The Eclipse of Biblical Narrative*. New Haven: Yale University Press, 1974.

Fretheim, T. *Deuteronomic History*. Nashville: Abingdon Press, 1983.

Fritz, V. "Conquest or Settlement? *BA* 50(1987): 84–100.

Fuller, D. P. *Easter Faith and History*. London: Tyndale Press, 1968.

Gardiner, P. L., ed. *The Philosophy of History*. Oxford: Clarendon Press, 1974.

_____, ed. *Theories of History*. Glencoe, Illinois: Free Press, 1959.

Garstang, J.; J. B. E. Garstang. *The Story of Jericho*. 2nd ed. London: Marshall, Morgan, and Scott, 1948.

Glueck, N. *Hesed in the Bible*. Cincinnati: Hebrew Union College, 1967.

Gordon, R. P. *1 and 2 Samuel*. Grand Rapids: Zondervan, 1988.

Goslinga, C. J. *Joshua, Judges, Ruth*. Trans. by Togtman. BSC. Grand Rapids: Zondervan, 1986.

Gottwald, N. K. *The Tribes of Yahweh*. Maryknoll, N. Y.: Orbis, 1979.

Gray, J. *I and II Kings*. 2nd ed. OTL. Philadelphia: Westminster, 1970.

_____. *Joshua, Judges, Ruth*. NCBC. Grand Rapids: Eerdmans, 1986.

Gunn, D. *The Fate of King Saul: An Interpretation of a Biblical Story*. Sheffield: University of Sheffield, 1980.

_____. *The Story of King David*. Sheffield: University of Sheffield, 1978.

Gunn, D.; D. Fewell. *Narrative in the Hebrew Bible*. Oxford: Oxford University Press, 1993.

Halpern, B. *The First Historians: The Hebrew Bible and History*. San Francisco: Harper & Row, 1988.

Harris, J. G.; C. Brown; M. Moore. *Joshua, Judges, Ruth*. NIBCOT. Grand Rapids: Hendrickson, 2000.

Harrison, R. K. *Introduction to the Old Testament*. Grand Rapids: Eerdmans, 1969.

Hawk, D. *Every Promise Fulfilled: Contesting Plots in Joshua*. Louisville: Westminster John Knox Press, 1991.

Hayes, J. H.; J. M. Miller, ed. *Israelite and Judaean History*. Philadelphia: Westminster, 1977.

Hayes, J. H.; P. R. Hooker. *A New Chronology for the Kings of Israel and*

Judah. Atlanta: John Knox, 1988.

Hertzberg, H. W. *I & II Samuel: A Commentary*. Philadelphia: Westminster, 1964.

Hess, R. S. *Joshua*. TOTC. Downers Grove, Ill.: InterVarsity, 1996.

Hill, A. E. *1 and 2 Chronicles*. NIVAC. Grand Rapids: Zondervan, 2003.

Hobbs, T. R. *2 Kings*. WBC. Waco, Tex.: Word, 1985.

Holladay, J. S. "The Day(s) the Moon Stood Still." *JBL* 87(1968): 166–78.

House, P. R. *1, 2 Kings*. NAC. Nashville: Broadman, 1995.

Howard, D. M. *Joshua*. NAC. Louisville: Broadman, 1998.

Hubbard, R. L. *First and Second Kings*. Chicago: Moody, 1991.

Hubbard, R. L. *The Book of Ruth*. NICOT. Grand Rapids: Eerdmans, 1988.

Huppert, G. *The Idea of Perfect History: Historical Erudition and Historical Philosophy in Renaissance France*. Urbana: University of Illinois Press, 1970.

Iggers, G. G., ed. *The Theory and Practice of History*. Indianapolis: Bobbs-Merrill, 1973.

Japhet, S. *I and II Chronicles*. OTL. Louisville: Westminster John Knox, 1993.

Jobes, K. *Esther*. NIVAC. Grand Rapids: Zondervan, 1999.

Jobling, D. *1 Samuel*. BO. Collegeville, Minn.: Michael Glazier, 1998.

Jones, G. H. *1 and 2 Kings*. 2 vols. NCB. Sheffield: Sheffield Academic Press, 1985.

Kaiser, W. C., ed. *Classical Evangelical Essays in Old Testament Interpretation*. Grand Rapids: Baker, 1972.

Keil, C. F. *The Book of Joshua*. Grand Rapids: Eerdmans, 1975 rep.

Kelley, B. *Retribution and Eschatology in Chronicles*. Sheffield: Sheffield Academic Press, 1996.

Kenyon, K. M. *Archaeology in the Holy Land*. 4th ed. London: Ernest Benn, 1979.

Kenyon, K. M. *Digging Up Jericho: The Results of the Jericho Excavations 1952-1956*. New York: Praeger, 1957.

Kidner, D. *Ezra and Nehemiah*. TOTC. Downers Grove, Ill.: InterVarsity, 1979.

Kitchen, K. A. *Ancient Orient and Old Testament*. Chicago: InterVarsity Press, 1966.

Kitchen, K. A. *Bible in its World*. Downers Grove, Ill.: InterVarsity Press, 1977.

Klein, L. *The Triumph of Irony in the Book of Judges*. Sheffield: Almond, 1988.

Klein, R. W. *1 Samuel*. WBC. Waco, Tex.: Word, 1983.

LaSor, W. S.; D. A. Hubbard; F. L. Bush. *Old Testament Survey*. Grand Rapids: Eerdmans, 1982.

Levenson, J. D. *Esther*. OTL. Louisville: Westminster John Knox, 1997.

Long, B. O. *1 Kings, 2 Kings*. 2 vols. FOTL. Grand Rapids: Eerdmans, 1984, 1991.

Long, V. P. *The Art of Biblical History*. Grand Rapids: Zondervan, 1994.

_____. *The Reign and Rejection of King Saul: A Case for Literary and Theological Coherence*. SBLDS 118. Atlanta: Scholar Press, 1989.

Longman, T. *Literary Approaches to Biblical Interpretation*. Grand Rapids: Zondervan, 1987.

Manuel, F. E. *Shapes of Philosophical History*. London: Allen and Unwin, 1965.

Marsden, G.; F. Roberts, ed. *A Christian View of History?* Grand Rapids: Eerdmans, 1975.

Martin, J. A. "The Structure of 1 and 2 Samuel." *BibSac* 141(1984): 28-42.

Mayes, A. D. H. *Israel in the Period of Judges*. SBT. Naperville, Ill.: Alec R. Allenson, 1974.

McCarter, P. K. *1 Samuel*. AB. Garden City, N. Y.: Doubleday, 1980.

McConville, J. G. *Ezra, Nehemiah, and Esther*. DSB. Louisville: Westminster John Knox, 1985.

_____. *Grace in the End: A Study in Deuteronomic Theology*. Grand Rapids: Zondervan, 1993.

_____. *I and II Chronicles*. DSB. Louisville: Westminster John Knox, 1984.

McIntire, C. T., ed. *God, History, and Historians: Modern Christian Views of History*. New York: Oxford University Press, 1977.

McKenzie, S. L. *The Trouble With Kings: The Composition of the Book of Kings in the Deuternomistic History*. Leiden: E. J. Brill, 1991.

McKenzie, S.; S. Haynes. *To Each Its Own Meaning: An Introduction to Biblical Criticism and Their Applications*. Louisville: Westminster John Knox Press, 1993.

McKnight, E. *The Bible and the Reader: An Introduction to Literary Criticism*. Philadelphia: Westminster, 1985.

Mendenhall, G. E. *The Tenth Generation: The Origins of the Biblical Tradition*. Baltimore: Johns Hopkins University, 1973.

Merrill, E. H. *Kingdom of Priests: A History of Old Testament Israel*. Grand Rapids: Baker, 1987.

Meyerhoff, H., ed. *The Philosophy of History in Our Time: An Anthology.* New York: Doubleday, 1959.

Meyers, J. M. *1and 2 Chronicles.* 2 vols. AB. Garden City, N. Y.: Doubleday, 1965.

Milburn, R. L. P. *Early Christian Interpretations of History.* London: A. and C. Black, 1954.

Miller, J. M. *The Old Testament and the Historian.* Philadelphia: Westminster, 1986.

Miller, J. M.; J. J. Hayes. *A History of Israel and Judah.* Philadelphia: Westminster, 1986.

Miscall, P. *1 Samuel: A Literary Reading.* Bloomington: Indiana University, 1986.

Momigliano, A. D. *Studies in Historiography.* London: Weidenfeld and Nicolson, 1966.

Montgomery, J. W. *The Shape of the Past: A Christian Response to Secular Philosophies of History.* Ann Arbor, Michigan: Edwards Brothers, 1962.

Mullen, E. *Narrative History and Ethnic Boundaries: The Deuteronomistic History and the Creation of Israelite Nation Identity.* Atlanta: Scholars Press, 1993.

Mullen, E. T. "The Minor Judges: Some Literary and Historical Considerations." *CBQ* 44(1982): 185–201.

Nash, R. H. *Ideas of History.* New York: E. P. Dutton, 1969.

Nelson, R. *First and Second Kings.* Interpretation. Louisville: Westminster John Knox, 1987.

Newsome, J. D., ed. *A Synoptic Harmony of Samuel, Kings, and Chronicles.* Grand Rapids: Eerdmans, 1986.

Niebuhr, R. *Faith and History: A Comparison of Christian and Modern Views of History.* London: Nisbet, 1949.

North, C. R. *The Old Testament Interpretation of History.* London: Epworth, 1946.

Noth, M. *The Chronicler's History.* Sheffield: JSOT, 1987.

_____. *The Deuteronomistic History.* Sheffield: JSOT, 1981.

_____. *The History of Israel.* 2nd ed. Trans. by P. R. Ackroyd. New York: Harper & Row, 1960

Patrides, C. A. *The Grand Design of God: the Literary Form of the Christian View of History.* London: Routledge and Kegan Paul, 1972.

Patterson, L. G. *God and History in Early Christian Thought: A Study of Themes from Justin Martyr to Gregory the Great.* London: A. and C. Black, 1964.

Payne, D. F. *I and II Samuel.* DSB. Philadelphia: Westminster, 1982.

Payne, J. B. *The Theology of the Older Testament.* Grand Rapids: Zondervan, 1962.

Plumb, J. H., ed. *Crisis in the Humanities.* Harmoundsworth: Penguin, 1964.

Pollard, S. *The Idea of Progress: History and Society.* London: C. A. Watts, 1968.

Polzin, R. *Moses and the Deuteronomist.* New York Seabury Press, 1980.

_____. *Samuel and the Deuteronomist.* San Francisco: Harper & Row, 1989.

Postan, M. M. *Fact and Relevance: Essays on Historical Method.* Cambridge: Cambridge University Press, 1971.

Prick, F. S. *The Formation of the State of Ancient Israel.* Sheffield:

Almond, 1985.

Provan, I. W. *1 and 2 Kings*. NIBCOT. Grand Rapids: Hendrickson, 1995.

Rader, M. *Marx's Interpretation of History*. Oxford: Oxford University Press, 1979.

Ramsey, G. W. *The Quest for the Historical Israel*. Atlanta: John Knox, 1981.

Reill, P. H. *The German Enlightenment and the Rise of Historicism*. Berkeley, California: University of California Press, 1975.

Ryken, L. *The Literature of the Bible*. Grand Rapids: Zondervan, 1974.

Sakenfeld, K. D. *Ruth*. Interpretation. Louisville: Westminster John Knox, 1999.

_____. *The Meaning of Hesed in the Hebrew Bible: A New Inquiry*. HSM. Missoula, Mont.: Scholars Press, 1978.

Sasson, J. M. *Ruth: A New Translation with a Philological Commentary and a Formalist-Folklorist Interpretation*. 2nd ed. Sheffield: JSOT, 1989.

Selman, M. J. *1 Chronicles*. TOTC. Downers Grove, Ill.: InterVarsity, 1994.

Shafer, R. J. *A Guide to Historical Method*. Homewood, IL: Dorsey, 1974.

Shanks, H., ed. *Ancient Israel*. Englewood Cliffs, N. J.: Prentice-Hall, 1988.

Shaw, W. H. *Marx's Theory of History*. London: Hutchinson, 1978.

Soggin, J. A. *A History of Ancient Israel*. Philadelphia: Westminster, 1984.

Stern, F., ed. *The Varieties of History: From Voltaire to the Present*.

London: Macmillan, 1956.

Sternberg, M. *The Poetics of Biblical Narrative*. Bloomington: Indiana University Press, 1985.

Thiele, E. R. *The Mysterious Numbers of the Hebrew Kings*. 3rd ed. Grand Rapids: Zondervan, 1983.

Thompson, J. A. *The Bible and Archaelogy*. 3rd ed. Grand Rapids: Eerdmans, 1982.

Thompson, J. W.; B. J. Holm. *A History of Historical Writing*. 2 vols. New York: Macmillan, 1942.

Thompson, T. L. *Early History of the Israelite People*. Leiden: E. J. Brill, 1992.

Throntveit, M. *Ezra-Nehemiah*. Louisville: John Knox, 1992.

Toynbee, A. J. *A Study of History*. 11 vols. London: Oxford University Press, 1934-59.

Tuell, S. S. *First and Second Chronicles*. Interpretation. Louisville: Westminster John Knox, 2001.

Van Harvey, A. *The Historian and the Believer*. London: S. C. M., 1967.

Van Seters, J. *In Search of History*. New Heaven: Yale, 1983.

Von Rad, G. "The Date of the Conquest." *WTJ* 52 (1990): 181-200.

Walsh, J. T. *1 Kings*. BO. Collegeville, Minn.: Michael Glazier, 1996.

Walsh, W. H., ed. *An Introduction to Philosophy of History*. London: Hutchinson, 1967.

Walton, J. H. *Ancient Israelite Literature in its Cultural Context*. Grand Rapids: Zondervan, 1989.

Webb, B. G. *The Book of Judges: An Integrated Reading*. JSOTSup 46. Sheffield: JSOT, 1987.

Widgery, A. G. *Interpretations of History: Confucius to Toynbee*. London: Allen and Unwin, 1961.

Wilkins, B. T. *Has History Any Meaning?* Hassocks, Sussex: Harvester, 1978.

_____. *Hegel's Philosophy of History*. Ithaca, New York: Cornell University Press, 1974.

Williamson, H. G. M. *1 and 2 Chronicles*. NCB. Sheffield: Sheffield Academic Press, 1982.

_____. *Ezra-Nehemiah*. WB. Nashville: Nelson, 1985.

Wilson, R. R. *Sociological Approaches to the Old Testament*. Philadelphia: Fortress, 1984.

Wiseman, D. J. *1 and 2 Kings*. TOTC. Downers Grove, Ill.: InterVarsity, 1993.

Wood, B. G. "Did the Israelites Conquer Jericho? A New Look at the Archaeological Evidence." *BAR* 16(1990): 44-58.

Wood, L. J. *A Survey of Israel's History*. Rev. ed. Grand Rapids: Eerdmans, 1986.

_____. *Distressing Days of the Judges*. Grand Rapids: Zondervan, 1975.

_____. *Israel's United Monarchy*. Grand Rapids: Baker, 1979.

Woudstra, M. H. *The Book of Judges*. NICOT. Grand Rapids: Eerdmans, 1981.

Wright, G. E. *Biblical Archaeology*. Rev. ed. Philadelphia: Westminster, 1962.

Yee, G., ed. *Judges and Method: New Approaches in Biblical Studies*. Minneapolis: Fortress Press, 1995.

Youngblood, R. F. *1, 2 Samuel*. EBC. Grand Rapids: Zondervan, 1992.

Younger, K. L. *Judges/Ruth*. NIVAC. Grand Rapids: Zondervan, 2002.

차례

추천의 글 · 4
시리즈 서문 · 10
감사의 글 · 13
일러두기 · 14
선별된 약어표 · 16

역사서 개론

선별된 참고문헌 · 23

서론 · 40

여호수아 · 70

사사기 · 134

룻기 · 192

사무엘 · 226

열왕기 · 276

역대기 · 342

에스라-느헤미야 · 392

에스더 · 426

엑스포지멘터리
역사서 개론

서론

EXPOSItory comMENTARY

서론

1. '역사'란 무엇인가?

역사는 예술이나 음란물처럼 정의하는 것보다는 알아보기가 더 쉬운 것이다(Nelson). 우리가 가질 수 있는 역사에 대한 가장 기본적인 이해는, 역사란 과거에 일어났던 사건이 "실제적으로 어떻게 진행되었는가?"를 알아내는 작업이라는 것이다(Ranke). 그러나 과거에 있었던 일이 어떤 과정을 통해 진행되었는가를 규명하는 일은 매우 어려운 일이다. "역사는 되풀이될지라도 과거는 되풀이되지 않기" 때문이다.

전통적으로 '역사'의 개념은 매우 광범위하게 사용되어 왔다. 그러나 근대에 와서는 이 단어의 뉘앙스(nuance)가 적지 않은 도전을 받아 개정의 과정을 거치게 되었다. 우리가 일반적으로 '서울의 역사'라는 말을 사용할 때는 두 가지 의미를 생각할 수 있다. 먼저, 오랜 시간을 지나면서 시대마다 서울에서 살았던 사람들이 행한 일, 그들이 겪었던 사건, 당했던 고통 등을 의미할 수 있다. 이 일들은 다시 반복될 수 없다. 우리는 이런 유형의 역사를 '역사적 과정'(historical process)이라고 한다. 또한 '서울의 역사'는 지난날 서울에서 있었던 사건들에 대한 회고와 설명을 의미할 수도 있다. 이러한 작업은 언제 어디서든 여러 차례 시도될 수 있다. 우리는 이런 유형의 역사를 '사료 편찬/역사 기록'(historiography)이라고 한다. 즉, 하나는 서울에 살았던 사람이 경험했던 실제적인 사건을 의미하고, 다른 하나는 과거에 서울에서 있었던 사건에 대한 기록과 그 평가를 의미한다.

그러므로 위에 언급된 두 가지 '역사'는 다음과 같이 정의할 수 있다. 첫째, 역사적 과정/사건(historical process)이라는 것은 사람들(대개 역사학자)이 자신들의 저서를 통하여 정리하며 설명/평가하려는 과거에 일어났던 일을 말한다. 둘째, 사료 편찬/역사 기록(historiography)은 역사학자가 자신의 생각과 철학에 따라 역사 속에서 일어난 사건을 정리하고 평가해 놓은 것을 말한다. 그렇다면 사료 편찬과 역사적 과정은 직접적인 연관성을 유지해야 한다. 그러나 실제로 이 둘의 관계가 항상 비례하는 것은 아니다. 왜냐하면, 현실(실제 사건)을 조명하는 것(사료 편찬)이 항상 현실이 갖는 진실성과 일치한다고 보기 어렵기 때문이다. 예를 들어 우리는 일본이 역사 교과서(사료 편찬)에서 사실(역사적 과정)을 왜곡하고 있다고 비난한다. 또한 우리나라에서도 지난날 초·중·고등학교에서 가르쳤던 한국 근대사는 '왜곡된 역사'였다고 한다. 왜 이같은 일이 일어나는 것일까?

역사가들은 본의 아니게 사실을 왜곡할 위험을 항상 안고 있으며, 개인적인 이권이 개입되는 경우에는 그들의 판단력이 흐려지기도 한다. 수년 전에 막을 내렸던 대하드라마 "왕과 비"의 마지막 장면에서 연산군은 사약을 받고 죽임당한다. 그의 글이 바람에 휘날리며 막을 내리는 장면에서 해설자는 매우 의미 있는 말을 던진다. "[지금까지 이 드라마에서 묘사된 모든 것은] 승자가 남긴 역사에 의한 것이다."

어떤 사학자는 자신의 학문이 과학적이라고 주장하지만, 별로 설득력 없는 발언이다. 아무리 생각해보고 연구해보아도 우리는 결국 "역사(historiography)는 하나의 묘사(representation)에 불과하다"는 결론에 도달할 수밖에 없다(Berlin). 이 같은 사실은 같은 시대, 같은 사회를 정리해놓은 역사책이 해석에 있어 상호 간에 현저한 차이를 안고 있다는 점에서도 분명히 드러난다. 즉, 같은 시대를 조명하는 여러 개의 사료 편찬이 가능할 뿐만 아니라 실제로도 존재한다는 의미다.

(1) 역사가

역사가는 책을 집필하면서 자신의 입장이나 철학에 따라 어떤 사건은 소홀히 다루는가 하면 어떤 사건은 별로 중요하지 않은 것 같으나 중요 요소로 부각하기도 한다. 역사서를 한편의 영화나 드라마에 비교해 보자. 특히 사극/대하드라마를 떠올려보자. 연출자는 중요한 일이 일어날 때면 그 일이 일어난 순간을 여러 각도에서 조명한다. 반면 어떤 부분에서는 몇십 년이 단 몇 초 사이에 지나가 버리기도 한다. 이러한 현상은 연출가의 역사적 사건에 대한 평가를 반영하고 있다. 이처럼 역사가의 주관적인 역사철학과 역사 과정에 대한 평가가 개입되는 것이 사료 편찬이다.

역사가는 자신의 역사를 통찰하는 관점(perspective)을 입증하기 위해 책을 저술한다. 그러므로 역사서에서 가치적 중립을 고수하는 것은 불가능한 일이다(Bebbington). 그 누구도 중립을 고수하면서 가치평가가 전혀 부각되지 않은 역사서를 저술할 수는 없다. 만약에 이런 역사서가 출판된다면 지루함을 주는 것은 물론이고 잘 팔리지도 않을 것이다. 역사가는 과거에 있었던 일에 대한 정보만 제공하는 것이 아니라, 소설가처럼 자신의 책을 흥미진진하게 전개해 나가야 하는 책임이 있다. 그러나 자신이 조명하고자 하는 사회와 그 시대에 있었던 모든 일을 다 열거할 수는 없다. 따라서 역사가는 다음과 같은 원칙에 따라 자신의 책을 저술한다.

첫째, 선택(selection)의 원리다. 역사가가 자신이 조명하고자 하는 시대에 대하여 밝혀진 모든 사건과 정보를 인용하여 사료 편찬을 할 수는 없다. 인용하기에 너무나도 방대한 양의 자료와 해석이 존재하기 때문이다. 그러므로 역사가는 이 많은 자료(data) 중에서 극히 일부만 선별하여 사용한다. 문제는 바로 이 선택 과정에서 역사가의 개인적인 가치관과 관점이 개입된다는 것이다. 그는 수많은 자료 중에서 자신의 입장과 취향에 따라 선별하여 가치를 부여한다. 그러므로 역사서는 주관적이며 개인의 관점을 초월하기가 어렵다. 이러한 역사가의 평가 기준과 선택 원리 등은 그가 처한 사회적 환경과 위치에 의해 큰 영향을 받게 된다.

둘째, 조직/제시(organization)의 원리다. 역사가는 자신이 인용할 자료를 선별한 후 이 자료를 자신의 이해도와 역사철학에 따라 연결해 나가야 한다. 이 과정도 오판과 왜곡의 가능성을 지니고 있다. 두 권의 역사서가 똑같은 시대와 사건을 조명한다 하더라도 그 시대의 일을 어떻게 나열하며 진행해 나가느냐에 따라 입장과 이해도에 있어서 현저한 차이가 생길 수 있기 때문이다. 성경에서 이 같은 사실을 보여주는 가장 기본적인 예는 아마도 공관복음(마태, 마가, 누가)일 것이다. 이 복음서들은 상당 부분 동시대에 일어난 동일한 사건을 언급하지만, 이 사건을 언급하는 순차에 따라 각 복음서의 저자가 강조하고자 하는 점이 현저한 차이를 드러낸다.

셋째, 원인-결과(cause-effect)의 원리다. 역사가들은 자료를 선별하여 수집한 후 그 자료를 자신의 판단에 따라 순서적으로 배열한 다음 이 사건이 갖고 있는 상호 관계성에 대해 논해야 한다. 이 과정 역시 오류에 빠질 가능성이 있고 또 편견에 의해 영향받을 수 있다. 또한 많은 경우에 이들이 내리는 결론이라는 것은 결국 모든 사람이 동의할 정도의 객관성을 확보했다고 볼 수 없으며 그저 '훈련된 추측'(educated guess)에 지나지 않는다. 우리가 가지고 있는 과거에 일어났던 사건에 대한 이해는 항상 불완전할 수밖에 없다. 과거의 일은 실험실에서 재현될 수 없기 때문이다.

그러므로 한 역사서가 역사학계의 인정을 받았다고 해서 편견을 초월했음을 의미하는 것은 아니다. 이런 차원에서 볼 때, 한 학자의 주장이 의미심장하게 들린다. "전문가들의 인정이 지나친 편견을 없앨 수는 없다. 오히려 역사가가 가지고 있는 편견의 보따리에 또 하나의 편견을 더할 뿐이다"(Bebbington). 생각해보면 학계보다 더 편견이 심한 곳도 없다. 학계가 하나의 기준을 만들어 놓고 그 기준에 동의하는 자만을 '학문적으로 인정'하는 사례가 많기 때문이다.

때로는 같은 역사가의 관점이 시간이 흐름에 따라 바뀌는 경우도 있다. 다음 예를 생각해보라. 레키(W. E. Lecky)라는 아일랜드 태생 옥스포드 대학교의 교수가 있었다. 그는 『아일랜드 여론의 리더들』(Leaders of Public Opinion in Ireland)이라는 역사서를 저술했다. 책의 초판(1861년)에서 그는 1780년대에 영국으로부터 아일랜드의 사법적 독립을 요구한 운동의 주축이된 '자원자 운동'(Volunteer Movement)에 참여했던 사람의 수를 8만이라고 주장했다. 그러나 제2판에서는 이 숫자를 6만으로, 제3판에서는 4만으로 줄였다. 그가 개정판을 내놓는 동안 새로운 증거가 발견된 것은 아니다. 단순히 그의 정치적 관점이 바뀐 것뿐이다(Long).

(2) 역사 과정

역사를 논할 때 역사가도 많은 문제를 안고 있지만 '역사'라는 개념 자체도 여러 가지 문제를 갖고 있다. 그중 가장 큰 문제는 역시 역사 과정은 재현될 수 없다는 것이다. 역사가는 자신이 회고하는 사건을 입증할 수 있는 증인을 제시할 수 없다. 또한 증거가 있다 하더라도 매우 제한되어 있다. 역사가가 정리하고 있는 시대와는 엄청난 시간 차이와 문화 차이가 존재하기 때문이다. 결국 역사가들은 자신과 역사적 사건 사이를 연결해 주는 것에 의존해야 한다. 이것이 곧 역사적 증거/물증이다. 그러나 이 증거/물증 역시 해석되어야 하고 평가되어야 한다.

하나의 예를 생각해보자. 만약 어떤 역사가가 주전 1-2세기의 이스라엘 역사에 관심이 있다면서 요세푸스(Josephus)의 저서나 외경의 마카비서(Maccabees)를 무시한다면 올바른 연구를 할 수 없을 것이다. 그런데 우리가 아는 바에 의하면 이 책들은 상당한 편견을 고수하고 있다. 그렇다면 어떤 기준에 의해 어느 부분은 수용하고 어느 부분은 거부할 것인가? 이는 아무리 심혈을 기울인다 하더라도 결국 각 역사가의 소견에 맡길 수밖에 없다. 이 같은 편견 문제는 고대 근동 국가에서 발견되는 왕들의 역대기를 보면 그 정도가 상당히 지나치다. 많은 왕이 몇만 년을 살았다고 기록되어 있기도 하며, 왕들의 업적을 과시하는 데 있어서도 심각한 수준의 과장법이 사용되기도 한다. 이런 정황 속에서 어떻게 진실을 가려낼 수 있을 것인가? 결코 쉽지 않은 문제다.

(3) 현실적 의미

역사와 역사가가 위에 언급된 문제를 안고 있다는 사실은 성경의 역사를 연구하는 우리에게 많은 것을 시사한다. 첫째, 우리는 역사가들이 같은 사건을 완전히 다른 관점에서 판단하고 해석할 수 있다는 사실을 인정해야 한다. 지난 200여 년 동안 일부 역사가는 자신의 학문을 과학(science)이라고 주장해왔지만 별로 설득력을 얻지 못했다. 사료 편찬은 과학보다는 예술에 훨씬 더 가깝기 때문이다.

둘째, 역사가는 자신의 편견을 최대한 줄일 수는 있으나 완전히 없앨 수는 없다. 성경의 역사서도 같은 관점에서 이해되어야 한다. 공정하고 객관적인 역사는 성경에서 찾을 수 없다. 이런 면에서 성경의 역사는 일종의 '신앙적/신학적으로 해석된 역사'라는 것을 인정해야 한다. 즉, 사건이 공정하고 객관적으로 묘사되었다기보다는 신학과 신앙의 눈으로 해석된 것이 성경에 묘사되었다고 보아야 한다.

셋째, 만인이 동의할 수 있는 절대적인 역사관은 존재하지 않는다.

역사는 '가능성'이란 측면을 항상 인정해야 한다. 우리에게는 사료 편찬밖에 없다. 사료 편찬은 근본적으로 저자의 철학과 관점과 논쟁/논의(argument/thesis)를 중심으로 이루어졌다.

2. 역사철학

그동안 여러 형태의 역사철학이 다양한 문화권에서 영향력을 행사했다. 이들 중 동서양의 사회를 주도해왔던 가장 중요한 다섯 가지 모델을 살펴보고자 한다. (1) 순환하는 역사, (2) 창조주의 주권 아래 그려진 직선적 역사, (3) 지속적으로 발전해가는 역사, (4) 역사주의(historicism), (5) 마르크스주의 역사관.

(1) 순환하는 역사

'역사의 수레바퀴'란 말을 들어본 적이 있을 것이다. 이 말은 '역사는 패턴에 따라 반복되는 것'이라고 보는 관점이다. 이 역사관은 동양과 고대 사회에서 많이 유행했던 철학이다. 고대 사람은 매년 사계절이 반복되는 현상에서 영감을 받아 역사도 그러한 것이라 이해했다. 주후 2세기에 살았던 로마의 황제이자 스토아(stoic) 철학자였던 아우렐리우스(Marcus Aurelius)는 이렇게 말했다. "논리가 있는 사람은 창조가 주기적으로 갱신되는 것을 이해한다. 그는 미래 세대가 새로운 것을 전혀 경험하지 못하며 우리 선조나 현 시대를 살아가는 우리가 이미 경험한 것을 경험할 뿐임을 인식하는 자다. 사람이 40세까지 살 수 있다면—그리고 그 나이에 지혜가 남아있다면—그는 [이 세상에서 일어날 수 있는] 모든 것, 곧 과거에서부터 미래에 올 것들을 모두 포함한 일을 이미 본 것이다." 해 아래 새로운 것은 하나도 없다는 의미다.

제국, 문명 등의 시작과 멸망 과정에서 이 리듬이 강조된다. 더 나아가서는 우주라는 것도 이런 역사적 사이클에 의해 움직인다고 생각했다. 영원히 존재하는 문명은 없다는 것이다. 흥할 때가 있으면 망할 때가 있다. 근대에 와서는 니체(Nietzsche)의 '영원한 반복론'(doctrine of eternal recurrence), 토인비(A. Toynbee)의 '문명의 흥망성쇠 파노라마'(panorama of the emergence and decay of civilizations)를 통하여 이 같은 관점이 강조되었다.

  이 역사관은 삶에 대해 대체로 비관적이다. 아무리 노력해도 결국 역사의 수레바퀴에 치이는 희생양에 불과하다는 것이다. 성경 안에도 이런 성향의 책이 있다고 주장하는 학자들이 있다. 그들이 제시하는 예는 바로 전도서다. 전도서의 "헛되고 헛되니 모든 것이 헛되도다. 해 아래 새로운 것이 없나니 한 세대는 가고 한 세대는 오는도다"라는 말씀이 이 역사관을 표현한다고 여기는 것이다. 그러나 전도서의 역사관과 이 역사철학 사이에는 결정적인 차이가 있다. 전도서는 비록 세상의 모든 일이 반복되는 것 같지만 이 '역사의 수레바퀴'는 같은 자리에서 일정한 주기를 두고 도는 것이 아니라 돌면서도 한 곳을 향하여 가고 있다는 사실을 강조한다. 그래서 전도서는 언젠가 우리 모두 전능자 앞에서 지난 일에 대하여 계수할 날이 올 것이라고 한다. 일부 학자들은 사사기의 역사관도 이 철학과 같다고 주장한다. 그러나 사사기도 분명히 제자리에서 맴도는 역사관이 아니라 목표를 향해 전진하는 역사를 논한다.

(2) 창조주의 주권 아래 그려진 직선적 역사

역사는 세상이 창조된 순간에 시작되었으며 종말이 올 때까지 계속 하나님의 주권에 의해 영향을 받으며 진행되어 간다. 이 역사철학을 펼친 좋은 예가 아우구스티누스(Augustine)의 『하나님의 도성』(City of God)이다. 근대에 와서는 라인홀드 니버(Niebuhr), 버터필드(Butterfield) 등이 이 역사철학을 주장했다. 창조와 종말 사이에 수많은 하나님의 개입이 있을 수 있으며 최고의 역사적인 개입은 예수 그리스도가 이 땅에 오신 일이다. 또한 역사가 종말을 향해 가고 있기 때문에 모든 것이 하나님의 계획과 섭리 속에 한 방향을 향해 진행되고 있다고 주장한다.

그러므로 이 역사관은 삶에 대하여 매우 긍정적이다. 미래에 대한 확신이 삶에 대하여 낙관적인 입장을 취하게 하는 것이다. 이것이 바로 전통적인 유대교-기독교의 역사관이다. 그러나 불행하게도 이 미래 지향적인 기독교의 관점이 세상에서 권세를 누리는 자에 의해 상당히 오용되어 왔다. 미래가 근본적으로 내세 내지는 천국과 연결되어 있기 때문이다. 이 땅에서 권세를 누리는 자들은 연약한 자들을 혹사시키고 그들의 인권을 유린하면서도 "다가오는 내세에서 잘 살려면 이 땅에서의 고생은 당연한 것이다"라고 합리화했다. 자신들의 불합리하고 부당한 요구와 착취를 정당화하거나, 혹은 착취를 당하는 자들이 저항이나 투쟁 없이 그 착취를 운명적으로 받아들이도록 유도하는 데 기독교 역사관을 이용한 것이다.

(3) 지속적으로 발전해가는 역사

앞의 역사관('창조주의 주권 아래 그려진 직선적 역사')처럼 이 역사철학도 역사를 직선적으로 이해한다. 그러나 기독교 역사관과 달리 신적/신학적 근거를 없애버렸다. 즉, 하나님이나 어떠한 신이 역사를 주관한다는 것을 거부한다. 이 철학은 인간이 역사를 꾸며 나가는 '유일한 에이전트'(sole agent)라고 주장한다. 인간에 대하여 매우 긍정적인 견해를 제시했던 18세기 계몽주의(Enlightenment)에 의해 시작되었다. 특히 프랑스에서 좋은 반응을 일으켰으며 콩트(Comte)가 체계화했다. 플럼(Plumb), 폴라드(Pollard) 등 상당수 역사가의 지지를 받는다. 이신론(理神論, deism)과 맥락을 같이하는 철학이다.

이 역사관에 의하면 시간이 흐름에 따라 과학과 기술이 발전하는 것처럼 인류의 도덕성도 발전할 것이다. 콩도르세(Marquis de Condorcet)는 이렇게 말했다. "언젠가 인간은 모든 한계, 운명, 발전을 방해하는 족쇄에서 풀려나 진정한 진리, 도덕, 행복의 길을 걷게 될 것이다." 이 역사관은 19세기 자유주의 신학자에 의해 기독교에도 도입되었다. 그러나 제1, 2차 세계 대전을 치르면서 인류는 인간이 본질적으로 얼마나 악한가를 새삼 깨닫게 되었다. 이 역사철학의 비현실성이 역력하게 드러난 것이다. 그럼에도 불구하고 오늘날에도 이 역사철학을 고수하는 사람이 제법 있다.

(4) 역사주의(historicism)

이 역사관도 18세기에 유럽에서 시작되었다. 프랑스와 영국에 급속도로 퍼져가던 '지속적으로 발전해가는 역사'에 대한 반발로 1780년대 이후 독일 학계에서 제시되었다. 니버(B. G. Niebuhr), 랑케(Ranke)가 대표적인 주창자이며 근대에 와서는 콜링우드(R. G. Collingwood)의 『역사에 대한 생각』 Idea of History에서 활성화되었다.

이 역사관은 역사가 직선적으로 발전하는 것을 전면적으로 부인한다. 이들은 역사는 문화의 산물이라고 한다. 각 문명은 독특한 문화를 창출하기 때문에 역사는 이 문화들의 성장에 대한 이야기라고 할 수 있다. 또한 모든 문화는 그 문화에 속한 사람의 역사적 체험에 의하여 형성되므로, 어느 문화권이든지 그 문화/민족의 역사를 무시한 이해는 있을 수 없다. 그러므로 역사가는 자신의 선입감이나 이미 선정된 도구를 버리고, 공감적 기술(technique of empathy)로 타문화를 이해하도록 노력해야 한다고 말한다. 즉, 각 민족의 역사의 독특성을 인정하는 철학이다.

(5) 마르크스주의 역사관

헤겔(Hegel)은 지속적으로 발전해 가는 역사관과 역사주의를 배합한 역사철학을 펼쳤다. 역사적으로 마르크스주의(Marxism)는 두 역사철학 사이에 존재한다. 현대에 와서는 힐(Christopher Hill), 톰슨(E. P. Thompson) 등이 주장했다. 이 역사관에 의하면 역사는 인간이 생존에 필요한 것을 얻으려고 투쟁하는 과정에서 산출되는 것에 불과하다. 역사는 인간의 생존에서 빚어진 것에 불과하기에 어떠한 중요성도 부여하지 않는다. 마르크스는 "소위 말하는 모든 세계사는 인간의 노동에 의하여 이루어진 것에 불과하다"라고 했다.

마르크스주의는 사상이나 생각이 역사를 이끌어나간다는 것을 부인한다. 그러나 마르크스주의가 지난 수십 년 동안 세계를 지배하지 않았는가? 마르크스주의자는 역사는 단지 근본적으로 인간의 물질적/육체적인 갈등에 의해 빚어진 산물에 불과하다고 주장한다. 이런 맥락에서 보면 마르크스(Marx)와 엥겔스(Engels)의 '역사적 물질주의'(historical materialism)는 역사의 의미/가치를 평가하는 것이다. 이 철학에 의하면 역사는 어떠한 중요성이나 가치를 부여할 필요가 없는 무의미한 것이다.

3. 구약 역사서의 성향

역사가를 포함하여 책을 집필하는 모든 저자는 각각 성향이 다를 수밖에 없다. 저자마다 자신의 독특한 스타일에 의해 이야기를 진행해 나가는 것이다. 역사가도 각기 독특한 스타일을 가지고 있다. 그들은 사용하는 단어까지도 자신의 의도에 맞게 적절하게 선택한다. 그러나 각자가 갖고 있는 고유의 스타일에도 불구하고, 앞에서 언급한 것처럼 역사가들은 다음과 같은 공통 원리에 따라 책을 전개한다. (1) 선택(selection), (2) 조직/제시(organization), (3) 원인-결과(cause-effect). 이 외에도 구약의 역사서는 다음 원리에 따라 이야기를 진행한다.

(1) 바뀐 순서(order)

성경의 역사서는 대체로 시대적인 순서에 따라 사건들을 배열한다. 그러나 항상 그런 것은 아니다. 때로는 책이 구상하고자 하는 메시지나 신학적 필요에 따라 순서가 바뀌기도 한다. 한 예를 들면 다윗은 악령에 시달리는 사울을 위해 여러 차례 수금을 탔다(삼상 16:14-23). 그런데 다윗이 골리앗을 물리치기 위해 다시 등장할 때 사울은 그를 알아보지 못했다(삼상 17:58). 무슨 일이 벌어지고 있는가? 저자는 먼저 다윗을 어린 시절부터 수금을 타며 노래하여 명성을 날리던 섬세한/여성스러운 면이 있는 자로 묘사하기를 원한다. 그다음 다윗의 이러한 예민한 감수성이 하나님의 영에 사로잡힌 후에는 적장을 죽이는 용맹스러운 장군이 될 정도로 변화되었음을 강조한다. 즉, 사무엘서 저자는 어떤 사건이 시대적으로 먼저 일어났는가를 전하는 데 관심을 두고 있지 않고 다윗의 삶에 어떠한 신학적인 변화가 있었는가에 초점을 맞추며 이야기를 진행하는 것이다. 이 외에도 성경에는 신학적이 이유로 시대적인 순서가 뒤집혀 제시된 사건이 많다. 이스라엘과 베냐민 지파의 전쟁(삿 19-21장), 히스기야의 병과 산헤립의 침략(왕하 18-20장) 등이 대표적인 예다.

어떤 사건은 왜 이렇게 시대적인 순서가 바뀐 것일까? 여러 가지 이유가 있겠지만, 가장 중요하고 결정적인 이유는 역사서 저자에게는 자신이 제시하려는 메시지를 전개하는 것이 중요하지, 사건들을 순차적으로 전개하는 것은 중요하지 않기 때문이다. 그래서 만일 사건들의 시대적 순서를 바꾸어 자신이 제시하고자 하는 메시지가 더 원활하게 전개되고 더 많은 설득력을 얻을 수 있다면, 과감하게 사건들의 순서를 바꾸는 것이다.

(2) 자격 검증

구약은 한 사람이 리더로 세워지면, 곧바로 그 사람이 이 일을 감당할 수 있을까에 대한 궁금증을 풀어주는 사건을 기록한다. 예를 들면, 다윗이 통일왕국의 왕이 되고 처음으로 한 일은 여부스 족에게서 예루살렘을 빼앗은 일인데(삼하 5장), 이 사건은 다윗의 왕 자격에 관하여 있을 수 있는 모든 의문을 해소시킨다. 다윗은 지난 수백 년 동안 아무도 하지 못했던 일, 심지어 사무엘과 사울도 해내지 못했던 일을 해낸 위대한 왕이라는 것이다. 솔로몬의 이야기도 마찬가지다. 왕이 되자마자 그는 기브온 산당에서 만난 하나님께 주의 백성을 다스릴 만한 지혜를 구했고, 하나님은 그에게 큰 지혜를 약속하셨다. 그의 지혜가 진가를 발휘하게 되는 것이 바로 한 아이를 두고 벌어진 두 여인의 상소 사건이었다(왕상 3장). 이 사건을 통해 저자는 솔로몬의 능력을 두 가지 차원에서 검증한다. 첫째, 그는 큰 백성이 된 이스라엘을 다스릴 만한 지혜가 있는 사람이다. 둘째, 옛적에 오홀리압과 브살렐이 성막과 기구들을 건축하는 데 지혜가 필요했던 것을 생각할 때 성전을 건축해야 할 솔로몬도 큰 지혜가 필요한데, 재판에서 보여준 지혜는 그가 성전을 건축할 만한 자격을 충분히 갖추고 있음을 암시한다. 이 외에도 모세의 후계자가 된 여호수아가 정탐꾼을 파견하고, 요단강 도하를 지휘한 일, 사울이 왕으로 임명되자마자 암몬 사람을 상대로 대승을 거둔 일 등이 있다.

(3) 집약

역사서 저자들은 종종 여러 사건을 마치 한 사건인 양 요약하여 제시하곤 한다. 대표적인 예가 다윗이 유다의 왕이 된 일과 통일왕국 이스라엘의 왕이 된 일이다. 사무엘하 2장에 의하면 다윗은 먼저 유다의 왕이 되었고, 그 후 7년 반 동안 사울 집안을 앞세운 이스라엘과 전쟁을 해야 했다. 그러다가 아브넬의 중재로 드디어 온 이스라엘의 왕이 될 수 있었다(삼하 5장). 반면에 역대기는 다윗이 왕이 된 일을 회고하면서 마치 그가 처음부터 통일왕국 이스라엘의 왕이 된 것처럼 묘사한다(대상 11장). 역대기 저자는 독자가 다윗의 왕정에 대하여 익히 알고 있기 때문에 자세하게 설명할 필요가 없다고 생각하여 두 사건을 하나로 압축해서 제시한 것이다. 이 외에도 다윗이 골리앗을 죽이고 승승장구한 것과 여인들의 환영(삼상 18장), 사울의 반역적인 삶이 한마디로 요약되는 것(대상 10장) 등이 있다.

(4) 흥미 자극

구약 역사서에는 독자의 흥미를 자극하는 요소가 곳곳에 놓여 있다. 지루함을 최소화하기 위한 노력이기도 하지만, 앞으로 전개될 이야기에서 중요한 역할을 하게 될 것이기 때문이기도 하다. 창세기에서는 등장인물이 동쪽으로 가면 좋지 않은 결과를 초래한다. 아담은 창조되자마자 동쪽에 있는 에덴동산으로 갔다가 인류 최초의 죄를 지었다. 가인은 동생 아벨을 죽이고 동쪽으로 쫓겨갔다가, "평생 세상을 떠돌며 살라"는 하나님의 명령을 어기고 에녹 성을 세웠다. 홍수 이후 인류는 동쪽으로 가다가 바벨탑을 쌓았다. 롯은 아브라함과 헤어진 후 약속의 땅 동쪽에 있는 소돔과 고모라로 갔다가 변을 당했다. 동쪽으로 가서 변을 당하는 것은 우연이 아닌 듯하다. 이스라엘은 40년의 광야 생활 끝에 요단 강을 동쪽에서 서쪽으로 건넜다. 성막과 성전은 출입구가 동쪽에 있기 때문에 사람들은 동쪽에서 서쪽으로 들어왔으며, 법궤는 성막의 서쪽에 위치한 지성소에 안치되어 있었다. 먼 훗날 이스라엘이 동쪽에 있는 바빌론으로 끌려갈 것을 예고한다는 해석이 있기는 하지만, 일단은 동쪽으로 가면 사고가 발생한다는 것은 매우 흥미로운 일이다.

　요셉 이야기에서는 결정적인 순간들이 반드시 옷과 연관된다. 또 바로가 작심하고 이스라엘을 멸족시키려 해도, 그에게서 이스라엘을 구원해 낼 모세가 바로의 딸의 보호를 받으며 왕궁에서 자란다.

(5) 받침대

성경에는 저자가 자신이 집필한 책 앞부분과 뒷부분에 서로 연관성이 있고 통일성이 있는 한 쌍의 텍스트를 더한 예가 자주 등장한다. 예를 들면 사사기는 1-3장이 이중적 서론을 형성하는데, 이에 걸맞게 19-21장이 이중적 결론 역할을 하고 있다(cf. 『엑스포지멘터리 사사기』). 사무엘서에서는 한나의 노래(삼상 2장)와 다윗의 노래(삼하 22-23장)가 한 쌍을 이루며 사무엘서를 양쪽에서 지탱해주는 받침대 역할을 한다. 이처럼 앞부분과 뒷부분에서 받침대 역할을 하는 텍스트가 사용될 때는 이 부분을 잘 살펴야 한다. 이 받침대들은 사용하는 용어나 제시하는 핵심 메시지에 있어서 서로 매우 밀접하게 연관되어 있을 뿐만 아니라, 책 전체의 메시지를 이해하는 데도 결정적인 힌트를 제공하기 때문이다. 이 같은 현상은 역사서에만 국한된 것이 아니라, 욥기(1-2장, 42장), 이사야(1장, 65-66장) 등에서도 발견된다.

(6) 강조(emphasis)

하나님이 하신 모든 일과 이스라엘에 있었던 모든 사건이 성경 역사가에게 중요한 사안이 되는 것은 아니다. 그렇기 때문에 어떤 일이 중요하다고 생각하면 다른 사건보다 그 일을 강조하게 된다. 예를 들면, 가나안 정복 이야기에서는 여리고와 아이성 등 두 도시의 정복 이야기가 특별히 강조된다. 물론 이 성읍들은 이스라엘 사람이 가나안에 입성하여 제일 먼저 정복한 곳이라는 공통점을 갖고 있다. 이 두 성읍 이야기는 어떻게 성전(聖戰)을 할 것인가에 대한 예를 제시한다. 하지만 여리고성 이야기(수 6장)가 올바른 성전(holy war)의 표본인 반면 아이성 이야기(수 7장)는 단 한 사람의 불순종이 가나안 정복 전쟁을 완전히 멈출 수도 있다는 경고다. 두 사건 모두 성전을 치르는 공동체의 단합된 거룩함이 얼마나 중요한 것인가를 잘 보여준다. 성경이 강조하기 위해 흔히 사용하는 방법이 반복이다.

(7) 적용(application)

구약 역사서 저자들은 과거에 일어난 사건을 일어난 그대로 전하는 데만 관심을 두지 않았다. 그들은 각 사건을 통해 하나님의 말씀을 백성에게 전하기 위해 책을 집필했다. 역사가들은 역사적 사건을 통해 하나님의 사역과 은총을 드러낸다. 그래서 구약 역사서를 저자의 의도에 따라 읽다 보면 문득문득 기도하게 되고, 경건하고 거룩하게 살고 싶은 욕망이 생기는 것이다. 성경 역사가들이 독자에게서 이 같은 반응을 이끌어내기 위해 책을 썼기 때문이다. 그들은 자신들의 책을 통해 설교를 하는 것이다. 그래서 어떤 학자는 구약 역사서를 '고백적 역사'(confessional history)라고 부른다(von Rad). 성경은 결코 가치중립적인 책이 아니다. 또한 역사적인 사건에 대하여 정보만 제공하는 책도 아니다. 역사서는 독자에게 심적인 변화와 실천적인 결단을 촉구한다. 이 목적을 달성하기 위해 역사서는 역사, 문학, 윤리, 신학이 잘 융합된(integrated) 놀라운 작품성을 띤다.

(8) 반복(repetition)

진보 성향의 학자들은 성경을 읽다가 같은 내용이 반복되면 문서설

(Documentary Hypothesis) 등 자신이 지향하는 비평학의 증거로 사용하곤 한다. 이들은 성경 안에서 동일하거나 비슷한 사건이 반복적으로 발견되는 것은 같은 이야기가 조금씩 다른 버전으로 여러 지역에서 전해 오다가 하나로 묶일 때 이 버전이 특별한 편집을 통하지 않고 그대로 반영되었기 때문이라고 주장한다. 그러나 최근 유행하는 문학/문예 비평가들(literary critics)은 반복이 히브리 문학의 독특한 기술 방법이라고 주장한다. 이로써 이들은 반복되는 부분을 더 이상 훗날 삽입된 불순물이라며 제거하지 않고 반복되는 부분이 갖는 문학적 기능과 의미에 대해 연구하게 되었다.

어떤 포인트를 강조하기 위해 반복이 자주 쓰이며, 가장 중요한 반복 유형은 '모형 장면'(type-scene)이다. 같은 책 안에서 반복되는 이야기가 있는가 하면, 다른 책에서 반복되는 이야기도 있다. 같은 책에서 반복되는 예로는 아브라함이 아내를 누이라고 속인 일과 그의 아들 이삭이 똑같이 아버지를 답습하여 아비멜렉을 속인 일을 들 수 있다. 창세기에 아내를 누이라고 속이는 일이 세 차례나 등장하는 것이다(창 12, 20, 26장). 다른 책에서 반복되는 예로는 산헤립이 히스기야를 예루살렘성에 고립시킨 사건을 들 수 있다(사 36-39장; 왕하 18-19장). 여호야긴이 바빌론 감옥에 수감된 지 36년 만에 풀려난 일도 열왕기와 예레미야서를 마무리하는 이야기로 사용되었다. 성경에서 혼사에 관한 일이 주로 우물가에서 일어나는 것도 하나의 모형 장면이다. 알터(Robert Alter)에 의하면 성경에는 다섯 가지 종류의 반복이 있다. 특별한 단어(Leitwort), 모티프(motif), 테마(theme), 사건 순서(sequence of actions), 모형 장면(type-scene).

(9) 생략(omission)

생략은 반복과 대조적인 것으로, 때로는 '틈'(gapping), '설화적 침묵'(narrative reticence)이라고도 한다. 틈(gapping)은 주어지지 않은 정보이지만 이야기를 이해하는 데 매우 중요한 요소가 될 수 있는 것을 말한다. 다윗과 밧세바 이야기에서 우리아가 왜 아내 밧세바와 잠자리를 같이하지 않았을까? 전쟁 중인 병사의 의무/충성심에서 비롯된 것일까? 물론 우리아는 그렇다고 말한다. 그러나 이야기를 읽어내려 가는 독자들은 '정말 그런가? 그가 진실을 말하고 있는가?'라는 질문을 하게 된다. 우리아는 자기 아내가 다윗과 간음을 했으며 임신을 했다는 것을 알고 있었을까? 더 나아가 그는 다윗의 계략을 알고 있었을까? 지금까지 이야기가 진행된 것을 감안하면 우리아가 사건의 전모를 알았다는 것은 충분히 가능한 일이다. 발 없는 소문이 순식간에 천 리 길을 간다는 진리는 그때나 지금이나 다를 바가 없다. 그러나 저자는 독자가 최종 결론을 내릴 것이라고 암시한다. 이러한 기술이 틈(gapping)이다. 영화 "내 마음의 풍금"을 본 적이 있는가? 그 영화의 마지막 부분도 이러한 기술을 사용하고 있다.

생략은 저자의 선택권에 의해 자연적으로 생기는 현상이다. 또한 생략은 이야기 진행 스타일에 있어서 매우 중요한 일부분이다. 저자는 이 기술을 통해 독자의 관심, 호기심, 긴장감, 몰입을 유도한다. 에스더서의 '하나님' 생략 역시 책을 매우 흥미진진하게 만든다.

(10) 대화(dialogue)

일반 역사서들은 내레이터의 주도 아래 등장인물이 거의 없이 진행된다. 이와는 달리 성경의 역사서는 직접 화법(direct speech)을 상당히 많이 사용할 뿐만 아니라, 이것이 매우 중요한 기술로 자리잡았다. 예를 들면 삼손의 인격과 성격이 모두 대화에서 나타나는 경우다(삿 14-16장). 성경에서 대화는 대개 두 사람 사이에 이루어진다. 대화는 이야기에 생생한 현실감을 더하며, 등장인물의 심리적·이상적인 면을 가장 뚜렷하고 확실하게 나타내는 묘사 기술이다. 구약에서 대화 기법을 가장 효율적으로 사용하는 책은 룻기다. 룻기는 85절로 구성된 짧은 책인데, 이 중 45절이 등장인물이 나누는 대화로 이루어져 있다. 책의 반(半) 이상이 대화로 구성되어 있는 것이다.

4. 구약 역사와 역사서

성경이 역사를 묘사하는 도구로 사용하고 있는 이야기체(narrative)는 문학적 장르로서 객관적이고 공정한 보고서의 범위를 초월한다. 그렇다고 해서 이야기체의 역사성을 무시한다면, 우리는 커다란 과오를 범하게 될 뿐만 아니라, 성경 저자가 전제한 모든 원리를 무시하게 된다. 역사서의 역사성을 부인하는 것은 저자의 의도에서 벗어나는 결과를 초래하는 것이다. 또한 신·구약에서 역사적 보고가 광범위하게 사용되었기 때문에 역사성을 무시하면 성경을 공정하게 해석할 수 없다.

누가와 사도행전의 저자인 누가는 자신의 저서가 과거에 일어났던 일을 종합해서 공정하고 정확하게 보고하고 있다는 점을 누차 강조한다(눅 1:1-4, 행 1:1-2). 바울은 예수 그리스도가 역사의 한순간에 육체적으로 부활하지 않았다면 기독교의 모든 것은 거짓이요 헛될 수밖에 없다고 기록하고 있다(고전 15:12-19). 이와 마찬가지로 구약에서도 출애굽 사건이 실제로 있었던 사건이 아니라면 이스라엘의 정체성은 물론 유대교-기독교의 모든 기반이 무너진다.

물론 우리가 '역사적 보고'에서 정확하고 공정하며 객관적이고 해석되지 않은(저자의 편견을 반영하지 않은) 역사를 고집한다면 성경에 대한 역사적 질문은 무척 어려운 이슈가 될 수밖에 없다. 예를 들어, 세 개의 공관복음(마태, 마가, 누가)이 우리에게 전해진 것이 시사하는 바와 그것이 갖는 역사성을 생각해보자. 세 복음서 모두 예수님의 생애와 가르침을 전하고 있다. 그러나 이 책들의 구조, 강조점, 신학, 심지어 가르침의 상당 부분이 서로 같지 않다. 또한 동일한 사건의 진행 순서도 모두 다르다. 역사서적인 차원에서 우리는 이 차이를 어떻게 이해할 것인가? 세 복음서 중 하나만 역사적으로 정확하고 둘은 잘못된 것인가? 아니면 셋 다 잘못된 것인가? 아니다. 셋 다 옳다. 복음서를 기록한 사람은 고대 유태인이다. 그들의 역사철학과 역사서에 대한 이해는 현대를 살아가는 우리의 것과 사뭇 다르다. 이런 상황에서 우리의 잣대로 그들의 작품을 평가하는 것은 바람직하지 않다. 오히려 우리가 그들의 철학과 관점을 먼저 이해하려고 노력하고, 이 같은 노력을 근거로 그들의 작품을 읽어야 할 것이다.

(1) 역사서 범위

구약의 일부를 구성하는 역사서의 범위는 세 가지로 정의될 수 있다. (1) 정경 순서, (2) 시대적 배경, (3) 저작/편집 시기. 첫째, 정경의 순서에 따라 역사서를 구분하면 기독교 정경에서는 여호수아서에서 에스더서 사이에 있는 책들이 해당된다. 유태인이 사용하는 히브리어 정경은 다소 다른 입장을 취한다. 히브리어 정경은 여호수아서에서 열왕기까지를 '전(前)선지서'라고 부르며, 기독교 정경에서 사사기와 사무엘서 사이에 위치해 있는 룻기, 우리가 역사서라고 하는 역대기, 에스라-느헤미야서, 에스더서 등을 성문서로 분류했다.[1] 기독교 정경에서 역사서는 선지서 앞에 등장하며, 선지서를 읽을 때 참고해야 할 역사적 배경을 제공해 준다. 둘째, 시대적 배경으로 정의할 때 역사서는 모세의 후계자 여호수아가 이스라엘을 이끌고 가나안에 입성한 때(1400 BC경)부터 시작하여 역대기가 저작된 시대인 주전 350년대까지의 이스라엘과 유다의 역사를 회고한다. 역사서는 1,000여 년의 선민(選民) 역사를 정리하고 있는 것이다. 셋째, 저작 혹은 편집 시기에 따라 정의하면 역사서는 바빌론 포로기를 기점으로 구분될 수 있다. 바빌론 포로

---

1 이유에 대해서는 『엑스포지멘터리 선지서 개론』 (서울: 도서출판 이엠, 2012)을 참고하라.

기 이전 시대를 정리한 책으로는 여호수아서, 사사기, 룻기, 사무엘서, 열왕기 등이 있다. 바빌론 포로기 이후 시대의 역사를 정리한 책으로는 에스라—느헤미야서, 역대기, 에스더서 등이 있다. 포로기 이전 시대를 조명하고 있는 책들은 두 가지의 질문에 답하고자 한다. (1) 하나님의 선민인 이스라엘이 왜 타국으로 끌려와야 했는가? (2) 바빌론에 포로로 끌려온 이스라엘에게 아직도 소망이 있는가? 반면에 포로기 이후 시대를 정리하는 역사서들은 이스라엘의 정체성에 대한 질문에 답한다. (1) 이스라엘은 아직도 하나님 백성인가? (2) 옛 이스라엘과 귀향민의 관계는 어떤 것인가? 바빌론 포로기를 기점으로 구약 역사서의 신학적 주제와 관심사가 둘로 나뉜 것이다.

(2) 주요 연대

이스라엘 역사를 이해하기 위해 꼭 알아두어야 할 연대가 있다. 출애굽 시대에서 예수님 시대에 이르는 중요한 시대 및 연대는 다음과 같다.

사건	연대(BC)	비고
출애굽	1450년경	일부 학자는 1200년대라고 주장
사사 시대	1400-1100년	약 300여 년 동안 지속
왕정 시대	1050-586년	사울이 초대 왕이었고, 시드기야가 유다의 마지막 왕
바빌론 포로 시대	586-538년	고레스가 538년에 종교적 자유를 보장하는 칙령을 선포
제2성전 시대	516 BC-70 AD	귀향민이 건축한 성전이 헤롯에 의해 재건되었다가, 로마 사람에 의해 파괴됨
사무엘 시대	1100-1050년	이스라엘의 마지막 사사
사울 시대	1050-1010년	이스라엘의 초대 왕

다윗 시대	1010-970년	다윗 언약(삼하 7장)
솔로몬 시대	970-931년	나라가 둘로 쪼개짐
북 왕국 이스라엘 멸망	722년	아시리아에 의한 멸망
남 왕국 유다 멸망	586년	바빌론에 의한 멸망
바빌론에서 1차 귀향(스룹바벨)	538년	고레스 칙령에 따름
바빌론에서 2차 귀향(에스라)	458년	율법학자 에스라가 인도함
바빌론에서 3차 귀향(느헤미야)	444년	느헤미야가 총독이 되어 예루살렘을 찾음
수전절	164년	시리아의 안티오쿠스 에피파네로 인해 훼손되고 부정하게 된 성전을 정결하게 하여 헌당함

(3) 관점 차이

성경의 역사서를 읽다 보면 심지어 같은 인물에 대해 묘사하면서도 현저한 관점의 차이를 지니고 있는 책을 접하게 된다. 열왕기와 역대기가 제시하는 다윗, 솔로몬에 대한 대조적 관점을 생각해보자. 열왕기는 솔로몬을 매우 부정적으로 평가하며, 그의 죄를 낱낱이 고발한다. 사무엘서도 다윗의 죄를 서슴없이 밝힌다. 반면에 역대기는 이 왕들을 매우 긍정적으로 평가하며, 죄에 대한 언급은 거의 하지 않는다. 특히 역대기 기자가 사무엘-열왕기를 직접 인용해 자신의 책을 정리했다는 점을 감안하면 매우 충격적으로 간주될 수 있다. 그렇다면 사무엘-열왕기와 역대기 중 어느 버전이 이 왕들에 대한 공정한 판단인가?

 사실은 둘 다 공정하다. 다만 저자들이 책을 쓴 이유와 목적이 달라서 이런 현상이 빚어진 것뿐이다. 사무엘-열왕기는 하나님의 선민이라고 자부하던 이스라엘이 아시리아와 바빌론으로 끌려가게 된 일에 대한 신학적 답을 제시하고 있다. 주의 백성이 타국으로 끌려간 것은 그들의 신 여호와가 이방인의 신들에게 무릎을 꿇어서가 아니라, 그들이 하나님께 죄를 범했기 때문이다. 이로써 하나님이 그들을 직접 타국으로 내치셨다는 것이다.

이스라엘이 얼마나 하나님께 죄를 범했는가를 강조하기 위해 저자는 이스라엘 사람이 가장 존경하던 다윗과 솔로몬왕을 예로 든다. 이스라엘을 대표하는 이 왕들의 죄를 낱낱이 들추어냄으로써, 독자로 하여금 이스라엘이 가장 자랑스럽게 여겼던 왕들도 이 모양이었으니 나머지 왕은 말할 필요도 없고, 이런 왕들의 통치 아래 있었던 백성은 또 얼마나 많은 죄를 지었을지 충분히 상상할 수 있게 한다. 그러므로 하나님이 스스로 이들을 타국으로 내치신 것은 당연한 일이라는 것이다.

반면에 역대기는 포로기를 마치고 예루살렘으로 돌아온 귀향민을 위해 기록된 책이다. 이스라엘은 이미 죄에 대한 대가를 치른 상황이다. 하나님 은혜를 바라며 돌아온 귀향민에게 가장 중요한 이슈는 아직도 시내산 언약이 유효한 것인가와 자신들이 옛 이스라엘 백성의 맥을 잇고 있는가이다. 역대기 저자는 이 질문에 긍정적으로 답한다. 이스라엘이 시내산에서 하나님과 맺은 언약은 아직도 유효하며, 귀향민은 예루살렘 함락 이전에 있었던 이스라엘 공동체의 맥을 잇고 있다는 것이다. 그는 성전과 다윗 언약을 통해 이같이 대답하는데, 성전과 다윗 언약은 다윗과 솔로몬과 직접적인 연관이 있다. 그러므로 자신의 논지에 맞게 역사상 가장 중요한 왕이었던 다윗과 솔로몬을 최대한 이상적이고 훌륭한 신앙인으로 묘사할 필요가 있다. 그래야 성전과 다윗 언약의 가치가 더 부각되기 때문이다. 이런 상황에서 사무엘-열왕기가 기록하는 이들의 죄와 과오를 거의 언급하지 않는다. 사실을 왜곡하고자 해서가 아니다. 역대기 저자가 자신의 책을 쓰면서 가장 기본적으로 꾸준히 인용하는 출처가 바로 이 책들인데, 단지 자신이 사무엘-열왕기 저자와 다른 목적으로 책을 집필하다 보니 이런 현상이 필연적으로 생긴 것이며, 이 왕들의 과실과 죄에 대해 자세히 알고 싶은 독자는 자신이 참고하고 있는 사무엘-열왕기를 읽어보라고 암시하고 있을 뿐이다.

(4) 연대 혼란

구약 역사서는 연대나 시대에 대해 상당한 혼돈을 빚고 있다. 지금까지 발굴된 고대 근동의 자료에서 제시된 내용과 상반되는 경우도 있고, 심지어는 같은 성경 안에서 엇갈리는 정보가 제공되는 경우도 있다. 다음 예를 생각해보자. 열왕기하 18:10, 13은 사마리아의 붕괴와 산헤립의 예루살렘 공략 사이에 8년의 기간을 두고 있다. 그러나 아시리아 기록에 의하면 사마리아는 주전 722년에 붕괴했으며, 예루살렘은 주전 701년에 포위당했다. 두 연대는 100% 신뢰할 수 있다는 것이 학자들 대부분의 견해다. 그렇다면 사마리아 붕괴와 예루살렘 공략 사이에 8년이 아니라 20년의 세월이 지난 것인데, 과연 어느 쪽이 더 신빙성이 있는 것인가? 보수적인 학자도 거의 모두 20년으로 간주한다.

   이사야 7:1(cf. 왕하 16:5)은 베가와 르신의 예루살렘 위협이 아하스 시대에 있었다고 기록한다. 그러나 베가는 아하스의 아버지 요담왕 20년에 북 왕국의 호세아왕에게 저격을 당해(왕하 15:30) 아하스가 왕위에 오르기 전에 죽었다. 그렇다면 아하스 앞에 버젓이 나타난 베가는 어떻게 이해해야 하는가?

   아하스는 16년 동안 유다의 왕으로 군림했다(왕하 16:1). 그의 대를 이어 아들 히스기야가 25세 때 왕위에 올랐다(왕하 18:1). 그렇다면 히스기야는 아버지 아하스가 왕위에 오를 때 9세였다. 열왕기하 16:2에 의하면 아하스는 20세에 왕위에 올랐다. 그렇다면 아하스는 11세에 히스기야의 아버지가 된 것이다. 물론 의학적으로 불가능한 일은 아니지만 남자가 11세에 아버지가 될 가능성은 매우 희박하다.

이 외에도 성경은 연대나 숫자에 대한 혼돈을 여러 개 더 가지고 있다. 이삭의 아내 리브가는 아들 에서가 가나안 여인과 결혼한 것을 못마땅하게 생각했을 뿐만 아니라 둘째 아들 야곱의 결혼에 대해 큰 스트레스를 느꼈다. 결국 결혼 적령기인 야곱을 오빠 라반의 집으로 보냈다. 그런데 문제는 이때 '청년' 야곱의 나이가 70-80세라는 것이다! 결혼 적령기에 들어선 총각치고는 나이가 너무 많다. 아말렉 족은 에서의 손자 아말렉에 의해 시작된 족속이다(창 36:12). 그런데 아브라함 시대 때 아말렉 족속이 이미 팔레스타인의 남쪽 지방에 살고 있었다(창 14:7).

이 같은 혼돈과 그 외 다른 이유로 역사서의 역사성을 최소화하는 사람이 많다. 프라이(Hans Frei)는 성경의 역사서가 '역사 같은'(history-like)것을 가질 뿐 역사를 포함하지 않는다고 한다. 다른 학자는 성경의 역사서를 '역사화된 소설'(historicized fiction), 혹은 '소설화된 역사'(fictionalized history)라고 부르며 역사성을 완전히 부인한다. 그러나 문제는 본문의 의도 혹은 목적이다. "만약 그 의도가…결과적으로 연관성 있는 역사적 사건을 수반하고 있다면, 그 의도를 떠나 곁길로 새 버리는 일은 그 이야기의 의미에 대한 정당한 해석이라 할 수 없다"(Greidanus). 본문이 역사성을 주장하거나 전제하는 부분에서 사건의 역사성을 부인하는 것은 옳지 않다는 것이다.

성경의 역사서는 가치 평가가 부여되지 않고 단순히 과거에 일어난 사건만 설명하는 객관적인 역사가 아니다. 성경의 역사서는 인류 역사 속에 펼쳐지는 하나님의 계획과 목적을 염두에 두고 역사를 해석해 놓은 일종의 역사 해석이다. 많은 학자가 이런 이유 때문에 성경의 역사를 '신학적 역사' 혹은 '선지적 역사' 혹은 '언약적 역사'라고 부른다. 롱(Long)은 성경의 역사를 '예술적 역사'(예술성이 다분한, 그러나 분명히 역사적 사실에 근거한 역사)라 부르기도 한다.

(5) 신명기적 사가(史家)

구약의 역사서를 비평학적으로 연구할 때 가장 중요한 이론은 '신명기적 사가'(Deuteronomistic Historian)이다. 학자들은 구약의 역사서(여호수아-열왕기)가 이 '신명기적 사가/학파'에 의해 주전 6-7세기경에 최종적으로 저작/편집되었다고 생각한다. 그와 연관된 '신명기적 역사'(Deuternomistic History)가 무엇을 의미하는지 먼저 생각해보자. 신명기적 역사는 노트(Noth)가 1943년에 처음 제시한 설이다.[2] 그는 신명기에서부터 열왕기하까지가 문체적으로나 신학적으로 단일성(unity)을 지니고 있다고 주장했다. 노트는 이 책들(신-왕하)이 한 사람에 의해 주전 550년경 바빌론에서 집필된 것으로 추정했다. 이 저자가 신명기적 사가로 불리는 것은 신명기로부터 많은 신학적 영향을 받았기 때문이다. 노트의 설에 따르면, 신명기적 사가가 이스라엘의 멸망이 여호와의 무능력 때문에 초래된 결과가 아니라 이스라엘의 죄 때문에 초래된 결과라는 사실을 밝히기 위해 이미 전해 내려오던 광범위한 자료를 토대로 '신명기–여호수아–사사기–사무엘–열왕기'를 저작했다는 것이다. 노트의 후예들은 그의 설을 한 단계 더 발전시켜 신명기적 역사/전승(DH)은 문서설의 E(엘로힘 문서, 주전 850년경에 북 왕국에서 시작되었다고 주장)가 저작되기 시작될 즈음에 시작된 전통이라 주장했다.

노트가 증거로 제시한 것은 다음과 같다. 첫째, 신명기적 전승(DH)은 중요한 자리에 성경의 주요 인물의 입을 빌려 연설과 논평을 삽입하여 자신의 주장을 발전시켜 나가고 있다. 여호수아의 연설(수 22장), 여호수아의 고별 설교(수 23장), 사무엘의 설교(삼상 12장), 솔로몬의 기도(왕상 8장) 등이 바로 그 예다. 저자는 이런 인물들의 설교와 기도를 직접 집필하고 책에 삽입하여 이스라엘의 역사를 회고하는 동시에 이 백성이 어떻게 살

---

2 여기에 제시된 내용은 Martin Noth, *The Deuternomistic History*. 2nd English Edition. JSOTSup. (Sheffield: Sheffield Academic Press, 2002)를 바탕으로 한 것이다.

아가야 하는가를 가르친다. 그리고 가끔 자신의 논평도 삽입한다. 가나안 정복이 일단락된 시점에서 종합적인 평가를 한 것(수 12장)과 왕정 시대의 비극적인 결말을 언급하는 열왕기하 17:7-23은 모두 그의 설교이며, 수사학적이고 교훈적인 틀(rhetorical parenthetic framework)을 제공해준다. 이렇게 설교와 논평을 중간중간에 삽입하는 것은 신명기 사가의 역사 자료 외에서는 찾아보기 힘들다. 둘째, 신명기부터 열왕기하에 이르는 신명기적 전승(DH)의 저서들은 놀라운 언어적 통일성(linguistic uniformity)을 지니고 있다. 셋째, 신명기적 사가의 역사에 일관된 연대기(consistent chronological sequence)가 있다. 넷째, 신명기적 사가의 역사에서는 일관된 역사 신학을 볼 수 있다.

그렇다면 신명기적 사가는 무엇 때문에 이 장엄한 작품을 집필하게 되었을까? 그는 주전 722년 사마리아 함락과 586년 예루살렘 함락에 대해 신학적인 답을 찾으려고 노력했다. 하나님의 선민과 여호와 임재의 상징인 성전이 있는 예루살렘이 왜 적군에 의해 파괴되었는가? 여호와의 처소인 시온 성은 결코 망하지 않는다고 주장했던 시온 사상은 어떻게 된 것인가? 노트(Noth)는 신명기적 사가가 찾은 답은 이스라엘이 하나님 앞에서 계속 마음을 강퍅하게 하여 이방 신들을 좇았기 때문이라고 주장했다. 신명기적 사가의 전승은 요단강 저편에서 모세가 이스라엘 민족에게 마지막으로 전하는 '율법 복습'(신명기)에서 시작하여 가나안 정복으로 이어지며 훗날 통일왕국, 분열왕국 시대로 연결된다. 이 사가에 의해 최종적으로 기록된 사건은 주전 597년 바빌론으로 끌려가 37년 동안 감옥생활을 하다가 561년에 자유인이 된 여호야긴의 이야기다(왕하 25:27-30). 이때가 주전 560년이다. 그러므로 빨라도 주전 550년경에 신명기적 사가가 이 작품을 집필했을 것이라고 추정하는 것이다. 저자는 이스라엘 역사를 조명하는 과정에서 왕들의 죄에 특별한 관심을 쏟았다. 노트의 후예들은 한 걸음 더 나아가 북 왕국이 함락되자 남 왕국 사람 중 이 사상에 동조하는 자들에 의해 신명기적 전통이 이어졌다고 주장했다. 그리고 이 전통은

100년 후인 주전 621년(요시야의 지시로 성전 보수 공사 중 힐기야 제사장이 성전에서 여호와의 율법을 발견했던 때)에 있었던 요시야왕의 대대적인 종교개혁에 신학적 발판을 마련해 주었다고 한다. 이런 의미에서 신명기 12-26장의 역할이 강조된다.

노트에 의하면 신명기적 사가의 신학은 다음과 같은 요소를 포함했다. 첫째, 여호와 언약의 은혜로움이다. 신명기적 사가는 이스라엘이 여호와와의 언약에 순종하면 누릴 수 있는 축복을 매우 강조했다. 그러므로 매우 강도 높은 윤리생활과 종교적 순종을 요구하는 설교와 권면을 했다. 둘째, 우상 숭배의 사악함과 분산화된 종교(decentralized religion)이다. 신명기적 사가는 이스라엘 종교의 분산화와 우상 숭배를 매우 강하게 정죄했기에 당시 정치인과 큰 갈등을 빚었다. 정치인은 하나님을 섬기기보다 자신의 권세를 정당화하려고 종교(심지어는 이방 종교)를 이용하기에 급급했고, 결국 신명기적 사가와 권세자 사이에 갈등과 대립이 잦았다. 셋째, 불가피한 상과 벌이다. 순종은 여호와의 축복을, 불순종은 저주와 심판을 자초한다. 요시야의 종교개혁이 실패하자 이 사상은 많은 전통을 종합해서 시내산 언약 순종과 불순종에서 오는 축복과 저주의 관점에서 북 왕국의 왕들을 평가했다. 이런 노력이 신명기-열왕기에 기록되었다. 넷째, 시내산 언약을 준수하는 일의 중요성이다. 하나님과 언약을 잘 이행하는 것만이 이스라엘의 살 길이라는 것이 신명기적 사가의 주장이다. 신명기적 사가의 역사는 바빌론 포로생활 중에 최종적으로 개정, 정리된 것으로 생각된다.

노트의 이런 학설에 우리는 어떤 평가를 내릴 수 있는가? 첫째, 노트의 학설은 모세오경에서 신명기를 분리하는 것을 전제한다. 그래서 그의 학설을 따르는 자들은 대체로 모세오(5)경이 아니라 모세사(4)경을 주장한다. 신명기는 창세기-민수기와 상관없는 책이라는 것이다. 그러나 신명기를 떼어내면 모세오경은 미완성품에 불과하다. 신명기는 여호수아-열왕기하보다 모세오경에 더 어울리는 책이다. 둘째, 노트가 주장한 것처럼 신명기적 성향이 여호수아-열왕기하에서 발견되는 것은 사실이다. 그러나 이 역사가의 손길이 어디서나 동일하게 나타나는 것은 아니다(Childs). 여호수아-열왕기하를 한 사람의 작품으로 보기에는 너무나 많은 다양성이 존재한다는 것이 많은 학자들의 평가다. 셋째, 노트는 신명기적 사가의 매우 비관적인 생각('왜 여호와의 선민이 바빌론으로 끌려와야만 했는가?')이 이 책들을 저작하게 한 동기라고 하는데 별로 설득력이 없는 말이다. 신명기적 사가의 역사에 대한 '비관'이 이런 장엄한 책들을 저작하게 한 동기로서는 너무 약하다는 것이다. 넷째, 대부분의 비평학자가 노트의 주장을 수용하면서도 현저한 견해 차이를 보이고 있다. 독일의 즈멘드 학파(Smend School)는 신명기적 전승 안에 신명기적 사가(DtrH), 선지자적 성격이 강한 편집자(DtrP), 율법적 성격이 강한 편집자(DtrN) 등 최소한 삼중 편집을 주장한다. 반면에 미국의 크로스 학파(Cross School)는 신명기적 전승의 이중 편집(Dtr1, Dtr2)을 주장한다. 즉, 노트의 주장을 수용하는 비평학계마저도 세부 사항에 대해서는 심각한 견해 차이를 보이고 있다는 것이다. 이러한 대립은 학설에 무언가 석연치 않은 문제가 있음을 암시한다. 다섯째, 노트가 증거로 제시한 '일관된 연대'는 사실상 매우 선택적이고 자의적이라는 것이 보편화된 평가다. 예를 들면 성경의 연대를 모두 합치면 출애굽부터 성전 건축까지 540년이지 그의 주장처럼 480년은 아니다. 모든 것을 감안할 때, 노트의 학설이 하나의 설득력 있는 가정(假定)은 될 수 있지만 사실로 받아들여지기에는 아직도 많은 문제를 안고 있다고 잠정적으로 결론지을 수 있다.

엑스포지멘터리
역사서 개론

여호수아

EXPOSItory comMENTARY

여호수아

오직 강하고 극히 담대하여 나의 종 모세가 네게 명령한 그 율법을 다 지켜 행하고 우로나 좌로나 치우치지 말라 그리하면 어디로 가든지 형통하리니 이 율법책을 네 입에서 떠나지 말게 하며 주야로 그것을 묵상하여 그 안에 기록된 대로 다 지켜 행하라 그리하면 네 길이 평탄하게 될 것이며 네가 형통하리라 (수 1:7-8).

만일 여호와를 섬기는 것이 너희에게 좋지 않게 보이거든 너희 조상들이 강 저쪽에서 섬기던 신들이든지 또는 너희가 거주하는 땅에 있는 아모리 족속의 신들이든지 너희가 섬길 자를 오늘 택하라 오직 나와 내 집은 여호와를 섬기겠노라 하니(수 24:15).

소개

여호수아서는 성경의 책 중 하나님의 신실하심을 가장 확실하게 증언하는 책으로 간주된다(Creach). 이 책은 이집트를 탈출한 이스라엘이 어떻게 전쟁을 통해 가나안을 정복하고 정착하게 되었는가를 회고하는

데, 이스라엘이 가나안을 차지한 것은 이 일이 있기 수백 년 전에 이미 하나님이 이스라엘의 선조 아브라함에게 주신 약속이 드디어 자손들의 삶에서 실현되고 있기 때문이다. 하나님은 아브라함에게 때가 이르면 후손들에게 이 땅을 주실 것을 누누이 말씀하셨다(창 12:7; 13:14-17; 15:7; 17:4-8). 하나님은 이 약속을 아브라함의 대를 이어 약속을 이어받은 이삭과 야곱에게도 재차 확인해 주셨다(창 26:1-5; 28:10-17; 35:9-13). 여호수아서는 드디어 하나님이 이 약속을 어떻게 지키셨으며(viz., 하나님의 약속에 따라 이스라엘이 가나안 땅을 얻게 됨, 1-12장), 이 약속의 수혜자인 이스라엘이 하나님의 축복(viz., 정복한 땅)을 어떻게 나누었는가에 대한 회고다(13-19장).

여호수아서는 하나님이 선조에게 약속하신 것은 하나도 성취되지 않은 것이 없다며 주님의 신실하심을 찬양하고 있다. 여호수아서는 성경 책 중 가장 많은 액션(action)과 모험을 수록하고 있는 책이기도 하다. 이스라엘의 가나안 정복기라고 할 수 있는 이 책은 여호수아와 백성이 치른 모든 전쟁을 기록하고 있지 않다. 스파이와 라합 이야기, 요단강을 건넌 일, 여리고성의 성공적인 정복, 아이성 정복 실패 등등 주요 사건 몇 개만 기록하고 있다. 그럼에도 불구하고 책 곳곳에서 전쟁터의 함성이 들려오는 듯하고 때로는 부족끼리 혹은 개인끼리 다투는 소리가 귀에 생생하게 들려오는 듯하다. 특히 이스라엘이 요단강을 건너 여리고, 아이, 기브온, 하솔 등 가나안의 여러 성을 정복한 이야기로 구성되어 있는 책의 전반부(1-11장)에서는 천지를 뒤흔드는 온갖 굉음이 들려오는 듯하며, 후반부(12-24장)에서는 정복한 땅의 분배를 둘러싸고 탄성과 불만의 소리가 여기저기서 나는 듯하다.

책의 후반부, 특히 12-21장은 다양한 목록으로 구성되어 있다. 이 단락을 시작하는 12장에는 이스라엘이 정복한 땅의 경계선과 그들에게 패한 가나안 왕 31명의 이름이 기록되어 있으며 단락을 마무리하는 20장은 도피성 목록, 21장은 레위 사람이 차지한 성읍 목록으로 구성되어 있다. 그리고 그 사이에는 이스라엘 지파별 혹은 집안별로 받은 성읍과 지역 이름이 상세하게 나열되어 있다(13-19장). 저자는 여호수아서 전체 공간의 2분의 1 정도를 이스라엘이 정복한 민족과 땅과 성읍의 이름들을 나열하는 데 할애하고 있다. 여호수아서가 매우 상세하고 긴 목록을 담고 있는 점은 역대기와 비슷하다고 할 수 있다.

우리는 성경을 읽을 때 목록들, 특히 사람 이름과 성읍 이름으로 구성된 목록은 별생각 없이 지나치기 쉽다. 사실 이런 목록 단락은 묵상하기도 힘들고 어떤 교훈을 찾아 일상에 적용하기는 더더욱 어려울 수 있다. 심지어 독자를 졸리게 할 수도 있다. 저자가 이런 위험을 감수하면서까지 범람하는 요단강 물결과 전쟁의 함성으로 시작한 역동적인 책을 지루하기 그지없어 보이는 목록으로 이어가는 이유는 무엇일까? 더군다나 책 후반부의 대부분을 목록에 할애한 것은 쉽게 납득되지 않는다.

그러므로 이런 이유에서 생각해보면 저자가 정복 전쟁에 대해 언급한 것이(1-11장) 단순히 독자에게 사건에 대한 역사적 정보를 제공하기 위함이 아니라는 것이 확실하다. 저자는 이스라엘이 나누어 가진 성읍에 대해 이야기하기 전에 먼저 그들이 차지한 땅을 얻기 위해 치러야 했던 치열한 전쟁 이야기로 책을 시작한다. 전쟁 이야기(1-11장)는 분배 이야기(12-21장)의 서론이자 도구에 불과했던 것이다. 이런 관점에서 생각하면 여호수아서는 일부 해석가들이 주장하는 것처럼 주의 백성이 무력으로 불신자(죄인)를 짓밟고 착취하는 일을 강요하거나 묵인하는 책이 아니다. 즉, 여호수아서는 이스라엘이 하나님의 약속에 따라 땅을 차지하게 된 일을 역설하는 것이지, 결코 정복 전쟁과 이 전쟁을 통해 죽은 수많은 가나안 사람 이야기에 초점을 맞추는 것이 아니다.

더욱이 책의 후반부에 기록된 다양한 목록보다 더 확실하게 하나님의 신실하심을 증언하는 자료는 없다. 하나님은 오래전에 아브라함과 후손에게 가나안 땅을 약속하셨다(창 15장). 저자는 이스라엘이 차지한 가나안 성읍과 지역 이름을 상세하게 기록함으로써 하나님이 아브라함에게 약속하신 것을 여호수아 시대에 완벽하게 성취하셨음을 강조한다.[1] 하나님이 약속을 지키셨기 때문에 이스라엘 민족이 가나안 땅 모든 곳에서 원주민을 정복하고 그곳에 정착해 살게 되었다는 것이다. 만일 독자 중 이런 사실을 조금이라도 의심하는 사람이 있으면 가나안 지역의 지도를 펼쳐놓고 책에 기록된 성읍과 지역 목록을 대조해 보라는 권고다. 확인해 보면 하나님이 얼마나 성실하게 약속을 지키셨는지 깨닫게 될 것이라는 취지에서 저자는 이처럼 많은 공간을 이스라엘이 정복한 성읍과 지역 목록에 할애하고 있는 것이다. 즉, 우리에게는 지루하게 느껴질 수도 있는 성읍 이름이 저자에게는 하나님의 신실하심에 대한 가장 확실하고 흥분되는 증언인 것이다.

하나님의 약속이 이스라엘에게 실현되는 축복의 통로는 여호수아였다. 책이 중반부에 접어들면서 모세의 후계자 여호수아는 나이 들어 죽을 날이 머지않았고, 가나안 땅은 그와 이스라엘의 지도자들에 의해 분배되었다. 하나님이 그들을 축복하셨으며 오래전에 선조에게 약속하셨던 땅이 드디어 자손에게 주어지면서 그 땅에 '안식'(נוח)이 임했다 (21:44; 23:1). 창세기 12장에서 아브라함과 후손에게 약속된 땅이 드디어 이스라엘에게 선물로 주어진 것이다. 여호수아서가 끝날 때 이스라엘 백성은 이집트에서 가져온 요셉의 뼈를 세겜에 묻는다. 이것은 요셉이 임종 때 남겼던 유언을 이루는 일일 뿐만 아니라 요셉의 이집트 종살이로 시작된 이스라엘의 기나긴 타향살이와 불행이 드디어 그 백성이 약속의 땅 가나안에 정착함으로써 완전히 해소되었다는 상징적인 의미를 지닌다.

저자는 이스라엘의 땅 분배 이야기를 회고하면서 자연스레 많은 선을 긋는다. 각 지파와 집안에 할당된 땅에 많은 선이 그어지는 것이다.

---

[1] 이러한 사실을 강조하기 위하여 일부 학자들은 여호수아기를 포함하여 구약 성경의 처음 6권(창-수)을 '육경'(hexateuch)으로 취급하기도 한다(cf. von Rad).

그러나 각 지파에게 기업으로 주기 위해 땅에 선을 긋기 이전부터 이미 선 긋는 작업(setting boundaries)은 시작되었다. 책이 시작되면서 이스라엘 영토 범위가 정의된다. 요단강 서쪽이 아브라함에게 약속되었던 땅이기에 요단강은 자연스럽게 국경선이 되었다(1:1-5). 저자는 이스라엘 백성이 국경선인 요단강을 어떻게 넘었는가에 대해 자세히 기록한다(3:1-4:24). 또 요단강 서쪽 지역을 차지한 여호수아와 지도자들이 이 땅을 지파들과 집안들에게 분배하기 위해 어떻게 선을 그었는지 회고한다(13:1-21:45). 책이 끝날 무렵에는 약속의 땅의 경계선이 된 요단강을 중심으로 동쪽과 서쪽을 차지한 지파들 사이에 경계선에 대한 시각 차이가 나타나면서 범민족적인 위기감이 조성된다(22:1-34). 여호수아서 안에서 설정된 경계선과 국경선은 이스라엘의 정체성을 정의하는 일에 있어서 그만큼 결정적이었던 것이다.

여호수아서는 국토와 각 지파의 땅에만 선을 긋는 것이 아니라 이스라엘 민족을 정의하는 인종적인 선도 긋는다. 아브라함의 자손이라 해서 무조건 이스라엘 백성이라 할 수 없고, 이방인이라 해서 반드시 하나님의 은총의 대상에서 제외되는 것도 아니다. 하나님은 이미 아브라함에게 이런 취지를 말씀하셨다. 세상의 많은 민족이 아브라함을 통해서 축복받게 될 것임을 창세기 12:13에서 시사하셨던 것이다. 아브라함의 자손이라 할지라도 하나님의 말씀에 순종하지 않으면 언약 공동체에서 제외될 것이며, 이방인이라 해도 여호와를 경외하면 공동체의 일원이 될 수 있다고 한다.

저자의 이런 관점은 이스라엘 사람이면서도 진멸당했던 아간과 집안 사람, 진멸을 선고받은 이방인이면서도 구원의 은총을 입었던 라합과 가족, 기브온 사람들 이야기에 잘 드러나 있다. 하나님의 백성을 나누는 선은 곧 그분에 대한 확고한 믿음과 순종인 것이다. 그러므로 여호수아서는 단순히 이스라엘을 최고의 민족으로 부추기는 승리주의적 관점에서 이해될 책이 아니다. 이 책은 무엇보다도 정체성에 관한 책이다.

여러 가지 선을 정의하고 그음으로써 이스라엘을 정의하고 있다(Hawk).

여호수아서는 하나님의 백성이 누구인가를 정의하는 것과 연관해 책이 안고 있는 '윤리 문제'가 재해석되어야 한다. 일부 학자들은 여호수아서를 그리스도인을 가장 당혹스럽게 하는 정경이라고 한다(Stern, Nelson). 그들은 기독교의 근본 정신은 서로 용납하는 것이며 심지어 원수까지 섬기고 사랑하는 것인데, 여호수아서는 이런 정신을 위반하고 있다고 생각한다. 이스라엘이 자신들의 땅을 얻기 위해 평안히 살고 있는 가나안 사람을 몰살했기 때문이다. 그래서 한 학자는 여호수아서를 그리스도인을 당혹스럽게 하는 '영적 빈민가'(spitual ghetto)라고 한다(Creach).

이 이슈에 대해 우리는 라합과 기브온성 사람과 아간을 염두에 두고 균형을 이루도록 노력해야 한다. 라합은 한 개인의 믿음과 여호와에 대한 경외로 온 집안 사람이 진멸을 면하고 하나님 백성이 된 사람의 모형이다. 기브온성 사람 이야기는 온 공동체가 이스라엘의 하나님 여호와를 경외하여 죽음을 면하고 이스라엘에 편입된 사람의 모형이다. 반면 아간은 가나안에 진멸을 행하는 이스라엘 사람 중에서도 여호와에 대한 경외가 없으면 그 결과 온 가족이 진멸당할 수 있는 사람의 모형이다. 그러므로 세 이야기는 진멸이 선포된 상황에서도 어떻게 행하느냐에 따라 살 수도 있고 죽을 수도 있다는 것을 알려 준다. 라합과 기브온성 사람은 진멸이 선포된 상황에서도 살아남았고 하나님 백성이 된다.

저자는 두 이야기를 통해 하나님이 가나안에서 살릴 만한 사람은 모두 다 살리셨음을 암시한다. 특히 이 사람들과 진멸을 당한 가나안 사람이 모두 같은 정보(이집트를 탈출한 이스라엘이 하나님 여호와를 앞세우고 가나안을 정복하러 온다는 소식)를 접하고도 서로 상반된 반응을 보인 것이 결국 상반된 운명을 결정 지은 사실을 생각하면, 진멸은 하나님이 이스라엘에게 땅을 주시기 위해 가나안에게 일방적으로 행하신 불공평한 일로만 볼 수는 없다. 반면에 이스라엘 사람 중에서 아간 같은 사람은 모두 죽었다는 것은 하나님이 죽이고 살리는 일에 있어서 어느 정도의 공의를 가지고 행하심을 암시한다.

여호수아서는 하나님이 아브라함에게 주신 약속을 후손들에게 어떻게 지키셨는가만을 설명하고 끝맺는 책이 아니다. 실제로 여호수아서는 시작에 불과하다. 여호수아서가 끝날 때, 독자는 "과연 이스라엘이 선물로 받은 땅에서 영원히 하나님과의 언약을 잘 준수하며 살아갈 수 있을 것인가?"라는 질문을 하게 된다. 즉, 여호수아서는 하나님이 선조에게 하신 땅 약속이 어떻게 성취되었는가만을 전하는 것이 아니라, 이집트에서 출발해 광야 생활을 거쳐 한 국가로 탄생한 이스라엘이 가나안 땅에서 시작된 정착 생활을 어떻게 지속시켜 나갈 것인가 하는 질문을 하는 책이다. 이러한 궁금증을 증폭시키며 여호수아서는 막을 내린다. 이런 면에서 여호수아서는 이스라엘 역사의 새로운 장을 열어 간다고 할 수 있다.

1. 여호수아

이 책의 이름은 이스라엘의 가나안 정복에서 주도적 역할을 한 여호수아라는 지도자를 염두에 두고 지어졌다. 눈의 아들 여호수아는 에브라임 지파에 속한 요셉의 자손이었다. 그의 이름은 오경 안에서만 27차례나 등장하며, 여호수아가 최초로 모습을 드러낸 것은 이스라엘이 이집트를 떠나온 직후 광야에서 처음으로 대적했던 아말렉 족과의 전쟁에서였다(출 17:8-13). 그는 이때 이스라엘의 장군이었으며, 별다른 설명 없이 소개된 것으로 보아 이미 이스라엘 공동체에서 중요한 자리에 있었음을 짐작할 수 있다(Hess). 그가 불쑥 모습을 드러낸 것 같지만 민수기 11:28은 여호수아가 "젊었을 때부터 모세를 곁에서 모셔왔다"(새번역, 공동)라고 말한다. 모세는 이집트에서부터 여호수아를 총애해 왔던 것이다.

일부 학자들은 여호수아가 실제 인물이 아니었으며, 이스라엘이 만들어낸 전설 속에 존재하는 영웅에 불과하다고 단정한다(Coote & Whitelam, van Seters). 그러나 이들의 결론은 어떤 역사적 자료나 증거에 근거한 것이 아니라, 성경의 역사성을 비관적으로 보는 순환 논리에 의해 제시된 것으로서 설득력이 매우 떨어지므로, 많은 공간을 할애해 반박할 필요는 없다(Miller, Howard, Millard, Wood). 이 책에서는 여호수아가 실제로 존재했던 인물이었을 뿐만 아니라, 여호수아서가 회고하고 있는 그의 모든 사역과 활동이 역사적인 근거를 바탕으로 하고 있음을 전제한다.

여호수아의 본명은 '호세아'(הוֹשֵׁעַ: '구원[salvation]')였다(민 13:8). 후에 모세가 그의 이름을 '여호수아'(יְהוֹשֻׁעַ: '여호와는 구원이시다', '여호와께서 구하시리')로 바꾸었다(민 13:16). 종교적 뉘앙스가 없었던 이름을 이스라엘의 하나님 여호와의 구원 사역과 연관시킨 신앙의 이름으로 바꾸어 준 것이다. 훗날 이스라엘에는 '여호와'라는 하나님의 성호와 관련된 이름이 매우 흔해졌지만, 모세 시대만 해도 이런 이름은 거의 없었다. 당시 기준으로 볼 때, 여호수아라는 이름은 매우 독특했으며 성경에서 사용되는 이름 중 '여호와'와 관련된 최초의 이름이었다(Howard). 모세는 아마도 그의 심복 호세아의 이름을 여호수아로 바꾸어 주면서 이스라엘 역사에서 감당해야 할 역할에 대해 상당한 기대를 했을 것이다(Hess). 이는 여호수아가 이스라엘 역사에서 감당한 역할을 감안할 때 적절한 변화이며, 그의 이름과 연관된 이 책의 메시지와도 잘 어울린다. 칠십인역(LXX)은 여호수아(יְהוֹשֻׁעַ)라는 히브리어 이름을 헬라어로 '예수'(Ἰησοῦς)로 옮김으로써 예수님의 이름과 같은 철자를 사용한다.

여호수아는 모세의 후계자였으며 책이 시작될 때 '모세의 시종'(מְשָׁרֵת מֹשֶׁה)으로 소개된다(1:1). 이스라엘이 광야 생활을 시작할 무렵 르비딤에서 아말렉군을 물리친 장군(출 17:8-13)으로 성경에 처음 소개된 여호수아는 젊었을 때부터 모세 옆에서 조수 역할을 톡톡히 해냈다(출 33:11; 민 11:28). 그는 모세와 함께 시내산에 오른 일이 있었으며(출

24:13), 가나안 정탐에 나섰던 12정탐꾼 중 하나였고, 갈렙과 함께 유일하게 긍정적인 메시지를 가져온 자였다(민 13-14장). 이 일로 부정적인 메시지를 가져온 10명의 정탐꾼과 그들의 말을 믿고 동요한 모든 백성이 광야에서 죽어가야 했지만, 여호수아와 갈렙만은 가나안 땅에 입성하는 축복을 받게 된다(민 14:30, 38; 26:65). 이후 여호수아는 하나님께로부터 모세의 후계자로 지명받았으며, 모세가 그를 여호와 앞에 데려가 후계자로 임명했다(민 27:15-23). 하나님이 지명하신 자였기에 여호수아는 '모세의 시종'(후계자)으로서 전혀 손색이 없었다(신 34:9). 여호수아는 모세처럼 하나님의 영이 함께하는 자였다(민 27:18). 여호수아는 책 안에서 모세를 통해 주신 하나님의 율법과 말씀에 순종하는 일에 타의 모범이 되고 있다(11:15, 23).

'모세의 시종'으로 시작된 여호수아 이야기는 책이 끝날 때 '여호와의 종'(עֶבֶד יְהוָה)으로 마친다(24:29; cf. 삿 2:8). '여호와의 종'이라는 타이틀은 이때까지 모세에게만 적용된 영광스러운 호칭이었다(신 34:5; 수 1:1, 15; 8:31, 33; 11:12; 12:6; 13:8; 14:7; 18:7; 22:2, 4). 그의 시작은 '미약'하였지만 끝은 '창대'했던 것이다. 많은 경우에 우리의 사역도 이러하다. 첫술에 배부를 수 없듯이 사역을 시작할 때는 모든 것이 부족하고 아쉬울 것이다. 심지어 자존심을 죽이고 전전긍긍하면서 다른 사람 밑에서 사역을 시작해야 하는 경우도 있다. 그러나 시작보다는 끝을 마음에 품고 견뎌내야 한다. 목표를 세우고 그 표적을 향해 달려가야 한다. 그리하면 그곳에 도착하는 날 프랭크 시나트라(Frank Sinatra)의 '마이 웨이(My Way)'라는 노래를 자신 있게 부를 수 있을 것이다. 어디서 어떻게 시작했는가보다 하나님이 인정하는 종으로 사역과 일생을 마무리하는 것이 더 중요하기 때문이다.

여호수아서는 '모세의 시종' 여호수아를 모세를 통해 주어진 율법을 철두철미하게 지킨 자로 묘사하는 동시에 모세에 버금가는 인물로 묘사한다(Barstad, Hess). 하나님이 모세와 함께하셨던 것처럼 여호수아와 함께하셨으며, 여호수아는 모세가 누렸던 지위를 동일하게 누렸다(1:9, 16-18; 3:7; 4:14; 6:27; 10:14; 11:15, 23). 이스라엘의 모든 백성은 그의 사역이 시작될 때 옛적에 모세에게 했던 것처럼 동일한 충성을 맹세했으며(1:16-18), 모세의 고별 설교를 듣고 하나님께 순종하겠다고 다짐했던 것처럼 여호수아의 고별 설교를 듣고 하나님만을 섬기고 따르겠다는 각오를 새롭게 한다(24:16-18).

여호수아가 모세의 리더십을 본받은 구체적인 사례는 다음과 같다(Coote; Pressler). 첫째, 백성 앞에서 여호수아의 위상이 모세와 같다. 백성이 모세를 청종하고 두려워했던 것처럼 여호수아를 청종하고 두려워한다(1:16-18; 4:14). 둘째, 요단강 도하를 앞두고 여호수아가 백성에게 성결 의식을 행하도록 명령하는 것은, 모세가 시내 산에서 언약 체결을 앞두고 백성에게 정결하도록 지시한 것과 흡사하다(3:5; 출 19:10). 셋째, 여호수아는 모세가 했던 것처럼 제사장에게 명령한다(4:10). 넷째, 모세가 호렙 산에서 하나님을 만난 자리에서 신발을 벗었던 것처럼 여호수아도 하나님의 군대 대장을 만난 자리에서 신발을 벗는다(5:13; 출 3:1ff). 다섯째, 모세가 죄 지은 백성을 위하여 중재했던 것처럼 여호수아도 이스라엘을 위해 중재한다(7:6ff; 신 9:25). 여섯째, 모세가 죽기 직전 고별사를 남긴 것처럼 여호수아도 장엄한 고별 설교를 남긴다(22-24장; 신 31:2f.).

이 외에도 모세가 정탐꾼을 파견했던 것처럼 여호수아도 정탐꾼을 파견했으며, 모세가 홍해를 가른 것처럼 여호수아도 요단강을 가른다. 또한 여호와께서 모세와 함께하셨던 것처럼 여호수아와도 함께하신다(1:9; 3:7). 여호와께서 모세와 함께하신 것처럼 그와 함께하시니, 모세의 명성이 온 땅에 퍼졌던 것처럼 여호수아의 명성도 온 땅에 두루 퍼진다(6:27). 여호수아가 스승 모세와 다른 점 한 가지는 모세는 약속의 땅 밖에 묻혔지만, 여호수아는 약속의 땅 안에 묻혀 더 큰 축복을 누렸다는 것이다.

2. 저자와 저작 연대

여호수아서는 저작권에 대하여 이렇다 할 언급을 하지 않는다. 유태인의 전승 탈무드(B. Bat. 14b)와 라쉬(Rashi), 킴히(Kimchi) 등 중세기의 랍비는 이 책을 여호수아가 저작했다고 주장했다(Woudstra; cf. Harrison, Childs). 여호수아가 무언가를 기록하는 모습이 책 안에서 포착됐기 때문이다(8:32; 24:26). 최근에도 책의 전반적인 분위기가 매우 긍정적이고 낙관적이라는 점을 근거로 이 책이 여호수아 시대에 집필되었다고 생각하는 학자도 있다. 더 나아가 여호수아서에 기록된 대부분의 사건을 직접 목격하고 여호수아보다 더 오래 살았던 장로가 이 책을 기록했다는 주장도 있다(Young). 또 아브라바넬(Avravanel)은 여호수아서와 사무엘서가 '오늘날까지'라는 말을 공통적으로 사용한다 하여 책의 저자를 사무엘이라고 주장했다(Woudstra).

그러나 오늘날 대부분의 학자는 여호수아를 이 책의 저자로 간주하지 않을 뿐만 아니라 저작 연대도 여호수아가 살았던 시대로부터 많은 세월이 지난 주전 6-7세기쯤으로 결론짓는다. 그러나 여호수아가 전체를 저작하지 않았다 할지라도 그가 무언가를 기록하고 있는 모습(24:26의 "여호수아가 이 모든 말씀을 하나님의 율법책에 기록하고")이 책에 묘사된 것으로 보아, 주전 6-7세기는 저작 연대가 아니라 이때까지 전해 내려온 역사적 자료를 종합해서 최종 편집한 시기라고 보는 것이 바람직하다(Hubbard).

여호수아서 안에서 '오늘날/이날까지'(עַד הַיּוֹם הַזֶּה)라는 표현이 여러 차례 사용된다(4:9; 5:9; 7:26; 8:28-29; 9:27; 10:27; 13:13; 14:14; 15:63; 16:10). 그러므로 책의 최종 편집 시기가 저자의 '오늘날'과 깊은 연관이 있음은 당연한 일이다. 과연 여호수아서 안에서 사용되는 '오늘날'은 언제를 가리키는 말인가? 문제는 이 표현이 모두 동일한 때를 가리키지 않는다는 사실이다. 예를 들면 라합의 생존을 전제하는 6:25의

'오늘날'은 매우 이른 시기, 즉 가나안 입성 직후를 뜻한다고 보아야 한다.[2] 여호수아 15:63은 '오늘날'까지 여부스 족이 예루살렘을 차지하고 있다고 한다. 다윗이 주전 1003년쯤에 예루살렘을 정복하여 여부스 족을 내쳤다는 점을 고려할 때, 이 '오늘날' 역시 매우 오래된 것으로 보아야 한다. 실제로 상당수의 학자가 여호수아서에 기록된 내용 중 많은 부분이 최소한 주전 1000년 이전에 존재했던 자료를 반영하고 있다고 생각한다(Albright, Hess).

여호수아 16:10은 에브라임 사람이 게셀에 거하던 가나안 사람을 내몰지 않아 '오늘날'까지 그들이 에브라임 사람 중에 거하고 있다고 한다. 기록에 의하면 이집트의 바로 시아문(978-959 BC)이 게셀에 거하던 가나안 사람을 정복하여 이 성을 그의 딸과 결혼한 솔로몬에게 선물로 주었다고 한다(왕상 3:1; 9:16; cf. Kitchen). 그러므로 게셀에 사는 가나안 사람에 대한 언급은 이 일이 있기 전에만 의미가 있는 것이다. 반면에 다른 '오늘날'은 가나안 정복 시기로부터 많은 세월이 흘렀음을 전제한다(4:9; 5:9; 7:6; 8:28-29; 9:27; 10:27; 13:13). 심지어 여호수아서에 기록된 기적 중 가장 놀라운 것 중 하나인 10장(해와 달이 '멈추는' 사건)의 일은 '야살의 책'(ספר הישׁר)이라는 자료를 인용하여 회고한 내용이다(10:13). 실제로 이 일을 목격했던 사람이 이 섹션을 기록했다면 굳이 다른 출처를 인용할 필요가 없었을 것이다. 그리고 그가 다른 출처를 인용했다는 것은 이미 상당한 세월이 흘렀음을 전제한다.

그렇다면 과연 누가, 언제 최종적으로 자료를 정리하여 여호수아서를 저작한 것일까? 여호수아서 대부분이 주전 1000년대에 저작되었다고 주장하는 학자들이 있다(Hess; Dallaire). 그러나 여호수아서가 수백 년에 거쳐 지속적으로 개정/편집되었다는 학자도 있다(von Rad). 이러한 입장을 진보적인 학자만 고수하는 것은 아니다. 보수적인 학자 중

---

2 일부 주석가들은 호세아 3:5이 다윗의 후손을 뜻하면서 다윗을 지명하는 것에 근거하여 본문이 라합이 아니라 그의 후손을 뜻한다고 해석하기도 한다.

에도 하나님의 영감을 받은 성경 저자가 하나님 명령에 따라 지속적으로 여호수아서를 개정했다고 하는 주석가도 있다(Butler). 그러나 많은 학자는 '신명기적 사가'(Deuteronomistic historian)가 주전 6-7세기경 최종적으로 저작/편집했다고 생각한다(Fretheim, Nelson). 신명기적 사가와 연관된 '신명기적 역사'(Deuternomistic History)가 무엇을 의미하는지를 먼저 생각해 보자.

'신명기적 역사'는 노트(Martin Noth)가 1943년에 처음 제시한 설이다.[3] 그는 신명기부터 열왕기하까지가 문체적, 신학적으로 단일성(unity)을 지니고 있다고 주장했다. 노트는 이 책들(신-왕하)이 한 사람에 의해 주전 550년경에 바빌론에서 집필된 것으로 추정했다(Dallaire). 이 저자가 신명기적 사가로 불리는 것은 신명기로부터 많은 신학적 영향을 받았기 때문이다. 이스라엘의 멸망은 여호와의 무능력 때문에 일어난 일이 아니라 이스라엘의 죄 때문에 초래된 결과라는 사실을 밝히기 위해, 전수되어 오던 광범위한 자료를 토대로 '신명기 - 여호수아 - 사사기 - 사무엘서 - 열왕기'를 저작했다는 것이다. 노트의 후예들은 노트의 학설을 한 단계 더 발전시켜 신명기적 역사/전승(DH)은 문서설의 E(엘로힘 문서; 주전 850년경에 북 왕국 이스라엘에서 시작되었다고 주장)가 저작될 즈음에 시작된 전통이라 주장했다.

노트가 증거로 제시한 것은 다음과 같다. 첫째, 신명기적 전승(DH)은 중요한 자리에 성경의 주요 인물의 입을 빌려 연설과 논평을 삽입하여 주장을 발전시켜 가고 있다. 여호수아의 연설(수 22장), 여호수아의 고별 설교(수 23장), 사무엘의 설교(삼상 12장), 솔로몬의 기도(왕상 8장) 등이 바로 그 예다. 저자는 이러한 인물들의 설교를 직접 작성하여 이스라엘 역사를 회고하는 동시에 이 백성이 어떻게 살아가야 하는가를 가르치고, 가끔 자신의 논평도 삽입한다. 가나안 정복이 일단

---

[3] 여기에 제시된 내용은 Martin Noth, *The Deuternomistic History*. 2nd ed. JSOTSS (Sheffield: Sheffield Academic Press, 2002)를 바탕으로 한 것이다.

락된 시점에서 종합적인 평가를 한 것(수 12장)과 왕정 시대의 비극적인 결말에 대하여 언급하고 있는 열왕기하 17:7-23은 모두 그의 설교이며, 수사학적이고 교훈적인 틀(rhetorical parenthetic framework)을 제공해 준다. 그리고 이렇게 설교와 논평을 중간 중간에 삽입하는 것은 신명기 사가의 역사 자료 외에는 찾아보기 힘들다. 둘째, 신명기부터 열왕기하에 이르는 신명기적 전승(DH)의 저서들은 놀라운 언어적 통일성(linguistic uniformity)을 지닌다. 셋째, 신명기적 사가의 역사에 일관된 연대기(consistent chronological sequence)가 있다. 넷째, 신명기적 사가의 역사 안에 일관된 역사 신학을 볼 수 있다(뒤에 자세히 언급).

그렇다면 신명기적 사가는 무엇 때문에 이 장엄한 작품을 집필한 것일까? 그는 주전 722년에 있었던 사마리아 함락, 586년에 있었던 예루살렘 함락에 대하여 신학적인 답을 찾으려고 노력했다. 하나님의 선민, 여호와의 임재의 상징인 성전이 있는 예루살렘이 왜 적군에 의하여 파괴되었는가? 여호와의 처소인 시온성은 결코 망하지 않는다고 주장했던 시온 사상은 어떻게 된 것인가? 노트(Noth)는 신명기적 사가가 찾은 답은 이스라엘이 하나님 앞에서 자신들의 마음을 강퍅하게 하여 이방 신들을 좇았기 때문이라고 주장했다.

신명기적 사가의 전통은 요단강 저편에서 모세가 이스라엘 민족에게 마지막으로 전하는 '율법 복습'에서 시작해 가나안 정복으로 이어지며 훗날 통일 왕국, 분열 왕국 시대로 연결된다. 이 사가에 의하여 최종적으로 기록된 사건은 주전 597년에 바빌론으로 끌려가 37년 동안 감옥에서 생활하다가 560년에 자유인이 된 여호야긴 이야기다. 그러므로 빨라도 550년경에 신명기적 사가가 이 작품을 집필했을 것이라고 추정된다. 신명기적 사가는 이스라엘 역사를 조명하는 과정에서 왕들의 죄에 특별한 관심을 보였다. 노트의 후예들은 한 걸음 더 나아가 신명기적 전승은 북 왕국이 함락되자 남 왕국 사람 중 이 사상에 동조하는 사람에 의하여 맥을 이어갔다고 주장했다. 그리고 이 전통은 100년 후인 주전 621년(요시야의 지시로 성전 보수 공사 중 힐기야 제사장이 성전에서 여호와의 율법을 발견했던 때)에 있었던 요시야 왕의 대대적인 종교 개혁에 신학적 발판을 마련해 주었다. 이러한 의미에서 신명기 12-26장의 역할이 강조된다.

  노트에 의하면 이 신명기적 사가의 신학은 다음과 같은 요소를 포함했다. 첫째, 여호와 언약의 은혜로움을 강조했다. 신명기적 사가는 이스라엘이 여호와와의 언약에 순종하여 누릴 수 있는 축복을 매우 강조했다. 그러므로 매우 강도 높은 윤리 생활과 종교적 순종을 요구하는 설교와 권면을 했다. 둘째, 우상 숭배의 사악함과 분산된 종교(decentralized religion)가 지니는 문제를 강조했다. 신명기적 사가는 이스라엘 종교의 분산화와 우상 숭배를 매우 강하게 정죄했기에 정치인과 큰 갈등을 빚었고 많은 경우에 완전히 대립하는 결과를 초래했다. 셋째, 신명기적 사가는 불가피한 상과 벌을 지속적으로 논했다. 순종은 축복, 불순종은 저주와 심판을 자처한다. 요시야의 종교 개혁이 실패하자 이 사상은 많은 전통을 종합해서 언약 순종과 불순종에서 오는 축복과 저주의 관점에서 북 왕국의 왕을 평가했다. 이러한 노력이 신명기 - 열왕기에 반영되어 있다. 넷째, 모세를 통해서 받은 언약을 준수하는 것이 매우 중요하다는 점을 강조했다. 하나님과의 언약을 잘 이행하는 것만이 이스라엘의 살 길이라는 것이 신명기적 사가의 주장이다. 그러므로 신명기적 사가의 역사가 바빌론 포로 생활 중에 최종 개정, 정리된 것으로 생각된다.

  노트의 이러한 학설에 우리는 어떠한 평가를 내릴 수 있는가? 첫째, 노트의 학설은 모세 오경에서 신명기를 분리하는 것을 전제한다. 그래서 그의 학설을 따르는 사람들은 대체로 모세 오(5)경이 아니라 모세 사(4)경을 주장한다. 신명기는 창세기 - 민수기와 상관없는 책이라는 것이다. 그러나 모세 오경에서 신명기를 떼어내면 오경은 미완성품에 불과하다. 신명기는 여호수아 - 열왕기하보다는 오경에 더 잘 어울린다. 둘째, 노트가 주장한 것처럼 신명기적 성향이 여호수아 - 열왕기하 속에서 발견되는 것이 사실이다. 그러나 이 역사가의 손길이 어디서나 동일하게 나타나는 것은 아니다(Childs). 여호수아 – 열왕기하를 한 사람의 작품으로 보기에는 많은 다양성이 존재한다는 것이 대부분 학자의 평가다(Younger). 셋째, 노트는 신명기적 사가의 매우 비관적인 생각("왜 여호와의 선민이 바빌론으로 끌려와야만 했는가?")이 이 책들을 저작하게 한 동기라고 한다. 그러나 그다지 큰 설득력이 있는 주장은 아니다. 신명기적 사가의 역사에 대한 '비관'이 이러한 장엄한 책들을 저작하게 한 동기로는 너무 약하다는 것이 많은 학자의 결론이다. 넷째, 대부분의 비평학자는 노트의 주장을 수용하면서도 현저한 견해 차이를 보인다. 독일의 즈멘드 학파(Smend School)는 신명기적 전승 안에 신명기적 사가(DtrH), 선지자적 성격이 강한 편집자(DtrP), 율법적 성격이 강한 편집자(DtrN) 등 최소한 삼중 편집을 주장한다. 반면 미국의 크로스 학파(Cross School)는 신명기적 전승의 이중 편집(Dtr1, Dtr2)을 주장한다. 즉, 노트의 주장을 수용하는 비평학계마저도 세부 사항에 대하여는 심각한 견해 차이를 가진다. 이러한 대립은 학설에 무언가 석연치 않은 문제가 있다는 것을 암시한다. 다섯째, 노트가 증거로 제시한 '일관된 연대'는 사실상 매우 선택적이고 자의적이라는 것이 보편화된 평가다. 예를 들면 성경의 연대를 모두 합치면 출애굽부터 성전 건축까지 540년이지 그의 주장처럼 480년은 아니다.

모든 것을 감안할 때 우리가 노트의 학설에 대하여 내릴 수 있는 잠정적인 결론은 그의 학설이 하나의 설득력 있는 가정(假定)으로는 상당한 매력을 지녔지만 사실로 받아들여지기에는 아직도 많은 문제를 안고 있다는 것이다.

3. 저작 목적

여호수아서는 무엇보다 이스라엘의 초기 역사의 한 부분을 신학적인 관점에서 해석하기 위해 저작되었다. 여호수아서는 하나님이 이스라엘의 선조 아브라함에게 처음 약속하신 '땅'이 드디어 그의 자손에게 허락된 것을 증거하고 있다(11:23; 21:43-45). 이 과정을 통해 여호와 하나님은 의지할 수 있고 신뢰할 수 있고 약속을 이행하시는 주권자라는 것을 강조한다(22-24장). 가나안 땅에서 새로운 나라로 출발하는 이스라엘에게 이 사실을 강조하고 가르치는 것은 매우 중요한 일이었다. 숱한 하나님의 기적과 은총을 체험했던 출애굽 1세대는 결정적인 순간에 하나님을 믿지 못한 죄 때문에 광야에서 죽어갔다. 이 책의 처음 독자인 출애굽 2세대도 지난 40년의 광야 생활 동안 수없이 많은 하나님의 기적을 체험했으며 요단강을 건널 때는 범람하는 물이 눈앞에서 멈추는 것도 목격했다.

그러나 우리가 출애굽 1세대를 통해서 깨달은 것처럼 기적과 이적은 사람을 변화시키지도, 믿음을 가지게 하지도 못한다. 출애굽 2세대도 1세대처럼 하나님의 은총을 많이 체험하고도 그분을 불신할 위험에 노출되어 있기는 마찬가지였던 것이다. 또한 저자는 이들의 선천적인 부패성을 잘 알고 있기에 한 번 더 하나님은 이런 분이시니 그를 전적으로 의지하라고 호소하고 있다.

여호수아서는 하나님이 모든 역사를 주관하신다는 점을 지속적으로 강조한다. 저자는 여호와께서 역사의 흐름을 주관하실 뿐만 아니라, 경우에 따라서는 기적 등을 통한 직접적인 개입과 간섭으로 역사를 주관하신다고 가르치고 있다. 여호수아서에 기록된 이스라엘의 모든 승리를 살펴보면, 하나같이 여호와에게서 비롯된 것이라는 점을 잘 알 수 있다(10-11장). 하나님이 이처럼 주의 백성의 역사에 직접 간섭하신 이유는 그들에게 땅을 주시기 위함이었다. 이스라엘이 가나안 땅을 차지하게 된 것은 그들이 노력한 대가가 아니라 여호와 하나님의 선물이었던 것이다.

저자는 이스라엘의 예배와 순종을 그들의 성공과 직접 연결함으로써 하나님이 그들에게 승리를 주셨음을 강조할 뿐만 아니라 하나님의 백성이 취해야 할 자세를 확실하게 강요한다. 여리고성과 하솔 정복은 여호와를 향한 예배와 순종이 있는 한 주의 백성이 축복과 승리를 누리리라는 것을 보여주는 한 예다. 이들이 하나님께 순종하는 한, 하나님 스스로가 전사(戰士, Divine Warrior)가 되어 이들 편에서 싸워 주시는 것이다. 반면에 아이성 사건은 주의 백성이라 할지라도 불순종하면 하나님이 그들의 적이 되어 이들에게 진노를 발하시리라는 강력한 경고다. 저자는 가나안 땅에 새로이 뿌리를 내리고 있는 공동체에 이러한 원리를 주입시킴으로써 그들의 신앙적 정체성을 정의하고자 한다. 여호와를 경외하고 순종하는 한 그들은 하나님의 복을 누리게 되지만, 선민이라는 신분이 결코 그들의 죄의 결과를 약화시키거나 덮어줄 수는 없다고 경고하는 것이다. 이제 가나안에 정착한 이스라엘은 하나님의 선민으로서 막중한 책임과 사명을 안고 살아가야 한다.

위에 나열된 하나님에 대한 진리는 시대를 막론하고 어느 때든지 하나님의 백성에게 위로와 권면이 된다. 특히 바빌론으로 끌려간 사람들이 저자의 이런 가르침을 깨달았을 때의 감격을 상상해 보라. 그들이 바빌론으로 끌려온 것이 여호와가 바빌론의 신 마르둑(Marduk)보다 약해서가 아니라는 사실이 확실해진다. 여호수아서는 하나님이 원하기만 하면 당장 기적을 베풀어 그들을 구원하실 수 있다는 사실을 확인해 주고 있다. 그러므로 바빌론에서 이 책을 읽어 내려가던 사람들은 다른 곳에서 자신들이 당하는 고통의 이유를 찾아야 했을 뿐만 아니라 여호수아서의 하나님이 다시 한번 그들을 돌보아주실 것을 갈망해야 했다. 이런 면에서 여호수아서는 고통당하는 하나님의 백성에게 새로운 활력소를 제시해 주는 책이며 하나님의 전능하심을 확신하는 믿음을 요구하는 책이기도 하다.

4. 역사적 정황

여호수아서를 살펴보면 책이 진행되는 동안 상당한 세월이 흘렀음을 알 수 있다. 갈렙이 여호수아를 찾아와 기업을 요구할 때, 그의 나이는 85세다(14:10). 그는 자신이 40세에 모세의 명령을 받고 처음 가나안 정탐을 떠났다고 회고한다(14:7). 그렇다면 14:10은 정복이 시작된 지 5년 후의 이야기다. 여호수아가 가나안 정복을 끝내고 땅을 분배할 때 그의 나이가 매우 많았던 것으로 묘사된다(13:1). 만일 여호수아가 갈렙과 비슷한 나이였다면 그가 고별 설교를 남기고 죽었을 때 110세였으므로(24:29), 이 책 안에서 약 30년의 세월이 흘렀음을 짐작할 수 있다.

사람들은 가나안 정복이 하나님이 복을 주신 일일 뿐만 아니라 여호와의 군대장이 직접 진두지휘한 일이기에 순식간에 성취된 것으로 생각한다. 그러나 그렇지 않다. 가나안 정복은 분명히 하나님이 복을 주시고 인도하신 일이지만, 수십 년에 걸쳐 이룩해낸 성과인 것이다. 우리의 삶과 사역도 장기적인 시각에서 볼 필요가 있다. 한순간의 성공에 도취되어서도 안 되며, 한 프로젝트에 생명을 걸어서도 안 된다. 지속적이고 장기적인 비전과 계획을 세우고 사역해 나가야 한다.

이스라엘은 또한 40년의 고달픈 광야 생활을 통해 가나안 정복을 준비했다. 이집트에서 430년 동안의 종살이도 정복을 앞둔 준비 과정이었다. 특히 이집트에서의 마지막 몇십 년은 견디기 어려운 순간들이었으므로 이스라엘은 신음 속에서 하나님께 울부짖었다. 그런데 이집트에서의 혹독한 고통이 없었다면 이들이 그 땅을 떠나 가나안으로 가려 했을까? 그럴 가능성은 희박하다. 즉, 이스라엘에게 견딜 수 없는 고통이 있었기에 이집트를 떠날 수 있었고 요단강을 건널 수 있었던 것이다. 이런 관점에서 볼 때, 우리의 삶의 모든 고통도 하나님이 준비하신 미래를 위한 과정이라 할 수 있다. 그러므로 삶의 기쁨도 고통도 조금 더 넓은 안목에서 바라보면 하나도 버릴 것이 없다.

여호수아서가 정확히 어느 때를 역사적 배경으로 하고 있는가는 출애굽 사건을 언제로 보느냐와 연결되어 있다. 출애굽한 지 40년이 지난 다음에 시작된 것이 여호수아서의 여정이기 때문이다. 진보적인 입장에 있는 학자 중에는 성경의 역사성에 대해 비판적인 입장을 취하고 있는 상당수가 출애굽은 실제 일어난 역사적인 사건이 아니며, 이 사건과 관련되어 있는 모세와 여호수아와 같은 인물도 모두 고대 이스라엘이 만들어낸 전설상의 인물에 불과하다는 입장을 고수한다. 그러나 이미 언급한 것처럼 이러한 주장은 한쪽으로 치우친 관점이며 그 같은 관점에 근거한 순환 논리 위에 세워진 것에 불과하기에 별로 설득력이 없다.

반면에 성경의 역사성을 인정하는 학자 중에 출애굽 사건의 실제성을 부인하는 사람은 없다. 모두 성경이 묘사하고 있는 출애굽 사건은 역사적으로 실제 일어난 사건이며 이 사건에 연관된 모세, 아론, 미리암, 여호수아 등은 실제로 존재했던 인물임을 인정한다. 그러나 이들 중에도 견해의 차이는 있다. 크게 두 그룹으로 나뉘는데, 출애굽이 주전 1450년경에 있었던 것으로 이해하는 일명 '이른 출애굽'(Early Date)을 주장하는 사람과 주전 1250년대로 이해하는 '늦은 출애굽'(Late Date)을 고수하는 사람이다(Dallaire). 대체로 주전 15세기 출애굽설을 주장하는 사람은 성경이 제시하는 정보와 연대를 최대한 문자적으로 해석하는 경향이 있는가 하면(Harstad), 주전 13세기 출애굽설을 주장하는 사람은 고고학적인 자료를 중심으로 성경이 제시하는 정보와 연대를 15세기설을 고수하는 사람보다 더 문학적/상징적으로 해석하는 성향이 있다(Hubbard).

이른 출애굽설과 늦은 출애굽설 중 어느 입장을 취하는가 하는 것이 여호수아서의 메시지를 해석해 나가는 데 그리 큰 영향을 미치지는 않는다. 그러나 출애굽 시기에 대해 각자 개인적인 입장을 결정하는 일에 있어서는 다음 사항을 좀 더 깊이 생각해볼 필요는 있다.

첫째, 이집트의 바로 람세스 2세는 건축가로 유명했다. 그의 시대는 주전 1279-1213년이다. 출애굽기 1:11에 의하면 이스라엘 사람은 비돔(Pithom)과 라암셋(Ramses)을 건설하고 있었다. 이들이 건설하고 있는 도시는 람세스 왕과 연관이 있다. 그렇다면 출애굽기에서 이스라엘이 건설하고 있는 라암셋이 람세스 2세가 아니라 람세스 1세와 연관될 수는 없는가? 이집트의 기록에 의하면 람세스 1세는 람세스 2세의 선왕이었으며 정권을 잡고 새로운 왕조를 시작한 인물이었다. 그는 자신의 왕조를 설립한 후 2년 동안(1294-1295 BC) 군림했으며 건축에는 관심이 없었다. 그래서 그는 이렇다 할 건축물을 남기지 않았다. 게다가 람세스 2세의 맏아들은 일찍 죽어서 아버지의 대를 이어 왕이 되지 못했다는 기록이 남아 있다(Hess). 일부 학자들은 이 아들이 이집트의 장자들을 죽였던 열 번째 재앙 때 희생된 것일 수도 있다는 해석을 내놓았다. 어쨌든 만일 이스라엘이 건축하던 도시가 이 왕을 기념하기 위한 것이라면, 주전 15세기 출애굽설의 설득력은 약화된다.

둘째, 메르넵타(Merneptah)라는 이집트 왕은 한 기념비에 자신이 가나안 정복에 나서서 이스라엘이란 나라를 쳐 정복했다는 기록을 남겼다(Howard). 이때가 주전 1213년경이다. 이 시대에 이스라엘이 이미 가나안 땅에서 한 국가로 존재하고 있었다면, 주전 13세기 출애굽설의 설득력은 약화된다. 그러므로 고고학적인 증거는 주전 15세기, 13세기 출애굽설 모두에 문제를 제기할 뿐 어느 한쪽을 지지하지 않는다.

셋째, 성경이 제시하는 숫자들이 어려움을 더한다. 여호수아 시대, 사사 시대, 사무엘 시대를 더하면 470년이 넘는다. 여기에 40년 광야생활, 다윗의 40년, 솔로몬 정권의 몇 해를 더하면 이집트를 떠나던 해에서 솔로몬 성전 건축이 시작된 해까지 최소한 550년이 된다. 그러나 열왕기상 6:1은 솔로몬이 성전 건축을 시작한 것이 이스라엘이 이집트를 탈출한 지 480년 만에 있었던 일이라고 기록하고 있다.

넷째, 그동안 늦은 출애굽을 주장하는 입장의 증거는 캐년(Kathleen

Kenyon)이라는 영국 고고학자의 유물 해석으로부터 지대한 영향을 받았다. 그러나 최근에 와서 그녀의 해석이 많은 비판을 받고 있다. 특히 같은 자료를 분석한 후 주전 15세기 출애굽을 지지하는 결론에 도달하게 된 빔슨(Bimson)과 우드(Wood)의 논문은 학계에서 상당히 호의적으로 평가받고 있다.

다섯째, 여호수아서는 이스라엘 사람이 가나안을 정복하는 과정에서 세 도시만을 불에 태운 것으로 기록한다. 이스라엘에 의하여 불에 탄 도시는 여리고, 아이, 하솔이다. 또한 10-11장에서 전개되는 정복 이야기는 이스라엘이 가나안 사람만 죽였지 건물/성읍은 거의 파괴하지 않은 것으로 회고한다(수 11:13). 이런 사실은 이미 모세 오경에서 예언되었다(신 6:10-11). 그러므로 고고학자들이 가나안 정복과 연관하여 포괄적이고 광범위한 파괴의 흔적을 요구하고 찾는 것은 무리일 수 있다.

늦은 출애굽설이 안고 있는 문제 중 가장 큰 어려움은 이스라엘의 초대 왕 사울과 출애굽 사건 사이에 150년, 출애굽과 사무엘 시대 사이에 불과 100년의 시간밖에 허락지 않는다는 사실이다. 즉, 사사 시대가 가나안 입성 이후 곧장 시작되었다 하더라도 사무엘을 마지막 사사로 포함하더라도 150년밖에 되지 않는 것이다. 그러나 성경은 출애굽과 사무엘 사이에 많은 사사가 상당히 오랫동안 군림했다는 느낌을 준다.

5. 가나안 정복의 성격

전통적으로 가나안 정복은 이집트의 노예 생활에서 모세의 인도하에 탈출하여 광야에서 40년간 생활하다가 군대를 형성해 요단강을 건너고 전쟁을 치르며 이루어낸 것으로 간주되었다. 그러나 전통적인 견해가 설명하지 못하는 고고학적인 문제가 있다. 200만 명에 이르렀던 것으로 추정되는 이스라엘 사람이 40여 년 동안 광야에 거했다면 많은 흔적을 남겼을 텐데, 오늘날까지 이렇다 할 증거가 전혀 발견되지 않는다는 것이다. 또한 현실적으로 생각할 때 광야는 결코 200만 명을 40년 동안 수용할 만한 곳이 되지 못한다는 것이 거의 모든 학자의 견해다. 이런 문제 때문에 최근에 와서는 다른 가능성이 제시되고 있다. 이스라엘의 가나안 정복에 대한 여러 가지 주장을 요약해서 정리해 보자(Younger, Provan et al.). 이 논쟁에서 성경에 기록된 내용을 최대한 수용하는 자를 '최대 강령주의자'(maximalists)(cf. Hubbard), 성경에 기록된 정보를 거의 인정하지 않는 입장을 취하는 자를 '최소 강령주의자'(minimalists)라고 하며(Davies, Lemke), 첫 번째 모델인 '군사적 정복'은 '최대 강령주의적 해석', 나머지는 대부분 '최소 강령주의적 해석'에 속한다(Longman & Dillard).

(1) 군사적 정복(Conquest Model).

전통적인 관점이며 성경이 주장하는 모든 사건과 정황을 실제 있었던 일로 받아들이는 것을 바탕으로 성립되었다(Albright, Bright, Yadin; Younger, Hubbard). 학자들뿐만 아니라 거의 모든 보수적인 성향의 그리스도인이 이 가설을 정설로 받아들이고 있다. 이 설은 많은 이스라엘 군인이 가나안을 침략하여 정복했던 것으로 이해한다. 이스라엘의 가나안 정복 과정에서 상당한 파괴가 있었으며, 가나안 사람의 많은 인명 피해가 있었다. 실제로 여호수아서는 이스라엘이 가나안을 정복하는 과정에서 치렀던 전쟁을 다음과 같이 기록하고 있다.

상대	왕	전쟁 장소	공격자	승리자	성경(수)
여리고		여리고	이스라엘	이스라엘	6:12-27
아이		아이	이스라엘	아이	7:2-6
아이와 벧엘		아이	이스라엘	이스라엘	8:1-29

아모리 동맹국: 예루살렘, 헤브론, 야르뭇, 라기스, 에글론	아도니세덱, 호함, 비람, 야비아, 드빌	군대가 기브온에서 접전, 추격대가 벧호론과 아얄론 골짜기를 지나 아세가에 이름	아모리 사람들	이스라엘	10:1-27
막게다		막게다	이스라엘	이스라엘	10:28
립나		립나	이스라엘	이스라엘	10:29-30
라기스		라기스	이스라엘	이스라엘	10:31-32
게셀	호람	라기스	이스라엘	이스라엘	10:33
에글론		에글론	이스라엘	이스라엘	10:34-35
헤브론		헤브론	이스라엘	이스라엘	10:36-37
드빌		드빌	이스라엘	이스라엘	11:1-9
북쪽의 동맹군		메롬 물가	이스라엘	이스라엘	11:1-9
하솔	야빈	하솔	이스라엘	이스라엘	11:10-11
북방의 성읍들		여러 성읍	이스라엘	이스라엘	11:12-17

(2) 평화스러운 정착(Settlement/Peaceful Infiltration Model)

알트(A. Alt)라는 학자가 20세기 초반에 처음으로 주장했다(Alt, Noth, cf. Weippert). 그에 의하면 이스라엘은 원래 소규모 유목민과 여러 곳에서 모여든 잡족으로 구성되었으며, 이들은 원주민과의 갈등을 피하기 위해 가나안 산악 지대 곳곳에 듬성듬성 정착했다. 곳곳에 흩어져 살던 그들을 하나로 묶어주는 요소가 둘이 있었는데, 여호와 종교와 그들의 성읍들 간의 인보(隣保)동맹(amphictyony)이었다.

세월이 지나면서 그들은 마치 오늘날의 이민자들처럼 점차적으로 가나안 땅에 자연스럽고 평화스럽게 정착해나갔다. 이 과정에서 원주민과 군사적인 충돌은 거의 없었다. 간혹 있었던 충돌의 성격은 원주민과 이주민의 갈등 정도에 불과했다. 이 설은 고대 그리스에서 성행했던 인보(隣保)동맹(amphictyony)을 도입해 이론의 일부로 만들었는데, 가나안 지역에 이런 동맹이 있었다는 증거가 없어 별로 설득력을 얻지 못했으며, 오늘날에는 동조하는 학자도 많지 않다(Hubbard). 이 설의 전제는 성경의 역사성과 진실성에 대한 비관적이고 부정적인 시각이다. 성경이 증언하고 있는 일의 실제성과 역사성을 믿지 못하겠다는 것이다.

(3) 내부적 혁명(Revolt Model)

멘덴홀(G. Mendenhall)이 1962년에 처음 주장했으며 최근에 와서 고트워드(N. Gottward)에 의해 체계적으로 제시되었다. 이 설에 따르면 가나안 지역은 여느 고대 사회와 마찬가지로 소수의 귀족이 대다수의 평민을 지휘하는 체제로 운영되었다. 그러다가 도시국가 왕들을 비롯한 지도층에게 당하던 착취를 더 이상 견딜 수 없었던 평민이 혁명을 일으켰다. 그 결과 부유층과 지도층이 쫓겨났으며 혁명을 일으킨 평민은 새로운 나라를 세우게 되었다. 이 혁명에 가담했던 자 중 이집트에서 노예 생활을 하다가 탈출한 몇 명의 히브리 사람들(=hapiru?)이 있었다.[4] 혁명은 성공적으로 끝났고 새로운 정권이 들어서자 그들에게 종교적인 정당성이 필요했다. 이때 이집트를 탈출해 그들과 합세했던 히브리 사람들은 여호와 종교를 믿고 있었으며, 그들이 이 종교를 새로이 형성된 혁명 세력의 공식 종교로 삼았다는 것이다.

  고트워드는 멘덴홀이 제시한 가설에 공산주의의 이론적 바탕이 된 마르크스주의적(Marxist) 해석을 더했다. 이 혁명은 소작농들이 지주들을 상대로 일으킨 일이라는 것이다. 역시 이 설도 성경에 기록된 내

---

[4] 멘덴홀은 이들이 훗날 '히브리 사람'(Hebrew)의 어원이 된 '하피루'(hapiru)였다고 한다. Hapiru는 고대 문헌에서 종종 언급되는 고유명사다. 멘덴홀은 hapiru가 특정한 인종이나 민족을 뜻하는 것으로 이해하여 이런 해석을 내놓았다. 히브리 사람들은 이집트에서 노예 생활을 하다가 탈출한 특별한 인종이었다는 것이다. 그러나 오늘날에 와서 학자들은 대부분 이 단어(hapiru)가 고유 인종이나 민족을 뜻하는 것이 아니라 지도층에게 압박과 착취를 당했던 사회의 밑바닥 계층을 형성하는 사람들이었다고 풀이한다(TDOT).

용을 너무 부정적으로 본다는 문제를 안고 있다. 게다가 공산주의적인 모델은 근대에 성립된 것으로, 이를 별 제한 없이 도입해 수천 년 전 가나안에서 있었던 일을 설명한다는 것은 다소 무리가 있어 보인다(Hubbard).

(4) 진화적/점진적 발전(Evolutionary Model)

여러 학자가(Dever, Thompson) 제시하는 모델들이 이 부류에 속한다. 이스라엘은 가나안 밖에서 침입한 민족이 아니며, 가나안 지역 원주민들로 구성된 연합체라는 주장이다. 내부적 혁명과 다른 점은 이스라엘이 출범할 때 혁명이나 전쟁과 같은 갈등이 없었다는 점이다. 새로운 지역으로 이주하여 정착하면서 가나안 지역 원주민에게 새로운 정체성이 필요했으며, 이 과정에서 이스라엘 민족이 태어났다는 것이다. 특히 주전 1200년대에 접어들면서 산악 지대에 살던 원주민이 새로 마을을 개발하여 정착하게 된 것이 이스라엘의 시작이라고 한다.

  그러나 이 부류에 속한 학자 중 일부는 이스라엘이 나라로 출범한 것은 페르시아 시대(주전 5-6세기)에나 있었던 일이라고 주장한다(Hubbard). 이렇게 주장하는 학자들은 이 모델이 가나안 지역의 고고학적인 발굴과 가장 잘 어울린다고 생각한다(Dever). 반면에 성경의 증언에 관하여는 전혀 믿을 수 없으며 논할 가치도 없다는 강력한 '최소 강령주의자적'(minimalist) 입장을 취한다. 이 주장은 너무나 극단적이어서 동조보다는 반발과 반론을 더 많이 자아내고 있다(Kofoed).

(5) 반복적 흥망성쇠(Cyclic Model)

이 모델 또한 이스라엘 민족이 외부에서 들어와 가나안을 정복한 것을 부인한다. 이 학설을 주장하는 학자들에 의하면 가나안 지역은 수

천 년 동안 주기적으로 인구가 많이 늘어났다가 줄어들고, 또 많이 늘어나는 현상이 반복되었다. 날씨와 기후의 변화, 경제 침체, 외부의 침략 등이 이러한 주기적 현상을 가져온 것이라 한다(Finkelstein, Coote & Withelam). 이스라엘은 주전 3000-2000년대 이러한 사이클이 가나안을 강타했을 때 형성되었으며, 유입된 인구들은 주로 고산 지대에 살던 유목민이었다. 이 유목민이 방랑 생활을 버리고 한 곳에 정착하여 살게 된 것이 이스라엘의 시작이었다. 이러한 인구 유입은 다윗 시대까지 지속되었다고 한다(Coote & Withelam). 이 외에도 도가니(melting pot) 모델이 있다. 이스라엘은 여러 잡족, 노예, 유목민 등이 모이고 섞이며 새로이 형성된(ethnogenesis) 연합 체제라는 주장이다(Killebrew, Miller & Hayes). 이 연합 체제는 매우 느슨하게 유지되었으며 그들이 형성한 사회도 매우 느슨하게 형성되었다고 한다.

위 모델들이 성경을 이해하는 데 어느 정도의 도움을 주는 것은 사실이다. 예를 들면 우리는 종종 이스라엘이 매우 순수한 혈통으로 구성되었던 것으로 생각하는데, 성경은 다르게 증언한다. 이스라엘이 이집트를 떠날 때 이미 '허다한 잡족들'이 이들과 함께 떠났다(출 12:38). 광야에서 이 잡족 중 일부가 주동이 된 문제도 발생했다(민 11:4). 그렇다면 훗날 이 잡족들은 어디로 갔을까? 광야 생활이 끝나고 가나안에 입성할 때, 이들도 함께 요단강을 건너 이스라엘 영토에 정착하면서 이스라엘에 흡수되었으리라고 쉽게 짐작할 수 있다.

또한 모세가 각 지파에서 대표를 선발하여 가나안에 보냈던 정탐꾼 중 유다를 대표했던 갈렙을 생각해보자. 성경은 그가 그나스 사람/후손(הקנזי)이었다고 하는데(민 32:12), 창세기 15:19에 의하면 그나스는 이방 족속이다. 이방인의 후손인 갈렙이 유다 족속을 대표할 수 있었다는 것은 이스라엘이 이미 혈통적으로 상당히 섞여 있었음을 시사한다. 이 증거들은 비록 이스라엘이 아브라함의 후손을 중심으로 구성되었지만 사회적으로 소외되고 천대받았던 이방인도 상당수 포함되었을 것이라는 잠정적인 결론에 도달하게 한다. 이런 가능성을 위 모델들이 더욱 뒷받침해 준다.

그러나 위 세 모델은 하나같이 성경의 진실성에 대해 지나치게 부정적이다. 이 모델들에 의하면 결국 출애굽 사건, 모세, 미리암, 아론, 여호수아 등이 모두 고대 이스라엘 사람이 지어낸 전설 속에서나 일어난 일이고 존재했던 인물에 불과하다. 반면에 성경은 이 사건과 인물들이 실제였음을 전제하며 가나안 정복도 군사적 침투였다고 증언한다. 구약이 이스라엘의 정체성을 논할 때, 출애굽과 가나안 정복 사건의 실제성은 가장 중요한 근거 자료로 사용된다. 그러므로 이 세 가설이 설득력을 얻으려면 성경에 제시된 자료들에 대한 충분한 설명이 필요하다. 그러나 아직까지는 턱없이 부족한 상황이다.

아울러 이 모델들은 성경의 사고에 맞지 않는 이질적인(alien) 모델이다. 알트(Alt)의 모델은 근대의 사회학에 기초한 것이며, 멘덴홀(Mendenhall)과 고트워드(Gottward)의 모델은 공산주의 혁명을 경험하면서 제시된 모델이다. 현 시대의 현상과 관점을 특별한 제한 없이 3천여 년 전 사회에 그대로 적용한다는 것은 책임 있는 학문의 태도가 아니라 편견에 따른 강요(imposing)에 불과하다.

또한 이 모델들이 주장하는 것처럼 만일 출애굽 사건과 광야 생활 이야기가 반란 등을 통해 성립된 정권을 정당화시키는 신화에 불과한 것이라면, '출애굽 신화'는 너무 거칠고 잔인하다는 생각이 들지 않는가? 생각해 보자. 한 민족이 자신의 정체성과 정당성에 대한 신화를 만들었다면, 우리는 당연히 이 신화에서 상당히 미화되고 영웅화된 내용을 기대하게 된다. 그러나 '출애굽 신화'의 이야기에는 어찌된 일인지 미화된 내용이 없다. 오히려 이 '신화'는 이스라엘 민족이 다른 나라에서 죽도록 종살이하다가 겨우 탈출했고, 탈출한 후 죄를 범하여 심판을 받아 40년 동안 광야에서 떠돌았으며, 이집트를 떠나온 1세대가 다 죽고 난 후에야 겨우 예정된 곳에 도착하게 되었다고 한다. 또한 이스라엘의 역사를 보면 그 이후의 이야기도 그저 '실패와 범죄 행진곡'에 불과하다. 출애굽과 가나안 정복 이야기가 신화라고 하기에는 신화들에 일반적으로 가미되는 '조미료' 맛이 전혀 나지 않는다.

6. 신학적 이슈들

여호수아서가 한 민족(이스라엘)이 이미 오래전부터 정착하여 살고 있던 원주민(가나안 족속)을 진멸하고 그들의 땅을 빼앗아 분배한 이야기이다 보니, 신앙의 눈으로 읽지 않는 사람에게는 매우 불편하고 이기적인 책으로 보일 수 있다. 하나님의 약속과 명령에 따라 원주민을 멸하고 그 땅을 차지한 이스라엘의 관점에서는 당연한 일이지만, 이들의 습격을 받아 죽어간 가나안 사람 입장에서는 매우 억울하고 원통한 일이기 때문이다. 게다가 이스라엘이 원주민 중에서도 거짓말을 하거나(viz., 라합), 속인 경우에는(viz., 기브온족) 살려주고, 나머지 사람은 모두 죽이거나 내친 일은 매우 야만적일 뿐만 아니라 비윤리적인 처사라고 생각할 수 있다.

    책의 내용이 다소 혼란을 야기하기도 한다. 한 예로 이스라엘이 가나안을 온전히 정복한 것인지, 아니면 부분적으로 정복에 성공한 것인지에 대해 여호수아서는 두 가지 가능성을 모두 언급한다. 또한 10장에서 '해와 달이 멈추었다'고 하는데, 이 사건이 천체 운행 속에서 나타난 이변을 뜻하는 것인지, 다른 것을 말하는 것인지 정확하지 않다. 이런 이슈들을 하나씩 생각해 보자.

(1) 가나안 족속의 멸망

이스라엘 백성이 수백 년 전에 선조 아브라함에게 약속된 땅을 정복하고 그 땅에 정착하는 것은 아름다운 일이다. 그러나 이들에게 땅을 내

주기 위해 멸망당해야 하는 가나안 사람 입장에서는 이 일을 어떻게 이해해야 하는가? 심지어 제3자의 입장에서 이 내용을 읽고 있는 우리마저 심기가 불편하지 않은가? 이런 정서 때문에 일부 주석가들은 여호수아서를 반인륜적이며 몰상식하고 잔인한 책이라고 혹평하며 인류의 화합과 평화를 추구하는 그리스도인에게는 별 도움이 되지 않는다고 한다(Coote; cf. Hubbard).[5] 이스라엘에게 진멸당한 가나안 족속이 누구였는지에 대해 다음 도표를 참고하라(ABD, Killebrew, Dallaire, Howard).

아낙족	아낙족은 신명기에서 처음으로 언급된다(1:28; 2:10). '아낙'이라는 이름은 '목, 목걸이'라는 뜻을 지닌 단어에서 비롯되었으며, '목이 긴 거인족'을 칭한다. 아낙은 아르바의 아들이었으며(수 15:13) 기럇아르바(헤브론)를 세웠다. 아낙족은 매우 크고 강한 사람들이어서 두려움을 자아내는 사람들로 알려졌으며(신 2:10, 21; 9:2) 유다의 산악 지대에 살았다. 갈렙이 이들에게 땅을 빼앗았으며, 이후 이들은 가사, 가드, 아스돗 등 블레셋 사람들의 땅에 정착하였다 (수 11:22).
헷족	헷족(Hittite)은 아브라함 등 선조 시대 때부터 이스라엘이 가나안을 정복할 때까지 가나안 지역에 거주하던 상대적으로 큰 족속이었다. 본래 소아시아에서부터 유프라테스강 유역에 이르는 지역에 살았으며, 일부가 가나안 지역으로 이주해 왔다. 가나안 정복 후 헷 사람들은 점차적으로 이스라엘 민족에게 흡수되었다.
가나안족	가나안족은 함에서 유래된 사람들이다(창 10:6). '가나안 사람(Canaanite)'이라는 용어는 넓은 의미로는 가나안에 살았던 모든 종족을 칭하며 동시에 가나안에 살았던 일곱 족속 중 하나를 칭하는 명칭이기도 하다. 이 가나안족은 주전 3,000년경에 아라비아 동북부에서 왔으며 계곡과 산악 지대 등 광범위한 지역에 정착했다. 주전 18세기의 기록물인 마리(Mari) 문서에 '가나안', '가나안 땅'이 등장한다. 가나안 족속은 레바논에서 수리아에 이르는 좁은 해안 지역, 특히 시돈, 두로를 중심한 페니키아(Phoenicia) 해안 지역에 많이 살았다. 훗날 헬라인들이 이 가나안 사람들을 '페니키아인'이라고 부르기 시작했다. 그들은 주로 무역에 종사했으며 팔레스타인에 살고 있던 가나안족속은 점차적으로 이스라엘에 흡수되었다.

5 한 학자는 "여호수아서는 설교할 수 있는 책이 아니다. 특히 어린아이에게 가르쳐서는 안 되는 책이다. 당신의 온유한 귀를 이 책의 폭력으로부터 보호하라!"라고 말한 적도 있다 (Bright; cf. Hawk).

블레셋족	함에서 비롯된 사람들이다. 이들은 주전 13세기에 이집트를 침략한 소아시아의 바닷가 사람들(해적들)이었다. 이집트군의 저항으로 뜻을 이루지 못하자 이스라엘의 남쪽 지중해 해안가에 정착했다. 그들은 다섯 개의 주요 도시를 형성하고 살았다: 아스돗, 아스글론, 가사, 에글론, 가드. 이 중 아스돗, 아스글론, 가사는 항구를 지닌 해안 도시들이었다.
아모리족	아모리족(Amorite)은 가나안 사람 중 가장 강한 족속 중 하나였다. 아모리는 서부인이라는 뜻의 아카드어다. 구약 성경에서 '아모리 사람'이라는 명칭은 '가나안 사람'과 같은 뜻을 지닌 비슷한 말로 사용된다. 거주 지역에 따라 아모리 사람을 '산지에 사는 사람'이라고 하고 가나안 사람을 '해변과 요단 강가에 사는 사람'이라고 한다(민 13:29). 기록에 의하면 아모리 족은 요단강 동편에 많이 살았다. 헤스본 왕국과 바산 왕국은 아모리 사람들이 세운 나라들이다.
히위족	함에게서 비롯된 사람들이다(창 10:17). 많은 학자가 히위족속(Hivite)과 호리족속(Horite)을 동일시한다(cf. 수 9:7). 가나안 북쪽 지역에서부터 레바논 산맥과 안티레바논 산맥(Anti-Lebanon Range) 사이의 하맛 어구까지 널리 자리잡고 살았다(cf. 창 10:17). 페니키아의 시돈과 두로에는 가나안인과 더불어 히위 사람들이 살고 있었다. 이 민족의 일부는 세겜, 기브온 및 그 주변 성읍들에 살기도 했다.
여부스족	함에게서 비롯된 사람들이다(창 10:16). 여부스족(Jebusite)은 가나안에서 소수 민족이기는 하나 중심지인 예루살렘과 그 주변의 산지에 살았다. 그들이 예루살렘에 거주할 당시에는 예루살렘을 여부스라고 불렀다(수 15:16). 예루살렘이 베냐민 지파와 유다 지파에 기업으로 주어지지만, 이스라엘은 다윗 시대에 가서야 이 성을 영구적인 이스라엘 영토의 일부로 삼을 수 있었다.

하나님은 여호수아서에서 가나안 족속의 멸족을 요구하신다(6:21; 8:22; 10:26, 28, 30, 32, 33, 35, 37, 39, 40; 11:8, 10-14). 즉, 하나님이 가나안 원주민에 대하여 '진멸'(חרם)을 선포하신 것이다. 성경에서 진멸은 두 가지를 실행하는 의미로 행해졌다. (1) 제물, (2) 정의(Niditch). 여호수아서에도 이 두 가지 의미를 전제하며 진멸이 진행된다.

제물로서 진멸은 모든 것을 '하나님께 바치는 행위'를 뜻한다. 그래서 일부 학자들은 진멸을 짐승의 모든 것을 하나님께 불에 태워 드리는 번제에 비교하기도 한다. 진멸이 선포되면 하나님이 모든 짐승과 사람을 죽이라고 하시는데, 이런 요구는 승리가 하나님께로부터 온 것임을 고백하는 상징성이 내포되어 있기 때문이다(Creach). 정의로서 진멸은 죄인에 대한 하나님의 정의 실현이기도 하다. 가나안 사람이 진멸을 당해야 하는 이유는 그들의 죄악 때문이라는 것이 누누이 강조된다. 이런 면에서 진멸은 강력한 경고성을 지닌다. 어떤 피조물이든지 창조주의 뜻에 따라 살지 않으면 진멸을 당할 수 있다는 것이다. 그러므로 여호수아서에서 행해지는 진멸은 진멸을 행하는 이스라엘에게 진멸을 당하는 가나안 사람을 닮지 말라는 경고다. 그래서 학자들은 이 책에서 행해지는 진멸의 핵심은 이스라엘이 [진멸로 파괴된 재산을] 갖지 못하도록 하는 데에 있는 것이 아니라, 이스라엘이 유혹을 당하지 않게 하는 데 있다고도 한다(Brueggemann).

진멸이 선포되면 모든 것이 파괴되고 죽임을 당해야 하는데, 그 대상은 매우 광범위하고 다양하다. 물질(6:18-19; 7:1, 11), 사람(10:28, 35, 39, 40, 41; 11:11, 20), 도시(6:21; 8:26; 10:1, 37; 11:12, 21). 이 전통은 구약에 상당히 자주 등장하며 주변 문화권에서도 많이 발견된다(Hess; Nelson). 여호수아 시대에 이 전통이 광범위하게 사용되는 이유는 이스라엘 민족의 거룩함(분리됨)을 강조하기 위함일 것이다(신 20:17-18).

하나님이 여호수아에게 가나안 사람을 진멸하라고 명령하신 것은 결코 새로운 일이 아니다. 하나님은 이미 모세에게 같은 명령을 내리셨다(신 7:2; 20:16-17; 수 11:15, 20). 모세 역시 여호수아에게 가나안 땅에 들어가면 이렇게 행하라고 명령했다(11:12, 15). 진멸은 남녀노소를 막론하여 모든 사람을, 그리고 경우에 따라서는 짐승들까지 죽이는 것을 뜻한다. 그렇다면 어린아이가 무엇을 잘못했다고 이런 가혹한 일을 명령하신단 말인가? 거룩하시고 공의로우신 하나님이 이렇게 잔인한 명령을 내리실 수 있는가? 그러므로 이스라엘이 가나안 사람을 진멸한다면 하나님의 공평과 정의에 의문이 제기될 수도 있다.

가나안 사람은 진멸당하고, 이스라엘 사람은 그들의 땅을 차지하는 것이 단순히 민족이 다르다는 점에서 비롯된 것인가? 즉, 이스라엘 사람은 아브라함의 자손이기 때문에 축복을 받은 것이요, 가나안 사람은 아브라함과 상관없는 사람이기에 저주와 심판을 받은 것인가? 저자는 결코 그렇지 않다고 주장한다. 그는 이스라엘 사람이라도 하나님 앞에 바로 서지 못하면 진멸당할 것이요, 이방인이라도—심지어는 심판을 받아 죽도록 이미 결정이 된 사람들이라도—여호와를 믿고 의지하면 살 수 있다고 선언한다. 그의 이런 주장은 책의 첫 부분에 나오는 두 사람의 이야기에 담겨 있다.

여리고성 정복 과정에서 물건을 훔쳤다가 자신의 온 집안을 진멸에 이르게 한 아간의 이야기는(7장) 정복자인 이스라엘도 진멸을 당할 수 있다는 경고다. 반면에 비록 몸을 팔며 살아가던 창녀였지만, 하나님을 경외하여 자신과 가족의 구원을 얻었던 라합 이야기는 진멸이 결정된 사람일지라도 여호와를 신뢰하면 자신뿐만 아니라 가족까지도 살 수 있는 역(逆)진멸을 체험할 수 있다는 사실을 강조한다.

여호와 하나님이 어떻게 이스라엘에 복을 주셨고 앞으로 가나안 사람에게 어떻게 하실 것인가를 깨닫고 여호수아를 속여 동맹 조약을 받아낸 기브온성 사람의 이야기는 이런 구원이 개인적인 차원뿐만 아니라 온 공동체적으로도 가능했다는 것을 역설한다. 저자는 진멸이 선포된 가나안에서도 여호와에 대해 개인적으로나(viz., 라합), 공동체적으로(viz., 기브온 사람) 믿음을 소유한 자들은 모두 죽지 않고 구원에 이르렀음을 선언하고 있는 것이다. 그러나 진멸이 선포된 가나안 사람 중에서 살아남은 사람이 있었다는 사실이 결코 이스라엘로 하여금 하나님의 진멸 명령을 수행하지 않도록 하거나 약화시키지는 않았다(Hess). 진멸은 전반적인 원리이며, 믿음에 근거한 예외는 항상 있을 수 있기 때문이다.

그렇다면 나머지 가나안 사람은 왜 진멸당해야 했는가? 성경은 가나안 사람의 진멸에 대해 두 가지 이유를 제시한다. 첫째, 하나님은 이스라엘의 순수성을 보존하기 위해(cf. '신학적 메시지' 섹션) 이런 명령을 내리셨다. 하나님의 백성으로 구별된 이스라엘은 세상 사람과 다르게 살아야 할 의무가 있다. 또한 세상 사람과 차별화된 삶을 살아간다는 것은 이스라엘의 정체성에 매우 중요한 역할을 한다. 하나님은 한 민족으로서 새로이 출발하는 이스라엘이 죄와 부도덕으로 가득한 주변 국가의 영향을 받지 않고 좀 더 쉽게 구별된 삶을 추구할 수 있도록 주변 국가를 진멸하게 하신 것이다. 즉, 가나안 사람을 진멸하라는 하나님의 명령은 그분의 백성의 미래를 위한 은혜로운 행위였던 것이다. 물론 이 답변이 가나안 사람 중 어린아이나 착한 사람마저 죽어야 한다는 난감한 문제의 근본적인 해결책은 되지 못한다. 그러나 하나님이 자신의 백성을 얼마나 사랑하셨기에 그들의 신앙생활에 방해가 될 수 있는 민족을 멸족시키기까지 하셨는가 하는 점은 심각하게 받아들여야 한다. 온 인류에 대한 하나님의 사랑은 절대적이지만 경우에 따라 이렇게 상대적일 수도 있다.

둘째, 하나님은 가나안 사람의 죄에 대한 심판으로 진멸 명령을 내리셨다(창 15:16; 신 9:4-5). 아브라함과 후손은 하나님께로부터 가나안 땅을 선물로 약속받은 후에도 그 약속이 실현될 때까지 몇백 년을 기다려야 했다. 이유는 간단했다. 자신들의 땅을 온갖 죄악으로 오염시키고 있는 가나안 족속이 벌을 받아 진멸당하는 것은 당연한 일이지만, 아브라함 시대에는 그들이 저지른 죄가 아직 진멸당할 만한 단계까지 이르지 않았다는 것이다. 아브라함의 후손에게 복을 주시기 위해 다른 족속을 불공평하게 대할 수는 없다는 원칙이 이 논리의 배경이 되고 있다.

그러므로 이스라엘은 가나안 사람의 죄가 하늘에 닿을 때까지 기다려야 했다. 이 말씀은 가나안 족속의 죄가 쌓인다는 의미로 해석될 수 있으며, 실제로 성경은 공동체의 죄는 축적된다는 사실을 전제한다(cf. 시편에 기록된 여러 공동체 탄식시). 이 설명 역시 '죄 없는 가나안 사람들'[6]

---

6 어린아이, 상대적으로 착하고 양심적으로 살았던 가나안 사람을 뜻한다. 물론 이들도 거룩하신 하나님 앞에서는 죽어 마땅할 죄인이지만, 그럼에도 불구하고 다른 죄인과 함께 진멸당하기에는 아쉬움을 남기는 사람들이다.

의 죽음을 정당화하지는 못한다. 그러나 사회의 전반적인 성향이 여호와의 진노를 불러왔다는 점은 그 사회가 총체적으로 부패했다는 것을 말해 주며, 이런 이유로 하나님이 이처럼 극단적인 처방을 하시게 되었던 것이다.

그렇다면 하나님의 심판을 받아 진멸당하게 된 가나안 사람의 죄는 과연 어떤 것인가? 가나안 사람들의 죄에 대하여는 레위기 18:6-30에 상세하게 기록되어 있는데 대부분 성적(性的) 문란에 관한 것이다(수 9:1-2; 11:1-5).

> 각 사람은 자기의 살붙이를 가까이 하여 그의 하체를 범하지 말라 나는 여호와이니라 네 어머니의 하체는 곧 네 아버지의 하체이니 너는 범하지 말라…너는 네 아버지의 아내의 하체를 범하지 말라…손녀나 네 외손녀의 하체를 범하지 말라…너는 네 고모의 하체를 범하지 말라…이모의 하체를 범하지 말라…네 아버지 형제의 아내를 가까이 하여 그의 하체를 범하지 말라…여인이 월경으로 불결한 동안에 그에게 가까이 하여 그의 하체를 범하지 말지니라…네 이웃의 아내와 동침하여 설정하므로 그 여자와 함께 자기를 더럽히지 말지니라 너는 결단코 자녀를 몰렉에게 주어 불로 통과하게 함으로 네 하나님의 이름을 욕되게 하지 말라 나는 여호와이니라 너는 여자와 동침함 같이 남자와 동침하지 말라…너희는 이 모든 일로 스스로 더럽히지 말라 내가 너희 앞에서 쫓아내는 족속들이 이 모든 일로 말미암아 더러워졌고 그 땅도 더러워졌으므로 내가 그 악으로 말미암아 벌하고 그 땅도 스스로 그 주민을 토하여 내느니라(레 18:6-30, 개역개정).

지금까지 발굴된 고고학적인 자료들을 종합해 보면 아이를 제물로 태우는 것, 성전 매춘 등 윤리적인 문란이 매우 성행한 곳이 가나안 땅이었다. 창조주 하나님의 질서와 가치관에 이처럼 극적으로 상반되는 사람들을 어찌 하나님이 잠잠히 보고만 계실 수 있단 말인가! 하나님이 이들을 심판하시는 것은 당연한 일이다.

(2) 라합의 거짓말(cf. 2:4-5)

라합은 이스라엘 정탐꾼을 숨기고 그들을 찾는 군사들에게 거짓말을 했다. 이 거짓말로 라합과 그녀의 집안은 멸망하지 않았다. 하나님의 축복으로 그녀의 집안에 구원이 임한 것이다. 이 사건에 대해 일부 학자들은 문제를 제기한다. 어떻게 우리에게 진실을 요구하시는 하나님이 거짓말한 일에 대해 복을 주실 수 있느냐는 것이다(Howard). 일부 신학자들이 이때는 전쟁 중이었기 때문에 거짓말도 하나의 전략으로 간주될 수 있으며, 이러한 이유에서 별문제가 없다는 논리를 펼친다. 어떤 이들은 '진실'이라는 것이 꼭 '사실'과 일치되어야 하는 것은 아니며, 하나님이 하시는 일은 모두 진실이기 때문에 큰 문제가 되지 않는다고 말하기도 한다. 반면에 레위기 19:11과 잠언 12:22 등을 제시하며 성경은 거짓을 절대 허용하지 않기 때문에 이 사건은 분명 윤리적인 문제를 안고 있다는 잠정적인 결론을 내리는 사람도 있다. 이 이슈에 대해 다음 사항을 생각해 보자.

먼저 신약 성경의 저자들이 라합의 행동에 대해 어떻게 이해하고 있는지 살펴보자. 야고보는 그녀가 정탐꾼들을 숨겨 다른 길로 떠나게 한 행동이 그녀가 하나님으로부터 의롭다고 인정받게 된 이유라고 한다(약 2:25). 히브리서 기자는 그녀가 정탐꾼들을 영접한 일을 하나님께 순종한 일로 묘사한다(히 11:31). 그 어디에도 라합의 행동은 부정적으로 평가되지 않는다. 그렇다면 성경 저자들이 무엇을 근거로 거짓말을 한 라합에게 이처럼 관대한 것일까? 라합 사건을 묘사하고 있는 본문을 잘 관찰해 보면 그 이유를 알게 된다.

여호수아서가 강조하는 것은 라합이 거짓말을 한 일이 아니라 거짓말을 하게 된 동기와 그녀의 전체적인 발언 내용이다. 라합에게는 여호와에 대한 확실한 믿음이 있었다. 단순히 살고 싶어서 거짓말을 한 것이 아니었다. 또한 그녀는 이스라엘의 가나안 침략은 여호와께서 거룩한 전쟁을 시작하신 것을 뜻하며, 하나님이 그 땅을 이스라엘에게 선물로 주시기 위해 취하실 것임을 이미 깨닫고 있었다(2:9, 11). 즉, 이 이야기는 여호와께서 가나안 여인 라합에게 믿음을 주심으로 이스라엘이 가나안 정복을 시작하기도 전에 하나님의 신적(神的) 구원 사역이 이미 가나안 땅에서 시작되었음을 부각시킨다. 아울러 라합 사건은 이미 진멸이 선포되어 이스라엘의 손에 죽게 되어 있는 자라 하더라도 하나님께 복종하면 화를 면할 수 있다는 점을 강조하는 시범 사례다. 물론 하나님의 계획에 반항하는 것은 죽음을 자초할 뿐이다. 여호수아서는 이스라엘을 대적하다가 죽음을 당한 가나안 왕 31명에 대한 기록을 담고 있다(12:9-24). 이들의 운명은 라합의 운명과 매우 극적인 대조를 이룬다.

성경에는 라합이 하나님의 축복을 받게 된 것 외에도 거짓말한 사람들이 하나님의 복을 받는 사건이 한 번 더 나온다. 어떠한 조치를 취해도 이스라엘 노예의 수가 계속 번성하는 것을 목격한 이집트의 바로가 급기야 극단적인 처방을 내렸다(출 1:15-21). 이집트 왕은 산파들을 불러놓고 히브리 여인들의 출산을 돕다가 남자아이가 태어나면 조용히 숨을 끊어놓으라고 명령했다. 그러나 산파들은 그렇게 하지 않았으며, 바로에게 추궁을 당하자 거짓말로 둘러댔다. 이 이야기는 하나님이 이 산파들의 집안에 복을 주셨다는 말로 끝을 맺는다(21절). 출애굽기 저자도 산파들이 거짓말을 한 동기가 여호와를 경외함에 있었다고 밝혀 이들이 결코 개인적인 이익을 추구하기 위해 거짓말을 한 것이 아니라 하나님을 두려워한 것에서 비롯된 일임을 밝힌다. 그렇다면 하나님을 경외함으로 한 거짓말은 정당화될 수 있는가? 충분히 가능하다. 그러나 이 논리는 너무나 쉽게 남용될 위험을 안고 있다. 라합과 산파들 이야기는 세상의 법과 기준이 하나님의 성품과 가치관과 대립될 때는 하나님의 말씀과 뜻에 순종해야 한다는 진리를 암시하고 있다.

(3) 여리고성 함락

여호수아서에서 여리고성 함락 이야기가 어떤 역할을 하고 있는가? 여리고성은 이스라엘이 요단강을 건넌 후 처음 정복한 가나안 도시였다. 흥미로운 것은 여리고성 이야기에 전투에 대한 언급이 전혀 보이지 않는다는 점이다. 다만 하나님의 명령에 따라 정교한 행진, 나팔소리, 함성만이 묘사되어 있다. 여리고성은 일곱 명의 제사장이 법궤를 메고, 일곱 나팔을 들고, 칠 일 동안 성 주위를 돌았을 때 무너져 내렸다. 이 사건의 중심은 온 이스라엘이 한마음이 되어 하나님의 말씀에 따라 법궤를 앞세우고 여리고성을 도는 것에 맞추어져 있다. 즉, 이스라엘이 여리고성을 정복하게 된 것은 그들의 뛰어난 전투력 때문이 아니라 하나님의 명령을 잘 순종하여 그분이 원하는 대로 이행했던 일종의 '예배 행렬' 때문이다. 여리고성 정복 이야기는 앞으로 이스라엘이 어떻게 가나안 땅을 정복할 수 있는가를 보여 주는 하나의 패러다임이다. 하나님에 대한 순종으로만 가능하다는 것이다.

일부 역사학자와 고고학자는 이런 교훈을 담고 있는 여리고성 함락 이야기에 역사적인 문제가 걸려 있다고 한다. 대부분의 학자는 여리고성을 주전 8000년대부터 인간이 모여 살았던 인류 역사상 가장 오래된 도시 중 하나로 간주한다. 이 성의 크기는 고작 가로 100m, 세로 200m로 그 당시의 도시 국가 중 중간 정도였으며 약 1,500명이 도시 안에 살았던 것으로 추정된다(다윗이 여부스족속에게 빼앗은 예루살렘성은 가로 400m, 세로 100m 정도의 크기로 여리고성의 두 배였다).

여호수아서와 연관하여 여리고성이 문제가 되는 것은 일부 학자들이 늦은 청동기 시대(Late Bronze Age, 주전 1400-1200년쯤)에는 이 성에 아무도 살지 않았다고 말하기 때문이다. 여호수아가 이스라엘을 이끌고 가나안 정복에 나섰을 때 여리고성이 비어 있었다는 것이다. 이것이 사실이라면, 이른 출애굽설을 수용하든지 늦은 출애굽설을 수용하든지 간에 성경이 회고하고 있는 여리고성 함락은 사실이 아니며 누군가가 지어낸 이야기에 불과한 것이 된다. 그러므로 여호수아 시대에 여리고성에 사람이 거주하고 있었는지의 여부는 성경의 진실성에 대한 문제를 야기할 수도 있다.

고고학자 가르스탕(Garstang)은 20세기 초에 여리고성에서 함락된 성벽을 발견하고 그것을 주전 1400년대의 것으로 해석했으나, 훗날 그것은 최소한 1000년 이전인 주전 2000년대의 것이라고 단정지었다. 1950년대에 캐년(Kenyon)은 여리고성에 마지막으로 사람이 살았던 시기를 주전 1550년경으로 결론지었다. 그러나 1980년대에 들어서 빔슨(Bimson)과 우드(Wood) 등은 캐년이 연구했던 자료들을 재평가하고 나서 마지막으로 성이 함락된 것을 주전 1400년대로 결론지었다. 고고학자들 사이에도 공감대가 형성되지 않는다는 것은 고고학적인 증거가 결코 성경에 언급된 사건을 입증하거나 부인할 수 없다는 점을 암시한다. 같은 물증을 보고도 현저한 해석의 차이가 공존한다는 점을 감안하여 학자들의 결론은 매우 주관적임을 인식해야 한다. 고고학적인 자료가 결코 성경을 판단하는 잣대가 될 수는 없다. 그러므로 여리고성 문제는 섣불리 단정 짓기보다 조금 더 신중하게 학계의 논쟁과 결론을 기다려보는 것이 바람직하다.

(4) 여호수아의 긴 하루(10장)

기브온족속의 속임수에 넘어간 이스라엘은 기브온족속과 상호 보호 조약을 맺었다(9장). 이 일로 기브온족속은 진멸을 피하게 되었다. 그러나 이들의 행동을 매우 괘씸하게 여긴 자들이 있었다. 가나안에 거주하던 다른 족속들이었다. 이들은 큰 군대를 이끌고 이스라엘 사람들이 아니라, 동료 가나안 사람들인 기브온족속을 치러 왔다. 기브온족 속은 당연히 동맹 조약을 맺은 이스라엘에게 도움을 청했고, 하나님 앞에서 동맹을 맺은 이스라엘은 기브온족속을 치러 온 가나안 군대와 전쟁을 해야 했다.

이스라엘의 입장에서는 기브온을 치러 올라온 가나안 족속들이 언젠가는 싸워서 물리쳐야 할 군대였기에 별 부담 없이 치르는 전쟁이었다 (10장). 그러나 이 전쟁에서도 주인공은 하나님이었다. 저자는 그날 이스라엘의 칼에 맞아 죽은 사람보다 하나님이 내리신 우박에 맞아 죽은 사람의 수가 훨씬 더 많았다고 한다(11절). 또한 이날의 전쟁에는 '해와 달'이 그 자리에 멈추는 이적이 일어났다. 저자는 이 일에 대해 하나님이 "사람의 목소리를 이 날처럼 이렇게 들어주신 일은, 전에도 없었고 뒤에도 없었다"라고 회고한다(14절). 과연 무슨 일이 있었던 것일까? 해와 달이 멈춘 일에 대하여 그동안 크게 네 가지의 해석이 제시되었다.

첫째, 해와 달이 멈추었다는 것은 실제로 일어난 일을 회고하는 것이 아니라 이스라엘이 신화를 만들면서 첨부한 비역사적인 이야기다. 이러한 견해를 고수하고 있는 사람은 여호수아서 역시 모세 오경처럼 이스라엘이 자신들의 정체성을 확립하기 위해 만들어낸 신화이므로, 이 신화 속에 등장하는 사건이 실제로 일어났을 가능성은 없다고 한다. 이는 성경의 진실성과 역사성에 대한 부정적인 관점에서 비롯된 주장이다.

둘째, 해와 달이 멈추었다는 것은 하루 동안 지구의 자전이 실제로 멈추었던 일을 뜻한다. 하나님은 마음만 먹으면 언제든 기적을 베푸실 수 있는 분이므로, 이날에 온종일 지구가 자전을 멈추었다는 것이다. 그러나 이에 대해 일부 학자들은 하나님이 물론 이런 기적을 베푸실 수 있는 분이지만, 성경 기록을 살펴보면 기적은 온 세계/우주가 운영되는 원리들을 거스리지 않는 범위 내에서 제한적으로 일어난다며 반론을 제기한다.

　셋째, 해와 달이 멈추었다는 것은 자연 현상을 이렇게 묘사한 것뿐이다. 일식과 월식 등을 통해 지구 대기에 빛이 반사되어 오랫동안 해가 보이게 된 현상을 이렇게 표현하고 있다는 견해다. 또한 여호수아의 '멈추어라'라는 명령을 하나님께 이글거리는 태양열로부터 이스라엘 군대를 보호해 달라는 것으로 해석하는 사람도 있다. 이들은 그날 하나님이 내리신 우박과 일식이 기온을 낮추어 대낮에도 전쟁을 할 수 있었던 것을 이렇게 표현하고 있다고 주장한다.

　넷째, 해와 달에게 멈추라고 하는 것은 고대 근동 신화에 자주 등장하는 주문에서 비롯된 것이다. 이 해석에 의하면 이 명령은 그저 하나님이 이스라엘을 호의적으로 대해 주실 것을 바라는 단순한 간구다. 이와 비슷한 관점에서 이 명령을 온 세상 사람에게 하던 일을 멈추고 증인이 되어 지금부터 하나님이 이루실 업적을 지켜보라는 것으로 간주하는 해석도 있다. 즉, 이 명령은 일종의 시적인 표현에 불과하다는 것이다.

　위 해석들은 모두 각각 장단점을 갖고 있다. 이 사건에 대해 어떤 입장을 취하든지 본문을 해석하는 것이 결코 쉽지 않음을 인정해야 한다. 이 성경 본문에는 시와 이야기가 섞여 있으며, 저자는 이 사건을 회고하면서 '야살의 책'이라는 문서를 인용하는 듯한데, 정확히 어디서부터 어디까지가 인용 문구인지 규명하기는 어렵다. 게다가 10절과 11절은 이미 두 차례나 전쟁이 끝난 것처럼 묘사하고 있는데, 12절에서 문제의 문구가 등장하는 것은 어떤 의미를 지니는가? 12절을 선포하는 음성이 하나님의 것인가, 아니면 여호수아의 것인가? 또한 똑같은 내용을 반복하고 있는 15절과 43절의 관계는 어떻게 이해해야 하는가도 쉽지 않은 문제다. 한 가지 저자가 확실히 하는 것은 '이날', 전에도 후에도 유래를 찾아볼 수 없는 기적이 임했다는 사실이다.

(5) 가나안 정복의 범위

여호수아서에서 이스라엘은 가나안 땅을 모두 점령했는가, 아니면 일부는 점령하지 못했는가? 이 논쟁에 대해 여호수아서 자체가 지속적으로 상반되는 증언을 하고 있는 듯하다. 여호수아서는 이스라엘의 모든 지파가 연합해서 가나안 땅을 완전히 정복했다고 기록한다(11:23; 18:1; 21:43-44). 아울러 각 지파가 개별적으로 오랜 시간을 거쳐 자신들이 기업으로 받은 땅을 완전히 정복했다는 점도 회고하고 있다(15:13-19, 63; 16:10; 17:11-13; 19:47; cf. 삿 1장). 저자에 의하면 이스라엘은 가나안 사람을 모두 다 몰아냈으며 가나안 땅은 전쟁으로부터 안식을 찾았다(10:28-42; 11:12-23; 12:7-24; 21:43-45; 23:9-10; 24:11-13).

그러나 저자는 이스라엘이 가나안 사람을 몰아내지 못했다는 말도 반복적으로 하고 있다(9:14-27; 11:19, 22; 15:63; 16:10; 17:11-13; 18:1, 3; 13:1; 16:10). 이스라엘이 가나안 평정에 성공한 것일까, 아니면 실패한 것일까? 이와 같은 책의 엇갈리는 증언을 바탕으로 많은 학자가 여호수아서가 이스라엘의 성공만을 회고한 전승과 실패를 기록한 전승이 삽입 과정에서 별다른 편집 과정을 거치지 않고 인용되어 일어난 현상이라고 주장한다. 일종의 편집자(들)의 불찰에서 비롯된 모순이라는 것이다.

위 해석이 얼마나 설득력이 있는가 하는 것은 생각해 볼 여지가 있다. 무엇보다도 이 주장의 문제는 편집자(들)를 이스라엘의 성공만을 회고한 전승과 실패를 기록한 전승이 대립되는 것도 의식하지 못한 어리석은 자(들)로 취급하는 데 있다. 한마디로 별로 설득력이 없는 해석이라 하겠다. 여호수아서를 정리한 저자(들)가 이 입장을 고수하는 학자들이 주장하는 대로 이 두 관점이 서로 대립된다고 생각했다면, 아마도 한쪽 전승만을 편집해 이야기의 흐름을 매끄럽게 했을 것이기 때문이다. 그러나 여호수아서 저자는 이 두 관점을 모두 보존했다. 저자는 이 두 관점이 대립된다고 생각하지 않았던 것이다.

 그러므로 이 두 관점이 책에 보존되어 오늘날까지 전해진 것은 해석자인 우리에게 다른 가능성 있는 설명을 찾도록 권고하는 듯하다. 이 두 대립되는 관점이 같은 책에 수록되어 있는 현상은 전쟁(war)과 전투(battle)의 차이로 설명할 수 있다. 전쟁은 온 지역에서 일어난 현상을 종합한 거시적인 것이며, 전투는 특정한 지역에 제한적으로 진행되는 현상이다. 그러므로 한 전쟁은 여러 개의 전투로 구성되어 있다고 말할 수 있다. 전투에서 져도 전쟁에서는 이길 수 있는 것이다. 또한 전쟁은 끝났다 해도 전투는 한동안 더 지속될 수 있다. 여호수아서가 거시적인 시각에서 이스라엘이 가나안 땅을 모두 정복했다고 선언하지만, 각 지파의 영토에서 소규모의 전투는 계속 진행되고 있었다. 경우에 따라서는 이스라엘이 가나안 사람에게서 땅을 빼앗는 데 실패했다는 점을 같은 책에서 이처럼 대립된 관점으로 표현하는 것이라고 생각한다.

 죽음을 앞둔 여호수아는 고별 설교에서 이미 이스라엘이 정복하여 분배한 가나안 땅에 아직도 가나안 사람이 살고 있으며, 이들은 언제든지 이스라엘을 넘어뜨릴 수 있는 영적 걸림돌이 될 수 있음을 경고한다(23:12-13). 당시 가나안에 소규모 도시와 지역들로 구성된 여러 국가와 민족이 존재했다는 점을 감안하면, 여호수아의 경고가 무엇을 뜻하는지 충분히 이해가 된다. 이스라엘이 온 땅을 차지했지만, 곳곳에 아직 정복하지 못한 가나안 사람의 성읍이 도사리고 있었던 것이다.

 최근 들어 문학 비평이 활성화되면서, 대립된 관점이 같은 책에 등장하는 것은 저자가 자신의 책에서 특정한 분위기를 조성하기 위해 사용하는 기법이라는 설명이 제시되었다. 여호수아서처럼 순간적으로 주제가 바뀌는 것, 흐름이 앞부분과 매끈하게 연결되지 않는 것, 서로 상반된 내용이 등장하는 것 등은 불확실함과 불안감을 조성하기 위해 사용하는 문학적 도구라는 것이다(Hawk). 여호수아서 저자는 이런 기법을 잘 활용하고 있으며, 이런 불확실성을 야기시키기 위해 심지어 요단강 '이 편'과 '저 편'에 대한 언급도 의도적으로 바꾸어가고 있다. '강 건너편'이 대체로 요단강 동편을 뜻하지만(1:14, 15; 2:10; 7:7; 9:10; 12:1, 7; 13:8, 27, 32; 14:3; 17:5; 18:7; 20:8; 22:4, 7, 10), 강 서편을 뜻하기도 하는 것이다(5:1; 9:1; 22:7). 물론 이러한 이해가 갈등을 빚고 있는 관점이 각기 전제하는 역사성의 대립을 모두 해소해 줄 수는 없지만, 지나치게 역사성에 편중되어 왔던 학계의 논쟁에 신선한 대안을 제시하는 것은 사실이다.

7. 신학적 주제와 메시지

여호수아서 역시 성경의 여느 책처럼 상당히 다양한 주제와 신학적 메시지를 담고 있다. 이들 중 중요한 신학적 주제 몇 가지를 생각해 보자. 약속, 땅, 신적(神的) 전사 여호와, 언약, 순종, 예배, 경건, 리더십, 안식(cf. Howard) 등과 같은 것이다. 여호수아서에서 이 모든 주제를 하나로 묶어주는 것은 '약속을 지키시는 하나님'이다. '약속을 지키시는 하나님'은 책이 총체적으로 가장 강조하는 주제이기도 하다(Hubbard). 다른 주제들은 서로 조화를 이루며 책의 신학적 깊이를 통해 하나님이 진정으로 이 책의 주인공이심을 주장한다. 하나님이 이스라엘에게 땅을 주신 이유는 그들의 선조에게 주신 약속을(창 12:7; 15:18-21; 26:3-4; 28:4; 35:12) 지키기 위해서였으며, 이스라엘은 하나님과 맺은 언약에 순종하여 경건하게 예배해야만 하나님의 역사와 사역을 옆에서 지켜보며 그 열매를 누릴 수 있다. 결국 훌륭한 리더십은 하나님의 말씀에 절대적으로 순종하는 것에서 비롯되며, 온 백성이 합심하여 하나님만을 바라볼 때 하나님은 그들이 열망하던 안식을 주실 것이다. 이 주제 중 몇 가지만 살펴보자.

(1) 땅

하나님이 아브라함에게 땅을 약속하신 지 몇백 년이 지난 다음에 그의 후손이 드디어 그 땅을 얻게 되었다는 것이 이 책의 중요한 메시지다(창 12:7; 13:14-15, 17; 15:18-21; 17:8; 22:17; 26:3-4; 28:4, 13; 35:12; 48:4; 50:24). 창세기에서 시작된 이야기가 드디어 여호수아서에서 일단락된다는 의미에서 일부 학자들은 창세기-여호수아를 육경(hexateuch)이라고 부른다(von Rad; cf. Auld; Dallaire). 그러므로 이스라엘이 땅을 차지하는 일은 새로운 일이 아니라, 오래전에 살았던 선조들로부터 '유산'(נַחֲלָה)을 받는 것과 같다(11:23). 심지어 여리고 성에서 몸을 팔아 생계를 유지하던 가나안 여인 라합도 여호와 하나님이 이스라엘의 선조에게 약속하신 땅을 주시기 위해 이스라엘을 가나안으로 이끌어 오신 것을 알고 있다(2:9). 또한 이스라엘이 차지한 땅은 모세 오경 안에서 펼쳐지는 모든 사건과 일의 중심이자 목적이다(21:43).

출애굽기는 이 땅을 얻기 위해 자의 반, 타의 반으로 있던 곳을 떠난 한 민족의 대이동에 대해 기록하고 있다. 이스라엘의 지도자 모세는 하나님의 백성을 '젖과 꿀이 흐르는 땅'으로 인도하는 사명을 받은 자였다(출 3:8, 17). 레위기는 하나님의 백성이 차지할 땅에서 살면서 지켜야 할 종교적·윤리적 규정을 제시한다. 민수기는 이 민족의 땅을 얻기 위하여 계속되는 광야 여정을 기록했다. 출애굽기와 민수기는 12개의 '여행 기록'(journeying texts)으로 구성되어 있는데(출 12:37; 13:20; 14:1-2; 15:22; 16:1; 17:1; 19:2; 민 10:12; 20:1; 20:22; 21:10-11; 22:1; cf. 민 33장), 이 성경 기록은 출애굽기-민수기의 구조(framework)를 이해하는 중요한 단서가 되기도 한다.

민수기는 개인적인 땅 소유에 대해 언급하고 있다(27; 32; 34-36장). 개인에게도 약속의 땅의 소유가 허락된다는 것이다. 모세가 시내 산에서 이스라엘에게 준 율법의 상당 부분이 각 개인이 땅을 소유하면서 지켜야 할 기본 규칙들로 구성되었다는 점도 언젠가는 가나안 땅이 개인적인 소유가 될 것을 암시한다. 율법이 제시하는 땅에 대한 규례 중 안식년, 희년 등은 이상적인 땅 소유를 위한 가장 중요한 지침이라고 생각할 수 있다. 땅도 적절한 쉼과 자유와 해방이 필요하다는 것이 저자의 주장이다.

성경에서 땅은 하나님이 이스라엘에게 주시는 선물이란 점이 50번 이상 강조된다(Brueggemann, cf. 출 6:4, 8; 신 1:6-8; 4:38, 40; 5:31; 7:13; 8:1-10; 9:4-6; 11:8-12, 17; 26:1, 9; 32:49, 52; 34:4; 수 1:2-3, 6, 11, 13, 15; 13:8; 22:7; 23:13, 15-16). 비록 전쟁을 치르며 엄청난 노력을 통해 가나안 땅을 차지했지만, 이스라엘은 자신들을 움직이고 승리를 주신 분은 여호와라는 사실을 기억해야 한다. 그러므로 땅은 하나님이 그들에게 주신 선물인 것이다. 여리고성 함락 사건 역시 땅은 하나님의 선물이라는 점을 강조하고 있다.

이 같은 사실은 여호수아 5장에 기록된 거룩 예식에서도 암시되고 있다. 요단강을 건넌 이스라엘이 가나안 정복에 나서기 전에 먼저 그동안 광야에서 하지 못했던 할례를 행하고(2-9절), 유월절을 지키며(10-12절), 하나님의 사자 출현을 목격한 여호수아가 신발을 벗었다(14-15절). 이 모든 예식이 치러진 때가 가나안 정복의 시작을 알리는 여리고성 함락 이전이다. 그렇다면 5장이 이처럼 다양한 종교적 예식을 행하고 있는 이스라엘의 이야기를 통해 전달하고자 하는 총체적인 메시지는 무엇인가? 이스라엘이 차지한 땅은 약속할 때부터 정복할 때까지, 즉 처음부터 끝까지 모든 것이 하나님의 선물이었다는 점이다. 하나님이 모든 일을 하시고, 이스라엘은 하나님이 취하신 땅을 선물로 받았을 뿐이라는 것이다.

그러므로 이스라엘이 하나님께 선물로 받은 땅은 그들의 영구적인 소유물이 아니다. 땅의 영원한 소유주는 오직 하나님이시다(레 25:23; 신 9:4-5). 그러므로 성경은 이스라엘이 하나님의 땅에서 살 수 있는 조건을 제시한다. 하나님과의 언약을 잘 준수해서 그분의 말씀대로 살아가는 한, 이스라엘은 그 땅을 마음껏 누리며 약속의 땅에 거할 수 있다. 그러나 하나님과의 언약을 등한시하고 그분의 말씀을 거역하는 순간부터 이스라엘은 그 땅에서 쫓겨날 수 있는 위험을 안고 살아야 한다. 신명기와 여호수아서에서 중요한 것은 이 땅의 소유와 경영은 하나님이 주신 율법을 잘 준수하고 이행하는 것을 전제로 한다는 점이다(신 4:1, 25-27, 40; 6:17-18; 8:1; 11:8; 30:15-20; 32:46-47). 이스라엘이 여호수아의 지휘 아래 가나안 땅을 얻게 된 것은 그들이 율법을 잘 이행했기 때문이다.

> 주님께서 당신들 앞에서 크고 강한 나라들을 몰아내셨으므로, 지금까지 당신들을 당할 사람이 없었던 것입니다. 주 당신들의 하나님이 약속하신 대로 당신들의 편을 들어서 몸소 싸우셨기 때문에, 당신들 가운데서 한 사람이 원수 천 명을 추격할 수 있었던 것입니다. 그러므로 삼가 조심하여 주 당신들의 하나님을 사랑하십시오. 만일 당신들이 이것을 어기고, 당신들 가운데 살아 남아 있는 이 이방 민족들을 가까이하거나, 그들과 혼인관계를 맺으며 사귀면, 주 당신들의 하나님이 당신들 앞에서 다시는 이 민족들을 몰아내지 아니하실 것이라는 사실을 분명히 아십시오. 그들이 당신들에게 올무와 덫이 되고, 잔등에 채찍이 되며, 눈에 가시가 되어, 끝내 당신들은 주 당신들의 하나님이 주신 이 좋은 땅에서 멸망하게 될 것입니다.(23:9-13, 새번역, cf. 10:40; 11:20, 23).

이스라엘이 지속적으로 땅을 소유하기 위해서는 율법에 순종해야 했다(23:9-13, 15-16). 가나안 땅의 참 소유주는 하나님이시기에 제비뽑기로 땅을 분배하는 것은 하나님의 주권을 더욱 강조하는 행위로 간주되었다(민 26:55-56; 수 14:2; 18:1-10). 또한 하나님이 백성으로부터 땅의 첫 소산물을 요구하시는 것 역시 하나님의 땅 소유권과 무관하지 않다고 생각한다(신 14:22-29; 26:9-15). 아울러 여호수아서에서 커다란 비중을 차지하는 13-21장의 중요성도 땅 소유와 함께 연결해서 이해해야 한다. 이 부분에 등장하는 지역과 성읍 이름을 확인하는 것은 매우 어렵다. 또한 매우 '따분한' 기록이다. 그러나 이미 언급한 것처럼 이처럼 지루하고 긴 목록을 기록한 목적은 분명하다. 저자는 이 세밀한 목록을 통해 하나님이 이스라엘의 선조와 맺으신 '땅 약속'이 그대로 실현되었다는 것을 강조하고자 한다. 원한다면 실제적인 방법으로 이런 사실을 확인할 수 있다는 것이다. 이 책을 읽어내려 가는 독자 중 하나님이 얼마나 신실하셨는가를 확인하기 원한다면 '지도를 꺼내서 보라'라는 의도가 담긴 듯하다.

(2) 안식

여호수아서에서 땅을 소유한 것과 안식이 그 땅에 임한 것은 매우 중요한 관계를 유지한다. 여호수아서는 시작하면서부터 하나님이 이스라엘 백성에게 '안식을 주실 것'(הניח)을 선언한다(1:13, 15). 그러나 주의 백성이 안식을 누리려면 먼저 전쟁을 치러야 한다. 전쟁을 대가로 안식을 요구한 것이다. 이스라엘은 이 안식을 얻기 위하여 최선을 다해 전쟁에 임했다. 드디어 가나안 정복이 어느 정도 끝나갈 무렵 그 땅에서 전쟁이 그쳤다(11:23; 14:15). 땅의 분배가 모두 끝난 다음에는 여호와께서 약속하신 대로 안식이 백성에게 임했다(21:44; 22:4; 23:1).

이 안식은 모세 오경에서 발견되는 하나님의 약속의 성취다(민 32:20-22; 신 3:18-20; 12:10; 25:19; 수 21:44; 23:1). 구약에서 땅의 안식은 영구적인 평안은 아니며, 단지 그 땅에 한동안 전쟁이 없다는 것을 의미한다(수 11:23; 14:15; 신 12:9-10; 25:19; 삼하 7:1, 11; 왕상 8:56). 또한 사사기에서 여러 차례 반복되는 "땅이 ___동안 태평(안식)하니라"(삿 3:11; 3:30; 5:31; 8:28)라는 표현과 비슷하다. 그렇다면 히브리서 3-4장의 안식과 여호수아서에 언급된 안식은 어떤 관계가 있는가?

히브리서 저자가 선언하는 것처럼, 만일 여호수아가 준 안식이 충분했다면, 예수님을 통한 안식이 필요 없었을 것이다. 두 안식은 매우 다른 개념이다. 여호수아서가 논하는 안식은 전쟁이 멈추어 잠시 동안 누리는 일시적인 평안이며, 히브리서가 논하는 안식은 예수님을 통해서만 얻을 수 있는 영원한 평안을 뜻한다. 이런 차이를 역설하기 위해 여호수아서는 안식을 논할 때 꾸준히 '안식'(נוח)이라는 동사를 사용한다. 반면에 히브리서 저자가 논하는 안식은 다른 히브리어 단어(שבת)가 지닌 개념이며($\sigma\alpha\beta\beta\alpha\tau\iota\sigma\mu\acute{o}\varsigma$) 하나님이 천지를 창조하고 취하신 '안식'이다(창 2:2-3). 이처럼 여호수아서와 히브리서는 서로 다른 '안식'을 논하고 있는 것이다.

(3) 예배

여호수아서는 예배의 중요성을 매우 강조한다. 이스라엘이 홍수로 범람하는 요단강을 건넌 일과 첫 가나안 성읍인 여리고성을 정복하는 일에서 제사장의 역할이 두드러진다(3, 6장). 제사장이 이 사건에 등장하는 것은 이 이야기들이 예배적인 요소를 갖고 있음을 알 수 있다. 이스라엘이 요단강을 건너자마자 가장 먼저 한 일이 길갈에 기념비를 쌓고 할례를 행하며 하나님께 예배를 드린 일이라는 점도 이 책이 예배의 중요성을 얼마나 강조하고 있는가를 보여 준다. 정복 전쟁이 시작되기 전, 한 천사가 나타나 여호수아에게 신발을 벗으라고 명령한 일은 앞으로 이스라엘이 어떤 방법을 통해 가나안을 정복할 수 있을 것인가를 암시한다.

이스라엘은 결코 무력으로 가나안 사람을 제압할 수 없다. 그들의 부모들이 이미 가데스바네아에서 고백한 것처럼 가나안 사람들 앞에서 이스라엘은 메뚜기들에 불과하기 때문이다. 그러므로 그들이 가나안을 정복할 수 있는 유일한 방법은 자신들의 군사력을 통해서가 아니라 전능하신 하나님을 예배하는 일을 통해서다. 그들이 하나님을 경배하면 하나님이 천군천사를 보내 그들을 위해 싸워주실 것이다(5:13-15). 예배는 '신적(神的) 전사(divine warrior) 여호와'가 전쟁을 하게 하는 힘을 지녔다.

여호수아서의 구조도 예배의 중요성을 강조한다. 한 학자는 여호수아서를 주요 동사 네 개를 통해 구분했다(H. J. Koorevaar; cf. McConville). 각 단락에서 반복적으로 사용되는 동사들이 핵심 단어(Leitwort)가 되었다. 다음 도표를 참고하라.

섹션	주제	본문(수)	주도권	핵심 단어
1	입성	1:1-5:12	하나님: 요단을 건너라	'건너다'(עבר)
2	정복	5:13-12:24	하나님: [가나안을] 정복하라	'취하다'(לקח)
3	분배	13:1-21:45	하나님: 땅을 나누라	'나누다'(חלק)
4	미래	22:1-24:33	여호수아: 여호와를 섬기라	'섬기다'(עבד)

처음 세 단락에서는 하나님이 주도권을 가지신다. 요단강을 건너는 일에서부터 모든 성읍을 취하여 분배하는 일까지 모두 하나님이 인도하셨고 베푸신 은혜라는 것이 저자의 주장이다. 가나안 정복은 여호와의 역사하심이기에 이스라엘이 얻은 땅은 하나님의 선물이라는 점을 부각시키고 있다. 그러나 넷째 단락에서는 여호수아가 주도권을 가지고 이야기를 진행해 나간다. 하나님은 이미 그의 백성을 위해 계획하신 일을 모두 마치셨으며, 이제는 그의 백성이 해야 할 일만 남았던 것이다. 여호수아는 하나님의 은혜와 자비로 이곳까지(땅을 정복하고 분배한 시점까지) 온 이스라엘 백성에게 가장 자연스럽고 당연한 반응을 요구한다. 이스라엘에게 요구하는 반응은 온 힘과 마음을 모아 여호와를 섬기는 일이다. 하나님이 처음부터 끝까지 은혜로 그들을 보살피고 복을 주셔서 가나안 땅에 정착하기에 이르렀으니 그들이 해야 할 일은

당연히 그분에 대한 경배와 예배인 것이다.

여호수아의 이 같은 권면은 우리에게도 큰 도전을 준다. 삶의 터전에서 우리가 열심을 다해 건너고, 취하고, 나누는 등의 수고하는 일의 최종 목표는 하나님을 섬기기 위함이다. 그저 하나님께 무언가 얻어내려고 믿는 사람이 허다한 오늘날, 참으로 하나님을 섬긴다는 것은 때로 희생과 헌신을 전제하는 일이므로 별로 인기 있는 일이 아닐 수 있다. 그러나 우리가 창조주 하나님을 섬기는 것보다 더 값진 일은 없다. 열심히 수고하며 그분을 섬길 수 있는 것은 희생이 아니라 이 땅에서 주의 백성만이 누릴 수 있는 특권이다. 그래서 선지자들이 죄 지은 주의 백성에게 심판을 선언할 때 제일 먼저 제기되는 것 중 하나가 바로 예배를 멈추는 일이다. 예배는 무거운 짐이 아니라 주의 백성에게만 주어진 특권이기 때문이다. 이 특권 의식이 우리의 머리와 가슴에 확실하게 새겨져야겠다.

(4) 언약

여호수아서는 언약과 언약 이행을 매우 중요하게 언급한다. 모세는 율법을 주었고 여호수아는 이 율법에 순종하며 살려고 노력했다. 그뿐만 아니라 여호수아는 백성이 모세 율법을 잘 지켜 행할 것을 강력하게 요구했다(1:8; 8:34; 23:6). 율법을 준수하고 사는 것이 이스라엘의 신학적 정체성을 정의할 뿐만 아니라, 그들의 미래를 결정짓는 가장 중요한 요소이기 때문이다. 이러한 차원에서 여호수아서 안에서 언약 준수는 축복과 저주에 원인 – 결과(cause-effect)의 관계로 적용된다(1:7-8; 22:5; 23:6, 16; 24:15). 이스라엘이 율법을 잘 지키면 여호와의 축복을 받아 이 땅에서 오래 살지만, 율법대로 살지 않으면 이 땅에서 오히려 쫓겨나는 수모를 당할 것이다. 모세 오경에서 제시된 여러 개의 언약 조항이 여호수아서 안에서 성취되는 일을 통해서도 율법 준수의 중요성이 강조된다. 도피성(20:1//신 19:1), 아낙족의 종말(11:21//신 9:2), 왕벌 출현(24:12//신 7:20) 등.

여호수아서에는 언약을 재확인하는 예식이 두 차례 기록되어 있다. 아이성을 정복한 후 온 이스라엘이 에발산에 모여서 모세 언약을 재확인한다(8:30-35). 아간의 죄로 서먹서먹해진 하나님과 이스라엘 관계를 재차 확인하기 위하여 여호수아가 정복 전쟁을 잠시 멈추고 백성을 이끌고 세겜으로 가서 요단강 동편에서 모세가 요구한 언약과 연관된 축복과 저주 예식을 미리 한 것이다(신 11:29; 27장). 여호수아는 죽기 전 마지막 고별 설교를 한 후 세겜에서 백성에게 다시 한번 여호와와 맺은 언약을 준수할 것을 당부한다(24 장). 이에 대하여 백성은 그의 명령에 따라 율법을 잘 이행할 것을 거듭 다짐한다(23:16-18, 21-22, 24, 27). 하나님과 언약을 세운 것이다.

언약궤 역시 매우 중요한 위치를 차지했다. 당시 언약궤는 세상에서 가장 확실한 하나님의 임재의 상징이었다. 그래서 이스라엘은 언약궤를 앞세우고 요단강을 건널 수 있었다. 하나님이 그들과 함께하면서 범람하는 강물을 막으셨기 때문이다. 언약궤가 이스라엘 회중에 있는 한, 그들은 하나님이 함께하심에 대하여 확신할 수 있었다. 그렇다고 해서 인간이 언약궤를 범접해서는 안 된다. 지극히 거룩한 언약궤와 사람들 사이에는 일정한 거리가 유지됐다(3:4). 잘못하면 언약궤는 그들에게 축복이 아니라, 재앙을 가져올 수도 있는 위험한 물건이었던 것이다. 여호수아서에서 언약궤는 몇 가지로 표현되며, 이런 표현들은 마치 언약궤가 언약 자체인 것처럼 묘사한다(3:11, 14, 17).

(5) 거룩

성경은 이스라엘의 정체성(identity)은 그들이 진멸해야 할 가나안 족속의 것과 전적으로 다르다는 점이 지속적으로 강조된다. 구약의 '거룩'(קדשׁ; lit. '구분하다') 개념 역시 이 사상을 잘 전달한다. 이 개념과 떼놓을 수 없는 주제가 예배다. 이스라엘은 무엇보다도 여호와께 드리는 올바른 예배를 통해 자신들의 정체성과 거룩함을 보여 주어야 한다. 여호수아서에서 거룩/경건에 대하여 가장 상세하게 기록하고 있는 곳이 5장이다. 이 장을 구성하고 있는 할례 이야기(2-9절), 유월절 이야기(10-12절), 천사 출현과 신발을 벗은 이야기(14-15절)를 차례로 살펴보자.

① 할례(5:2-9)

할례는 아브라함 시대부터 언약 백성과 세상 사람을 구분하는 징표가 되었다(창 17장). 요단강을 건너 가나안에 들어온 이스라엘 사람은 먼저 지난 40년 광야 생활 동안 하지 못했던 할례를 행하여 하나님과 자신들의 관계를 확인하고 있다. 그들의 조상들이 광야에서 할례를 받지 않은 상태에서 죽어갔다는 점을 감안하면 이 예식은 광야 세대와 여호수아가 이끌고 가나안에 입성한 신세대를 완전히 구분하는 역할을 한다. 여호수아서 저자는 다음과 같은 용어들을 사용하여 두 세대를 대조시킨다. 여호수아와 함께 요단강을 건넌 공동체는 이 예식을 통해 벌을 받아 죽어간 전(前) 세대로부터 자신들을 완전히 구분하고 있다.

광야 세대	새 세대
불순종	순종
무할례	할례
광야에서	젖과 꿀이 흐르는 땅에서
죽음	새 삶의 언저리
땅을 보지 못하리라는 예언	땅을 주리라는 약속

② 유월절(5:10-12)

이스라엘 백성은 가나안 땅에서 할례를 행한 다음 유월절을 지켰다. 그들의 선조도 이집트를 탈출하면서 새 시대를 기대하며 유월절을 지킨 적이 있다(출 12장). 광야 생활 40년 동안은 유월절을 지키지 못했다. 하나님께 반역한 출애굽 1세대가 죽어가는 시대였기에 굳이 하나님과 이스라엘의 특별한 관계를 상징하는 이 예식을 지킬 필요를 느끼지 못했던 것으로 생각된다. 이제 이스라엘은 가나안 땅에서 새로운 시대를 열어가는 순간, 곧 가나안 정복 전쟁을 앞둔 시점에 그들의 베이스캠프(basecamp) 길갈에서 다시 유월절을 지키고 있다. 전(前) 세대의 죄로 끊긴 역사의 맥을 이어가고 있다. 이스라엘은 가나안 땅의 소산을 즐기고 앞으로 다가올 풍요로움을 기대하며 이 절기를 지키고 있다. 이런 사실은 땅의 소산을 먹은 순간부터 하늘에서 만나가 더 이상 내리지 않았다는 점에도 내포되어 있다.

만나는 하나님이 광야에서 자신의 백성에게 일용할 양식으로 내려주신 기적의 선물이었다. 약속의 땅의 소산을 먹게 된 이스라엘은 더 이상 광야의 음식인 만나를 필요로 하지 않는다. 그렇다고 해서 하나님이 매일 백성의 필요를 채우시는 일이 끝났음을 의미하지는 않는다. 만나로 채우시든, 땅의 소산으로 채우시든, 하나님이 채워 주셔야만 주의 백성은 살 수 있다. 단지 하나님이 주의 백성의 필요를 채우시는 방법이 바뀌었을 뿐, 하나님이 필요를 채우시는 일은 계속된다.

또한 만나는 이스라엘의 불평과 반역을 암시하기도 한다. 모세 오경을 살펴보면 만나는 항상 음식과 물 문제로 이스라엘이 불평하고 여호와께 반역하는 것과 연관되어 있다. 즉, 만나는 이스라엘의 끊임없는 '이집트로 돌아가고픈 갈망'과도 연관이 있는 식량이다. 즉, 만나는 반(反)출애굽(anti-exodus)을 상징한다. 이제 만나가 그친 것은 이런 반역과 불평의 시대가 끝났으며, 이집트를 갈망하는 것도 막을 내렸다는 상징적인 의미를 지니고 있다. 이런 배경에서 유월절을 지킨 것은 이 백성이 이제는 불만과 반역의 시대에서 새로운 것이 풍성한 시대로 유월(逾越, passover)했다는 의미를 지니고 있다.

③ 하나님의 사자 출현과 신발 벗음(5:14-15)

이스라엘이 차지할 가나안 땅은 거룩하다. 하나님이 원주민들을 내몰고 특별히 이스라엘에게 허락하신 땅이기 때문이다. 앞으로 그 땅을 차지하기 위해 이스라엘이 치러야 할 전쟁은 하나님의 천사가 먼저 가서 싸우는 거룩한 전쟁이다. 그러므로 이스라엘이 하나님께 순종하는 한 승패는 걱정할 필요가 없다. 이스라엘의 정복 전쟁은 40년 전 하나님이 시작하신 출애굽 사건과 비슷하다. 모세가 호렙산에서 신발을 벗고 만났던 그 하나님이 길갈에 머물던 여호수아에게도 오셨다. 다만 다른 점은 시내산에서는 출애굽의 성공을 미리 알려 주셨는데, 여호수아를 찾아온 천사장은 승리를 미리 알려주지 않았다.

여호수아가 천사를 보고 자기 편인지 적인지 확신하지 못했던 것처럼, 이스라엘의 미래도 모세가 처음 하나님을 만났을 때처럼 확실하진 않다. 하나님의 일방적인 은혜로 진행된 출애굽 사건과는 달리 가나안 정복 전쟁은 이스라엘의 순종 여부에 따라 승리할 수도, 실패할 수도 있기 때문이다. 이스라엘은 하나님께 순종하는 한 승리할 것이나 불순종하는 순간 승리는 패배로 변할 것이다. 이스라엘은 과연 순종할 것인가? 하나님은 이스라엘을 도우실 것인가? 이스라엘을 대적하실 것인가? 저자는 이 모든 것이 그들에게 달렸다고 말한다.

위 사건은 하나님의 백성으로 선별된 이스라엘의 거룩성에 대해 강조한다. 이런 경건/성결 예식이 가나안 정복이 시작되기 전에 행해졌다는 사실은 여호수아서가 진정 무엇을 강조하는지를 단적으로 보여 준다. 이스라엘이 약속의 땅을 차지하기 위해서는 무엇보다 말씀 순종과 율법 준수를 통해 하나님과 그분의 나라를 구해야 한다. 저자는 이 사실을 강조하기 위해 실제적인 정복이 시작되기 전에 몇 가지를 지시한다.

첫째, 이스라엘은 하나님의 기적적인 도움을 기억해야 한다(4장). 여느 구약의 책처럼 여호수아서는 하나님의 백성에게 여호와께서 하신 일을 세세토록 기억하라고 당부하고 있다. 하나님을 기억하라는 권면이 요단강을 건널 때 또 한 번 백성에게 주어진다. 요단강을 마른 땅 건너듯이 건넌 이스라엘에게 요단강 바닥과 길갈 두 군데에 기념비를 세워 요단강 도하를 통해 베푸신 하나님의 은혜를 영원히 기억하고 기념하라는 것이다(4:9, 20).

하나님은 무엇 때문에 주의 백성에게 꾸준히 '그를 기억하라'라고 권면하시는 것일까? 무엇보다도 하나님 백성의 의식 구조를 변화시키기 위해서다. 주의 백성이 하나님이 과거에 그들을 위해 하신 일을 꾸준히 회상하고 감사한다면 그들의 세계관과 가치관은 바뀔 수밖에 없다. 또한 이스라엘이 약속의 땅과 광야를 나누는 경계선인 요단강을 건넌다는 것은 새로운 정체성을 가지고 삶을 시작한다는 상징적인 의미가 내포되어 있다. 요단강은 단순히 광야와 가나안 땅을 나누는 지형적 경계에 불과한 것이 아니다. 요단강은 가데스바네아처럼 신학적 경계이기도 하다. 요단강을 건너는 순간 그들은 새로운 백성으로서 삶을 시작하는 것이다. 이러한 새로운 신학적 정체성을 확인하기 위해 이스라엘 백성은 요단강을 건너자마자 종교적인 정결 예식을 통해 자신들을 세상의 백성으로부터 구분한 것이다.

둘째, 주의 백성은 자신을 정결/거룩하게 해야 한다(5장). 여호수아는 앞으로 이스라엘이 가나안에서 경험할 일은 그들의 미래를 결정짓는데 매우 중요하기에 이 일들이 내포하는 메시지를 마음에 새겨야 한다. 이스라엘은 지금 가나안 땅을 정복하기 위해 전쟁을 준비하고 있다. 그런데 그들이 어떻게 적과 싸울 준비를 하고 있는가? 무엇보다도 자신을 정결하게 해 율법에 순종하는 일로 정복 전쟁을 준비한다. 가나안 정복 전쟁을 앞둔 이스라엘의 모습은 전쟁터로 나가는 사람들이 아니라, 마치 예배를 드리러 성전에 들어가는 사람들의 모습과 같다. 즉, 가나안 정복은 처음부터 하나님이 하신 일이며, 이스라엘은 단순히 예배드리는 마음으로 하나님이 어떻게 이 땅을 정복하시는가를 보고 그분을 찬양하면 되는 것이다. 훗날 여호사밧도 이스라엘이 도저히 상대할 수 없을 정도로 큰 군대와 싸우려고 전쟁터로 나가면서 하나님의 법궤와 찬양하는 제사장을 제일 선두에 두고 나머지 백성은 찬양하며 뒤를 따르게 한다.

셋째, 이스라엘이 가나안 땅을 정복해 분배한 일 역시 예배와 직접적인 연관이 있다. 그들에게는 하나님께 선물로 받은 땅에서 하나님을 경배해야 하는 의무가 있었다. 즉, 땅 주제는 예배 주제와 직접적으로 연관되어 있다. 책의 후반부(13-21장) 구조가 이 사실을 잘 드러내고 있다(Koorevaar). 책의 후반부는 이스라엘의 땅 분배 이야기로 구성되어 있는데, 이 분배 이야기는 실로에 세워진 회막을 중심으로 구성되어 있다. 그렇다면 저자는 이스라엘의 땅 분배가 궁극적으로 어떤 목적을 가지고 있음을 역설하는 것인가? 이스라엘이 땅을 분배하여 각기 거할 처소에 정착하는 것은 곧 온몸과 마음을 다해 하나님을 예배하는 일에 있다. 다음 구조를 참고하라.

  틀: 땅을 분배하라(13:1-7)
    A. 요단 동쪽 지역 배분(13:8-33): 레위 지파 언급
      B. 분배 원리(14:1-5)
        C. 분배 시작: 갈렙의 기업(14:6-15)
          D. 유다와 요셉을 위한 기업(15:1-17:18)
            X. 회막을 실로로 옮기고, 땅 분배(18:1-10)
          D'. 나머지 일곱 지파를 위한 기업(18:11-19:48)

   C′. 분배 종결: 여호수아의 기업(19:49-51)
  B′. 도피성 운영 원리(20:1-6)
 A′. 레위 도성(21:1-42)
틀: 땅 분배 명령에 대한 결론(21:43-45)

 여호수아 22장 역시 성결과 연관이 있다. 22장은 요단강 동편에 거하는 지파들이 제단을 쌓아 예배의 순수성이 위협받는 사건이다. 요단강 동편 지파들이 쌓은 제단이 실제로 예배에 사용된다면 이스라엘의 예배가, 더 나아가 여호와 종교가 둘로 쪼개질 수 있는 위험을 안고 있다. 그러므로 서쪽 지파들은 전쟁을 불사하면서 동편 지파들의 제단을 허물 생각이었다. 다행히 동편 지파들은 '이 제단은 예배를 위한 제단이 아니라, 하나님을 기념하는 기념비적 차원에서 세워진 것'이라 하여 위기를 모면한다. 이스라엘은 하나님 앞에 한 민족으로 구별되어야 하는데, 예배 처소가 나뉘면 이러한 의미가 희석될 것이기에 서쪽 지파들이 강경 자세를 취한 것이다. 그러므로 이스라엘은 처음부터 예배드리는 장소에 대해 이처럼 신중을 기했기 때문에 훗날 북 왕국이 단과 벧엘에 제단을 세운 일이 더욱 심각한 범죄로 평가될 수밖에 없었던 것이다.

 여호수아서 저자가 강조하는 신학적 메시지는 한 나라로 출발하는 이스라엘의 정체성에 매우 커다란 영향을 미쳤을 것이다. 가나안 입성은 이스라엘의 새 출발을 요구했다. 그들은 더 이상 과거와 같은 방식으로 살 수 없었다. 가나안 땅에서는 새로운 각오로 새로운 방식의 삶을 살아가는 것이 요구되었던 것이다. 여호수아서는 이스라엘이 새로운 민족으로 살아가기 위한 힘과 의지를 어떻게, 어디서 능력을 바랄 수 있는가를 확실하게 제시할 뿐만 아니라, 무엇을 추구하며 살아야 하는가를 잘 가르쳐 준다. 가나안 땅에서 어떻게 살면 하나님이 성공하게 하시며, 어떻게 살면 징계하실 것이라는 것도 잘 알게 해준다. 이스라엘에게 가나안 땅은 일종의 '계약'을 의미했다. 계약 사항(순종과 예배)을 잘 준수하면 그들은 성공하지만 계약을 위반하면 가차없이 처벌을 받아야 한다. 이런 의미에서 여호수아서는 오늘을 살아가는 기독교 공동체에도 하나님의 백성은 누구이며, 소명은 무엇인가를 가르쳐 주고 있다. 즉, 많은 그리스도인에게 '이렇게 살아가라'라는 삶과 신앙의 커다란 도전을 주는 책이다.

8. 개요

여호수아서는 구약의 다른 책들에 비해 상대적으로 간단한 구조를 지녔으며 단락으로 구분할 때 크게 세 가지 관점이 주류를 이룬다. 첫째는 '가나안 정복'(1-12장)과 '가나안 정착'(13-24장)이라는 두 개의 큰 주제를 바탕으로 책을 이등분하는 것이다. 이 경우 요단강 도하(1:1-5:13)는 전반부의 서론으로, 여호수아의 마지막 사역과 고별 설교(22-24장)는 후반부의 결론으로 다루어진다(Hubbard).

둘째는 이미 언급한 것처럼 여호수아서가 반복적으로 사용하고 있는 네 개의 주요 동사(건너다, 취하다, 나누다, 예배하다)를 중심으로 네 단락으로 구분하는 것이다(Harstad, cf. Howard). (1) 요단강 도하(1:1-5:12), (2) 정복(5:13-12:24), (3) 분배(13:1-21:45), (4) 예배(22:1-24:33).

셋째는 책을 세 단락으로 구분하는 것이다(Dallaire, Hubbard, cf. Creach, Hess). (1) 땅 정복(1-12장), (2) 땅 분배(13-21장), (3) 예배(22-24장). 그러나 만일 예배(22-24장) 단락을 후반부에서 구분하여 따로 다룬다면, 일관성을 유지하기 위해서라도 요단강 도하(1-5장)도 전반부에서 떼내어 독립적인 단위로 간주하는 것이 바람직해 보인다. 이처럼 여호수아서를 네 단락으로 구분할 경우, 책의 전체적인 윤곽은 다음과 같다.

   A. 순종과 예배로 정복 준비(1:1-5:12)

   B. 거룩한 정복 전쟁(5:13-12:24)
   B′. 거룩한 분배(13:1-21:45)
A′. 순종과 예배로 정착 시작(22:1-24:33)

위와 같이 여호수아서를 네 단락으로 구분하여 접근할 경우, 여호수아서가 하나님이 오래전에 선조에게 약속하신 땅의 정복과 분배 이야기일 뿐만 아니라 이 과정에서 예배의 중요성을 강조하는 책이라는 점이 역력하게 드러난다. 그들이 땅을 정복하기 전과 정복한 땅을 분배한 후 함께 모여 예배를 드리고 하나님과의 언약을 재확인하는 것은, 이스라엘이 하나님이 선조에게 약속하신 것을 실현하는 데 예배와 언약이 결정적인 역할을 했음을 증언하기 때문이다. 저자는 구조를 통해 책의 곳곳에서 예배의 중요성을 지속적으로 강조한다. 전반부의 대부분을 차지하는 1-8장은 다음과 같은 구조를 지닌다.

A. 모세의 율법을 실천하라는 권면(1:1-18)
  B. 믿음이 있는 이방인: 라합(2:1-24)
    C. 하나님의 사역: 요단강이 멈춤(3:1-4:24)
      D. 예배와 종교 예식: 길갈에서(5:1-12)
    C′. 하나님의 사역: 여리고성 함락(5:13-6:27)
  B′. 믿음이 없는 이스라엘인: 아간(7:1-8:29)
A′. 모세의 율법에 따른 언약 갱신(8:30-35)

이스라엘이 정복한 땅을 어떻게 분배했는가를 회고하는 13-21장의 구조도 예배의 중요성을 중심에 두고 있는 듯하다. 다만 아쉬운 것은 A와 A′의 연결고리가 레위 지파를 언급하는 것뿐이어서 다소 약하다는 점이다. 다음 구조를 참고하라.

틀: 땅을 분배하라(13:1-7)
　A. 요단 동쪽 지역 배분(13:8-33): 레위 지파 언급
　　B. 분배 원리(14:1-5)
　　　C. 분배 시작: 갈렙의 기업(14:6-15)
　　　　D. 유다와 요셉을 위한 기업(15:1-17:18)
　　　　　X. 회막을 실로로 옮기고, 땅을 분배(18:1-10)
　　　　D′. 나머지 일곱 지파를 위한 기업(18:11-19:48)
　　　C′. 분배 종결: 여호수아의 기업(19:49-51)
　　B′. 도피성 운영 원리(20:1-6)
　A′. 레위 도성(21:1-42)
틀: 땅 분배 명령에 대한 결론(21:43-45)

가나안 정복과 분배를 언급하는 등 주의 백성이 가장 열심히 일하고 분주하게 움직인 일을 회고하는 여호수아서가 이처럼 예배의 중요성을 강조한다는 사실은 오늘날 치열한 삶의 현장에서 수고하고 있는 성도에게 무엇이 우선순위가 되어야 하는가를 역설하는 듯하다. 이는 우리가 이 땅에서 모든 수고를 할 때 예배를 중심에 두고 해야 할 뿐만 아니라, 예배로 시작해서 예배로 마쳐야 한다는 권면이다. 여호수아서는 전쟁에 관한 책이라기보다 경건과 거룩에 관한 책이다. 이 책에서는 다음과 같은 개요를 바탕으로 본문을 주해해 가고자 한다.

I. 거룩한 입성(1:1-5:12)
　A. 여호수아가 소명을 받음(1:1-18)
　B. 라합이 정탐꾼을 환영함(2:1-24)
　C. 이스라엘의 요단강 도하(3:1-4:24)
　D. 길갈에서 행해진 성결 예식(5:1-12)

II. 거룩한 정복(5:13-12:24)

　　A. 여리고성과 천사장(5:13-15)

　　B. 여리고성 함락(6:1-27)

　　C. 아이성 정복 실패와 성공(7:1-8:29)

　　D. 언약 갱신: 에발산에서(8:30-35)

　　E. 기브온 사람과의 동맹 조약(9:1-27)

　　F. 가나안 남쪽 지역 정복(10:1-43)

　　G. 가나안 북쪽 지역 정복(11:1-23)

　　H. 정복한 왕들과 지역 목록(12:1-24)

III. 거룩한 분배(13:1-21:45)

　　A. 분배에 대한 지시(13:1-7)

　　B. 요단강 동쪽 지역 분배 회고(13:8-33)

　　C. 요단강 서쪽 지역 분배 소개(14:1-5)

　　D. 갈렙이 헤브론을 차지함(14:6-15)

　　E. 유다 지파의 기업(15:1-63)

　　F. 요셉 자손의 기업(16:1-17:18)

　　G. 그 외 지파의 기업(18:1-19:51)

　　H. 도피성(20:1-9)

　　I. 레위 사람의 도시(21:1-42)

　　J. 땅 분배를 마침(21:43-45)

IV. 거룩한 정착(22:1-24:33)

　　A. 요단강 동쪽에 세워진 제2제단(22:1-34)

　　B. 여호수아의 고별 설교와 죽음(23:1-24:33)

엑스포지멘터리
역사서 개론

사사기

EXPOSItory comMENTARY

사사기

여호와께서 사사들을 세우사 노략자의 손에서 그들을 구원하게 하셨으나 그들이 그 사사들에게도 순종하지 아니하고 오히려 다른 신들을 따라가 음행하며 그들에게 절하고 여호와의 명령을 순종하던 그들의 조상들이 행하던 길에서 속히 치우쳐 떠나서 그와 같이 행하지 아니하였더라(삿 2:16-17)

그 때에 이스라엘에 왕이 없으므로 사람이 각기 자기의 소견에 옳은 대로 행하였더라(삿 21:25)

소개

'사사기'라는 이름은 이 책이 묘사하고 있는 여호수아 시대와 사무엘 시대 사이에 살면서 이스라엘을 다스렸던 12지도자를 염두에 두고 붙여졌다.[1] 히브리어 성경은 이들을 '쇼페팀'(שופטים), 칠십인역(LXX)은 '크

---

[1] 사사기가 12사사의 이야기로 구성되었는지, 아니면 14사사의 이야기로 구성되었는지에 대해서는 관점의 차이가 다소 있을 수 있다. 만일 드보라와 아비멜렉을 사사로 간주하지 않는다면 사사기는 12사사의 이야기로 구성되어 있다고 할 수 있다. 이스라엘의 12지파와 잘 어울리는 상징적인 숫자다. 그러나 두 사람의 이야기는 여느 '대(大)사사'의 이야기

리타이'(κριται), 라틴어본(Vg.)은 '유디쿰'(Judicum), 영어 성경은 '저지스'(judges)라고 부른다. 모두 같은 의미를 지닌 단어들이다. 이 히브리어 단어의 기본적인 의미는 분명 '재판/판결' 개념을 내포하고 있다(HALOT). 그러나 우리가 사사기에서 만나는 이스라엘의 지도자 중 드보라를 제외하고는 모두 재판이나 통치를 통해 이스라엘을 다스렸던 사람이라기보다 이스라엘이 이방 민족의 지배를 받고 있을 때 전쟁을 통해 해방을 가져다준 '군사적 해방자'(military deliverers)였다(Olson). 이런 이유로 학자들 사이에는 이들이 '사사'로 불리는 것이 적절하지 않다는 생각이 지배적이다. 주석가들은 대체로 이 책을 '구원자/해방자의 책'(Book of Saviors/Deliverers)으로, 혹은 '사사들'(שׁפטים)이 부족(部族) 지배자라는 개념에 가깝다 하여 '부족 지배자의 책'(The Book of Tribal Rulers)이라고 부를 것을 제안한다(Block, Younger).[2]

실제로 저자는 옷니엘(3:9)과 에훗(3:15)을 '구원자'(מושׁיע)라고 부르며 '구원하다'(ישׁע)라는 동사로 삼갈(3:31), 기드온(6:15; 8:22), 돌라(10:1), 입다(12:3), 삼손(13:5) 등이 했던 일을 묘사한다. 사사는 압제당하던 이스라엘에게 평안(shalom)을 회복시켜 주는 군사적 지도자였다(ABD). 사사는 또한 전쟁에서 승리하여 이스라엘에게 자유를 안겨준 다음 백성을 올바른 영적 삶으로 인도하는 역할을 맡은 자였다(2:17).

사사기는 이스라엘의 역사를 조명하는 창세기에서 열왕기하에 이르는 책 중 가장 흥미진진하게 구성되어 있으며, 이야기와 사건을 중심

처럼 저자로부터 큰 공간을 할애받는다. 특히 드보라는 분명 다른 사사가 하지 못했던 사사의 역할을 잘 해내고 있다. 그러므로 드보라와 아비멜렉을 사사로 간주하는 것도 좋은 대안이다. 이들을 사사로 간주할 경우 사사기는 총 14명의 사사의 이야기로 구성되어 있는 것이다. 이렇게 해석할 경우 14라는 숫자가 상당한 호기심을 자극한다. 창세기에서 숫자 14는 속박과 억압을 상징하는데(cf.『엑스포지멘터리 창세기』서론), 사사기 저자가 자신이 조명하고 있는 시대 역시 이스라엘이 이방인과 죄의 억압과 속박에 고통당한 시대라는 전반적인 평가를 암시하기 위해 14명의 사사 이야기로 구성했을 수 있다. 본 주석에서는 사사의 숫자를 12로 간주할 것이다.

2 한 주석가는 이들의 기능을 재판관(judges), 영웅(epic heroes), 사회적 도적/강도(social bandits), 무모한 모험자(swashbucklings) 등으로 다양하게 분석한다(Niditch).

으로 이스라엘 역사에 대해 알고자 하는 사람에게는 더없이 좋은 책이다(Niditch). 그러나 흥미진진하다고 해서 모든 것이 긍정적인 것만은 아니다. 사사기는 성경에서 가장 다양하고 재미있는 사건과 이야기를 기록하면서도 종종 독자를 당혹스럽게 하는 내용을 담고 있다. 정치적 음모와 암살, 거짓과 속임수, 강간과 살인, 용기와 두려움, 위대한 믿음과 우상 숭배, 권력과 욕심, 성적 문란과 자살, 사랑과 죽음, 집단 강간과 납치, 전쟁에서의 승리와 내란 등의 이야기로 채워져 있는 것이다(Olson).

위 사건 중 어떤 것은 조그마한 양심과 신앙이라도 남아 있는 사람이라면 도저히 저지를 수 없는 몰상식하고 무자비한 것들이다. 한 예로 19-21장에 기록되어 있는 레위 사람의 첩 윤간 사건을 생각해보자. 에브라임 산간 지역에 살던 레위 사람은 화가 나서 친정으로 돌아가버린 첩을 찾아 처가가 있는 베들레헴을 찾았다. 며칠 후 레위 사람이 첩을 데리고 집으로 돌아가는 길에 날이 어두워져 베냐민 지파 사람이 모여 사는 기브아 성읍을 찾았다. 그런데 기브아 사람은 객을 맞이하여 호의를 베푸는 미풍양속(hospitality code)을 잊었는지 그 누구도 레위 사람 일행을 반겨주지 않았다. 하는 수 없이 거리에서 밤을 새워야 하는 상황에서 마침 에브라임에서 이민 와 그곳에 정착해 살던 한 노인의 호의로 겨우 그의 집에 묵게 되었다.

밤이 깊어지자 동네 불량배들이 노인의 집으로 몰려와 레위 사람을 내보내 달라고 요구했다. 그 남자를 윤간하기 위해서였다. 소돔에서나 볼 수 있었던 최악의 동성(同性) 성폭행이 하나님의 백성인 이스라엘 사람에 의해 시도되고 있다! 보다 못한 집주인은 레위 사람 대신 그의 첩을 불량배들에게 내주었다.[3] 불량배들은 밤새도록 그 여인을 강간했으며, 집단 성폭행을 당한 여인은 결국 숨을 거두었다. 그리고 집으로

---

3 노인이 여자를 내주었는지, 그녀의 남편이 내주었는지 정확하지 않다. 최근 많은 주석가는 노인이 내보냈다고 말한다(cf. 본문 주해).

돌아온 레위 사람은 첩의 시체를 토막내서 온 이스라엘에게 보내 기브아 사람이 저지른 추악한 범죄를 알렸다.

끔찍한 사건에 분노한 이스라엘 사람은 기브아 사람이 속해 있던 베냐민 지파에게 이 일을 저지른 불량배들을 넘겨 달라고 요구했지만 베냐민 지파는 이스라엘과 전쟁을 불사하면서까지 흉악범들을 보호하는데 급급했다. 결국 온 이스라엘과 베냐민 지파 사이에 엄청난 살생을 초래한 내란이 발생했고, 이 전쟁으로 베냐민 지파는 멸족하다시피 했다. 얼마 동안의 시간이 지난 후 이스라엘의 장로들은 베냐민 지파의 생존자에게 자신들이 암암리에 도와줄 테니 매년 실로에서 열리는 종교적 축제에 참여하는 처녀들을 납치해 아내로 삼으라고 조언했다. 오늘날로 말하면 정부가 주선하여 200여 명이나 되는 여인들의 인권을 짓밟았을 뿐만 아니라 납치와 강간을 통해 강제로 결혼하게 한 것이다. 그것도 여호와의 종교 축제에 참여한 여성을 말이다!

어찌 이런 일이 거룩하신 하나님의 백성이라고 자부하던 이스라엘에서 있을 수 있었단 말인가? 동성애와 윤간이 판을 치고 정부가 주선한 인권 유린과 납치가 만연한 사회! 이것이 사사 시대 이스라엘의 모습이다. 이스라엘이 왜 이렇게까지 몰락하게 되었는가에 대해 저자도 할 말을 잃었다. 그가 사사 시대를 총체적으로 회고하며 마지막으로 덧붙인 유일한 설명이자 변명은 "그 때에 이스라엘에 왕이 없으므로 사람이 각기 자기의 소견에 옳은 대로 행하였더라"이다(21:25). 이처럼 어둡고 절망적인 이야기 때문인지, 한국 교회에서 거의 설교하지 않는 성경책 중 하나가 바로 사사기다.

그러나 사사기를 해석하면서 항상 마음에 두어야 할 한 가지는 비록 내용이 전반적으로 매우 암울하고 참담할지라도, 질서와 정의가 지배하는 시대가 곧 올 것임을 저자가 암시하고 기대하게 한다는 점이다. 사사 시대의 윤리적 타락을 설명하면서 저자는 "그 때에는 이스라엘에 왕이 없었으므로 사람마다 자기 소견에 옳은 대로 행하였더라"(17:6;

21:25)라고 했다. 이 말씀은 이스라엘이 영적으로 몰락하게 된 가장 큰 이유를 올바른 믿음과 가치관을 가르치고 확립할 지도자(viz., 왕)가 없었다는 데서 찾는다. 동시에 머지않아 올바른 신앙과 세계관을 확립하고 가르칠 왕이 올 것을 전제한다. 사사기는 현실에 대해서는 매우 비관적이면서도 미래에 대해서는 상당히 긍정적이고 고무적인 책인 것이다.[4]

이 같은 사사기의 양면적인 메시지는 때와 장소를 초월하여 언제, 어디서든 처한 상황이 어렵다 못해 혹독하고, 영적으로 몰락하고, 도덕적으로 부패한 시대를 살아가는 모든 그리스도인에게 더 나은 미래에 대한 꿈을 가지고 현실을 견뎌 내도록 권면한다. 우리가 현실만을 바라보고 모든 것을 판단하면 참으로 낙심할 수밖에 없지만, 질서와 정의가 지배할 밝은 미래가 도래하고 있기에 소망을 버리지 말고 하나님을 바라라는 뜻이다. 하나님이 이 세상과 역사를 지배하신다는 사실을 고백하는 자는 자신이 사는 시대가 아무리 어둡다 할지라도 밝은 미래를 소망할 수 있는 권리를 가진 자이기 때문이다.

여호수아 시대까지 상당히 건강하고 신앙적이었던 사회가 무엇 때문에 사사 시대에 이르러 이처럼 몰락한 것일까? 저자는 그 이유를 이스라엘의 실패한 사명에서 찾는다. 이스라엘은 온갖 흉악한 죄로 물들어 있던 가나안을 정복하여 그 땅을 '여호와화'(Jehovahization)하라는 사명을 받고 가나안에 입성했다. 그러나 이스라엘은 가나안을 여호와화하기는커녕 오히려 '가나안화'(Canaanization)되어 갔다.[5] 가나안 사회에 거룩

---

[4] 사사 시대를 배경으로 하고 있는 룻기와 이스라엘의 마지막 사사라 할 수 있는 엘리와 사무엘의 삶을 보면 이 시대가 사사기 저자가 주장하는 것처럼 전적으로 부패한 것만은 아니었음을 알 수 있다. 그 와중에도 하나님을 경외하고 선을 행하는 사람과 공동체가 곳곳에 있었다. 저자가 자신이 이 책을 저작하는 목적에 따라 사사 시대를 전반적으로 매우 어둡게 회고하는 것이다. 그러므로 이 시대에 대한 균형 잡힌 평가를 위해서는 룻기와 사무엘상 전반부가 함께 고려되어야 한다.

[5] 이 글에서 사용되는 영어 단어 Jehovahization과 Canaanization은 영어 사전에 없는 것들이다. Canaanization이라는 단어는 일부 학자에 의해 종종 사용되지만 Johovahization은 필자가 편의상 만들어낸 단어다. 필자의 주석 시리즈를 가리키는 Exposimentary도 마찬가지다.

하고 긍정적인 영향력을 행사하기보다 오히려 가나안 사람의 부패와 타락을 받아들인 것이다. 이스라엘이 힘이 약해서 이렇게 된 것이 아니고, 가나안 사람을 제압하고 여호와화시키기에 충분한 능력이 있지만, 스스로 가나안화의 길을 선택한 것이다. 이런 사실은 1장에 누누이 예견되고 암시되어 있다.

사사기가 첫 사건으로 기록하고 있는 아도니 베섹 처형의 사건은 평범한 일이 아니다. 이스라엘의 가장 유력한 지파인 유다가 중심이 되어 브리스 사람을 상대로 큰 승리를 거두었으며, 그들의 왕 아도니 베섹을 사로잡아 엄지손가락과 엄지발가락을 베어내어 죽게(상처를 통한 감염으로?) 했다. 전쟁에서 생포한 적장을 공개적으로 처형하는 것은 당연한 일이다. 문제가 되는 것은 이스라엘이 가나안 사람의 풍습에 따라 지나치게 잔인한 방법을 사용함으로써 아도니 베섹을 매우 고통스럽게 죽게 했다는 것이다(1:7). 정복자 이스라엘은 벌써 자신들의 손에 정복당해 죽어가는 가나안 사람의 가치관과 풍습을 답습해 가고 있었던 것이다.

이스라엘 각 지파는 자신들이 할당받은 기업에서 처음에는 힘에 부쳐 가나안 사람을 내치지 못하다가 나중에는 내칠 만한 힘이 생겼는데도 내치지 않았다(1:27-28). 이스라엘은 가나안 사람을 죽이거나 내치는 대신 부역꾼으로 삼았다(1:27, 29, 33, 35). 경제적인 논리가 하나님의 명령과 신앙보다 더 중요했던 것이다. 결국 이스라엘은 진멸해야 할 가나안 사람과 동거하게 되었고, 이런 현실은 이스라엘의 '가나안화'를 급속도로 진전시켰다. 그러므로 사사기의 비극적 마무리는 가나안을 여호와화하지 못하고 오히려 자신들이 가나안화된 이스라엘의 참담한 말로를 보여준다. 즉, 사사기는 오늘날의 언어로 말하면 교회와 교인의 '세속화'의 비극을 경고하는 책이다. 이런 차원에서 사사기는 세속화의 거센 물결에 휩쓸릴 위기에 처한 오늘날 교회에 시사하는 바가 매우 큰 책이라 할 수 있다.

1. 저자와 저작 시기

많은 구약 정경처럼 사사기도 익명으로 우리에게 전해져 왔다. 탈무드와 일부 랍비들은 사무엘이 이 책을 저작했다고 주장했으나(cf. B. Bat. 14b), 오늘날 이러한 주장을 받아들이는 학자는 거의 없다.[6] 문서설이 구약 학계를 주름잡던 시대에 학자들은 사사기가 J/E문서를 저작한 사람에 의해 집필되었고, 그 후 여러 차례 편집과 개정을 거쳤다고 했다(Boda). 그러나 이 학설 역시 오늘날에는 학계의 지지를 받지 못한다. 학자들이 가장 선호하는 입장은 노트(Noth)가 주장한 신명기적 사가가 포로기 시대에 바빌론에서 여호수아-열왕기하까지 집필하면서 사사기도 저작했다는 주장이다. 학계에서는 여호수아기의 최종 저작/편집 시기로 사무엘 시대부터 포로기 시대까지 광범위한 시대가 제시된다. 책의 저작/편집 시기를 언제로 간주하든 여호수아서는 오랫동안 전수되어 온 자료를 누군가가 종합해서 편집한 것이라고 한다(O'Connell, Amit). 저자는 12사사의 사생활과 업적에 대해 기록하고 있지만, 자신이 인용한 출처(들)를 밝히거나 암시하지는 않는다. 학자들은 책이 반영하고 있는 내용을 참작하여 사사 시대를 여호수아의 죽은 때부터(1:1) 사울이 왕위에 등극한 때까지로 간주한다(삼상 10:20-27). 문제는 여호수아가 죽은 때가 정확히 언제였는가 하는 것이다. 성경에 대해 보수적인 입장을 고수하는 학자도 출애굽 사건을 주전 13세기 혹은 15세기로 보는 사람으로 나뉘기 때문이다. 어느 학설을 따르느냐에 따라 여호수아의 죽음에 200년의 차이가 있을 수 있다.

출애굽 사건이 주전 15세기에 있었던 일이라고 주장하는 사람은 이스라엘이 이집트를 떠난 시점에서 솔로몬이 성전 건축을 시작한 때까지 480년이 지났다는 열왕기상 6:1과 입다가 이스라엘이 출애굽 때로부터 자신의 시대까지를 300년이라고 하는 사사기 11:26을 증거로 제

---

[6] 고스린가(Goslinga)와 조르단(Jordan)이 유일한 예외에 속한다.

시한다. 그러나 이런 주장에 반론을 제기하는 사람은 480년은 성경에서 한 세대를 상징하는 40년에 12를 곱한 숫자로, 12세대(현실적으로 한 세대당 20년?) 즉 상당한 시간이 지난 것을 강조하는 것뿐이기 때문에 문자적으로 받아들이기에는 문제가 많다고 생각한다. 또한 입다의 300년 주장은 암몬 사람의 주장에 신빙성 문제를 제기하기 위해 과장한 것이라고 풀이하기도 한다(Howard). 한편 이스라엘 사람이 건설하고 있는 비돔(פתם)과 라암셋(רעמסס)이 주전 1279-1213년에 이집트를 통치했던 람세스 2세(Ramses II)와 연관되었던 것(viz., 라암셋 2세가 유태인 노예들을 동원하여 자기 이름으로 불릴 도시를 건설하고 있다는 것)이 유력하다 하여 출애굽을 13세기로 보는 것이다(Kitchen). 그러므로 여호수아는 주전 15세기 출애굽설에 따르면 주전 1370년쯤에, 13세기 설에 따르면 주전 1170년쯤에 죽었을 것이다.[7]

여호수아의 죽음 시기에 대해 의견이 분분한 것만큼이나 사사기의 저작 시기도 논란이 많다. 사사기가 저작되거나 마지막으로 정리된 때는 기록된 사건 중 시대적으로 제일 늦게 일어난 사건 이후일 것이다. 이 책에 언급된 사건 중 시대적으로 가장 늦은 것은 주전 1100년쯤을 배경으로 하고 있는 삼손 이야기다. 이 시대는 사울이 왕이 되기 불과 몇십 년 전이며(사울은 주전 1050년쯤에 왕위에 올랐다), 사무엘이 통치하던 시대이기도 하다.

저자가 자신의 책에서 암시하는 몇 가지를 생각해 보면, 그는 이스라엘에 왕권이 성립된 뒤에 살았던 것이 거의 확실하다. 가장 결정적인 단서는 책에서 반복되는 "그 때에는 이스라엘에 왕이 없었으므로 사람마다 자기 소견에 옳은 대로 행하였더라"(17:6; 21:25; cf. 18:1; 19:1)라는 말이다. 그가 이런 말을 할 수 있었던 것은 자신이 사는 시대에는 질서와 올바른 가치관을 지향하는 왕이 있었기 때문이다.

---

7 '이른 출애굽설'(Early Date of Exodus)과 '늦은 출애굽설'(Late Date of Exodus)에 대한 상세한 설명은 『엑스포지멘터리 창세기』 서론 섹션을 참고하라.

저작 시기를 어떻게 보느냐는 18:30의 '땅의 포로 시대까지'(גְּלוֹת הָאָרֶץ עַד־יוֹם)를 어떻게 해석하느냐와도 연관성이 있다. 이 표현에 대해서는 크게 세 가지 해석이 있다. 첫째, 18:30이 말하는 '포로 시대'는 바빌론 포로 생활을 의미한다(Younger). 바빌론 포로 생활에 대해서는 여러 선지서에 많이 언급되어 있으므로 특별히 추가할 내용은 없다. 만일 본문이 이 해석이 주장하는 것처럼 바빌론 포로 생활을 뜻한다면 사사기는 포로기 혹은 그 이후에 저작/편집된 것이다. 둘째, 포로 생활은 단 지파의 땅을 중심으로 한 지극히 제한된 지역 안에 있었던 인접 국가의 지배를 뜻한다(McConville). 이 사건을 단 지파의 땅과 연관하여 해석하는 이유는 18:30이 단 지파의 이동과 정착에 관한 이야기의 일부이기 때문이다. 셋째, 블레셋 사람의 통치를 의미한다(Young). 일부 학자들은 '땅의 포로 시대'를 법궤가 실로에 있었을 때(삼상 4:1-11)를 전후로 하는 것이거나 사울이 죽은 직후 이스라엘 영토의 일부가 블레셋 손에 넘어갔던 일을 뜻하는 것으로 해석한다. 18:30이 단 지파에 관한 이야기의 일부라는 점을 고려할 때, 두 번째 가정도 다른 주장만큼이나 가능성 있는 해석이다.

미가의 우상과 단 지파의 이동(17-18장) 이야기도 저작/편집 연대를 추측해볼 만한 단서가 될 수 있다(Howard). 이 이야기는 가나안 북쪽에 정착한 지파의 우상 숭배를 비난하는 듯하다. 미가의 우상이 처음에는 에브라임의 산악 지대에 있었다가(17:1; 18:2), 단 지파의 땅으로 옮겨졌다(18:31). 이 사건을 통해 저자는 마치 '북쪽에 정착한 지파는 옛적부터 우상 숭배를 해오던 사람들'이라며 북 왕국 이스라엘에 속한 열 지파 사람을 비난하는 것 같다. 우리가 상상해 볼 수 있는 시나리오(scenario)는 이런 것이다. 솔로몬의 통일 왕국이 두 나라(사마리아를 중심으로 한 이스라엘과 예루살렘을 중심으로 한 유다)로 분열되었다. 북 왕국의 통치자였던 여로보암은 단과 벧엘에 금송아지를 세웠는데, 이것은 그가 세운 북 왕국 이스라엘의 백성이 종교적인 이유로 예루살렘을 계속

드나들게 되면 자연적으로 통치가 어려워지거나 방해를 받을 수밖에 없다는 계산에서 비롯된 것이었다. 남 왕국 사람으로 추정되는 사사기 저자는 여로보암의 금송아지 정책을 문제 삼아 북 왕국을 향해 "봐라, 너희는 옛적 조상 때부터 우상 숭배를 해오던 사람들이다"라며 비난하고 있는 것이다. 만일 이런 시나리오가 설득력이 있다면, 이 사건은 분열 왕국 초기(주전 920년대?)에 북 왕국 이스라엘을 비난하는 이야기로 사용되었을 것이다.

이스라엘이 베냐민 지파를 상대로 전쟁을 한 이야기(19-21장)도 책의 저작/편집 연대와 연관이 있을 수 있다(Longman, Schneider, Block). 이 이야기 뒤에 깔려 있는 정치적 선전(宣傳, propaganda)의 가능성을 생각해 보자. 이 사건은 아마도 유다와 베냐민 지파를 제외한 다른 지파에 속한 사람(viz., 북 왕국 이스라엘을 형성하고 있는 열 지파 사람들)을 설득하기 위해 사용된 정치적인 선전물 역할을 했을 수도 있다(O'Connell, Brettler, Sweeney). 이 이야기는 다음과 같은 질문을 하게 한다. 첫째, 누가 우리(viz., 북쪽 열 지파)를 잘 대접해 줄 것인가? 기브아 사람이 아니라 베들레헴 사람이다. 이스라엘의 초대 왕인 사울은 베냐민 지파에 속한 기브아 출신이었으며, 통치를 시작한 후 기브아를 수도로 삼아 이곳에서 이스라엘을 지배했다. 반면에 두 번째 왕인 다윗은 유다에 속한 베들레헴 사람이었다. 둘째, 누가 우리(viz., 북쪽 열 지파)를 푸대접할 것인가? 기브아 사람이다. 사울이 바로 이 성읍 출신이다. 에브라임 산악 지대에서 살던 레위 사람을 잘 대접했던 베들레헴 사람들은 다윗을, 그를 푸대접했던 기브아 사람들은 사울을 연상케 한다. 셋째, 누가 예루살렘을 이스라엘의 소유로 만들어서 무리하게 이 성읍을 지나쳐야 하는 부담을 없애고 안전하게 거기서 밤을 지낼 수 있도록 해줄 것인가/해주었는가? 레위 사람이 첩을 데리고 집으로 돌아가다가 원래는 예루살렘에서 하룻밤을 보내야 했지만, 그곳에는 이방인인 여부스 족이 있어서 다소 무리를 해서 동족의 땅인 기브아까지 갔다. 그러므로 이 사건은 예루살렘이 아직 이스라엘의 땅이 아니어서 비롯된 비극이다. 사울은 오랫동안 이스라엘을 통치했지만, 예루살렘을 이스라엘의 땅으로 만들지 못했다. 반면 통일 왕국의 왕이 된 다윗이 처음으로 이룬 업적은 예루살렘 정복이었다(삼하 5장). 다윗은 이 도성을 평정하여 이스라엘에 귀속시켜 이스라엘 사람이 더 이상 예루살렘을 기피할 필요가 없도록 했다.

또한 사울을 포함한 베냐민 지파 사람은 전쟁에서 패배한 전사들과 이들이 납치와 강간을 통해 강제로 결혼한 야베스 길르앗 여인들의 후손이다(Schneider). 이는 베냐민 후손은 혈통이 별로 좋은 족속이 아니라는 점을 강조하고 있는 듯하다. 이런 관점에서 이 이야기는 매우 친다윗(pro-David)-반사울(anti-Saul) 성향을 띤다. 사울과 다윗 혹은 사울 집안과 다윗 집안의 갈등이 엿보이는 것이다. 그렇다면 이 이야기가 다윗 집안과 사울 집안 중 어느 쪽을 선택할까를 두고 고민하는 이스라엘 지파에게 가장 결정적으로 작용한 때는 언제쯤이었을까? 아무래도 다윗이 정권을 잡기 직전 혹은 직후에 이런 이야기가 가장 필요했을 것이다(Brettler, Sweeney). 해리슨(Harrison)은 이 부분이 왕정 시대의 초창기(주전 10-11세기)에 집필된 것이라며 상당히 긴 기간을 염두에 두지만, 다윗이 왕위에 오른 때가 주전 1010년쯤이었으므로 이스라엘 사람을 다윗 쪽으로 기울게 하는 이야기의 기능은 주전 1010-1000년쯤 가장 큰 효력을 발휘했을 것이라고 한다.

물론 책 전체의 저작 연대나 편집 시기는 이 이야기가 어떻게 사용되었는가와는 별개의 문제다. 블록(Block)은 책의 내용이 유다의 왕 중 최악이었던 므낫세(697-643 BC, cf. Thiele) 시대에 가장 현실적이고 의미 있는 메시지를 이스라엘에게 선포했을 것이라 하여 사사기를 이 시대에 저작된 것으로 생각한다. 블록 외에도 많은 학자가 사사기가 최종적으로 정리된 시기를 주전 6-7세기 즈음으로 생각한다. 바빌론 포로 때까지 저작 연대가 늦추어지는 것이다. 일부 학자들은 2:6-16:31이 '신명기적 사가'(Deuteronomistic Historian)에 의해 저작되었다고 간주한다.[8] 그러나 위에 언급한 책의 여러 정황과 내용은 이때를 저작 연대보다는 최종 편집 시기로 보는 것이 바람직함을 말해 준다. 사사기는 가나안 정복 시대부터 유래되어 온 책이었으며, 주전 6-7세기쯤에 누군가가 자신에게 전해져 온 여러 가지 역사적 자료를 바탕으로 편집한 것으로 생각된다.

2. 역사적 정황

여호수아의 죽음을 기점으로 이야기를 시작하는 사사기는 상당한 기간을 정리하고 있다. 이른 출애굽설(15세기 출애굽설)에 의하면 여호수아의 죽음은 주전 14세기 전반에 있었던 일이다. 이스라엘에서 사사시대가 진행되는 동안 많은 문명이 위기 혹은 종말을 맞았다. 거기에는 소아시아의 헷족(Hittites in Asia Minor), 미노아족(Minoans), 미케네족(Myceneans) 등이 포함되어 있었다(de Vaux). 이 기간은 가나안에서 청동기 시대가 끝나고 철기 시대가 완전히 정착되어 블레셋족속이 팔레스타인의 해안을 침투한 때였다(Bright). 사사기는 사무엘이 사울에게 왕으로 기름 붓기 전에 끝났다. 이때가 주전 1050년 즈음이다. 그렇다면 사사기는 최소한 300-350년의 세월을 정리하는 것이다.

사사기는 시간에 대해 자주 언급하는데, 거의 모두 이스라엘이 다른 족속에게 억압당한 기간이나 이스라엘이 억압과 억압 사이에 누렸던 평화 시대의 기간에 관한 것이다. 책이 언급하는 기간을 모두 더하면 최소한 410년이 된다(Howard). 여기에 엘리-사무엘-사울-다윗 시대(최소한 100년)와 광야에서 보낸 40년을 더하면 출애굽 사건에서 사사시대가 끝날 때까지 최소한 550년의 시간이 흘렀다.[9] 그러나 열왕기상

---

8 '신명기적 사가'에 대해서는 『엑스포지멘터리 여호수아』 서론을 참고하라.
9 엘리와 사무엘도 사사이므로 이들이 활동했던 시대(80여 년)는 전체 연도에서 빼도 무관

6:1은 출애굽 때부터 솔로몬이 성전 건축을 시작한 때(주전 967년쯤)까지를 480년이라고 한다. 그렇다면 70년 정도의 시간 차이를 어떻게 이해할 것인가?

사사기를 자세히 살펴보면 70년 정도의 차이는 그다지 큰 문제가 아닙니다. 책에 기록된 사사가 대를 이어 온 이스라엘을 구원하고 지배한 것이 아니라 여러 사사가 동시대에 각기 다른 지역에서 활동했던 것이 확실하기 때문이다. 즉, 사사기에 언급된 일이 꼬리를 이으며 순서대로 일어난 것이 아니라 여러 사사의 일이 동시에 이스라엘의 여러 지역에서 일어났을 것이라는 해석이다. 책에 먼저 등장하는 사사가 나중에 모습을 드러내는 사사보다 시대적으로 앞서 살았던 것으로 간주할 필요도 없다. 저자의 의도에 따라 각 사사의 이야기의 역사적 순서는 항상 바뀔 수 있다. 또한 사사기 저자가 이스라엘을 다스렸던 모든 사사를 자신의 책에 기록하고 있다고 볼 필요도 없다. 저자가 이 책에서 언급하지 않은 대표적인 사사로는 사무엘상 앞부분에 등장하는 엘리와 사무엘을 들 수 있다. 저자는 수많은 사사 중 일부 사사만을 선별해 자신의 책에 언급하고 있는 것이다. 또한 일부 주석가들은 책에 자주 등장하는 40년을 한 세대를 상징하는 숫자로 간주할 뿐 실제 기간으로 생각하지 않는다(Younger). 다음 사항을 생각해보자.

사사기 3:12-14에 의하면 모압 왕 에글론이 암몬 족과 아말렉 족과 합세해 이스라엘을 괴롭혔다. 그러나 그들은 겨우 '종려나무 성읍'(viz., 여리고성; cf. 신 34:3; 대하 28:15)을 정복했다. 즉, 이들의 승리는 온 이스라엘을 통치하는 것으로 이어지지 않았던 것이다. 에훗 사건(3:15-30)은 온 이스라엘이 아니라 에브라임과 베냐민 지파의 땅에서 일어난 일

하다. 저자가 엘리와 사무엘을 사사기에 언급하지 않은 것은 저작 목적과 직접적으로 연관이 있다. 저자는 이 시대를 이스라엘이 매우 비참하게 몰락한 시대로 평가하고 있으며, 이스라엘이 황폐하게 된 것에 사사가 일조했음을 강조한다. 이런 정서에서 사무엘서가 훌륭한 사사로 묘사하는 사무엘과 엘리를 포함시키는 것은 책의 성향과 저자의 의도에 맞지 않으므로 이들에 대해 언급하지 않는 것이다.

이었음이 확실하다. 기드온이 미디안 사람과 싸울 때 므낫세, 아셀, 스불론, 납달리 지파만 그를 도왔다(6:35; 7:23). 전쟁이 시작된 후에야 에브라임이 그를 도왔다는 점(7:24)에서도 역시 기드온이 온 이스라엘이 아니라 일부 지역에서 활동했음을 알 수 있다. 다음 도표를 참고하라.

대적자	왕/족속	이스라엘의 구원자	승리자	전쟁 장소	관련 구절
베섹	아도니 베섹		유다	베섹	1:4-7
기럇 아르바 (헤브론)	세새, 아히만, 달매	갈렙	유다	헤브론	1:10
기럇 세벨(드빌)		옷니엘	유다	드빌	1:12-13
여러 성읍			유다	여러 성읍	1:17-18
루스(벧엘)			므낫세, 에브라임	벧엘	1:22-25
메소포타미아	구산 리사다임	옷니엘	이스라엘		3:10
모압	에글론	에훗	이스라엘	여리고	3:15-30
하솔	야빈	드보라	이스라엘	하로셋 학고임	4:4-16
미디안	스엡, 세바, 오렙, 살문나	기드온	이스라엘	모레산	7:7-8:25
내란: 아비멜렉 대 세겜	아비멜렉	가알	아비멜렉	세겜	9:34-41
내란: 아비멜렉 대 데베스	아비멜렉		이스라엘	데베스	9:50-57
암몬		입다	이스라엘	요단강 동편	11:29-33
내란: 길르앗 사람	에브라임 사람	입다	길르앗	사본	12:1-6
라이스			단	라이스	18:27-29
내란: 이스라엘 대 베냐민 지파			이스라엘	기브아	20:1-48

위 도표를 보면 세월이 흐름에 따라 온갖 우상 숭배와 죄악 속에서 헤매던 이스라엘은 그들의 생존을 위협하는 다른 족속을 대항해서 싸울 뿐만 아니라 동족끼리도 번번히 서로의 가슴을 향해 창을 겨눈다. 사사기는 이스라엘 역사를 시간이 지날수록 하향 곡선을 그리는 매우 암울한 상황으로 묘사한다. 저자는 문제가 있는 사사일수록 이런 정황을 더 상세하게 기록하여 강조한다. 문제가 있는 사사일수록 더 많은 공간을 할애하는 것이다(Younger). 책의 전반부보다 후반부로 갈수록 사사들 이야기가 길어지는 것은 시간이 지날수록 사사와 이스라엘이 망가져 가고 있음을 저자가 강조하기 때문이다. 급격하게 타락하는 하나님 백성의 삶, 급기야 서로를 향해 칼을 듦으로 망가져 버린 동족애, 저자는 곧 수년 전 방영된 드라마 '형제의 강' 테마로 사사기의 막을 내린다.

3. 통일성

많은 학자가 1:1-2:5과 2:6-3:6을 한 쌍의 서론으로 여긴다(Gooding, cf. Howard, Block, Younger). 두 문단이 제시하는 내용과 구조가 같기 때문이다. 그러나 두 부분의 확연히 다른 중심 주제는 두 서론의 필요성을 강조한다. 첫 번째 서론(1:1-2:5)은 이스라엘이 가나안 사람을 진멸하지 않은 전쟁 실패를 중점적으로 다루고 있으며, 두 번째 서론(2:6-3:6)은 이스라엘이 도입한 가나안 우상을 중심 주제로 다루고 있다. 그렇다면 두 서론이 어떻게 한 책에서 공존하게 되었는가? 거의 모든 학자가 사사기는 원래 2:6에서부터 시작되었으며 사사기를 이해하는 데 중요한 타락 사이클(2:10-23)을 포함하였는데(Block; cf. Gooding), 훗날 다른 사람이 사사기와 여호수아서의 관계를 더 확실하게 하기 위해 1:1-2:5을 더했다고 생각한다. 다음 도표를 참고하라.

```
여호수아가 죽은 후에(1:1)          여호수아가 죽은 후에(2:8)
        ↓                                ↓
이스라엘의 정복 실패(1:1-2:5)      이스라엘의 반역(2:10-3:6)
        ↓                                ↓
내가 그들을 너희 앞에서            그 이방 민족들을 머물러 두사 그들을 속
쫓아내지 아니하리니(2:3)           히 쫓아내지 아니하셨으며(2:23)
```

　사사기는 또한 두 개의 결론을 지닌 것으로 이해된다. 여기에 삼손 이야기도 일종의 결론 역할을 한다고 간주하면 사사기의 결론은 둘이 아니라 셋이 될 수도 있다. 삼손 이야기의 역할을 생각해 보자. 시간이 지날수록 악화되는 사사의 기질과 인격이 삼손에 이르러 최악으로 치닫는다. 삼손은 하나님의 사람이 결코 해서는 안 될 일만 골라서 하며 나실인이 지켜야 할 기준을 모두 파괴하는 인물이다. 모든 면에서 삼손은 최악의 사사이며, 각 사사의 사적인 부패는 삼손 이야기(13-16장)에서 최고조에 달한다. 이런 차원에서 삼손 이야기 역시 또 하나의 결론이 될 수 있는 것이다.

　그러나 사사의 개인적인 몰락을 극적으로 묘사하는 삼손 이야기는 저자가 염두에 둔 두 개의 결론에 속하지 못한다. 저자는 이처럼 형편없는 사사의 지배를 받았던 이스라엘 공동체의 몰락으로 책을 마무리하는데(17-21장), 이 부분에 두 개의 서론과 대칭을 이루는 두 개의 결론이 등장한다. 두 번째 서론(2:6-3:6)에서 저자는 이스라엘이 가나안의 우상을 숭배한 것을 지적했다. 이제 그는 첫 번째 결론(17:1-18:31)에서 이스라엘이 스스로 우상을 만들어 숭배한 일을 고발한다. 첫 번째 서론(1:1-2:5)에서는 이스라엘과 가나안 족속의 전쟁이 중심 주제였는데, 두 번째 결론(19:1-21:25)에서는 이스라엘의 내란을 회고한다. 미가의 우상과 단 지파의 우상 숭배 이야기(17-18장)를 통해 온 이스라엘 공동체의 종교적 몰락을 고발한 후, 이스라엘과 베냐민 지파의 갈등과 후속 조치 이야기(19-21장)로 최악에 달한 온 이스라엘의 부패를 회

고하는 것이다(Polzin). 두 서론과 두 결론은 다음과 같은 구조를 지니고 있다(Gooding).

  A. 진멸이 전제된 이방인과의 전쟁(1:1-2:5)
     B. 이스라엘이 도입한 이방 우상(2:6-3:6)
     B′. 이스라엘이 스스로 만든 우상(17:1-18:31)
  A′. 진멸이 적용된 이스라엘 동족 간의 전쟁(19:1-21:25)

두 개의 결론은 또한 반복되는 문구를 사용하여 다음과 같이 교차대구법적 구조를 지닌다. 거의 비슷한 말이 이 부분에서 네 차례나 반복되는 것은 이스라엘의 최종적인 몰락은 의를 지향하고 하나님의 말씀으로 다스리는 왕이 없었기 때문이라는 점을 강조하기 위함이다. 그러나 8:23에서 기드온을 통해 "내가 너희를 다스리지 아니하겠고…여호와께서 너희를 다스리시리라"라며 이스라엘이 하나님의 통치를 받아야 한다는 것을 강조하고 있는 점을 감안할 때, 다음 구조에서 반복되는 말씀은 이스라엘의 몰락이 육적인 왕이 없었기 때문만이 아니라 영적인 왕(viz., 하나님의 통치)도 없었기 때문임을 확실히 하려는 것이다(Younger). 다음 구조를 참고하라.

  A. 그 때에는 이스라엘에 왕이 없었으므로
     사람마다 자기 소견에 옳은 대로 행하였더라(17:6)
     B. 그 때에 이스라엘에 왕이 없었고…(18:1)
     B′. 이스라엘에 왕이 없을 그 때에…(19:1)
  A′. 그 때에 이스라엘에 왕이 없으므로
     사람이 각기 자기의 소견에 옳은 대로 행하였더라(21:25)

사사기는 여러 개의 단편적인 텍스트(blocks of text)로 구성되었다. 저자가 여러 사사의 이야기를 수집해 통일성 있고 일관성 있는 주기에 따라 정리하여 책을 저작한 것이다. 책 중심부를 구성하고 있는 여러 사사의 이야기는 2:6-3:6(특히, 2:10-23)에 제시된 양식에 따라 읽도록 되어 있다. 이름만 언급되다시피 한 사사들(일명 '소[小]사사들')은 예외이지만, 자세히 묘사되어 있는 일곱 사사(일명 '대[大]사사들')의 이야기는 이 양식에 따라 대체로 다섯 단계로 진행된다. 그러나 세월이 흐름에 따라 처음에는 뚜렷하게 보였던 양식의 다섯 단계가 점차 파괴되어 마지막 사사인 삼손 이야기에서는 이 단계들이 거의 보이지 않는다. 2:10-23에 기록된 이야기 주기의 다섯 단계는 다음과 같다.[10]

1. 이스라엘이 하나님 보시기에 악한 행동을 했다(2:11; 3:7, 12; 4:1; 6:1; 10:6; 13:1).
2. 죄에 대한 자세한 언급은 없지만 그들의 죄는 하나님을 화나게 하였고, 하나님은 그들을 이방 민족의 손에 붙여 박해를 받게 하셨다(2:14; 3:8; 4:2; 10:9).
3. 그들은 박해를 받는 도중에 하나님께 울부짖으며 도움을 청했다 (3:9, 15; 6:6-7; 10:10).
4. 하나님이 그들의 음성을 들으시고 사사를 세우셨다(2:16; 3:9, 15; 10:1, 12). 이스라엘을 구하는 사사는 하나님의 영에 사로잡힌 자였다(3:10; 6:34; 11:29; 13:25; 14:6, 19).

---

10 이 주기는 학자에 따라 최소 5단계에서 최고 10단계로 나뉜다. 이 책에서는 최대한으로 간략하게 5단계로 구분한다. 영거(Younger)는 다음과 같이 8단계로 나눈다.
  1. Israel does evil in the eyes of Yahweh.
  2. Yahweh gives/sells them into the hands of oppressors.
  3. Israel serves the oppressor for X years.
  4. Israel cries out to Yahweh.
  5. Yahweh raises up a deliverer(i.e., judge).
  6. The Spirit of Yahweh is upon the deliverer.
  7. The oppressor is subdued(reversal of component 2).
  8. The land has "rest" for X years.

5. 이스라엘의 구원(해방)은 이방 민족의 복종으로 이어지며 몇 년 동안의 평화가 있었다. 마지막으로 사사의 죽음과 묻힘으로 각 주기가 끝난다(3:10-11; 8:28-32; 10:2-5; 12:9-15).

책의 중심부(3:7-16:31)는 12사사에 대한 이야기로 형성되어 있으며, 마지막 부분은 타락할 대로 타락해 버린 상황을 보충 설명하는 두 사건으로 구성되어 있다(17:1-21:25). 각각의 양식에 따라 제시되고 있지만, 사사들 이야기는 시간이 지날수록 전반적으로 하향 곡선을 그리고 있다. 열두 사사 중 주요 인물이 사사기의 구성(storyline)에 기여하는 점을 요약하면 다음과 같다(김지찬, Bluedorn, cf. Younger).

3:7-11	3:12-30	4:1-5:31	6:1-8:32	8:33-9:57	10:6-12:7	13:1-16:31
옷니엘	에훗	드보라	기드온	아비멜렉	입다	삼손
문예적 모델	A 고독자 영웅 동쪽 적 베냐민 지파	B 여인에게 의존	C 바알 공격: 여호와가 왕	C´ 바알 이름으로 스스로 왕이 됨	B´ 이미 사회에서 추방된 인사에 의존	A´ 고독자 영웅 서쪽 적 단 지파
			중심 이슈: 누가 왕인가? 바알인가? 여호와이신가?			

이스라엘의 첫 사사인 옷니엘의 위치는 특별하다. 옷니엘 이야기는 사사가 무엇을 하는 사람인지를 구체적으로 보여주는 본보기다(Howard, Block, Younger). 옷니엘 이야기(3:7-11)를 살펴보면 다음과 같이 모델적인 사사 이야기 양식을 구성하고 있는 열 가지 요소를 포함하고 있으며, 또한 2:10-23에 제시된 주기에 따라 진행된다.

	요소	성경 말씀	옷니엘	사이클
1	악행	이스라엘 자손이 여호와의 목전에 악을 행하여	3:7	2:11
2	우상 숭배	여호와를 잊어버리고 바알들과 아세라들을 섬긴지라	3:7	2:12ff.
3	진노	여호와께서 이스라엘에게 진노하사	3:8	2:14, 20
4	팖	그들을 구산 리사다임의 손에 파셨으므로	3:8	2:14
5	부르짖음	이스라엘 자손이 여호와께 부르짖으매	3:9	
6	지명	여호와께서 한 구원자를 세워 구원하게 하시니	3:9	2:16, 18
7	사사	그가 이스라엘 사사가 되어	3:10	2:16, 18
8	승리	옷니엘의 손이 구산 리사다임을 이기니라	3:10	
9	평화	그 땅이 평온한 지 사십 년에	3:11	
10	죽음	그나스의 아들 옷니엘이 죽었더라	3:11	

옷니엘 이야기를 구성하고 있는 위에 나열된 10가지 요소가 나머지 사사의 이야기에도 모두 등장하는 것은 아니다. 대부분의 사사 이야기에서 이 10가지 요소 중에서 몇 개씩이 생략되다가 마지막 사사인 삼손 이야기에서는 없는 것이 있는 것보다 많아진다. 아울러 삼손 이야기에만 이스라엘이 하나님의 은혜를 체험하는 데 가장 중요한 역할을 하는 '부르짖음'이 없다는 점은 삼손 시대에 이르러서는 이스라엘이 아무리 어렵고 힘들어도 하나님께 부르짖지도 않을 정도로 영성이 악화되었음을 뜻한다.

옷니엘, 에훗, 드보라 시대에는 이스라엘이 부르짖자마자 하나님이 이스라엘에게 구원의 손길을 내미셨다. 그러나 기드온 시대부터는 하나님이 이스라엘의 부르짖음을 들어주기는커녕 오히려 야단을 치신다(6:8-10). 이런 변화는 하나님이 이스라엘의 끝없는 죄로 인내심을 잃어가고 계심을 시사한다. 그러나 하나님의 심적 변화에도 아랑곳하지 않고 이스라엘은 계속 하나님께로부터 멀리 떠나 삼손 시대에 이르러서는 하나님께 부르짖는 것조차 잊게 되었다. 책을 시작하면서 제시된 양식이 시간이 지나면서 급속히 무너져 결국 사사들 이야기를 구성했던 요소들이 대거 삭제된 것은 편집자(들)의 부주의로 빚어진 결과가 아니라 저자의 의도적인 기술 방식인 것이다(Exum). 저자는 이런 기술 방식을 통해 시간이 지날수록 커져만 가는 혼란과 무질서를 강조했다. 다음 도표를 참고하라.

요소	옷니엘	에훗	드보라	기드온	입다	삼손
악행	3:7	3:12	4:1	6:1	10:6	13:1
우상 숭배	3:7				10:6	
진노	3:8				10:7	
팖	3:8	3:12, 14	4:2	6:1	10:7ff	13:1
부르짖음	3:9	3:15	4:3	6:6ff	10:10	
세움	3:9	3:15				
사사	3:10		4:4ff		12:7	15:20; 16:31
승리	3:10	3:30	5:31	8:28		
태평	3:11	3:30	5:31	8:28		
죽음	3:11			8:32	12:7	

저자는 책의 첫 부분과 마지막 부분에 "누가 먼저 올라가서…싸우리이까?"라는 이스라엘의 질문과 "…가 먼저 올라갈지니라"라는 하나님의 대답을 사용하여 책 전체에 추가적인 통일성을 부여하고 있다. 이 질문들이 사사기 앞과 뒤에서 전체를 지탱하는 일종의 책 받침대(bookends) 역할을 하고 있다(Boda).

A. 책을 시작하는 질문과 대답(1:1-2)
   1. 이스라엘의 질문: "우리 가운데 누가 먼저 올라가서 가나안 족속과 싸우리이까?"

2. 여호와의 대답: "유다가 올라갈지니라 보라 내가 이 땅을 그의 손에 넘겨주었노라."

A′. 책을 마무리하는 질문과 대답(20:18)
   1. 이스라엘의 질문: "우리 중에 누가 먼저 올라가서 베냐민 자손과 싸우리이까?"
   2. 여호와의 대답: "유다가 먼저 갈지니라."

그러나 저자는 동시에 이 두 '받침대' 사이에 매우 중요한 차이점도 제시한다. 첫째, 1장에 묘사된 전쟁은 성전(聖戰)이며 이스라엘이 대항하여 싸우러 나가는 적은 이방 족속이다. 반면에 20장에서 이스라엘의 적은 다름 아닌 동족 베냐민 지파다(20:23, 28에 '내 형제 베냐민'이란 말이 두 번 강조되고 있음). 1장은 가나안을 정복하기 위한 전쟁에 대해 회고하고 있지만, 20장은 오히려 역정복(reverse conquest)을 초래하는 행위에 대해 기록하고 있다. 둘째, 1장에서는 하나님이 응답하시면서 승리를 선언하셨다. 그러나 20장에는 승리에 대한 선언이 빠져 있다. 이는 하나님의 마음을 아프게 하는 동족 상잔이 일어나고 있어서 그 어느 쪽도 쉽게 승리를 약속하실 수 없으셨던 것이다. 저자는 이러한 차이점을 이용해 책에 역동성을 부여한다.

위에 언급된 책의 통일성에도 불구하고 일부 학자들은 사사기를 두 권의 책으로 본다. 반왕(anti-kingship)적인 성향으로 구성되어 있는 1-12장과 친왕(pro-kingship)적인 정서를 지닌 13-21장이다(Buber). 부버(Buber)에 의하면 저자의 아도니 베섹(1:5-7), 모압 왕 에글론(3:15-25), 가나안 왕 야빈(4:23-24) 등에 대한 부정적인 평가와 기드온의 왕권 거부(8:22-23)와 아비멜렉의 왕정 실패(9:7-15) 등이 1-12장을 반왕적인 책으로 만들었으며, 후반부에서 후렴처럼 반복되는 "그 때에 이스라엘에 왕이 없었으므로 사람이 자기 소견에 옳은 대로 행하였더라"(17:6; 18:1; 19:1; 21:25)라는 말은 13-21장을 친왕적 책으로 만들었다는 것이다.

그러나 후반부도 전반부처럼 반왕(anti-kingship)적 성향을 띠고 있다는 것이 많은 학자의 결론이다(Dumbrell). 왕이 없었던 것이 모든 문제의 발단이었다는 저자의 말을 표면적으로만 해석하는 것은 곤란하기 때문이다. 왕권만 형성되면 모든 문제가 해결될 것으로 기대하는 것은 매우 단순한 논리이며, 이스라엘에 다윗·히스기야·요시야와 같은 훌륭한 왕이 있기 전 사울·아하스·므낫세 같은 사람도 있었다는 점이 이런 단순 논리를 의심케 한다. 설령 훌륭한 왕이 등극한다 해도 그의 통치가 끝나면 국가는 다시 위기를 맞을 수 있다(Olson). 즉, "왕이 없었으므로 사람마다 자기 소견에 옳은 대로 행하였더라"라는 말은 인간 왕에 대한 기대를 초월하여 메시아 왕에 대한 갈망으로까지 이해될 수 있는 것이다. 사사기는 처음부터 끝까지 반왕적 분위기를 이어가는 책이다.

4. 가나안 종교와 문화

이스라엘 사람은 유일하신 하나님을 믿으며 꾸준히 그분의 은혜를 체험하면서도 지속적으로 가나안 족속과 그들의 신들에게 관심을 가졌으며 심지어 조상을 이집트에서 구원하고 땅을 주신 여호와에게 등을 돌리고 가나안 신들을 숭배했다. 그 이유는 무엇일까? 이스라엘 사람이 가나안 종교에 매력을 느낀 이유를 생각해보자. 이스라엘이 가나안 정복에 나섰을 때, 가나안 땅은 늦은 청동기 시대(Late Bronze Age, 1550-1200 BC)를 맞아 지역의 문명이 도시 국가를 중심으로 상당히 발달되어 있었다(Bright). 가나안 땅은 '젖과 꿀이 흐르는' 기름지고 아주 좋은 땅이었으며 거주민의 생활도 매우 윤택했다(민 13장). 문화, 예술, 건축, 상업, 정치 구조 등에서 매우 발달한 족속들이 가나안 땅에 거주하고 있었다(de Vaux). 여러 가지 면에서 가나안에는 상당한 부(富)가 이미 축적되어 있었으며, 물질은 그 당시에도 지금처럼 사람을 끄는 강력한 힘이었다.

이 같은 가나안의 정황이 수백 년 동안 이집트에서 노예 생활을 하다 극적으로 탈출해서 40여 년 동안 아무것도 없는 광야 생활을 해왔던 이스라엘 사람에게는 더없이 매력적으로 보일 수밖에 없었을 것이다. 게다가 이스라엘 사람이 가나안 원주민에게 그들이 누리는 풍요로움과 문명의 발전 비결에 대해 물었을 때 그들은 종교(들)가 자신들이 누리는 모든 경제, 정치, 문화적 부흥의 원동력이라고 대답했다. 비록 하나님의 놀라운 능력에 대해 선조들로부터 많은 이야기를 들어온 이스라엘 사람이지만 이런 원주민의 증언을 듣고 쉽게 엉뚱한 길로 빠지기는 상당히 쉬운 일이었을 것이다. 하나님이 이스라엘에게 가나안 사람을 진멸하라고 명하신 이유 중 하나도 바로 이런 염려 때문이었다.

여호수아가 죽은 이후 가나안에 정착해서 살아가는 이스라엘 세대들은 체험적인 신앙보다는 조상 때부터 전래된 신앙을 소유한 자들이었다. 여기서 우리는 한 세대에서 다음 세대로 전해지는 신앙의 한계를 보아야 한다. 하나님의 살아 계심에 대한 체험이 동반되지 않는다면, 한 세대가 다음 세대에게 물려주는 신앙 유산의 효력은 제한적일 수밖에 없다. 그러므로 기성 세대가 다음 세대를 위해 할 수 있는 가장 중요한 일은 자신들이 체험한 하나님과 그분의 능력을 다음 세대가 그들의 삶에서 체험할 수 있도록 돕는 일이다. 하나님이 그들을 만나주실 때만 능력과 확신으로 가득 찬 전 세대의 믿음이 다음 세대에게 전해질 수 있기 때문이다.

이스라엘은 가나안에 입성하자마자 바알, 아세라 등 이방 신들을 숭배했다(2:11-13, 17, 19; 3:7; 8:33; 10:6 등). 왜 이스라엘은 이처럼 쉽게 여호와 하나님께 등을 돌리고 이방 신들을 좇게 되었는가? 민족과 지역을 막론하고 원만한 의식주 해결이 큰 관건이었던 원시 사회에서는 자연히 풍요와 다복을 약속하는 종교들이 인기였다. 가나안의 종교도 이러한 성향을 지녔다. 따라서 풍요로움과 다산을 앞세웠던 가나안 종교는 이스라엘 사람에게 매우 매력적으로 보였다.

 이스라엘이 가나안 종교에 대해 더욱 매력적으로 느꼈던 이유에는 합리화된 신전 매춘도 일조했다. 바알 신전에는 항상 '여 제사장'이 있었고, 바알 숭배자는 바알을 자극해 풍요와 다산을 얻기 위해 바알 신전의 바알 신상 앞에서 이들과 성관계를 가졌다. 그들은 논밭의 생산성을 높인다는 명분하에 매춘을 종교 예식으로 삼았던 것이다. 일부 바알 숭배자에게는 '님도 보고 뽕도 따는' 즐거운 일이었다. 이처럼 성(sex)과 혼합된 가나안 종교는 이스라엘 사람의 마음을 사로잡았다(민 25장). 이처럼 이스라엘 주변에서는 다양한 많은 신을 섬기고 있었다. 성경이 언급된 고대 근동의 신들은 다음과 같다.

	신	국가	지위	성경구절
성경에 언급된 팔레스타인 신들	바알	가나안	젊은 폭풍 신	왕상 16:31; 18:18-46
	아스다롯 (Astarte)	가나안	모신, 사랑, 다산의 신	삿 2:13; 10:6; 삼상 12:10; 왕상 11:5
	그모스	모압	전쟁 신	민 21:29; 삿 11:24; 왕상 11:7, 33; 렘 48:7
	몰록(말감, 밀곰, 몰렉)	암몬	국가의 수호 신	습 1:5; 렘 49:1; 왕상 11:7, 33
	다곤	블레셋	곡물 신	삿 16:23; 삼상 5:2-7
	하늘 황후	가나안	아스다롯과 동일	렘 7:18; 44:17-25
성경에 언급된 메소포타미아 신들	마르둑	바벨론	젊은 폭풍 신, 주신	렘 50:2
	벨	바벨론	마르둑의 다른 명칭	사 46:1; 렘 50:2; 51:44
	느보	바벨론	마르둑의 아들	사 46:1
	담무스	수메르	젊은 폭풍 신	겔 8:14

 성경에 언급되지 않은 고대 근동의 주요 신들은 다음과 같다.

이집트	메소포타미아	가나안-시리아
오시리스-죽음	아누-만신전의 우두머리	엘-가나안 모든 신의 우두머리
이시스-생명	엔릴-폭풍	아나트-전쟁
호루스-태양	에아엔키-태초의 깊음	모트-죽음, 불모
하솔-모신	신(난나)-달(月)	아다드-시리아의 폭풍 신
레-태양	이쉬타-성(性), 다산	테숩-히타이트의 폭풍 신
셋-악, 폭풍	티아맛-바닷물	한나-헷 족속의 모신(母神)
프타-명장, 멤피스의 창조신	니누트라-전생 섭터레인-물	아린나-헷 족속의 태양 여신

위 신 중 가나안에서는 다음 다섯 신이 가장 중요한 위치를 차지했다. 첫째, 엘(El)이다. 엘은 가나안 신들의 우두머리였다. 그는 모든 신과 사람들의 아버지였다. 그러나 그의 능력은 다른 신들에 비해(특히, 아들 바알에 비교할 때) 상대적으로 약했다. 둘째, 아세라(Asherah)다. 아세라는 엘의 아내였으며 모든 신의 어머니였다. 그녀의 이름은 성경에도 언급되어 있으며(왕상 15:13; 18:19; 왕하 21:7; 23:4; 대하 15:16), 이 여신과 연관된 아세라 기둥이 성경 여러 곳에 등장한다(신 16:21; 삿 6:25, 28, 30; 왕하 23:6). 이스라엘 남부의 쿤틸렛 아즈루드(Kuntillet Ajrud)라는 곳에서는 이 여신을 그린 그림과 다음 문구를 담은 팻말이 발견됐다. "여호와와 그의 아내 아세라를 위해"(Howard). 이 팻말을 만든 자들은 여호와와 아세라를 결합시켜 숭배하던 종교적 혼합주의(syncretism)에 빠져 있었던 것이다. 서양에서는 점을 쳐주는 사람(fortunetellers)의 대부분이 집시인데, 이들의 특징은 자신들의 가게에 꼭 성모 마리아상을 가져다 놓는다는 점이다. 가나안에서 성행했던 종교적 혼합주의가 오늘날에도 우리 주변 곳곳에 도사리고 있다.

셋째, 바알(Baal)이다. 바알은 태풍과 천둥의 신이며 비를 조정하는 신이라 작물의 풍요로움을 좌우하는 신이다. 그는 가나안에서 가장 위대하고 능력 있는 신으로 숭배되었다. 물이 귀한 가나안에서 풍요와 다산은 비와 연결되어 있기 때문일 것이다. 태풍(물)이 와야 모든 것이 소생하고 잘 자란다는 생각에서 바알이 가장 중요하고 능력 있는 신으로 숭배되었다. 우가릿(Ugarit)에서 발견된 바알 신전의 유물에 의하면, 사람들은 바알이 매년 계절의 변화에 따라 죽고 부활하는 것을 반복한다고 믿었다. 바알은 성경에 자주 언급되며, 그가 이스라엘에 최고의 영향력을 끼친 것은 아합왕 시대였다(왕상 16:29-22:40).

넷째, 아스탈테/아쉬토레트(Astarte/Ashtoreth)이다. 아스탈테 혹은 아쉬토레트로 알려진 이 여신 역시 다산의 신이었다. 이 신은 사랑과 전쟁의 여신으로도 숭배되었으며 바알과 깊은 연관성이 있었다. 이 신의 활동은 별자리의 변화와 관계가 있었으며, 우가릿 신전에는 자주 등장하지 않으나 메소포타미아의 이쉬타(Ishtar)와 연관성이 있고 이집트에서도 숭배되었다. 아쉬토레트란 이름으로 바알과 같이 성경에 등장한다(삿 10:6; 삼상 7:4; 12:10).

다섯째, 아나트(Anath)이다. 아나트는 바알의 여동생이자 아내였다. 사랑과 전쟁의 여신이었으며 날개를 단 모습으로 자주 등장했다. 성경에는 등장하지 않지만 삼갈이라는 사람의 이름과 연결되어 언급된다. "아낫(아나트)의 아들 삼갈이 있어"(삿 3:31, 새번역).

5. 신학적 이슈들

사사기는 다양한 해석상의 논쟁을 안고 있는 책이다. 책이 제기하고 있는 여러 가지 논쟁 중 다음 세 가지를 생각해보자. 첫째, 사사는 어떤 사람이었으며 무엇을 기준으로 사사로 세움을 받았는가? 그들은 어떤 사역을 한 사람인가? 저자는 사사를 어떻게 평가하는가? 둘째, 천사는 누구며 사사기에서는 어떤 역할을 하는가? 그들의 출현은 무엇을 의미하는가? 셋째, 입다가 바친 딸은 제물이 되어 불살라졌는가, 아니면 평생 결혼하지 않고 홀로 살았던 것을 하나님께 바쳤다고 한 것인가? 입다는 어떤 생각으로 이렇게 끔찍한 일을 하게 되었는가? 넷째, 기드온은 일부 주석가들이 주장하는 것처럼 모세를 연상케 하는 모범적인 사사인가, 아니면 이스라엘의 몰락을 가속화한 죄인인가? 다섯째, 사사기는 구약의 그 어느 책보다 여성의 활약을 부각시키고 있는데, 저자는 어떤 관점에서 여성의 활약을 기록하고 있는가? 여성이 어떻게 대우받았는가 하는 것이 곧 그 사회의 건강도와 직결되어 있다고 하는 일부 학자의 주장은 어떻게 평가되어야 하는가? 여섯째, 베냐민 지파와의 내란 이야기가 사사 시대 초기에 있었던 사건임에도 불구하고 책의 마지막을 장식하고 있는 것은 무엇을 의미하는가? 이런 논쟁들을 하나씩 생각해보자.

(1) 사사

사사는 어떤 사람이었는가? 이스라엘의 사사는 백성의 탄원을 듣고 판결을 내리는 오늘날의 '재판관' 개념은 아니었다(4:4-5에 비친 드보라의 모습만은 예외다). 그들은 이스라엘을 다른 족속의 박해에서 구해내는 군사적 지도자들이었다(Boda). 그들이 누구인가를 설명하는 데 중요한 말씀은 "여호와께서 사사들을 세우사 노략자의 손에서 그들을 구원하게 하셨으나"이다(2:16). 하나님이 노략하는 자의 손에서 이스라엘을 구해내기 위해 세우신 자가 바로 사사다. 주의 백성의 구원은 하나님이 이루신 일이며, 하나님은 '사사'라는 인간 대리인을 사용하여 이스라엘을 구원하셨던 것이다. 테레사 수녀의 말을 빌리면, 사사는 하나님의 손에 쥐어진 '몽당연필'에 불과했다. 하나님은 이 '몽당연필'을 사용하여 이스라엘을 향한 사랑과 구원의 편지를 써 내려가셨다.

그러므로 우리는 사사가 원수의 손에서 이스라엘을 구원하지만 이 사사를 세우시는 이는 하나님이라는 점을 인식해야 한다. 즉, 사사기에서 이스라엘의 타락이 강조되는 반면 하나님은 이스라엘의 유일한 영웅이자 구원자로 자리를 굳히시는 것이다. 사사들 대부분이 결함이 많은 자라는 점도 이런 사실을 역설한다.[11] 하나님이 이들을 들어 쓰신다는 것 자체가 놀라운 일이다. 이스라엘은 하나님과의 언약을 완전히 파괴하다시피 했지만 하나님은 이스라엘과의 언약 때문에 끝까지 사사들을 사용하여 그들에게 신실하심을 보여주셨다.

비록 하나님이 사사들을 사용하여 이스라엘을 구원하셨지만, 이 사사들이 하나님의 기준에는 절대 미치지 못하는 사람이었다는 사실은 사사 중 그 누구도 직접적으로 '[그] 사사'(הַשֹּׁפֵט)라는 호칭을 받지 못한다는 점에서 역력히 드러난다. 하나님이 사사를 세우셨다는 사실을 통해 이 군사적 지도자들이 사사였음을 간접적으로 인정하는 것은 책에서 여러 차례 등장한다. 그러나 이 단어가 사사의 호칭으로 사용되어 '사사 아무개'라고 표현되는 것은 사사기에 단 한 차례 있을 뿐이다. 바로 11:27이다. 여기서 '사사'(הַשֹּׁפֵט)라는 단어는 하나님의 성호(聖號)로 사용되고 있다.[12] 이 히브리어 문구(יְהוָה הַשֹּׁפֵט)를 우리말 성경은 하나같이 '심판하시는 여호와'(개역, 개역개정) 혹은 '심판자 주'(야훼, cf. 새번역, 공동)로 번역하기 때문에, 저자의 의도가 잘 드러나지 않는다. 반면 일부 영어 성경은 'the Lord[Yahweh], the judge'(lit., '사사/재판관 여호와', NAS, NIV, KJV)로 번역하여 본문의 의미를 잘 드러낸다.

수많은 이스라엘 사사 이야기로 구성되어 있는 사사기에서 오직 여호와만이 직접적으로 사사로 불린다는 사실은 저자의 중요한 관점을 보여준다. 저자는 하나님 외에 그 누구도 직접적으로 사사라 부르지 않음으로써 오직 하나님만이 유일하신 이스라엘의 '사사'라는 점을 강조하고자 한다. 그분만이 이스라엘에게 복도 주고 심판도 할 수 있는

---

11 더 나아가 학자들은 이 '군사적 통치자들'에 대하여 매우 부정적으로 평가한다. 한 주석가는 이들을 '허세를 부리는 무모한 군인들'(swashbucklers)이라고 부른다(Niditch).

12 וְאָנֹכִי לֹא־חָטָאתִי לָךְ וְאַתָּה עֹשֶׂה אִתִּי רָעָה לְהִלָּחֶם בִּי יִשְׁפֹּט יְהוָה הַשֹּׁפֵט הַיּוֹם בֵּין בְּנֵי יִשְׂרָאֵל וּבֵין בְּנֵי עַמּוֹן׃

사사이신 것이다. 비록 하나님이 여러 인간 대리인을 사사로 세우셔서 이스라엘을 구원하셨지만, 이들이 쓰임받은 것은 그만한 자격이 있어서가 아니라 하나님이 일방적으로 정하신 일이었다.

많은 학자가 책에 등장하는 12사사를 '대사사'와 '소사사'로 분류한다. 이런 분류는 독일의 노트(Martin Noth)에 의해 처음으로 활성화되었다. '대사사'는 옷니엘, 에훗, 드보라, 기드온, 입다, 삼손, 삼갈 등을 뜻한다. 이들은 이스라엘을 위기에서 구한 지도력이 탁월한 군사적 지도자로 평가된다. '소사사'에는 돌라, 야일, 입산, 엘론, 압돈 등이 포함되어 있다. 사사는 법률 해석 등을 통해 정의와 공평을 가르치는 역할을 맡은 것으로 간주된다. 그러나 이런 분류에 따른 이해는 별로 설득력이 없어 보인다.

삼갈은 단 한 절에 언급되기 때문에 소사사다. 그러나 그는 대사사와 같이 이스라엘을 적의 손에서 구했다. 아비멜렉은 기능면에서 볼 때 사사가 아니다. 그는 한 여인이 성벽 위에서 던진 맷돌에 맞아 죽기 전, 스스로 왕이 되었다. 또한 책에서는 사사가 이 두 가지 기준에 의해 구분되지 않는다. 입다 이야기는 앞뒤에 소위 '소사사'의 목록으로 휩싸여 있다. 이런 구조를 통해 보면 저자는 마치 입다 이야기를 책에 등장하는 '소사사'의 한 예로 드는 듯하다. 그러나 노트(Noth)의 기준에 의하면 그는 분명히 '대사사'이다.

옷니엘(대)과 돌라(소)는 이스라엘을 위기에서 구했을 뿐 아니라 정의와 공평을 가르치는 역할을 하기도 했다. 이처럼 대사사와 소사사를 구분하는 기준이 일정하지 않다 하여 어떤 주석가는 이들을 '주요 사사'(primary judges)와 '비(非)주요 사사'(secondary judges)로 구분하는가 하면(Block), 다른 주석가는 '순회적 사사'(cyclical judges, cf. 2:11-20)와 '비(非)순회적 사사'(noncyclical judges)로 구별한다(Younger). 그러나 사사기는 책의 성격상 각 사사에 대해 제한된 정보만을 주기 때문에 저자가 제공하는 정보만을 가지고 그들의 업적을 따져 그룹으로 구분하는 일은 많은 한계성을 지닌 듯싶다(Malamat). 어쨌든 일부 학자들이 주장하는 사사 분류와 그들의 출신 지파에 대해서는 다음 도표를 참고하라.

사사기	대사사	소사사	지파
3:7-11	옷니엘		유다
3:12-30	에훗		베냐민
3:31		삼갈	?
4:1-5:31	드보라		에브라임?
6:1-8:32	기드온		므낫세
8:33-9:57	(아비멜렉)		므낫세
10:1-2		돌라	잇사갈
10:3-5		야일	?
10:6-12:7	입다		?
12:8-10		입산	유다/스불론
12:11-12		엘론	스불론
12:13-15		압돈	에브라임
13:1-16:31	삼손		단

위 도표에서 분명하게 드러나는 것은 일명 '소사사'의 양식이다. 처음에는 한 명이, 그다음에는 두 명이, 마지막으로 세 명이 그룹을 형성하며 '대사사'의 이야기를 나누고 있다. 소사사에 대한 짤막한 언급은 대사사의 이야기를 읽어 내려가는 독자에게 잠시 숨을 고르도록 하는 역할(pause)을 하고 있다. 소사사 숫자의 양식이 1-2-3으로 이어지는 것은 시간이 지날수록 대사사의 이야기가 점점 더 충격적이기에 그만큼 더 많이 쉬어갈 시간이 필요함을 암시한다. 저자는 이런 소사사의 이야기 양식을 사용하여 사사 시대가 시간이 지날수록 더 큰 혼란과 파멸로 치닫고 있음을 강조한다.

(2) 천사

천사를 일컫는 '여호와의 사자'(מַלְאַךְ־יהוה)라는 표현은 구약 전체에서 59회 사용된다. 이 중 18회가 사사기에 나온다(2:1, 4; 5:23; 6:11, 12, 20, 21, 22, 22; 13:3, 13, 15, 16, 16, 18, 20, 21, 21). 천사를 부르는 비슷한 호칭인 '하나님의 사자'(מַלְאַךְ הָאֱלֹהִים)라는 표현은 구약에서 9회 사용되는데, 이 중 3회가 사사기에 나온다(6:20; 13:6, 9). 총 빈도수의 3분의 1이 사사기에서 사용되는 것이다. 천사에 대한 이런 표현이 사사기 바로 앞의 책인 여호수아서에서는 사용되지 않는다(수 5:13-15). 반면에 히브리어 정경에서 사사기 다음에 있는 사무엘서에서는 몇 차례 더 사용된다(삼상 29:9; 삼하 24:16등).[13]

천사를 일컫는 '여호와의 사자'와 '하나님의 사자'라는 표현이 구약 전체에서 사용되는 빈도수의 3분의 1이나 사사기에 있다는 사실은 무엇을 시사하는가? 누누이 언급한 것처럼 사사기는 이스라엘이 죄악과 타락을 거듭하면서 몰락하던 시대를 회고하는 책이다. 시간이 지날수록 상황이 악화되어 사사 시대가 막을 내릴 즈음에 가서는 소돔과 고모라에서나 있을 법한 일이 이스라엘에서 행해진다. 이처럼 몰락하는 백성을 보며 하나님은 무엇을 하셨는가?

시내산 언약의 핵심 중 하나는 "부르짖으라, 내가 응답하리라"라는 관계 형성이다. 또한 이스라엘이 죄를 지으면 하나님은 징계해서라도 바른 길로 인도하겠다고 약속하셨다. 그러므로 하나님이 이스라엘의 몰락을 방관하셨다면 하나님께도 분명 책임이 있다. 이런 정황에서 천사에 대한 구약 전체 언급의 3분의 1이 사사기에서 사용된다는 것은 곧 하나님이 부리시는 천사들이 구약의 그 어느 책에서보다 사사기에서 분주히 움직였음을 뜻한다. 하나님은 이스라엘의 타락과 몰락을 막

---

13 기독교 정경에서는 사사기와 사무엘서 사이에 룻기가 있지만, 히브리어 정경은 룻기를 성문서 그룹에 포함시켰다.

기 위해 천사를 통해 최선을 다하셨다. 그러나 이스라엘은 끝까지 죄를 지으며 하나님의 메시지를 깨닫지 못해 파멸에 이르렀다. 즉, 저자는 이에 대한 하나님의 직무유기는 전혀 없었으며, 사사기가 끝나면서 그나마 이스라엘이 국가의 명분을 유지할 수 있었던 것은 천사를 통한 하나님의 은혜와 자비 때문이었음을 선언하고자 한다.

하나님이 이스라엘을 위해 부리신 천사는 과연 어떤 존재인가? 학자들은 대체로 세 가지로 이해한다. 첫째, 특별한 사명을 지닌 진짜 천사다. 둘째, 순간적으로 사람의 눈에 보인 하나님의 실체/현현이다. 셋째, 성자 하나님이신 로고스(λογος)이시다. 삼위일체의 두 번째 존재이신 그리스도의 출현이라는 것이다. 출애굽기 23:20-23; 32:34-33:17 등에 의하면 천사는 하나님의 대변자이자 그분의 임재를 상징하는 자들이다. 처음 두 가지 해석이 같이 적용될 수 있는 것이다.

성경에서 천사는 예고 없이 나타나기 일쑤이며, 그들이 모습을 드러낼 때에는 항상 하나님을 대표해서 모습을 드러낸다. 하나님의 사자를 본 사람은 순간적으로 생명의 위협을 느낀다(6:22-23; 13:21-22). 오늘날 교회에는 하나님을 직접 보았다는 사람이 제법 있다. 문제는 과연 이들이 하나님을 두려워하는가이다. 인간이 하나님을 보는 순간 죽음의 위협을 느끼게 하는 공포에 사로잡히게 된다는 것이 성경의 가르침이다. 그런데 우리 주변에서 '하나님을 직접 보았다'라고 주장하는 사람의 상당수는 어찌하여 하나님을 두려워하지 않는 것일까? 거짓이 많은 것 같다.

(3) 입다의 딸

사사기에 등장하는 여덟 번째 사사가 입다이다(10:6-12:7). 입다는 과연 자신의 딸을 여호와께 번제로 드렸는가? 암몬 족속이 이스라엘을 괴롭힐 때 그에게 하나님의 영이 임했다(11:29). 전쟁터로 나가기 전에 입다는 백성에게 매우 감동적인 연설을 했다(11:14-27). 하나님은 결정적인 승리를 그에게 허락하셨다(11:32-33). 그러나 그의 이야기는 여기서부터 시작된다. 사사기에서 여호와의 영이 사사로 세움을 받은 사람에게 임한다는 것은 곧 전쟁에서 승리함을 보장한다. 그러나 입다는 하나님이 그를 사용하여 이스라엘을 구원하실 것이라는 약속을 믿지 못하고 서원을 했다(30절). 만일 이스라엘의 하나님 여호와께서 승리를 주신다면 자신이 여호와를 위해 무언가를 하겠다고 약속한 것이다 (11:30-31).

정확히 그는 무엇을 맹세했는가? 입다는 암몬 족속에게 승리하고 돌아오는 날, 자신의 집에서 자신을 맞이하러 나오는 첫 사람을 드리겠다고 했다. 한 가지 이해가 안 되는 것은 그는 분명 사람이, 그것도 여인이 먼저 나올 것을 예측했을 것이다. 왜냐하면 고대 근동에서는 전쟁에서 승리하고 돌아오는 군인들을 제일 먼저 반겨주는 자들은 보통 여인들이었기 때문이다. 다윗이 골리앗을 죽이고 전쟁터에서 돌아오던 날, 여인들이 제일 먼저 그를 반겼던 일도 이런 맥락에서 이해된다. 그는 자신의 집에서 누가 나오기를 기대했단 말인가? 그가 승리하고 돌아오는 날, 그를 환영하는 여인들의 제일 앞에 서 있을 사람은 그의 아내이거나 딸이 아니겠는가! 이런 점을 생각할 때 그가 왜 이런 맹세를 했는지 도저히 납득되지 않는다.

입다가 '드리겠다'라고 한 것은 무엇을 뜻하는가? 그의 딸은 인간 번제물로 바쳐졌는가? 아니면 일부 사람이 주장하는 것처럼 결혼하지 않고 처녀로 늙어 죽는 헌신을 한 것인가? 이에 대해 두 가지 견해가 맞서 있다.

헌신	번제
입다는 사사였다. 그러므로 그는 하나님을 두려워하는 자였다. 하나님을 두려워하는 자가 결코 하나님의 율법을 어길 수는 없었다.	본문에 언급된 서원/서약을 단순히 짐승을 제물로 드리겠다는 것으로 해석하는 것은 설득력이 없다.
'하나님의 영'이 입다에 임하며, 그가 믿음 장(章)인 히브리서 11장에 언급이 되는 것을 생각하면 그가 율법을 어기지는 않았을 것이다.	집에서 나오는 것을 언급하는 것은 인간 번제를 의미한다.
그의 딸은 자신의 '처녀 신세'를 슬퍼했으며 11:39는 "딸이 남자를 알지 못하였더라"라고 기록하고 있다.	번제(עלה)라는 단어는 구약에서 286회 사용되는데, 모두 '[불에 태워 드리는] 번제'라는 의미로 사용되고 있다.
여인들이 때로는 결혼하지 않고 장막에서 봉사하며 살았던 증거가 있다(cf. 출 38:8; 삼상 2:22).	만약에 여자가 결혼을 포기하고 장막에 가서 봉사하며 평생을 지내는 것이 자주 있었던 일이라면 왜 매년 봄에 입다의 딸만을 기념하였는가?
인간 번제는 하나님의 율법을 확실히 어기는 일로 이해되었다. 그러므로 입다가 딸을 번제로 드리기로 했었다 하더라도 주변 사람이 가만히 있지 않았을 것이다.	인간 번제는 전쟁에서 이기기 위한 최후의 수단으로 여겨졌었다(왕하 3:27).
11:31의 접속사는 '혹은'으로 해석되어야 한다. 입다는 여러 가지 가능성을 상상하고 있다.	11:31의 접속사는 동격(apposition)이다. "여호와께 돌릴 것이니 – 즉, 내가 그[것]를 번제물로 드리겠나이다."
레위기 27:1-8에 의하면, 번제로 드리기로 되어 있는 사람의 생명에 대한 값을 치르면 그를 구할 수 있었다.	입다의 영성이나 그가 율법에 대해 어느 정도 알고 있었는가에 대해서는 이렇다 할 증거가 없다.

다음 사항을 추가로 고려해 보자. 첫째, 입다는 길르앗 사람이었다. 당시 이 지역 주변에 살던 이방인은 그모스를 숭배했다. 그모스 숭배자들은 신에게 바치는 제물 중 가장 순수하고 감동적인 것을 인간, 특히 아이를 번제로 바치는 것이라고 생각했다(왕하 3:27). 이런 이유로 그모스 숭배자들은 진정으로 원하는 것이 있을 때 종종 자신의 아이까지 제물로 삼았다. 입다는 자라면서 그모스를 추종하는 사람이 간혹 사람을 바치는 제사를 드리는 것을 목격하고 자랐을 것이다. 여호와

가 어떤 분인지 잘 모르는 상황에서 입다는 그분을 이방 신과 다름없는 신으로 여겼다. 그러므로 입다가 어이없는 서원을 한 일의 이유는 여호와와 그모스의 차이를 이해하지 못한 신학적 문제였다. 그래서 입다는 여호와께 사람을 번제로 드리는 것이 나쁘다는 생각을 할 수 없었다. 오히려 그모스가 인간 번제를 즐기는 것처럼 여호와도 인간 번제를 즐길 것이라고 생각했다. 입다의 불행했던 어린 시절을 생각하면 환경이 사람에게 얼마만큼 영향을 미칠 수 있는지를 깨닫게 된다. 부모가 자식의 결혼 상대를 고를 때 집안을 보는 데는 분명한 지혜가 담겨 있다. 맹자의 어머니는 자식을 위해 세 차례나 이사를 했다고 하지 않는가? 우리의 성장 배경은 그만큼 중요하다. 그러나 배경을 지나치게 의식해 그 사람의 인격과 됨됨이를 제대로 읽지 못하는 것은 더 큰 불행이다.

둘째, 입다의 맹세는 충동적으로 나온 것이었다. 승리를 원하는 그의 간절한 마음은 충분히 이해할 수 있다. 입다는 평생 첩의 아들이란 신분 때문에 괴로워했던 사람이다. 그의 이복 형제들은 그를 아예 집에서 쫓아냈다. 사람들을 모아 불량배의 우두머리로 살아가던 입다에게 이러한 아픔이 있었기에 모처럼 찾아온 기회를 통해 어떻게 해서든 하찮은 사람(nobody)이었던 자신의 위치를 대단한 사람(somebody)으로 바꾸고 싶었을 것이다. 하나님이 불안해하는 그에게 승리를 보장하기 위해 그분의 영을 부어주었지만 입다의 마음은 승리를 확인하고 싶은 충동으로 가득했다. 결국 입다는 충동을 이기지 못하고 순간적으로 이렇게 어이없는 서원을 해 버린 것이다. 그의 맹세는 하나님을 신뢰하지 못해 협상이나 타협을 추구하는 과정에서 선언된 것이다. "하나님, 당신이 이만큼 하시면 나는 저만큼 하겠습니다!" 문제는 언제부터 인간이 이렇게 당당하게 하나님과 협상할 수 있게 되었는가 하는 것이다. 하나님은 인간의 이런 협상 요구에 응하시는 분이 아니다. 입다의 기도와 맹세는 잘못된 것이다. 그렇다면 입다가 해야 할 일은 딸을 제물로 바칠 것이 아니라, 잘못된 서원을 물려 달라고 하나님께 속죄의 기도를 드려야 한다.

셋째, 이미 언급한 것처럼 납득되지 않는 부분이 있기는 하지만, 입다의 아내와 딸을 환영 행렬에서 제외해 보자. 그렇다면 그는 당연히 다른 사람, 틀림없이 종 중에 하나가 될 것으로 생각했을 것이다. 그러나 중요한 존재(somebody)가 되고픈 아버지의 심정을 잘 알고 가슴 졸이며 아버지의 승리를 위해 기도했을 그의 딸이 아버지가 승전가를 부르며 집으로 돌아오신다는 소식을 듣고 급히 뛰어나왔다. 하나님은 입다가 가장 소중히 여긴 딸을 통해 그의 어이없는 맹세의 책임을 물으셨다.

남을 희생제물로 삼아 자신의 신앙생활을 영위하려는 태도는 분명 문제가 있지 않은가? 입다는 이렇게 윤리적인 문제를 지닌 사람이었다. 그가 진정 지금 해야 할 일은 잘못된 맹세를 지키기 위해 딸을 죽이는 것이 아니라, 자신의 잘못된 맹세를 위해 하나님께 무릎 꿇고 회개하는 것이었다. 그러나 그는 결국 허상과 자존심으로 가득 찬 자신의 믿음을 지킨다는 명목으로 딸을 죽게 만들었다.

넷째, 입다의 이야기를 읽다 보면 가장 안타까운 일이 그의 그릇된 판단과 부정한 제물을 율법으로 바로잡아 줄 제사장이나 레위 사람의 모습이 전혀 보이지 않는다는 것이다. 입다가 어이없이 딸을 제물로 바친 사건에는 그 당시 이스라엘에 만연해 있던 하나님 말씀의 부재가 가장 크게 작용했다. 그러므로 성경은 누구이 하나님을 아는 지식이 없으면 인간은 망한다고 경고하는 것이다. 하나님이 입다의 딸의 죽음을 제물로 받으셨을까? 인간 번제를 율법으로 금하신 분이 받았을 리 없다. 결국 그녀는 '배달 사고'의 희생물이 되었다.

(4) 기드온

기드온 이야기는 사사기에서 가장 큰 비중을 차지한다. 일부 주석가들은 그가 책의 한 중심에 등장하고 모세에 대한 추억을 회상하게 한다 하여 그를 이스라엘의 사사를 대표할 만한 이상적인 인물로 간주한다(Younger). 그러나 하나님이 그를 통해 이스라엘을 구원하시겠다는 뜻을 밝히셨을 때, 그는 하나님을 믿지 못하겠다고 고백했다. '이스라엘과 언약을 맺으신 하나님이 살아 계신다면 어찌 우리에게 이런 일이?' 그래서 그는 하나님을 두 차례나 시험했다. 하나님이 두 차례나 그에게 이적을 보여주셨지만 기드온은 하나님을 믿지 못하고 주저했다. 하나님은 이처럼 형편없는 기드온을 사용하셨다. 또한 기드온을 기점으로 그동안 위태롭고 불안하게만 느껴지던 사사의 행보가 돌이킬 수 없는 하향 곡선을 그리기 시작했고, 이스라엘 사회는 급격히 악화되었다.

하나님은 기드온이 거느린 300명으로 13만 5천 명을 물리치셨다. 하나님이 이스라엘의 적을 물리치기 위해 사용하신 '무기'가 시사하는 바가 크다. 기드온의 300용사는 각각 한 손에는 횃불이 숨겨진 항아리를, 다른 손에는 나팔을 들었다(7:16). 그들이 허리에 찬 칼은 '장식용'에 불과했다. 하나님이 미디안 사람을 '불꽃놀이'와 '굉음'으로 물리치신 것이다. 전형적인 성전(聖戰)의 모형이다. 또한 이날 밝게 빛난 하나님의 구원의 '불'(빛)은 당시 기드온을 포함한 온 이스라엘의 영적 '어두움'을 날려 버리기에 충분했다.

기드온 사건은 이때까지 사사기에 등장하는 다른 사사의 이야기와 중요한 차이점을 지니고 있다. 첫째, 다른 사사가 전쟁을 치르고 나서는 '땅이 평온했다/안식했다'라는 평가가 뒤따르는 것이 일반적이었다(3:11; 3:30; 5:31; 8:28). 그러나 기드온 사건 이후에는 '땅이 평온했다/안식했다'라는 말이 나오지 않는다. 이는 여호수아를 통해 추구하고 부분적으로나마 성취했던 평화가 기드온 시대에 접어들면서 시간이 지날수록 유지하기 힘들었음을 시사하고 있다. 심지어 다른 사사에게서 흔히 찾아볼 수 있는 '[이스라엘의 적을] 평정/통치했다'라는 말(3:30; 4:23; 8:28; 11:33)을 삼손의 이야기에서는 아예 찾아볼 수조차 없다.

둘째, 기드온은 하나님의 영광을 탐한 첫 사사였다. 하나님이 그를 사사로 세우기 위해 천사를 보내셨을 때 그는 하나님에 대한 불신으로 가득했다(6:15-17). 게다가 그는 겁쟁이였다. 하나님은 이런 기드온을 위해 두 차례나 기적을 행하셨고(6:36-40), 비밀리에 적진에 들어가 적들이 하는 말을 듣게 해 그에게 용기를 북돋아 주셨다(7:9-15). 바로 다음 순간 기드온은 전쟁에 임하는 그의 군사들에게 기가 막힌 전쟁 구호를 외치도록 했다. "여호와를 위하라! 기드온을 위하라!"(7:18) 고대 근동 사회에서는 왕이 군대를 이끌고 전쟁을 할 때 자신의 이름과 신의 이름이 평행을 이루며 구호를 외치도록 했다. 기드온은 마치 자기가 왕인 것처럼 행동하고 있다. 겁쟁이였고 하나님에 대한 불신으로 가득했던 기드온이 하나님께만 가야 할 영광의 일부를 차지하려 한 것에서 이 사람의 야심과 신앙을 엿보게 된다.

셋째, 기드온은 왕의 자리를 탐하고 왕처럼 행세한 최초의 사사였다. 기드온의 전쟁 구호에서 그가 왕의 자리를 탐하고 있다는 것을 감지한 백성은 전쟁이 끝난 후 기드온에게 이스라엘의 왕이 될 것을 권했다(8:22). 물론 그는 "여호와가 너희를 다스리시리라"라며 그 자리에서 거절했다(8:23). 그러나 이것은 겉치레에 불과했을 뿐 백성이 계속 권유했다면 그는 분명 왕위에 올랐을 것이다. 우리는 기드온의 아들 이름에서도 그의 욕망을 읽을 수 있다. 그는 한 아들의 이름을 '아비멜렉'(אֲבִימֶלֶךְ)이라고 했는데, 이 이름을 문자적으로 풀이하면 '[나의] 아버지는 왕이시다'이다. 자신이 이루지 못했던 왕권에 대한 꿈을 이처럼 아들의 이름을 통해 표현했던 것이다. 그는 또 훗날 이스라엘을 통치하게 될 왕처럼 많은 아내와 자녀를 두었고, 모두 70명의 아들을 둔 것으로 기록되어 있다(8:30). 왕에게나 걸맞은 집안 규모다.

넷째, 기드온은 첫 '외부 사사'(Out-group judge)이다(Younger). 일부 학자들은 사사를 출신 배경이 좋은 '내부 사사'(In-group judges)와 출신 배경이나 신앙적인 여건이 좋지 않아 정상적인 상황에서는 결코 사사가

될 수 없는 '외부 사사'(Out-group judges)로 나눈다(Chalcraft). 옷니엘, 에 훗, 드보라/바락 등이 내부 사사에 속하며 기드온, 입다, 삼손 등이 외부 사사에 속한다. 내부 사사도 어느 정도 문제를 안고 있기는 하지만 (cf. 에훗과 바락), 외부 사사는 '혼란스러운 약점과 심각한 결함'을 지녔다(Exum). 기드온의 아버지는 바알을 위해 제단을 만들고 아세라 목상을 세운 자였다. 입다는 창녀의 아들이었으며, 삼손은 변절한 단 지파 출신이었다. 종교적으로도 문제가 심각했다. 기드온과 아들 아비멜렉은 우상을 숭배했으며, 입다는 인간 번제를 바쳤고, 삼손은 나실인의 신분을 망각하고 마음에 내키는 대로 살았다. 또한 이들은 모두 복수심에 불타는 사람이었다. 저자는 이 외부 사사를 매우 부정적으로 회고하는데, 이들 중 첫 번째가 바로 기드온이다.

다섯째, 기드온은 이스라엘에게 영적 걸림돌이 된 첫 사사이기도 하다. 이때까지 사사는 전쟁을 통해 이방인에게 억압된 이스라엘에게 해방을 주었을 뿐 영적으로는 이렇다 할 악영향을 미치진 않았다. 반면에 기드온은 이스라엘의 신앙에 부정적인 영향을 미친 첫 사사로 기록되었다. 그가 미디안과의 전쟁에서 백성이 얻은 전리품 중 금 일부를 수거하여 에봇(viz., 제사장의 옷)을 만든 것이 화근이 되어 이스라엘은 하나님께 죄를 범하게 된다(8:24-27). 이스라엘의 지도자로서 신앙적으로 긍정적인 영향을 미쳤어야 할 그가 오히려 백성에게 신앙의 걸림돌을 만들어주었던 것이다.

여섯째, 다음 도표에서 드러나는 것처럼 기드온 사건 이후 시간이 지날수록 내란이 잦아진다. 이스라엘은 이제 이방인을 상대로 싸우는 것이 아니라 내부의 적을 상대로 싸우게 된 것이다. 저자는 이방인과의 전쟁보다 내란에 대해 상대적으로 더 상세히 기록하여 이런 현실을 부각한다. 기드온 시대 이후 이스라엘의 몰락이 가속화되고 있는 것이다.

대적자	왕	사사	승리자	전쟁 장소	관련 구절
베섹	아도니 베섹		유다	베섹	1:4-7
기럇아르바 (헤브론)	세새, 아히만, 달매	갈렙	유다	헤브론	1:10
기럇 세벨 (드빌)		옷니엘	유다	드빌	1:12-13
여러 성읍			유다	여러 성읍	1:17-18
루스(벧엘)			므낫세, 에브라임	벧엘	1:22-25
메소포타미아	구산 리사다임	옷니엘	이스라엘		3:10
모압	에글론	에훗	이스라엘	여리고	3:15-30
하솔	야빈	드보라 (바락)	이스라엘	하로셋학고임	4:4-16
미디안	스엡, 세바, 오렙, 살문나	기드온	이스라엘	모레 산	7:7-8:25
내란: 아비멜렉 vs. 세겜	아비멜렉	가알	아비멜렉	세겜	9:34-41
내란: 아비멜렉 vs. 데베스	아비멜렉		이스라엘	데베스	9:50-57
암몬		입다	이스라엘	요단 동편	11:29-33
내란: 길르앗 vs. 에브라임	에브라임 사람	입다	길르앗	사본	12:1-6
라이스			단	라이스	18:27-29
내란: 이스라엘 vs. 베냐민			이스라엘	기브아	20:1-48

(5) 여성의 지위

사사기는 구약의 어떤 책보다 여성의 활동을 많이 부각한다. 갈렙의 딸 악사는 친정 아버지에게서 자신의 남편 옷니엘이 얻어내지 못한 땅을 얻어냈다. 드보라는 사사기에서 유일하게 재판 등의 법적 절차를 통해 이스라엘 백성에게 하나님의 뜻을 밝혀 준 긍정적인 위치를 고수했다. 야엘은 적장 시스라를 죽여 이스라엘의 찬양을 한몸에 받았다.

형제를 70명이나 죽이면서 왕이 된 아비멜렉은 한 여인이 던진 맷돌에 맞아 운명했다. 입다의 딸은 아버지의 어리석은 맹세가 지켜지도록 자신의 생명을 내놓았다. 에브라임 산악 지역에 살던 레위 사람의 첩은 남편의 생명을 대신해 희생되었다. 이 외에도 삼손의 아내들은 삼손의 몰락에 매우 중요한 역할을 했다.

이 같이 사사기에서 남자의 결함은 낱낱이 드러나는 반면 여자의 업적은 부각되는 것을 어떻게 이해해야 하는가? 저자는 이런 묘사를 통해 남자의 무능함을 비난하고자 하는 것일까? 혹은 남자의 무능함과 상관없이 여성의 활약에 정당성을 부여하고자 하는가? 혹은 이 두 가지를 함께 역설하고자 하는가? 사사 시대에 이스라엘이 겪었던 남성 리더십의 부재를 부각하고자 하는 저자의 의도는 책의 여러 곳, 특히 이 시대를 대표할 만한 남성 지도자를 묘사하는 데서 역력히 드러난다. 그러나 갈렙의 딸 악사의 당당함, 명쾌한 여 선지자 드보라의 판결, 이스라엘의 적장 시스라를 살해하는 용감한 야엘의 모습 등은 남성 리더십의 부재와 상관없이 긍정적인 관점에서 제시되고 있다(Niditch). 그러므로 저자는 여성의 활약을 매우 긍정적으로 묘사하여 두 가지 목적을 다 성취하고자 한다. 사사 시대는 남성이 리더십을 제대로 발휘하지 못한 반면, 여성은 매우 긍정적인 리더십을 발휘한 때였다. 이런 점에서 볼 때 여성 신학자들이 여성의 위치와 활동에 특별한 관심을 가지고 이 책을 연구하는 것은 어찌 보면 당연한 일이다(Trible, Yee, Fewell, Bal).

여성 신학자들은 사사기가 여성의 활동을 정당한 것으로 부각하고 있으며, 나아가 그 사회의 여성을 대하는 태도가 그 사회와 하나님과의 관계를 나타내는 하나의 지표가 될 수 있다고 주장한다(Schneider, Niditch). 책이 시작될 때 갈렙의 딸 악사는 나귀를 타고 아버지를 찾아와 땅을 달라고 당당하게 요구했다. 책이 끝날 무렵에도 나귀를 탄 여자가 있다. 이 여인의 이야기도 공교롭게도 친정 아버지가 연관되어 있다. 악사는 나귀를 타고 아버지 집을 찾았는데, 이 여인은 나귀를 타고 아버지 집을 떠났다. 기브아에서 하루를 묵은 그녀에게는 악사에게 있었던 당당함은커녕 생기조차 없다. 그녀는 시체가 되어 나귀에 실렸다. 에브라임 지역에 살던 레위 사람의 첩에 대한 이야기다. 그뿐만 아니라 책이 끝날 때에는 이스라엘의 장로들이 베냐민 지파의 생존자를 위해 집단 납치와 강간을 기획하고 진행한다! 아버지의 무모한 맹세 때문에 희생된 입다의 딸, 성적(性的) 노리개 정도로 취급된 삼손의 여인들 등이 이들이 살던 시대의 타락과 여성의 인권 유린을 고발하고 있다. 사회가 건강할수록 여성의 인권과 지위가 인정되고(viz., 악사, 드보라), 사회가 타락할수록 여자의 인권과 지위가 짓밟힌다(viz., 입다의 딸, 레위 사람의 첩, 납치와 강간을 당한 여자들)는 주장이 설득력을 얻는 대목이다(Webb, O'Connor).

(6) 베냐민 지파와의 내란

온 이스라엘이 베냐민을 상대로 치른 내란이 사사기에서 큰 비중을 차지한다. 이 내란은 사사 시대를 요약할 뿐만 아니라 저자의 사사 시대에 대한 평가를 결정적으로 제시하는 가장 암울한 사건이다. 온 이스라엘이 베냐민 지파와 전쟁을 했던 동기는 동성 강간에 있었다. 동성 강간은 소돔과 고모라에서나 볼 수 있었던 최고로 악한 일이다. 저자는 이 사건을 통해 이스라엘의 윤리와 도덕 관념이 아주 심각한 상태에 이르기까지 부패했다는 것을 역설한다. 비록 19-21장에 기록된 이 사건은 시대적으로는 사사 시대 초기에 일어난 일이었지만 날이 갈수록 심각해지는 이스라엘의 타락을 강조하기 위해 마치 사사 시대의 말미에 일어난 최악의 사건인 것처럼 마지막에 등장한다.

대부분 학자는 이 사건이 현재 위치보다 훨씬 더 일찍 등장해야 한다고 주장한다. 사사기가 시대적인 순서에 의해 사건을 나열하는 책이라면, 이 사건은 책의 첫 부분에 기재되어야 한다는 것이다. 이 사건은 이스라엘이 가나안에 정착한 지 얼마 지나지 않아 있었던 일이기 때문이다. 이것의 근거로 제시되는 다음 사항을 생각해보라. 첫째, 아론의 손자 엘르아살의 아들 비느하스가 아직도 살아 있다(20:28). 이 사람에 대해서는 민수기와 여호수아서에도 언급되어 있다(민 25:1-15; 31:6; 수 22:9-34). 비느하스는 40년 광야 시절의 생존자인 것이다. 물론 사사기 20장에서 모습을 보이는 비느하스가 민수기와 여호수아서에 등장하는 비느하스와 동일한 이름을 지닌 후손일 가능성을 완전히 배제할 수는 없으나 동일 인물일 가능성이 매우 크다.

둘째, 온 이스라엘 백성의 연합 체제가 지속되고 있다는 것도 이 이야기가 사사 시대 초기에 있었던 일임을 입증하는 중요한 증거다(20장). 주요 사사 이야기를 회고하고 있는 3-16장에서는 이런 연합 체제를 찾아볼 수 없기 때문이다. 기껏해 봤자 제한된 지역 내에서 일부 지파의 연합이 주류를 이룰 뿐이다. 사사 시대가 시작된 지 얼마 되지 않아 이스라엘의 연합 체제가 완전히 망가진 것이다(cf. 5:14-18). 반면에 이 사건에서는 온 이스라엘이 한곳에 집결했다. 여호수아, 비느하스 및 여호수아를 알았던 장로들의 시대(수 22:9-34)를 배경으로 하는 듯하다.

셋째, 온 이스라엘이 베냐민을 상대로 전쟁을 하는 동안 블레셋 사람이 군사적 위협 요소로 등장하지 않는 것도 이 사건이 일찍 있었던 일의 증거로 고려되어야 한다. 사무엘이 미스바에 이스라엘을 소집해 놓고 고별 설교를 할 때, 블레셋 사람은 이스라엘이 자신들을 치려고 이곳에 모인 것으로 착각해 위협을 느낀 나머지 대군을 이끌고 이스라엘을 치러 온 적이 있다(삼상 7장). 사사기 중반부에서부터 이스라엘이 이미 블레셋 사람에게 괴롭힘을 당하고 있다는 점을 감안할 때, 이 사건에서도 블레셋 사람의 간섭이나 개입을 기대할 수 있는데 전혀 그러한 흔적이 없다. 블레셋 사람이 가나안에 정착하게 된 것이 주전 12세기라는 점을 감안할 때(ABD), 아마도 이 이야기의 시대적 배경은 그 이전일 것이라고 많은 주석가는 주장한다.

넷째, 이 이야기에서는 벧엘과 미스바가 하나님의 궤가 있는 곳으로 언급된다(20:1, 18; 21:1). 반면에 사무엘서에 기록된 바에 의하면 블레셋 사람이 이스라엘을 괴롭히던 엘리 시대에는 법궤가 실로에 있었다(삼상 1-4장). 이 사건은 법궤가 실로에 안착되기 전에 있었던 일임이 거의 확실하다.

위와 같은 사실에도 불구하고 저자는 왜 사사 시대가 시작되자마자 있었던 일을 책의 마지막 부분에 도입한 것일까? 아마도 이 사건이 저자가 사사 시대에 대하여 제시하고자 하는 관점을 가장 잘 보여주기 때문일 것이다. 저자는 이스라엘이 사사 시대를 지나면서 걷잡을 수 없이 몰락했으며, 이스라엘의 몰락은 무엇보다 그들이 가나안을 여호와화하지 못하고 오히려 그들이 가나안화된 데서 비롯된 것이라고 한다. 그렇다면 주의 백성이 가나안화되었을 때 어떤 재앙이 초래되는가? 이 사건은 사사기 초반부에 기록된 내용과 극명한 대조를 이루며 이 질문에 답한다.

첫째, 책이 시작될 때 이스라엘의 적은 가나안에 사는 이방인이었는데 책이 끝날 무렵에는 동족인 베냐민 지파가 온 이스라엘이 싸워야 하는 적이 되어 있다. 둘째, 사사기가 시작될 무렵 이스라엘은 어느 정도 윤리적이고 도덕적인 사회였다. 그러나 이 마지막 사건은 이스라엘의 모든 가치관이 무너지고 범죄가 소용돌이치는 사회가 되었음을 보여준다. 레위 사람 일행이 밤을 보내려고 찾은 기브아 성읍 주민은 객(특히 형제 지파 사람)을 환영하고 보호해 주는 미풍양속을 잊은 지 오래다. 레위 사람을 맞이한 노인은 롯처럼 자신의 딸만 불량배들에게 내보내려는 것이 아니라 자신의 보호 아래 있는 레위 사람의 첩까지 내보내려 한다. 하지만 불량배들이 이를 거부하자, 이번엔 레위 사람이 나서서 자신의 첩을 내보낸다. 그러고는 자신을 대신해 밤새 윤간을 당한 첩을 버린 채 떠나려고 노인의 집을 나서다가 문지방에 놓인 첩의 시체를 발견하고 나서야 그녀를 집으로 데려갔다. 집으로 돌아온 레위 사람은 첩의 시체를 토막 내 온 이스라엘 지파에게 보냈다. 베냐민 사람은 온 이스라엘과 전쟁을 불사하면서까지 죄를 범한 불량배들을 보호하려 했다. 이스라엘 장로들은 베냐민 지파의 생존자에게 집단 강간과 납치를 권유했다. 마지막 이야기를 구성하는 요소 하나하나가 모두 윤리적인 문제를 안고 있다. 이런 정황이 마지막 사건을 최악으로 묘사한다. 이 모든 것이 이스라엘이 가나안화되었기 때문에 맞이한 비참한 종말이라는 것이 저자의 주장이며, 저자의 이러한 주장을 이 사건처럼 절묘하고 극적으로 뒷받침하는 이야기는 없다. 이런 이유로 이 사건이 사사 시대 초기에 있었던 일인데도 불구하고, 가나안화의 비참한 종말을 경고하기 위해 책의 마지막 부분에 도입한 것이다.

6. 신학적 주제와 메시지

사사기는 당시 독립적으로 유통되던 여러 개의 사사 이야기를 하나로 묶고 있으며, 이 이야기를 묶는 공통적인 신학 분모는 계속되는 이스라엘의 배신에도 불구하고 끊임없이 이들에게 자비를 베푸시는 하나님의 신실하심이다. 책은 이스라엘 사회가 사사 시대를 지나면서 매우 타락하고 어두웠던 정치와 영적인 현실을 적나라하게 묘사한다. 그럼에도 이스라엘이 완전한 혼돈과 회복할 수 없을 정도의 전적인 타락으로 빠지지 않았던 유일한 이유는 끊임없이 그들의 삶에 간섭하신 여호와의 은혜 때문이다.

이런 차원에서 사사기가 강조하는 것 중 유일하게 긍정적인 요소는 다음 두 가지라 할 수 있다. 곧, 하나님의 꾸준하심과 새로운 질서가 머지않아 올 것이라는 기대감이다. '그 때에는'이 반복되는 것은 저자의 시대인 '지금'이 그때보다 훨씬 더 좋다는 의미다. 저자는 이런 관점을 제시하여 시대를 초월해서 그의 글을 읽어갈 독자에게 그들이 당면한 현실이 아무리 암울하다 하더라도 낙심하지 말고 희망을 갖고 살아갈 것을 권면한다. 흑암 속에 있는 시간이 영원히 계속되지 않고 살다 보면 좋은 날을 맞이하게 될 것이요, 이런 때를 맞이하면 '그때'를 추억하게 될 것이라는 의미다.

좋은 날이 오리라는 것을 어떻게 확신하는가? 여호와의 신실하심이 보장한다. 하나님은 밥 먹듯이 반역하는 이스라엘을 끝까지 버리지 않고 붙드셨다. 이러한 사실을 강조하여 우리에게도 끝까지 포기하지 않고 하나님을 바랄 것을 권면한다. 사사기 저자의 권면은 오늘을 사는 우리에게도 커다란 위로가 된다. 세상이 아무리 부패했고 절망적이라 할지라도 하나님의 신실하심이 결코 세상을 그대로 내버려두지 않으실 것이며, 때가 차면 새로운 질서와 정의로 가득한 좋은 세상이 올 것을 믿고 기대해야 하는 것이다.

위에 언급된 전반적인 메시지 외에 사사기는 다음과 같은 신학적 주제를 전개하고 발전시킨다. (1) 땅, (2) 이스라엘의 반역, (3) 하나님의 신실하심, (4) 왕의 필요성. 이 네 가지 주제는 다음과 같이 엮여 있기도 하다. 여호수아의 지휘 아래 가나안 땅을 성공적으로 차지했던 이스라엘이 사사 시대에 들어와서는 가나안 사람에게 다시 땅을 빼앗기고 있다. 일이 이렇게 된 것은 이스라엘의 반역 때문이었다는 것이 저자의 주장이다. 다행히 하나님의 신실하심으로 이스라엘이 완전한 파멸에 이르는 것을 막았다. 이스라엘은 사사 시대를 지나면서 사사 제도의 한계를 깨닫고 왕정의 필요성을 느끼게 되었다.

(1) 땅

땅은 여호수아서 신학의 중요한 부분을 차지한 주제였다. 여호수아서는 이스라엘이 땅을 받은 것이 어떻게 해서 하나님의 약속의 성취가

되는가를 보여주었다. 사사기에서도 땅은 매우 중요한 위치에 있다. 그러나 사사기의 초점은 이스라엘이 왜 땅을 완전히 소유하지 못하였는가에 있다. 이스라엘이 땅을 완전히 소유하지 못하게 된 이유는 그들이 하나님께 불순종한 데 있었다. 이스라엘은 가나안의 모든 족속을 진멸하라는 하나님의 명령을 이행하지 않았다. 가나안의 온갖 유혹을 이겨내고 하나님만을 섬기는 데도 신실하지 못했다. 심지어 이스라엘은 가나안 족속의 신들을 섬기기까지 했다(2:1-3, 19-22). 그러므로 사사기의 땅 소유에 대한 이해는 여호수아서의 가르침과 직접적으로 연관되어 있다. 여호수아서에서처럼 이스라엘이 하나님께 순종하는 한 그들은 땅의 모든 것을 누릴 수 있다. 그러나 그들이 온전하게 여호와를 섬기지 못할 때, 땅은 그들을 심판하는 도구가 될 것이다.

사사기에서 이스라엘은 하나님께 불순종하여 주님의 선물인 땅의 일부분을 잃었으며 나중에는 그 땅에서 내쫓김을 당했다(viz., 이방 국가의 통치를 받았다). 이스라엘이 가나안을 정복하기는커녕 오히려 정복당한 것이다(1:34-36). 이런 사실이 독자에게 주는 경고는 매우 심각한 것이다. 하나님은 어느 순간에라도 축복을 거두어가실 수 있을 뿐만 아니라 축복이 있던 자리를 징계와 저주로 채우실 수도 있다는 것이다. 이스라엘이 가나안 땅을 차지하게 된 것은 어디까지나 조건부였다. 그들이 여호와께 순종하는 한 그 땅에 거하며 온갖 축복을 누릴 수 있지만 불순종할 때는 그 땅을 빼앗긴다는 조건이었다. 이것이 불순종의 종말이다. 그럼에도 우리는 왜 꾸준히 하나님의 말씀을 어기는 것일까?

베냐민 지파와 단 지파는 여호수아로부터 에브라임과 유다 사이에 있는 땅을 유업으로 받았다. 즉, 이 지파들은 땅 분배에 있어서 이스라엘의 허리 부분을 차지한 것이다. 그런데 사사 시대를 지나는 동안 단 지파는 유업으로 받은 땅에서 쫓겨나 북쪽 산간 지역으로 이동해야 했고, 베냐민 지파는 멸절되다시피 했다. 결국 이스라엘은 영토의 가장 중심부를 빼앗겨 '허리를 못 쓰는' 불구자같이 되어 버렸고, 블레셋이 이스라엘을 침범할 때 이스라엘의 '못 쓰는 허리'는 주요 침입로로 제공되었다. 이 이미지는 저자가 사사 시대의 이스라엘을 어떻게 평가했는지를 잘 보여주는 듯하다.

(2) 이스라엘의 반역

하나님이 선물로 주신 땅을 소유하고 누리는 일을 위협한 것은 이스라엘의 반역이었다. 이스라엘 사람은 하나님과의 언약을 파괴해가며 가나안의 신들을 섬겼다. 그들의 선조들은 이집트에서 하나님의 기적을 많이 체험했고, 광야에서 매일 그분이 베푸신 기적으로 살았으면서도 하나님께 반역해 광야에서 죽어가야 했다. 인류 역사에서 반복되는 사실 하나는, 인간이 역사를 통해 배우지 못하고 선조의 실수를 반복한다는 사실이다. 불신 때문에 광야에서 죽어갔던 출애굽 1세대의 후예들은 조상의 경험에서 교훈을 얻지 못하고 그들이 저지른 죄를 그대로 답습하고 있다.

인간은 옛날이나 지금이나 마찬가지다. 인간은 끊임없이 하나님께 반역한다. 사사기는 이스라엘이 가나안 사람을 제거하지 못한 이유에 대해 다음과 같이 설명하고 있다.

"여호와의 사자가 길갈에서부터 보김으로 올라와 말하되 내가 너희를 애굽에서 올라오게 하여 내가 너희의 조상들에게 맹세한 땅으로 들어가게 하였으며 또 내가 이르기를 내가 너희와 함께 한 언약을 영원히 어기지 아니하리니 너희는 이 땅의 주민과 언약을 맺지 말며 그들의 제단들을 헐라 하였거늘 너희가 내 목소리를 듣지 아니하였으니 어찌하여 그리하였느냐 그러므로 내가 또 말하기를 내가 그들을 너희 앞에서 쫓아내지 아니하리니 그들이 너희 옆구리에 가시가 될 것이며 그들의 신들이 너희에게 올무가 되리라 하였노라"(2:1-3)

저자는 이런 현실이 이스라엘의 불순종이 빚어낸 것이라는 점을 누차 강조한다.

"여호와께서 이스라엘에게 진노하여 이르시되 이 백성이 내가 그들의 조상들에게 명령한 언약을 어기고 나의 목소리를 순종하지 아니하였은즉 나도 여호수아가 죽을 때에 남겨 둔 이방 민족들을 다시는 그들 앞에서 하나도 쫓아내지 아니하리니 이는 이스라엘이 그들의 조상들이 지킨 것 같이 나 여호와의 도를 지켜 행하나 아니하나 그들을 시험하려 함이라 하시니라"(2:20-22).

(3) 하나님의 신실하심

이스라엘의 끊임없는 반역과 대조를 이루는 것은 바로 하나님의 신실하심이다. 하나님은 밥 먹듯이 죄를 범하는 백성을 계속 구원하셨다. 하나님은 백성의 신음 소리를 들을 때마다 그들을 위해 사사를 세우셨다(2:16, 18). 사사기를 읽다 보면 여호와 하나님만이 유일한 영웅(hero)으로 부각된다. 하나님이 이스라엘의 유일한 영웅이라는 점은 사사기 안에서 크게 두 가지를 통해 암시된다. 첫째, 사사가 이스라엘을 속박으로부터 해방하기 위해 사용하는 무기를 보면 전쟁에서 사용할 만한 것이 못 된다. 사사가 무기로 사용하는 도구는 하나님이 함께하지 않으면 절대로 전쟁에서 이길 수 없는 것이다. 다음 도표를 참고하라.

사사	무기	상대의 무기	전술
에훗(3:12-30)	한 자 길이의 양면 검		숨겨 간 무기로 에글론을 암살함
삼갈(3:31)	소를 모는 막대기		
드보라(4장)		철 병거 900대	
기드온(7장)	나팔, 항아리, 횃불	셀 수 없이 많은 적과 낙타	야밤 습격, 혼돈, 소음
아비멜렉(9장)	성벽에서 던진 맷돌 위짝		잠복, 불
삼손(15-16장)	당나귀 턱뼈		

둘째, 하나님이 사사로 세우신 자를 보면 모범적인 신앙인이기는커녕 일반인보다 문제가 더 많은 사람이었다. 사사로 부르심을 받을 만한 자격을 갖춘 자는 없었다. 또한 사사는 이스라엘의 영성 회복에 이렇다 할 기여를 하지 못했다. 오히려 영적 회복에 방해 요인으로 작용한 때가 많았다. 다음 예를 생각해보자.

에훗(3:21-22, 24)은 속임수를 사용해 모압 왕을 죽였다. 그것도 왕의 신뢰를 저버리면서 말이다. 전쟁터에서 당당하게 싸워 적장을 살해하는 것은 문제가 되지 않지만, 이처럼 신의를 저버리면서 적을 살해하는 것은 윤리와 신뢰를 소중히 여기시는 하나님의 종으로서 할 행동은 아니다. 기드온(6장)은 그를 들어쓰시겠다는 여호와를 믿지 못해 두 차례나 시험했다. 전쟁에서 승리한 그는 노획물 중 금을 거두어 우상을 만들어 백성에게 걸림돌이 되게 했다(8:24-27). 입다(11:30-31, 34-40)는 어리석고 무모한 맹세 때문에 딸을 번제물로 불살랐다.

삼손(13-16장)은 결코 하나님을 섬기는 자가 취해서는 안 될 모습을 다 보여준 자였다. 그는 모태에서부터 나실인이었지만 술과 여자(그것도 주로 창녀)를 좋아했을 뿐 아니라 주검 접하는 일을 꺼리지 않는 사람이었다. 하나님이 주신 소명에 대해서는 전혀 관심이 없었으며, 홧김에 블레셋 사람을 살해하는 것이 전부였다. 이런 삼손에 대해 크라프트(Craft)는 다음과 같이 말한다. "삼손은 신앙적인 영웅 중 부정적인 인물-하나님의 권능을 받은 사람이 결코 보여서는 안 될 모습-의 전형을 보여준 사람이다." 그는 살아서보다 죽어서 더 '성공한' 사사였다(Younger). "삼손이 죽을 때에 죽인 자가 살았을 때에 죽인 자보다 더욱 많았더라"(16:30). 그렇다면 히브리서 11:32을 어떻게 이해해야 할 것인가? 대부분의 주석가가 인정하듯, 기드온과 입다 등은 사사 시대를 대표하는 인물로서 열거된다. 히브리서의 저자가 이들의 개인적인 행동을 믿음의 행위로 정당화한 것은 아니라는 말이다.

훗날 유다와 이스라엘의 여러 왕이 그랬던 것처럼 사사들은 이스라엘을 회개시키지도 못했고 이스라엘을 좀먹는 우상을 퇴치하지도 못했다. 책이 끝날 즈음 이스라엘은 거의 무정부 상태(anarchy)에 돌입한다. 이스라엘이 공중분해 되지 않고 왕정 시대를 맞이한 것은 하나님의 은혜였다. 사사기에서는 문제가 많은 사람을 사용해 자신의 역사를 이루어 가시는 하나님만이 유일하게 빛을 발한다. 우리는 그들과 얼마나 다른가? 능력은 그분께 있지 우리에게 있지 않다.

(4) 왕의 필요성

저자는 이스라엘에 왕이 필요하다는 것을 인정한다(Boda). 그는 크게 세 가지 논리로 이 점을 역설한다. 첫째, 사사기의 구조를 이스라엘의 타락이 갈수록 극심해지고 하향 곡선을 그리는 소용돌이(downward spiral)로 표현하고 있다. 시간이 지날수록 반복되는 타락의 정도가 심해진다는 것이다. 왜 이런 현상이 일고 있는지 설명하는 과정에서 왕의 필요성이 제시되었다. "그 때에는 이스라엘에 왕이 없었으므로"(17:6; 18:1; 19:1; 21:25). 여기에 또한 "자기 소견에 옳은 대로 행하였더라"(17:6)가 더해졌다. 성경은 하나님의 '소견'에 옳은 대로 행해야 한다고 말한다. 저자는 여호수아 이후로 이스라엘에 확실한 지도자가 없어서 이런 일이 일어났다고 주장하는 듯하다. 더 나아가 이스라엘은 각자 자기 소견에 옳은 대로만 행한 것이 아니라 여호와 보시기에 악을 행했다(2:11; 3:7, 12; 4:1; 6:1; 10:6; 13:1). 인간은 근본적으로 각자 소견대로 행하면 악을 면하지 못한다는 의미일까?

둘째, 기드온 사건이 왕의 필요성을 암시한다. "그 때에 이스라엘 사람들이 기드온에게 이르되 당신이 우리를 미디안의 손에서 구원하셨으니 당신과 당신의 아들과 당신의 손자가 우리를 다스리소서 하는지라 기드온이 그들에게 이르되 내가 너희를 다스리지 아니하겠고 나의 아들도 너희를 다스리지 아니할 것이요 여호와께서 너희를 다스리시리라"(8:22-23). 기드온은 왕이 되기를 거부했다. 여호와가 홀로 이스라엘의 왕이시기 때문이라는 이유에서였다. 그렇다면 기드온 이야기는 '반왕 철학'(anti-kingship)을 펼치고 있는가?(Rendtorff) 기드온이 문제를 제기한 것은 아마도 22절이 드러내는 바와 같이 사람들이 왕을 원하는 이유에 있었던 것 같다. 이스라엘 사람이 왕을 원한 것은 다른 나라처럼 하나님이 아닌 사람의 통치를 받고 싶은 마음에서 비롯된 것이었다. 이런 백성의 갈망을 알아차린 기드온이 "여호와께서 너희를 다스리시리라" 하며 거부했던 것이다(8:23). 특히 "여호와께서 기드온에게 이르시되 너를 따르는 백성이 너무 많은즉 내가 그들의 손에 미디안 사람을 넘겨 주지 아니하리니 이는 이스라엘이 나를 거슬러 스스로 자랑하기를 내 손이 나를 구원하였다 할까 함이니라"(7:2)를 주목하라.

셋째, 아비멜렉 사건(9장) 역시 왕의 필요성을 암시한다. 아비멜렉은 왕을 자처했다. 많은 학자가 이 사건을 반왕 철학(anti-kingship)으로 해석한다(Rendtorff). 그러나 문제는 아비멜렉이 왕이 된 데 있는 것이 아니라 어떻게 왕이 되었는가에 있다. 그가 왕이 된 것 자체에 대해서는 부정적인 언급이 없다. 다만 그가 왕이 되기 위해 수많은 형제를 죽인 일이 비난을 받는다(24, 56절). 아비멜렉 이야기는 전체적으로 '저주 사상'(viz., 아비멜렉은 왕이 될 자격이 없는 자가 왕이 되었기에 마땅히 저주를 받아야 한다는 논리)을 강조하는 듯하다(15, 20절과 56-57절 비교). 그러므로 이 이야기는 "왕권을 비판하는 것이 아니라 아비멜렉과 세겜 사람들을 고발하는 것이다"(Gerbrandt). 왕권이 잘못된 것은 아니다. 저자는 악행과 권력 남용에 근거한 왕권이 옳지 않다고 주장하고 있는 것이다. 사사기는 독자를 자연스럽게 사무엘서의 왕권 정립으로 이끄는 역할을 한다.

7. 개요

사사기에서 인용된 자료의 출처에 대해 학자들의 의견이 분분한 것은 사실이지만, 책의 통일성에 대해서는 많은 주석가가 별다른 문제를 제기하지 않을 뿐만 아니라 오히려 높은 수준의 통일성을 인정한다 (O'Connell, Klein, Polzin, Webb). 구딩(Gooding)은 사사기에 대해 다음과 같은 구조를 제시한다.

  서론: 제1부(1:1-2:5)
    서론: 제2부(2:6-3:6)
      옷니엘(3:7-11)
        에훗 + 삼갈(3:12-21)
          드보라, 바락, 야엘(4:1-5:31)
            기드온(6:1-8:32)
          아비멜렉 + 돌라와 야일(8:33-10:5)
        입다 + 입산, 엘론, 압돈(10:6-12:15)
      삼손(13:1-16:31)
    결론: 제1부(17:1-18:31)
  결론: 제2부(19:1-21:25)

이미 앞에서 언급한 것처럼 19-21장에 기록된 이야기는 사사 시대 초기에 있었던 일이다. 그럼에도 불구하고 시대적인 순서를 초월해 책의 마지막에 자리한 것은 이 사건이 이 시대에 대한 저자의 관점을 확고히 입증해 주기 때문이다. 저자는 이스라엘의 영성이 시간이 지날수록 악화되었다고 한다. 그는 이 점을 강조하기 위해 이 사건을 책의 결론 부분에 두어 이스라엘 부패의 정점으로 삼은 것이다.

  저자가 이 사건을 책의 마지막 부분에 둔 또 하나의 목적은 이 이야기가 1장과 한 쌍의 책 받침대가 되어 양쪽에서 지탱하도록 통일성을 주기 위한 것으로 보인다. 1장은 크게 유다 이야기(1:1-21)와 요셉 이야기(1:22-36)로 구분할 수 있다. 유다 이야기는 유다 지파의 승리로 시작하여 베냐민 지파의 실패(1:21)로 막을 내리고, 요셉 이야기는 요셉 족속의 승리로 시작하여 단 지파의 실패(1:34-35)로 끝을 맺는다. 저자는 두 지파의 실패를 20장을 포함한 책의 끝부분에 다시 한번 기록한다. 다음 구조를 참고하라.[14]

A. 베냐민 지파의 실패(1:21): 예루살렘에서 여부스 사람을 쫓아내지 못함
  B. 단 지파의 실패(1:34-35): 아모리 사람이 단 지파를 산지로 쫓음
    C. 2-17장: 중심 내용
  B′. 단 지파의 실패(18장): 기업을 버리고 라이스로 가서 우상을 숭배함
A′. 베냐민 지파의 실패(20장): 2만 5천여 명이 죽고 6백 명만 남음

각 부분을 부르는 이름은 다르지만 대체로 학자들은 사사기를 다음과 같이 세 부분으로 구분하는 데 동의한다. (1) 1:1-3:6, (2) 3:7-16:31, (3) 17:1-21:25(Webb, McCann, Block, cf. Pressler). 웹(Webb)은 첫째 단락을 '서곡'(overture), 둘째 단락을 '변주'(variations), 셋째 단락을 '종결'(coda) 등 음악 용어를 사용해 설명한다. 블록(Block)은 세 단락을 각각 '주제'(theme): 이스라엘의 가나안화 과정의 배경', '본론(body): 이스

---

14 다소 다르지만 책을 다음과 같은 교차대구법적 구조로도 볼 수 있다.
  A. 서론: 정복 실패(1:1-3:6)
    B. 첫 번째 사사 주기: 일곱 명 중 드보라와 기드온이 부각됨(3:7-8:35)
      X. 아비멜렉이 왕이 되려 함(9:1-57)
    B′. 두 번째 사사 주기: 일곱 명 중 입다와 삼손이 부각됨(10:1-16:31)
  A′. 결론: 언약 준수 실패(17:1-21:25)

라엘의 가나안화에 대한 여호와의 반응', '절정(climax): 이스라엘의 가나안화의 깊이/정도'라 부르며, 맥칸(McCann)은 같은 단락을 '제1부(Part One): 여호수아에서 사사까지', '제2부(Part Two): 사사들의 이야기', '제3부(Part Three): 완전 몰락과 공포'라고 부른다.

물론 예외는 항상 있다. 한 주석가는 사사기를 다음과 같이 숫자 2를 중심으로 다섯 파트로 나눈다. (1) 두 서론(1:1-3:6), (2) 두 모범적 사사(3:7-30), (3) 두 예측하지 못한 사사(4:1-9:57), (4) 두 타락한 사사(10:1-16:31), (5) 두 결론(17:1-21:25)(Jordan). 이런 구분은 에훗(3:12-30)을 지나치게 긍정적으로 평가한다는 문제가 있다. 또한 기드온도 입다나 삼손처럼 타락하기는 마찬가지였는데, 그를 드보라와 견줄 만한 자로 간주하고 있다. 별로 설득력이 없는 분류라 하겠다.

최근 들어서는 사사기를 다양한 관점에서 이스라엘의 몰락을 회고하는 책으로 간주하는 해석이 일부 학자들의 호감을 사고 있다. 매리우스(Marius)는 사사기가 이스라엘의 몰락을 (1) 역사적/군사적 관점에서 조명하는 단락(1:1-2:5), (2) 종교적 관점에서 조명하는 단락(2:6-3:6), (3) 종교적 관점에서 개인적 삶을 통해 조명하는 단락(3:7-16:31), (4) 이 세 가지 관점에서 총체적으로 조명하는 단락(17:1-21:25) 등으로 구성되었다고 한다. 삼손 이야기는 최악의 개인적 타락을, 마지막 장들은 이스라엘 공동체의 총체적 몰락을 정점(climatic)으로 묘사한다는 것이다. 이런 분석의 가장 큰 문제는 셋째 단락(3:7-16:31)이 결코 사사 개인의 문제만을 지적하지 않으며, 그들이 다스리던 공동체의 부패도 함께 부각한다는 점이다. 그 단락에서는 개인과 공동체의 타락이 구분될 수 없을 정도로 함께 묶여 있는 것이다.

이런 점을 고려해 지금까지 가장 보편화되어 있는 관점에 따라 책을 세 단락으로 구분하고자 한다. (1) 두 서론(1:1-3:6), (2) 본론(3:7-16:31), (3) 두 결론(17:1-21:25). 구체적인 세부 사항은 다음을 참고하라.

I. 두 서론: 가나안 정복 실패(1:1-3:6)
    A. 역사적 서론: 정복의 성과와 실패(1:1-2:5)
    B. 신학적 서론: 하나님을 배반함(2:6-3:6)

II. 본론: 거듭되는 고난과 해방(3:7-16:31)
    A. 옷니엘 대 아람(3:7-11)
    B. 에훗 대 모압(3:12-30)
    C. 삼갈 이야기(3:31)
    D. 드보라와 바락 대 가나안(4:1-5:31)
    E. 기드온 대 미디안(6:1-8:32)
    F. 아비멜렉왕(8:33-9:57)
    G. 돌라와 야일(10:1-5)
    H. 입다 대 암몬(10:6-12:7)
    I. 입산과 엘론과 압돈(12:8-15)
    J. 삼손 대 블레셋(13:1-16:31)

III. 두 결론: 총체적 부패(17:1-21:25)
    A. 신학적 결론: 종교적 부패(17:1-18:31)
    B. 역사적 결론: 사회적·정치적 부패(19:1-21:25)

엑스포지멘터리
역사서 개론

룻기

EXPOSItory comMENTARY

룻기

룻이 이르되 내게 어머니를 떠나며 어머니를 따르지 말고 돌아가라 강권하지 마옵소서 어머니께서 가시는 곳에 나도 가고 어머니께서 머무시는 곳에서 나도 머물겠나이다 어머니의 백성이 나의 백성이 되고 어머니의 하나님이 나의 하나님이 되시리니 어머니께서 죽으시는 곳에서 나도 죽어 거기 묻힐 것이라 만일 내가 죽는 일 외에 어머니와 떠나면 여호와께서 내게 벌을 내리시고 더 내리시기를 원하나이다 하는지라(룻 1:16-17)

그의 이웃 여인들이 그에게 이름을 지어 주되 나오미에게 아들이 태어났다 하여 그의 이름을 오벳이라 하였는데 그는 다윗의 아버지인 이새의 아버지였더라(룻 4:17)

소개

룻기는 짧지만 독자의 마음을 따뜻하게 해주는 책이다. 등장인물이 모두 평범하지만 인간미를 지닌 정이 있는 신앙인이기 때문이다. 책이 시작될 때 남편과 두 아들을 잃고 망연자실해하는 나오미의 텅 빈 삶을 본다. 책이 끝날 때에는 나오미를 포함한 모든 등장인물의 삶이 만족으로 채워지며 모두 행복해지기에 독자의 마음도 덩달아 따뜻해진다(Block). 룻기는 나오미처럼 자신의 삶이 텅 비었다고 생각되거나 더 나아가 하나님이 그를 버리셨다고 생각되는 사람을 위한 책인 것이다(Schwab). 더 나아가 룻기는 구약 정경 중에서 사랑의 힘을 가장 확실하게 보여주는 책이라 할 수 있으며(Eskenazi & Frymer-Kensky), 성경에 기록된 이야기 중 가장 아름답고 즐거운 분위기를 연출하며, 매우 높은 수준의 작품성을 지닌 것으로 평가된다(Bernstein).

룻기는 사사기의 어둠과 사무엘서의 요동 사이에 끼어있는 조그마한 평안이다. 태풍의 눈(the eye of the storm)에 대하여 들어본 적이 있는가? 아무리 강한 바람을 동반한 태풍이라도 그 눈은 아주 평온하고 잔잔하다고 한다. 룻기는 마치 사사기 - 사무엘서로 구성된 태풍의 눈과 같다. 격동하는 사사기와 요동치는 사무엘서 사이에 위치한 매우 평온한 이야기인 것이다. 그래서 매우 혼란스럽고 충격적인 이야기들인 사사기를 읽고 난 독자에게 룻기는 서정적이고 감동 있는 이야기를 통해 큰 안도감을 주는 책이다(Block). 룻기는 어려운 시대를 살았던 한 평범한 가정 이야기를 통해 직접적으로 보이지 않는 곳에서 세상을 다스리시는 하나님이 이 가정을 어떻게 축복하셨는가를 회고한다.

책의 마지막 부분은 모든 등장인물이 행복해졌다는 사실을 전하고 막을 내린다. 바울의 "모든 것이 합력하여 선을 이룬다"(롬 8:28)라는 가르침이 그대로 적용되는 이야기다. 룻기는 사사 시대가 완전한 암흑시대는 아니었다는 것을 증거한다(Younger). 하나님은 나오미의 가정이 경험한 이 어두웠던 사사 시대에도 역사를 주관하셨다. 비록 사사 시대를 지나며 이스라엘이 총체적으로 타락한 것은 사실이나 룻기가 회고하고 있는 베들레헴 공동체에는 아직도 하나님을 경외하고 그분의 자비를 서로에게 베풀며 사는 주의 백성이 있었다. 즉, 룻기는 여전히 베들레헴에 '헤세드'(충성, 자비)를 귀히 여기는, 곧 성경의 표현을 빌리면

"바알에게 무릎 꿇지 않은 칠천 명"이 있었다는 사실을 전해준다.

룻기 이야기는 매우 소망적으로 마무리된다. 책의 마지막 부분에는 다윗의 계보를 첨부하여 머지않아 온 이스라엘 역사에 길이 빛나는 가장 모범적인 왕이 태어날 것을 암시한다. 사사기 저자는 어두웠던 사사 시대에 유일하게 긍정적이었던 것은 주의 백성이 아무리 많은 죄를 지어도 끝까지 버리지 않으시는 여호와의 신실하심이라고 했다. 우리는 룻기를 통해 사사 시대에 하나님이 보여주신 신실하심이, 사사를 통해 이스라엘을 구원하신 것으로만 국한되어 표현된 것이 아니었으며, 훗날 이스라엘에게 좋은 왕을 주시기 위한 기초 작업도 이미 사사 시대에 시작하셨음을 알게 된다.

1. 룻

이 책의 이름은 주인공으로 등장하는 모압 여인 룻의 이름에서 비롯되었다. 정경 중에서 이방 여인의 이름을 따라 불리는 책은 룻기가 유일하다. 룻기가 이 이방 여인의 이름에 따라 불리는 것은 참으로 대단한 일이라 할 수 있다(Block). 룻은 책에서 다섯 차례나 언급된 것처럼 '모압 여인'일 뿐만 아니라(1:22; 2:2, 21; 4:5, 10), 책의 중심인물도 아니기 때문이다. 룻기의 중심인물은 나오미와 보아스라 할 수 있다. 그런데도 책의 이름은 정작 모압 여인 룻의 이름에 따라 불린다. 룻기는 85절(1,294개의 히브리어 단어)로 구성되어 있는 매우 짧은 책인데, 이 중 55절은 등장인물의 스피치(678개의 히브리어 단어)를 담고 있다. 주요 등장인물 중 룻의 발언이 빈도수가 가장 낮고 짧다. 나오미는 12번의 스피치를 통해 225개의 단어를 말하고, 보아스는 14번의 스피치를 통해 281개의 단어를 말하는 것에 반해, 룻은 10번의 스피치를 통해 120개의 단어를 말한다(Block). 그러므로 등장인물이 책에서 차지하는 공간 비중만으로 판단한다면, 룻기는 '나오미서' 혹은 '보아스서'로 불리는 것이 더 합당하다. 혹은 책의 마지막을 장식하고 있는 오벳의 탄생이 이 책이 알리고자 하는 주요 정보라는 점을 감안할 때 '오벳서'라고 불려도 무난하다. 이러한 정황에서 이 책이 룻기로 불리는 것은 이 이방 여인에 대해 얼마나 큰 호감을 가지고 있는가를 보여준다.

룻은 이스라엘 하나님 여호와를 알고 믿은 좋은 이방인의 예로 우리에게 전해진다. 룻은 아브라함의 자손을 축복하여 자신이 하나님의 축복을 받게 된 실제적 예가 되기도 한다(창 12:2-3). 국제결혼을 해서 만난 남편이 죽은 후, 그녀는 문화와 시대를 초월해서 찾아보기 어려운 아름다운 일을 했다. 남편과 두 아들을 잃고 홀로된 시어머니 나오미를 버리지 않았다. 의지할 곳 없는 외국인 시어머니를 끝까지 보살피기로 각오한 것이다. 그래서 때로는 룻은 '구약의 선한 사마리아인'(눅 10:30-37)이라는 호칭을 받기도 한다(Farmer). 그녀의 미담을 전해들은 베들레헴의 여인들이 훗날 룻을 가리켜 "일곱 아들보다 귀한 며느리"(4:15)라고 칭찬한다. 아들을 선호했던 사회에서 이보다 더 큰 칭찬이 있을까? 룻은 이렇게 모든 사람에게 인정받았던 여인이다.

룻은 또한 다윗의 조상으로서 역사 속에 빛난다. 그뿐만 아니라 마태복음 1장에 언급된 예수님의 계보에 등장하는 다섯 여인 중 하나다. '룻'이란 이름은 구약의 다른 부분에서 다시 사용되지 않으며 그 뜻은 '우정, 만족, 원기회복, 위로' 등으로 풀이되지만(Sasson, Campbell), 정확하지는 않다(Block). 이 이방 여인의 이름을 통해 하나님은 인류의 모든 필요를 채우고 만족시키는 분이심을 선언한다. 이런 분이 우리 주님이시니 우리는 염려할 필요가 없다.

2. 저자와 시대적 정황

룻기의 저자는 구약의 다른 책처럼 익명으로 우리에게 전해져 왔다. 탈무드는 이 책을 사무엘이 저작했다고 한다(Baba Bathra 14b-15a). 그러나 이 같은 탈무드의 주장을 수용하는 학자는 거의 없다(Luter & Davis, Bush, Campbell). 룻기의 주인공 둘 다(나오미, 룻) 여자라는 사실을 바탕으로 이 책의 저자가 여자라고 주장하기도 한다(Bledstein, Campbell, Hubbard). 심지어 한 학자는 다윗의 딸이자 압살롬의 누이인 다말이 저자라고 한다(Bledstein). 그러나 대부분은 이 책이 구약의 다른 책에 비해 매우 섬세한 면을 지니고 있지만, 표현 방식과 전개 방법 면에서 남자의 저작일 것이라고 생각한다(Bauckham). 누가 이 책을 저작했든지 그(녀)는 대단한 작가로 평가된다. 룻기는 오래전부터 문학성이 매우 뛰어난 문학적 걸작(literary masterpiece)으로 평가되어 왔다(Humphreys).

책의 저작 목적을 어떻게 이해하느냐에 따라 저작 연대를 추측할 수 있다. 몇몇 학자가 주장하는 바와 같이 만약에 이 책이 에스라-느헤미야서에서 제시되는 반(反) 국제결혼관(anti-interracial marriage)에 대한 논쟁(polemic)이라면 룻기는 분명히 포로 후기 시대에 기록되었을 것이다(viz., 에스라-느헤미야서 이후에)(LaCocque, Gottward). 또한 '옛적'(לְפָנִים)(in earlier times)(4:7)을 어떻게 해석하느냐에 따라 상당한 시대적 차이가 생길 수 있다.

벨하우젠(Wellhausen) 이후로 일부 학자들은 룻기가 포로기 이후에 쓰여진 책이라고 한다. 그들이 증거로 제시하는 것은 다음과 같다(Eskenazi & Frymer-Kensky, cf. LaCocque, Block).

제시된 주장	연관된 본문
책이 사용하는 언어 중 일부가 아람어적인 성향을 지닌 표현이 있다.	1:4; 13; 4:7
책이 사용하는 언어 중 일부는 후기 히브리어를 반영한다.	2:19; 3:4, 7, 8, 14; 4:7-8
신발을 던지는 풍습을 설명하는 것은 책을 기록한 시점이 이 풍습을 이제는 지키지 않는 때, 즉 세월이 많이 지난 때임을 암시한다.	4:7

저자가 계보에 관심을 가지는 것은 포로기 이후에 활성화되었던 '제사장주의 문서'의 특징이다.	4:18–22; cf. 대상2:3–15
책이 룻을 매우 우호적으로 평가하는 것은 에스라–느헤미야서의 반(反) 이방인적 정서와 대칭을 이루고 있기 때문이다(Gottward).	전체
책의 시작이 신명기적 사가의 사상과 표현을 반영한다(Pfeiffer).	1:1
책이 전(前)선지서와 함께 있지 않고, 성문서 섹션에 따로 보존된 것은 선지서 섹션이 이미 완성되어 더는 새로운 책을 추가할 수 없었기 때문이다. 이 같은 사실은 룻기가 매우 늦게 저작되었음을 입증한다(Nash).	

표면상으로는 위에 제시된 증거 하나하나가 나름의 설득력을 갖고 있는 듯하며, 이 모든 것을 합하면 상당한 설득력을 갖는 것으로 생각할 수 있다. 그러나 실제로 하나하나를 살펴보면 모두 학자의 주관적인 의견에 의존하는 것이며, 이렇다 할 객관성을 지니지 못했다는 것이 최근 주석가의 전반적인 결론이다(Bush, Hubbard, Campbell, Block). 더 나아가 이 해석이 가장 중요한 증거로 제시하는 아람어적인 표현에 대해, 학계는 상당히 부정적으로 여기며 별 설득력을 갖지 못한다고 평가한다(Nash). 오히려 룻기 안에는 훗날 이스라엘에서 활성화된 히브리어로는 설명하기 어려운 고대 히브리어 표현이 어느 정도 존재한다고 말한다(Cundall & Morris). 게다가 룻기 안에서 사용되는 이름이 주전 9세기에 저작된 문헌에 이미 사용되고 있는 것도 룻기의 이른 저작설을 뒷받침한다(Glanzman, cf. Harrison).

많은 학자가 룻기의 신학과 히브리어 문체가 포로기 이전 것(Standard Biblical Hebrew)(viz., 창세기, 사사기 등)과 가장 비슷하다며 열 가지의 증거를 제시한다(Bush). 저작 시기를 왕정 시대로 보는 학자 중에도 초기 왕정 시대(Morris, Luter & Davis), 중기 왕정 시대(Harrison, Weinfeld, Hertzberg), 후기 왕정 시대(Cannon, Vellas), 요시야 시대(Sasson) 등 약 400년의 시대적 차이를 보인다. 이 중 가장 많은 사람의 지지를 받는 견해는 다윗 시대(Young, Archer, Gow)와 솔로몬 시대(von Rad, Hals, Beattie, Hubbard, Campbell, Glanzman, Anderson)인 초기 왕정 시대이다. 다윗 시대에 저작되었다는 주장은 룻이 이방 여인이라는 데서 비롯되었다. 다윗은 많은 외국인을 군사 혹은 정부 관료로 등용했다. 이러한 상황에서 조모 룻의 이야기는 이방 사람에 대한 이스라엘의 선입관을 완화시키고, 동시에 이방인이 이스라엘에 속하도록 격려하는 역할을 했을 것이다. 또한 사울의 통치를 대체한 다윗 정권을 사람들이 그대로 수용하도록 하기 위해 다윗의 조상이 어떻게 하나님의 인도하심을 받았는지를 보여주기 위한 목적으로 저작되었다고도 한다. 정치적·사회적 여건을 감안할 때, 룻기는 다윗 시대 때 저작, 배포되었을 가능성이 크다는 것이다(Luter & Davis). 또한 이 이야기는 보아스와 모압 여인 룻이 어떻게 해서 다윗의 계보에 오르게 됐는가를 잘 설명해 준다(viz., 하나님의 섭리[providence]에 의해서다). 한 학자는 선지자 나단이 룻기를 저작한 것이라고 한다(Gow).

룻기의 저작 시기를 다윗 시대가 아니라, 솔로몬 시대로 보는 사람(von Rad, Hals, Beattie, Anderson, Hubbard)은 그 근거를 솔로몬 시대의 평화와 안정에서 찾는다. 솔로몬은 왕권을 확립하는 과정에서 많은 피를 흘렸으며(왕상 1-2장), 그가 이스라엘을 통치하는 동안 상당수의 백성이 착취와 피로 얼룩진 솔로몬 왕권의 정당성과 그의 행실과 정치(왕상 12장)에 대하여 문제를 제기하기도 했다(Nielsen). 그럼에도 솔로몬이 왕권을 확립하고 통치한 이스라엘은 매우 평안했으며, 이 평안은 문학과 예술이 꽃필 수 있는 여건을 마련해 주었고, 이때 높은 작품성으로 평안한 시대를 반영하고 있는 룻기가 저작되었다는 것이다.

이 외에도 룻기가 분열 왕국 직후에 다윗 왕조를 정당화하기 위해 저작된 것이라는 주장도 있다(Anderson). 선지자 엘리사 시대에 북 왕국 이스라엘에서 저작된 것이라고 생각하는 학자도 있다(Weinfeld). 바인펠트(Weinfeld)는 여러 가지 언어적 근거를 증거로 제시하지만, 대부분 주석가는 그의 주장에 미온적이다. 무엇보다도 룻기가 왜 북 왕국 이스라엘에서 저작되었는지를 충분히 설명하지 못한다. 룻기는 히스기야 시대에 여러 면에서 르네상스를 맞이한 다윗 집안을 기념하기 위하여 저작된 책이라는 견해도 있다(Block). 혹은 또 다른 영적 르네상스라고 할 수 있는 요시야 시대를 지목하는 학자도 있다(Sasson, Block). 책이 포로기를 전후로 한 선지자 에스겔 시대에 완성된 것이라는 해석도 있다(Bush, Farmer, cf. Younger).

여기에서는 다윗이 이스라엘 왕이 된 지 얼마 되지 않은 때를 룻기의 저작 연대로 간주하려고 한다. 무엇보다도 사울의 뒤를 이어 왕이 된 다윗의 집권 초기 시대에는 다윗이 어떤 집안 사람인가와 그의 뿌리를 설명할 필요가 있었다. 다윗은 룻기를 통해 할머니가 모압 여인이라는 것을 밝히며 외국인 우호 정책을 펼쳐 나갔다. 다윗의 외국인 우호 정책은 사울 집안과 다윗 사이에서 저울질하며 어느 쪽을 택할까를 고민하는 북쪽 지파들에게도 룻의 이야기를 통해 다윗 왕조에서 그들이 주류가 될 수 있다는 가능성을 보여주었을 것이다.

그렇다면 문제 삼고 있는 늦은 히브리어 혹은 아람어적인 성향을 지닌 몇몇 단어의 사용은 어떻게 이해할 것인가? 별로 큰 문제는 아니다. 바빌론 포로 생활에서 돌아온 이스라엘 백성에게 구약 성경은 이미 읽기도 어려운 고서(古書)가 되어 버렸으며, 이 같은 문제를 해결하는 방법으로 누군가가 정경 전체를 신(新) 세대를 위해 편집했을 것이다. 이 일을 한 사람은 성경에서 '율법학자'로 알려진 에스라이다(cf. 『엑스포지멘터리 창세기』 서론 부분). 에스라가 이 작업을 했을 때, 룻기뿐만 아니라 구약 정경 곳곳에서 모습을 보이는 아람어적인 단어와 페르시아어적인 개념이 유입된 것이다. 이렇게 간주한다면, 룻기의 저작 시기는 다윗의 통치 시대로, 최종 편집 시기는 주전 5세기 중반(450년대)으로 볼 수 있다. 룻기의 저작 시기를 포로기 이후 시대로 보기에는 도저히 설명할 수 없는 문제가 많다(Harrison).

저작 시기와는 별개로 룻기의 역사적 정황은 사사 시대가 확실하다 (1:1). 그러나 사사 시대 중에서도 언제쯤인가는 정확한 언급이 없다. 보아스가 다윗의 할아버지로 등장하는 것을 보면 상당히 늦은 사사 시대로, 아마도 선지자 사무엘이 사역하던 시대(1100-1050 BC)를 역사적 배경으로 하고 있는 듯하다.

3. 저작 목적

룻기는 독자에게 많은 만족감을 선사하지만 왜 이 책이 저작되었는지는 직접 언급하지 않는다. 그래서 여러 가지 다양한 설이 있다. 첫째, 룻기의 주인공 룻은 모압 여인이었으며, 에스라와 느헤미야 시대 성행했던 '반(反) 국제결혼 분위기'(스 10장; 느 13장)에 반대하는 논쟁(polemic)으로 쓰였다는 주장이다(LaCocque, cf. Gottward). 이 같은 주장은 19세기 초에 베르톨트(Bertholdt)가 제시한 후 지금까지 이어지고 있다(Harrison). 이 학설은 저자가 이러한 목적을 염두에 두고 책을 쓰다 보니 주인공이 이방인 중에서도 모압 여인이었다고 한다. 모압은 아브라함의 조카 롯과 딸의 근친상간으로 생겨난 족속이다. 이러한 이유로 유태인은 이방인 중에서도 모압 사람을 더욱 경멸했다. 저자는 이스라엘 사람이 다른 인종과 결혼할 수 있을 뿐만 아니라, 이방인 중에서도 최악의 경멸 대상인 모압 사람과도 결혼할 수 있다는 점을 강조하기 위하여 룻을 주인공으로 삼았다는 것이다.

그러나 룻기는 에스라-느헤미야 시대보다 훨씬 오래전에 저작된 것이 확실하다. 또한 이 책을 논쟁으로 보기에는 상당히 어려운 점이 많다. 무엇보다도 어떤 신학적 이슈에 반론을 제기하는 것으로 보기에는 이 책이 갖고 있는 분위기가 너무 서정적이고 즐겁다(Gordis, Rowley, Phillips). 게다가 다른 민족과의 결혼의 타당성이나 합리성에 대한 직접적인 언급은 한마디도 찾아볼 수가 없다. 이러한 룻기의 분위기는 논쟁으로서의 기능을 의심하게 만든다.

둘째, 룻기는 고대 유대의 여러 풍습을 설명하기 위해 저작되었다는 주장이다(Howard). 그래서 룻기는 계대 결혼(levirate marriage), 친척끼리의 구제(kinsmen redemption), 신발 던지기 등 이스라엘에서 잊혀가는 풍습을 설명하고 있다는 것이다. 그러나 엄밀히 말하자면 룻기 안에는 계대 결혼이 보이지 않는다. 보아스는 룻의 남편과 형제 관계가 아니다. 그들은 단지 먼 친척일 뿐이다. 여러 풍습에 대한 설명이 책에 있기는 하지만 룻기가 구사하고 있는 플롯 진행상 별 중요한 역할을 하지 못한다. 그러므로 이런 풍습을 설명하는 것을 책의 목적으로 생각하기는 어렵다.

셋째, 룻기는 아름다운 이야기로 주의 백성을 격려하고 '자비/인애'로 번역되는 히브리어 단어 '헤세드'(חסד)가 무엇을 의미하는가를 알리기 위하여 쓰여진 책이다(Bush, cf. Farmer). 성경에서 헤세드는 매우 중요하면서도 광범위하고 다양한 의미를 지녔다. 우리말이나 영어의 한 두 가지 단어로 이 히브리어 개념을 온전히 번역하기는 불가능하다(Sakenfeld, Clark, NIDOTTE). 즉, '헤세드'는 하나님의 모든 인격과 선하심을 이 한 단어로 표현할 수 있을 정도로 다양한 의미를 지닌 단어다. 룻기의 주요 등장인물인 나오미, 룻, 보아스 모두 독자가 따라 할 만한 헤세드의 실제 모델이 되고 있다(Bush). 이와 비슷한 안목에서 유태인은 룻기가 '남에게 자비를 베푸는 자가 얼마나 큰 복을 받는가를 가르치기 위해 쓰여진 책'이라고 했다(Ruth Rabbah II. 14).

넷째, 룻기는 한 평범한 가족의 이야기를 통해, 보이지 않는 곳(behind the scene)에서 세상에서 일어나는 모든 일을 주관하고 조정해 나가시는 하나님의 사역을 찬양하기 위하여 쓰여진 책이다(Hubbard). 룻기에 등장하는 사람은 모두 다 하나님을 찬양한다. "여호와께서 네가 행한 일에 보답하시기를 원하며 이스라엘의 하나님 여호와께서 그의 날개 아래에 보호를 받으러 온 네게 온전한 상 주시기를 원하노라"(2:12), "여호와로부터 복 받기를 원하노라 그가 살아 있는 자와 죽은 자에게 은혜 베풀기를 그치지 아니하도다"(2:20), "내 딸아 여호와께서 네게 복 주시기를 원하노라 네가 가난하건 부하건 젊은 자를 따르지 아니하였으니 네가 베푼 인애가 처음보다 나중에 더하도다"(3:10), "여호와께서 살아 계심을 두고 맹세하노니 내가 기업 무를 자의 책임을 네게 이행하리라"(3:13), "여인들이 나오미에게 이르되 찬송할지로다 여호와께서 오늘날 네게 기업 무를 자가 없게 하지 아니하셨도다"(4:14). 그러나 정작 하나님은 한 번도 모습을 보이지 않으신다. 룻기에는 성경에서 흔히 나타나는 기적도 없고, 선지자를 통한 신탁도 없다. 저자는 우리가 보지 못하는 곳에서 지극히 평범한 자들이 서로를 사랑과 헌신으로 대하다가 결코 '평범하지 않은 일'(viz., 놀라운 일)을 하게 하시는 하나님을 선포하고 있다(Sasson). 책의 성향과 역사 – 문화적인 정황을 고려할 때, 이 해석이 가장 큰 설득력을 지닌다.

이 외에도 책의 저작 목적에 대하여 몇 가지 견해가 더 있다. 어떤 이들은 룻기는 독자의 흥미를 돋우기 위하여 쓰여진 책이라 한다(Eissfeldt, Gunkel, Sasson). 그래서 시어머니 – 며느리 사이에 피어오른 아름다운 사랑과 우정 이야기를 한편의 동화처럼 묘사하고 있는 것이다(Farmer). 그러나 룻기는 우정보다는 위기를 맞은 가족 관계(대를 잇는 일)에 더 관심을 가지고 있다. 또한 이 가족 관계는 곧 등장할 다윗 왕과 직접적인 연관이 있다. 룻기는 분명 흥미로운 책이지만, 오직 독자의 흥미를 돋우기 위해 저작된 것이라고 보는 사람은 별로 없다(Hertzberg). 어떤 이들은 룻기가 다윗 왕조의 근원과 정당성을 제시하기 위해 쓰인 책이라고 한다(Nielsen, Gow). 만일 이 책이 다윗이 왕이 된 지 얼마 안 되어 저작된 작품이라면 더욱더 설득력을 얻는 견해다. 그러나 다윗이 모압 여인의 자손이라는 사실이 어떻게 왕권을 정당화시키고 합리화

시키는지는 잘 납득이 가지 않는다.[1]

4. 이슈와 메시지

룻기의 신학적 메시지는 거의 모두 등장인물의 스피치에서 발견된다고 해도 과언이 아니다(Hals). 하나님에 대한 가르침이 거의 모든 등장인물의 입술을 통해 언급되기 때문이다(Block). 책이 제시하거나 안고 있는 다양한 메시지와 이슈를 다음의 순서로 살펴보고자 한다. (1) 구약 정경에서 책의 위치, (2) 율법과 계대 결혼, (3) 하나님의 주권, (4) 하나님의 인애, (5) 하나님의 숨겨지심, (6) 하나님의 포용력, (7) 책의 통일성.

(1) 책의 위치

정경성에 관해 문제가 제기되었던 일부 구약 책과는 달리(viz., 에스더서, 에스겔서) 룻기의 정경적 위치는 처음부터 의심할 여지가 없는 것으로 이해되어 왔다(Beckwith). 우리 성경에서 룻기는 사사기와 사무엘서 사이에 있으며, 이 같은 순서는 칠십인역(LXX)의 정경 순서를 반영한다. 반면에 유태인의 정경 분류와 위치 지정은 어느 정도의 유동성을 지녔던 것으로 생각된다. 가장 오래된 정경 순서를 반영하고 있는 것으로 간주되는 탈무드는 룻기를 성문서로 구분했으며, 시편 전에 등장하는 성문서 섹션의 첫 번째 책으로 두었다(Baba Batra 14b, cf. Beckwith, Bush, Campbell). 다른 유태인 전통에서는 시편, 잠언, 전도서 다음으로

---

[1] 한 학자는 사사기 19-21장과 룻기가 함께 어우러져 사울 왕권(삿 19-21장에 기록된 베냐민 지파의 행동)을 비난하고 다윗 왕권(룻기에 묘사된 그의 조상의 자비와 인애)의 정당성을 옹호한다고 하지만(Gage), 룻기 자체만 고려해서는 이 같은 주장이 인정될 수 없다. 또한 게이지(Gage) 자신이 인정하는 것처럼 두 왕의 이 같은 차이는 조상의 윤리와 미덕일 뿐 당사자의 적법성이나 정당성과는 상관이 없다.

아가 – 룻기 – 예레미야애가 – 전도서 – 에스더가 등장한다(Younger). 이 경우 매년 이스라엘의 종교 절기에 따라 읽는 것을 반영한다. 그러나 오늘날 우리가 마소라 사본의 기준으로 삼고 있는 벤 아셔(Ben Asher)의 정경 순서에 따르면 룻기는 성문서 섹션에서 시편, 욥기, 잠언 다음 네 번째로 등장한다(BHS).

성문서에서 룻기는 주요 절기 때 읽혔던 다섯 권의 책으로 구성된 메길롯(megillot, '두루마리')의 첫 번째 책으로 자리를 잡았다. 메길롯은 룻기, 아가, 전도서, 예레미야애가, 에스더 등으로 이루어져 있다.[2] 이스라엘의 종교 절기와 각 절기가 기념하는 일과 이때 읽힌 정경을 정리해보면 다음과 같다.

절기	히브리어 호칭	일자	관련된 성경	봉독	기념
유월절 (무교절)	פֶּסַח	니산 14	출 12장 레 23:4–8	아가서	애굽으로부터 구속
오순절	שָׁבֻעוֹת	시완 6	신 16:9–12 레 23:9–14	룻기	추수와 시내 산 율법 감사
아브월 제9일	תִּשְׁעָה בְּיוֹם	아브 9	직접적 언급 없음	애가	성전 파괴 주전 586년, 주후 70년
속죄일	יוֹם כִּפֻּרִים	티쉬리 10	레 16장; 23:26–32		민족의 범죄를 위한 제사
장막절	סֻכּוֹת	티쉬리 15–21	느 8장 레 23:33–36	전도서	광야에서의 방랑
수전절	חֲנֻכָּה	기슬르 25	요 10:22		주전 164년의 성전 건축
부림절	פּוּרִים	아다르 13–14	에 9장	에스더	하만의 음모 실패

메길롯을 구성하고 있는 다섯 권의 책은 절기의 순서에 따라 나열되

---

2 일부 사본에서 마지막 두 책(전도서, 에스더)의 위치가 바뀐 경우가 발견되곤 한다(Bush, Hubbard).

어 있다. 다만 룻기와 아가서만이 서로 자리를 바꾸었다. 원래 읽히는 순서에 의하면 아가서가 첫 번째 자리를 차지해야 하는데, 첫 번째 자리를 룻기에 내어주고 두 번째 자리를 차지하고 있는 것이다. 만일 메길롯이 다섯 권의 책이 각자 언급하고 있는 내용의 역사적 순서에 따라 정해진 것이라면 다음과 같은 순서를 기대할 수 있다(Howard). 이 도표에서 확연히 드러나는 사실은 메길롯은 분명 다윗 왕조의 운명과 무관하지 않다는 것이다.

책	내용
룻기	다윗에 관한 이야기
아가	솔로몬의 젊은 시절
전도서	솔로몬의 노년기
예레미야애가	예루살렘 멸망
에스더	포로기/페르시아 시대

위 순서는 현재 히브리어 정경의 순서로 자리잡은 벤 아셔의 순서와 상당한 차이를 보이고 있다. 메길롯을 구성하는 다섯 권의 순서는 전반적으로 절기에 따라 읽히는 순서를 따르지만, 처음 두 책(아가, 룻기)이 자리를 바꾼 것은 룻기와 잠언의 연결성 때문이다. 잠언의 마지막 부분인 31:10-31은 '현숙한 여인'(אֵשֶׁת־חַיִל)에 대한 '알파벳 시'(alphabet/acrostic poem)이다. 히브리어 알파벳을 순서에 따라 각 절의 첫 글자로 사용하고 있는 노래인 것이다.

우리는 다음과 같은 시나리오를 상상할 수 있다. 잠언은 현숙한 여인과 어리석은 여인을 대조하며 이야기를 진행하다가, 현숙한 여인에 대한 예찬론으로 책을 마무리한다. 잠언 31:10-31은 현숙한 여인은 집안을 잘 경영하고, 남편을 잘 보필하며, 자식을 잘 키우고, 하나님을 경외하는 여인이라는 등 현숙한 여인에 대하여 여러 가지를 논하고 끝을 맺는다. 그렇다면 잠언을 읽은 독자의 자연스러운 질문은, "과연 이 말씀에 부응하는 실제 인물은 누구인가?"이다. 유태인은 룻기를 잠언 서 바로 뒤에 배치하여 이 질문에 답하고 있다. 그들은 룻을 현숙한 여인의 역사적인 사례로 들고 있는 것이다. 실제로 룻기 3:11은 룻을 '현숙한 여인'(אֵשֶׁת־חַיִל)이라고 부른다. 잠언 1-9장의 주요 부분은 지혜로운 여인, 또한 이런 여인과 대조를 이루는 미련한 계집(אֵשֶׁת כְּסִילוּת), 창녀(זוֹנָה), 음녀(אִשָּׁה זָרָה)는 룻기에서 연출되는 룻의 모습과 대조적인 면에서, 혹은 유사한 면에서 상당한 연관성이 있는 듯하다. 잠언과 룻기를 연결해서 '현숙한 여인'상을 묘사하자면, 현숙한 여인의 가장 기본 성향은 '헤세드'이다. 현숙한 여인은 [하나님의] 헤세드를 알고, 남에게 헤세드를 베풀 줄 아는 여인이다.

(2) 계대 결혼과 기업 무를 자의 의무

룻기와 연관하여 학자들은 여러 가지 풍습을 지적한다. 책이 풍습에 대하여 자세히 설명하지 않는 것을 보면 처음 독자는 책이 언급하고 있는 풍습을 상당히 잘 알고 있었던 것 같다. 이 중 가장 자주 언급되는 풍습은 바로 계대 결혼이다. 계대 결혼에 대한 율법은 신명기 25:5-10에 언급되어 있다. 성경에서 계대 결혼에 가장 가까운 예는 유다가 아들 오난에게 홀로된 형수 다말과 결혼해서 아이를 낳으라고 했던 일이다(창 38:8).

룻기는 이러한 전통으로 룻과 보아스를 부부로 묶는다. 그러나 엄밀히 말하자면 룻기 안에 기록된 사건은 계대 결혼이 아니다(Campbell, Bush, Block). 또한 룻기 저자는 이 책에 신명기에서 계대 결혼을 뜻하며 사용되는 히브리어 단어(יבם)를 사용하지 않는다. 그러므로 보아스와 룻의 결혼은 계대 결혼이 아닌 다른 측면에서 생각되어야 한다. 반면에 룻기에서 강조되는 히브리어 개념은 '고엘'(lit. '대속', גָּאַל)이다. 또한 룻기에서 진행되는 일은 형제 사이의 일이 아니다. 그러므로 이 이야기는 신명기 25장에 등장하는 '고엘'로 보아야 한다(Hubbard, Younger, Block). 이스라엘을 포함한 고대 근동 사회에서 '고엘'(גאל)은 다음과 같은 정황에서 이루어졌다(Unterman, Brichto, Hubbard).

정황	연관된 말씀
친척이 가난 때문에 자기 소유의 땅을 남에게 판 것을 다시 매입할 때	레 25:24-34; 렘 32:1-15
가난 때문에 이스라엘 사람 혹은 이스라엘에 거주하는 이방인에게 팔린 친척을 다시 살 때	레 25:47-55
피살당한 친척에 대한 보복이 필요할 때	민 35:12, 19-27; 신 19:6, 12; 수 20:2-3, 5, 9
피살당한 친척에 행해진 잘못에 대한 보상을 받아야 할 때	민 5:8
소송 중인 친척을 도와 정의가 실현되도록 해야 할 때	욥 19:25; 시 119:154; 잠 23:11; 렘 50:34; 애 3:58
죽은 친척의 아내와 결혼하여 망자의 이름으로 된 재산(땅)을 보존할 필요가 있을 때	신 25:5-10
친척 중 자식이 없이 홀로 남은 늙은 과부를 봉양할 필요가 있을 때	룻 4:14-15

그러나 율법이 규정한다고 해서 기업 무를 권한을 가진 자가 의무를 꼭 이행해야 할 의무는 없다. 만일 기업 무를 자의 권한을 행하고 싶지 않으면 룻기에 등장하는 아무개처럼 신발을 벗어 주면 된다(4:6). 이 제도는 사람을 의무적으로 동원하는 것이 아니라, 사람의 긍휼과 자비에 호소하는 제도였던 것이다. 룻기의 경우 위 도표에서 마지막 두 정황이 적용된다. 일부 학자들은 계대 결혼과 고엘을 엄격히 구분하고 차별화하지만(Hubbard), 계대 결혼은 고엘 제도의 일부임이 확실하다(Younger).

(3) 하나님의 주권

룻기는 하나님의 주권을 매우 강조하는 책이다. 책의 중요 부분, 특히 각 인물의 대화 속에서 하나님이 자주 언급된다. 룻기는 85절로 이루어져 있는 짧은 책인데, 이 중 23절은 하나님에 대해 언급한다. 하나님을 언급하는 절 중 두 절(1:6; 4:13)을 제외하고는 모두 등장인물의 입술(직설화법)에서 발견된다. 특히 등장인물의 스피치에 섞여 있는 짤막한 기도문과 축복은 하나님의 주권을 인상적으로 선언한다(Thompson).

 하나님의 역사하심이 룻기 전체에서 보인다. 짜임새 있는 구조와 진행이 생존의 위협을 받고 있는 엘리멜렉의 집안이 잘 보존될 것을 예측하게 한다. 그러나 등장인물이 하나님의 은총을 처음부터 의식하는 것은 아니다. 기근을 피해 모압으로 피신했다가 그곳에서 남편과 아들들을 잃고 망연자실한 나오미는 과부가 된 이방인 며느리와 함께 고향으로 돌아온다. 나오미는 그를 맞이하는 동네 여인들에게 "여호와께서 나를 치셨다"라고 한탄한다(1:21, 새번역). 이 고백에서 나오미는 자신의 아픔을 토로한다. 하나님이 모든 것을 빼앗아갔다는 것이다. 나오미를 맞이한 고향 사람들이 그녀의 잘못된 신학을 책망하지 않고 묵묵히 그녀의 아픔을 껴안아 주었다는 것이 매우 인상적이고 아름답다. 살다 보면 때로는 슬픈 날이 우리를 찾아온다. 하나님이 원망스러울 정도로 마음이 아플 때가 있다. 그때 절제할 수 없는 아픔을 숨기려 하지 말고, 나오미처럼 슬픈 노래를 부르는 것이 좋다. 슬픔의 노래를 부르다 보면 우리 자신이 치유를 받게 되고, 또한 기쁨의 노래를 부를 날을 갈망하는 마음이 생길 것이다.

 룻기가 등장인물을 통해 하나님의 주권을 강조하지만, 정작 하나님은 매우 신비한 형태로 사역하신다(Hals). 보아스는 홀로된 시어머니와 함께 베들레헴을 찾아온 룻에게 "너는 전능자의 날개 아래 있으니, 그가 너를 보호하실 것이다"라고 한다(2:12). 한때는 하나님을 원망했던 나오미도 하나님은 사람을 축복하시는 분이라고 고백한다(2:20; cf. Bush, Campbell, Block). 보아스도 비슷한 고백을 하며(3:10), 하나님은 예나 지금이나 변함없으신 살아 계신 분이심을 선언한다(3:13). 룻이 보아스와 결혼하여 아들을 얻었을 때, 동네 여인들은 하나님을 찬양한다(4:14). 등장인물들은 끊임없이 하나님의 주권과 신실하심을 찬양하고 있는 것이다. 그러나 정작 하나님은 한번도 모습을 드러내지 않으신다. 룻기는 보이지 않는 곳에서 모든 것을 주관하시는 하나님의 주권을 강조한다.

(4) 하나님의 인애

룻기는 '자비/인애'(חֶסֶד)가 어떤 것인가를 정의하는 책이다(Bush, cf. 1:8; 2:20; 3:10). 우리말 번역본이 '자비/인애'로 번역하고 있는 히브리어 단어 '헤세드'(חֶסֶד)는 구약에서 3분의 2 이상이 하나님과 직접 연관되어 사용된다. 그래서 헤세드는 하나님의 성품을 가장 잘 나타내는 개념일 뿐만 아니라, 하나님의 성품과 연결해서 설명해야만 의미가 있다고 한다(Glueck, Clark). 헤세드는 다음과 같이 다양한 의미와 조건을 지녔다. 첫째, 헤세드는 이미 성립된 관계를 전제한다. 그렇기 때문에 언약/계약이 헤세드와 함께 논의되는 것은 보편적이다. 헤세드는 이미 체결된 언약/계약을 마음을 다해 이행하는 것을 의미한다(Sakenfeld, Glueck). 둘째, 헤세드는 감정과 의도적인 면모를 포함하고 있지만, 가장 기본 성향은 실천이다. 헤세드는 상대방의 위기와 필요를 의식하고 적절한 조치를 취해 베풀어주는 행위인 것이다(Sakenfeld, Clark). 그러므로 헤세드는 베푸는 자와 받는 자 사이에 형성된 관계에 성실하게 임하는 것을 전제한다(Clark). 셋째, 헤세드는 강한 자가 약한 자에게 베푸는 것이다(Younger). 하나님이 자기 백성에게 베푸는 자비에서 이 같은 사실이 가장 확실하게 드러난다. 사람들 사이의 헤세드는 상황에 따라 베푸는 자와 받는 자가 바뀔 수 있다. 넷째, 헤세드는 자신이 감당해야 할 의무/책임 이상의 선처를 자발적으로 베푸는 것이다(Sakenfeld). 그러므로 누구도 자신의 책임을 다한 사람에게 헤세드를 강요할 수는 없다. 그렇다면 무엇이 사람으로 하여금 의무/책임 이상의 자비와 은혜를 베풀게 하는가? 이미 성립된 관계 때문이다(Hubbard). 헤세드에서 가장 중요한 것은 관계이다.

헤세드의 성향에 대하여 위에 언급된 네 가지 중 룻기와 연관하여 가장 중요한 것은 두 가지다(Glueck, Sakenfeld, Clark). 첫째는 하나님과 주의 백성 사이에 있어야 할 언약적 충성이다. 둘째는 서로에 대한 배려와 사랑이다. 물론 이 두 가지는 서로 밀접한 연관성이 있다. 하나님께 충성하는 사람은 이웃에게 자비를 베푸는 사람이기 때문이다. 룻기는 두 가지 중 두 번째 의미로서의 '자비/인애'를 두 등장인물의 삶을 통해 더욱 부각시킨다. 다음 상황을 생각해보자.

룻이 죽은 남편의 집안과 홀로된 시어머니를 위해 베푼 사랑이 바로 인애(חסד)다. 종종 설교자가 홀로된 시어머니를 등지고 자기 백성에게 돌아간 오르바를 비난하는 것을 목격하고는 한다. 그러나 룻기는 오르바를 비난하지 않는다. 오르바가 취한 행동은 그녀가 처한 상황을 고려하면 지극히 정상적이다. 룻이 오르바처럼 시어머니를 두고 자기 백성에게 돌아가도 비난할 사람은 없다. 그러나 룻은 홀로된 시어머니를 보필하기 위해 조국을 떠나 낯선 베들레헴을 찾았다. 룻은 베풀지 않아도 될 사랑과 배려를 자신이 원해서 베푼 것이다. 룻기는 바로 이것을 헤세드(자비/인애)라고 한다.

보아스 역시 인애가 무엇인가를 알고 베푼 사람이었다. 룻이 기업 무를 자의 권한을 행하라고 타작마당에 있는 그를 찾아왔을 때, 그는 권한 행사를 거부할 수도 있었다. 기업 무를 자의 권한을 행하는 일이 많은 경제적 손실을 감수해야 했기 때문이다. 룻의 헤세드에 감동한 보아스는 그보다 우선권을 가진 사람이 한 사람 있는데 만일 그가 권한을 행하지 않으면, 자기가 꼭 그 권한을 행하겠다고 여호와의 이름으로 맹세한다. 보아스 역시 자신이 하지 않아도 될 일을 큰 경제적 손실을 감수하면서까지 꼭 하겠다고 나선 것이다. 이것이 바로 헤세드(자비/인애)다.

인애는 우리가 감당해야 할 책임을 완수하는 것에 그치는 것이 아니다. 더 나아가 우리가 남을 위해 하지 않아도 될 일을 하는 배려이고 사랑이다. 중요한 질문은 누가 이런 일을 할 수 있는가다. 룻기 저자는 룻이 이런 일을 할 수 있었던 것은 시댁을 통해 하나님의 헤세드(자비/인애)를 체험했기 때문이라는 사실을 암시한다. 보아스 역시 하나님을 경외하는 사람이었기에 이런 일이 가능했다. 즉, 먼저 하나님의 헤세드를 경험해본 사람만이 다른 사람에게 자비를 베풀 수 있다. 하나님 은혜를 몸소 체험했던 룻과 보아스가 삶을 통해 보여준 것은 곧 주의 백성을 향한 하나님의 인애였던 것이다.

룻기는 어느 시대나 룻처럼 인애를 베풀며, 보아스같이 자비롭게 살면 하나님이 축복하실 것이라는 메시지를 선포하고 있다. 룻은 거지가 된 늙은 외국인 시어머니를 홀로 보낼 수 없었다. 그래서 자신의 모든 것을 포기하고 홀로된 시어머니를 모시고 죽은 남편의 고향 베들레헴을 찾았다. 룻은 나오미에게 헤세드를 베푼 것이다. 베들레헴의 유지 보아스도 헤세드를 아는 사람이라 모압 여인 룻과 나오미의 이야기를 그냥 듣고 넘기지 않았다. 룻을 칭찬하는 것은 물론 두 여인에게 실질적인 도움이 되기를 원했다. 그래서 추수철 내내 룻이 자기 밭에서 이삭을 줍게 하면서 온갖 자비를 베풀었다. 더 나아가 보아스는 상당한 경제적인 손해를 감수하고 룻과 나오미에게 유산을 찾는 기회를 만들어주었다. 이 모든 것을 지켜보시던 하나님은 이들을 축복하셨다. 룻과 보아스의 공통점은 베푸는 자들이었다.

룻기를 통해 하나님은 그를 사랑하는 공동체가 어떤 자세로 서로 바라보며, 어떻게 서로를 도우며 살아가야 하는지 가르쳐 주신다. 저자는 하나님의 인애에 대해 다음과 같이 증언한다(Block). (1) 주님의 인애는 이스라엘과 유다, 다윗에게 약속하신 것을 지키실 것이다. (2) 하나님의 인애는 매우 신비로운 방법으로 역사하며 주님의 목적을 이루어 간다. (3) 주님의 인애는 모든 것이 합하여 선을 이루도록 한다. (4) 하나님의 인애는 우리가 서로에게 은혜, 신실함, 친절, 헌신 등을 행하는 참 신앙을 유도한다. (5) 하나님의 인애는 한계를 초월하여 모든 사람에게 적용되어야 한다. 우리는 서로에게 인애를 실천해야 한다. 룻과 같이 섬기고, 보아스같이 인애하자. 그리하면 하나님이 우리 모두를 축복해 주실 것이다.

(5) 하나님의 숨겨지심

등장인물의 입술을 통해 끊임없이 찬양을 받으시는 하나님의 이름과는 대조적으로 이 책 안에서는 하나님의 직접적인 인도하심이나 역사하시는 손길이 보이지 않는다(Hals). 물론 하나님의 함께하심이 책 안에서 발견되지 않는 것은 아니다. 다만 하나님의 사역은 지속적이면서도 은밀한 것으로 표현된다. 내레이터도 의도적으로 하나님에 대한 언급을 피하는 듯하다(Bland). 등장인물이 누누이 하나님을 언급하지만, 정작 내레이터는 겨우 두 차례 언급할 뿐이다.

룻기에는 하나님의 기적/이적에 대한 언급이 없다. 그나마 기적에 가장 가까운 일은 하나님이 이스라엘에 강타한 기근을 멈추고 다시 자기 백성에게 양식을 주신 일(1:6)과 룻이 아들을 낳은 일이다(4:13). 물론 룻과 보아스가 아들을 낳은 것은 분명 하나님의 도우심으로 가능했던 일이다(Loader). 그럼에도 이 사실을 강력하게 부각시키지 않는다. 다윗의 계보에서도 하나님이 다윗에게 이스라엘을 주셨다는 말이 나올 만도 한데 그렇지 않다. 또한 얼마든지 하나님의 역사로 표현될 수 있는 일이 룻기 안에서는 우연 혹은 인간 행동의 결과로 묘사된다. 대표적인 예가 룻이 어떻게 하여 보아스의 밭에 발을 들여놓게 되었는가 하는 것이다. 룻기의 구성을 감안할 때 룻과 보아스의 만남은 필연적이다. 하나님의 역사가 일어나려면 이들은 꼭 만나야 한다. 그런데 이들의 만남을 '우연히' 일어난 일로 묘사한다(2:3).

보아스가 기업 무를 자의 권한을 행하는 일에 있어서 자기보다 우선권을 가지고 있던 '아무개'라는 사람에게 나오미와 룻 이야기를 할 때 독자는 다소 심각한 위기감을 느낀다. 그 사람이 처음에는 권한을 행사하겠다고 나섰기 때문이다. 그러나 보아스가 모든 여건을 이야기하자 그는 권리를 포기하며, 독자는 안도의 숨을 내쉬게 된다. 이 일도 하다 보니 우연히 된 일처럼 보인다. 그러나 이 '우연' 뒤에는 모든 것을 주관하시는 하나님이 계셨다(Luter & Davis).

룻기의 이 같은 묘사법은 생소할 뿐만 아니라 다소 충격적으로 여겨질 수도 있다(Luter & Davis). 그러나 의도적으로 하나님을 사람의 평범한 일상과 우연으로 가리는 데는 중요한 이유가 있다(Hubbard). 우리는 신앙의 척도를 기적을 행하는 능력으로 가늠하려는 사람을 접한다. 기도할 때마다 은사가 강하게 일어날수록 크고 바람직한 믿음이라는 것이다. 그러므로 이 기준에 의하면 성도의 삶에서 기도가 응답되지 않고, 이적이 없는 것은 믿음이 약하기 때문이다. 이러한 논리는 번영 복음의 핵심이다.

룻기는 이 같은 논리에 반론을 제기한다. 룻기는 가장 건강하고 바람직한 믿음은 이렇다 할 이적이 일어나지 않고 평범한 일상이 계속되고, 심지어 하나님이 모습을 감추고 침묵하실지라도 묵묵히 그분을 바라며 기다리는 것이라고 한다. 사실 기도할 때마다 응답받고, 기도할 때마다 이적이 일어난다면, 이 세상에 신앙생활을 하지 못할 사람이 몇이나 되겠는가? 우리에게 가장 큰 믿음이 필요할 때는 하나님의 손길이 보이지 않고, 우리의 기도가 응답되지 않을 때다. 아무리 기도해도 하나님이 침묵하고 지극히 평범한 일상이 반복될지라도 전능하신 하나님을 의지하며 묵묵히 그분을 기다리는 것이야말로 우리 모두에게 필요한 큰 믿음인 것이다. 룻기는 하나님을 의도적으로 일상의 '우연' 뒤에 숨겨 이 같은 진리를 선포하고 있다.

(6) 하나님의 포용력

룻기는 하나님이 어떤 사람을 사용하시는가를 생각하게 하는 책이다. 룻기는 평범한 사람들의 이야기다. 그래서 내놓을 만한 영웅이 없다. 등장인물은 하나같이 평범한 신앙인이다. 그들은 지극히 평범한 일상에서 서로에게 인애를 베풀다가 하나님께 쓰임 받은 사람들이다. 하나님은 때로는 영웅도 쓰시지만, 지극히 평범한 사람도 사용하신다. 구약을 살펴보면 이런저런 영웅이 많으나 룻기는 매우 평범한 사람의 이야기다. 하나님은 일반인을 사용하여 역사하실 수 있음을 가르쳐 주고 있는 것이다.

더 나아가 룻기는 하나님의 역사와 섭리가 이스라엘에 제한되어 있지 않다는 것을 확실히 보여주는 책이다. 모압 여인 룻은 구약 시대를 대표하는 믿음의 이방인과 어깨를 나란히 하며 영원히 기억될 것이다. 구약에 기록된 모범적인 이방인 중에는 아브라함을 축복했던 멜기세덱, 세상의 그 누구보다도 믿음이 좋았던 욥, 이스라엘과 정탐꾼을 도왔던 라합, 여호와를 경외하여 진멸을 모면한 기브온성 사람, 여호와의 치유를 경험한 나아만, 요나의 경고를 듣고 회개한 니느웨 사람 등이 있다.

룻은 이 이방인 성도들과 함께 두루 기념될 뿐만 아니라, 더 큰 영광을 누린다. 이스라엘 최고의 왕 다윗의 조상이 되었고, 온 인류의 구원자이신 예수님의 계보에 올랐기 때문이다(마 1장). 이스라엘 여인으로서도 누릴 수 없는 축복을 모압 여인이 누리게 된 것이다. 예수님의 계보를 보면 한 가지 특별한 점을 깨닫게 된다. 마태복음 1장의 메시아의 계보에 오른 여인은 다섯 명인데, 다섯 명 모두 하나같이 사회적으로 환영받지 못할 사람이었다는 사실이다. 첫 번째로 언급되는 다말은 시아버지와의 관계를 통해 쌍둥이 아들을 얻은 여인이다. 라합은 여리고 성에서 몸을 팔던 창녀였다. 룻은 이방인, 그것도 이스라엘이 혐오하던 모압 여인이었다. 솔로몬의 어머니 밧세바는 우리아의 아내였고 다윗과 간음한 여인이었다. 예수님의 어머니 마리아는 혼전임신을 했다. 물론 우리는 이 일이 성령이 하신 일임을 잘 알지만, 내막을 잘 모르는 사람에게 마리아는 손가락질의 대상이 되었을 것이다.

시아버지와 정을 통한 며느리, 창녀, 이방인, 간음한 여인, 결혼 전에 임신한 처녀가 메시아의 계보에 오른 유일한 여인들이라는 것이 충격적일 수 있다. 그러나 하나님은 이처럼 부끄러운 여인들을 사용하셔서 메시아를 이 세상에 오게 하셨다. 이 같은 사실은 우리에게 예수님의 구원 사역과 복음의 포괄성을 선언하는 듯하다. 예수님이 구원하실 수 없는 죄인은 없다. 또한 복음에서 제외되어야 할 사람도 없다. 주님은 신분의 귀천에 상관없이 모든 사람을 구원하시기 위해 이 땅에 오신 것이다. 이 같은 사실이 오늘날 한국 교회의 한 귀퉁이에서 형성되고 있는 '기독교 귀족'에 대하여 무엇을 말하고 있는가를 생각해 보아야 한다.

(7) 통일성

일부 학자들은 룻기 저자가 인용한 출처들을 찾으려고 많은 노력을 했다. 그러나 대부분 학자는 룻기 1:1부터 4:17까지는 놀라운 통일성(unity)과 매끄러운(polished) 작품성을 지녔다고 생각한다. 반면에 4:18-22에 등장하는 다윗의 계보에 대하여는 상당한 이견이 있다. 많은 학자가 이 부분은 역대상 2:9-15를 인용한 것으로 간주한다. 실제로 두 계보가 같은 이름을 포함하고 있는 것은 사실이나 어떤 관계를 지니고 있는지를 결론짓기는 어렵다.

대체로 룻기 계보가 이미 완성된 작품에 임의로 더해졌다고 생각하는 것이 주류를 이룬다(Hubbard, Bush). 논리는 다음과 같다. 4:18-22는 4:17 후반에 주어진 정보를 재정리하고 있으며 룻기의 다른 부분의 작품성과 잘 어울리지 않는다는 것이다. 구약의 모든 계보는 뒤따르는 이야기를 소개한다. 반면에 룻기의 계보는 이미 앞에서 전개된 이야기의 결론으로 등장한다. 룻기 계보는 구약에서 매우 독보적인 위치에 있는 것이다. 또한 이 계보는 다윗을 염두에 두고 정리되어 있다. 반면에 룻기 자체는 다윗에 대하여 전혀 관심이 없는 듯하다.

최근에 들어서 이 계보가 책의 다른 부분과 많은 연결성을 지니고 있다는 견해가 지배적이다(Porten, Berlin, Campbell, Sasson). 이 부분이 '가족의 역사'(1:1-5)와 균형을 이루고 있으며 룻기가 저작되었을 때부터 책에 포함되어 있었다고 주장한다(Hubbard). 룻기의 계보가 4:17 후반에 주어진 짧은 계보를 베레스(4:12)와 연결하며 4:11b-12에 언급된 축복의 성취라고 보기도 한다(Block, Younger). 또한 룻기의 주요 인물이 다윗의 계보에 등장하여 계보는 받아야 할 하나님의 축복을 실제로 받았다는 사실을 확인해주는 역할을 하고 있다고 해석하기도 한다. 이 계보는 보아스를 포함시키는 일로 그의 축복을 분명히 명시하고, 더욱이 일곱 번째에 등장시켜 그의 축복을 더욱 확대시키고 있다.

또한 이 계보가 10명으로 구성되었고, 표현 방식이 창세기 계보와 흡사하다 하여(창 4:17-24; 5:1-32; 11:10-26; 25:12-15) 종종 그 계보들과 비교되기도 하는데, 다윗을 열 번째 자리에 두어 계보가 룻기의 결론부에서 말하고자 하는 룻기 저작의 근본 목적을 정확하게 보여주고 있다(Block). 보아스와 다윗의 이름이 차지하는 전략적 위치를 감안하여 10명의 이름으로 구성된 이 계보가 모든 대(代)를 포함하고 있는 것이 아니라 숫자를 10으로 맞추기 위하여 일부는 생략했을 것이라고 주장하는 사람도 있다(Hubbard, cf. Bush, Campbell). 실제로 구약뿐만 아니라 고대 근동에서는 필요에 따라 계보에서 일부 세대를 생략하는 일이 흔했다(Wilson, Younger). 이 같은 현상을 '텔레스코핑'(telescoping: 한 눈으로 보는 옛 망원경을 길게 혹은 짧게 하여 사용하는 것에서 유래함) 혹은 '갭핑'(gapping: 중간에 뛰어넘을 공간이 있다는 의미)이라고 하며 주로 계보의 중심부에서 일어나는 것으로 이해한다(Bush, cf. Alexander).

다윗 계보가 룻기 안에서 어떤 역할을 하고 있는가에 대하여 드모어(de Moor)는 다음과 같이 말한다.

> 조상들에 대한 언급으로 가득 찬 룻기 4장이 족보로 끝나는 것이 어색한가? 룻기에는 장로들, 친족 구속자, 나오미, 엘리멜렉, 말론, 기룐, 라헬, 레아, 이스라엘, 베레스, 다말, 유다 등의 이름이 등장하였다. 더욱이 해석자들은 이 모든 이름이 각자 특별한 의미와 역할을 지니고 있음을 간과하고 있다. 말론, 기룐, 유다의 이름은 단지 1장과 4장에만 나타난다. 아들들은 1장과 4장에만 언급된다. 이 같은 현상이 함축하고 있는 진리는 분명하다. 어떤 불행이 닥쳐도 여호와의 보살핌은 세세 무궁토록 세대에서 세대로 이어지며, 하나님은 신실하시다는 점을 강조한다. …이것은 인간 노력의 결과인가? 룻기의 저자는 이에 대해 아마도 "그렇다"라고 긍정적으로 답할 것이다. 룻기 저자는 나오미와 보아스와 룻의 행동을 자주 칭찬하고 있다. 보아스와 룻이 계속적으로 여호와의 복을 받기를 많은 이가 축원한다(2:4, 19-20; 3:10). 그러나 결국 찬송을 받으실 분은 여호와시다(4:14). 이 모든 것 뒤에 계신 분은 여호와시기 때문이다.

5. 개요

룻기는 다른 구약 책에 비해 원문이 매우 잘 보존되어 있는 책에 속한다(Bush, Campbell). 룻기는 매우 짧은 시간 내에 진행된 일을 중심으로 형성되어 있다. 대부분은 룻이 베들레헴에 도착하여 보아스와 결혼하기까지 길어도 6주 정도밖에 걸리지 않았다고 생각한다. 룻기는 겨우 85절로 구성되어 있는 매우 짧은 책이다. 이 중 45절이 대화로 구성되어 있으며 그 어느 정경보다도 대화를 효율적으로 사용한다. 또한 책의 구성과 전개와 발전이 거의 모두 대화 섹션에서 진행된다. 그러므로 룻기를 해석할 때, 등장인물들의 대화에 특별한 관심을 쏟아야 한다. 한 저자가 자신의 작품에서 대화를 많이 사용하는 것은 그만큼 작품을 극적으로 묘사하기를 원하는 것이다(Alter, Berlin).

룻기는 간단한(simple) 책이지만, 단순한(simplistic) 책은 아니다(Eskenazi & Frymer-Kensky). 모든 학자가 룻기의 작품성에 감탄을 표한다(Hubbard).『신곡』을 집필한 단테는 룻을 '다윗의 조상으로 온유한 여인이요 이삭 줍는 소녀'로 묘사하고 있는가 하면,『천로역정』을 남긴 번연(Bunyan)은 룻에게서 크리스티아나의 젊은 동반자인 '인자'(Mercy)에 대한 영감을 받았다. 괴테는 룻기를 '구약에서 가장 아름다운 작은 스토리'라고 부르기도 했다. 쿵켈(Gunkel)은 룻기를 간략하면서 확실한 구조적 통일성을 보이며 플롯을 전개하는 매우 발달된 대화술을 잘 살린 '노벨라'(novella)의 대표적인 예라고 극찬했다. 이처럼 룻기는 책을 읽는 모든 이에게 감동을 주며, 독자는 단숨에 룻과 사랑에 빠진다.

룻기는 또한 매우 짜임새 있는 구조와 이야기 전개를 보여주는 책이다(Sakenfeld, Linafelt). 룻기의 놀라운 작품성은 감탄을 자아내게 한다(Berlin, Bush, Hubbard). 책이 상당히 짧고 놀라운 짜임새를 보이기에 룻기를 즐기기 위해서는 여러 번 나누어 읽는 것보다 한번에 읽는 것이 좋다고 제안하기도 한다(Nielsen, Block). 한 학자는 룻기의 이야기 전개를 다음과 같이 그래프로 표현했다(Coats, cf. Younger). 룻기는 '위기-해결'의 매우 단순한 이야기 구조를 두 차례 반복하며 진행하고 있다는 것이다. 여기에 이야기의 정황과 주요 등장인물을 소개하는 서론과 모든 사람이 행복해졌다는 결말을 더했다.

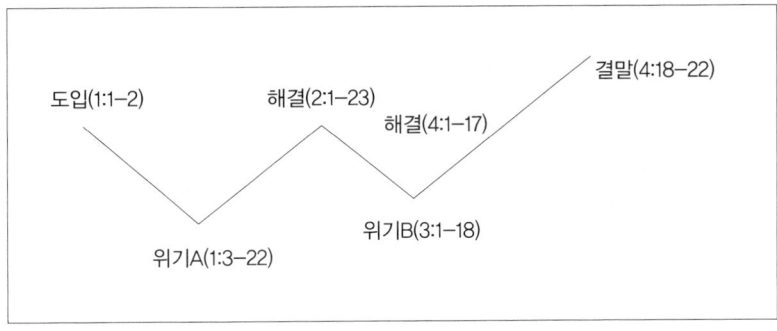

룻기의 흐름을 보면 책이 시작할 때 텅 비었던 나오미의 삶(1:20-21)이 책이 끝날 때에는 가득 찬다(4:17; cf. Berlin). 절망이 희망으로 바뀐 것이다. 우리는 나오미의 운명을 통해 이스라엘의 운명을 보고 있다. 사사기는 이스라엘의 삶이 어떻게 텅 비어 어두움만 남게 되었는가를 설명했다. 그러나 룻기는 곧 그들의 삶이 풍요로 채워질 것이며, 빛으로 가득할 때가 올 것이라는 기대감을 갖게 한다. 이 책에서 기대되는 풍요로운 삶은 사무엘서에서 현실로 모습을 드러낸다.

또한 책을 시작하는 엘리멜렉의 가족 이야기(1:5)가 끝에 가서는 다윗의 계보로 대체된다(4:18-22). 나오미의 죽은 '아들들'(1:5)이 '나오미의 아들' 오벳(4:16)으로 대체되고 있다. 엘리멜렉의 계보가 망하게 되었지만, 오벳을 통한 계보는 왕성하게 뻗어나간다. 역시 죽어가던 이스라엘의 운명이 새로운 계기를 맞이하여 생명력으로 가득할 것을 암시하는 듯하다. 이 같은 내용을 바탕으로 룻기의 흐름을 파악해보면 다음과 같은 구조를 지녔다(Schwab).[3] 슈왑(Schwab)에 의하면 룻기는 룻

---

3 이와 비슷하게 라솔(LaSor)은 다음과 같은 구조를 제시한다.
  A. 1:1-5 서론: 엘리멜렉의 가족
    B. 1:6-18 나오미의 염려: 며느리들의 결혼
      C. 1:19-22 나오미의 슬픔: '텅 빈' 삶
        D. 2:1-2 대화: 나오미와 룻
          E. 2:3-17 대화: 룻과 보아스
            F. 2:18-23 대화: 룻과 나오미

이 좋은 소식을 나오미에게 알려주는 H를 중심에 둔 교차대구법적 구조를 지녔다. 또한 A-G와 G'-A'는 두 섹션 모두 각각 40절씩 구성되어 있다.[4] 평행적 균형을 이루고 있는 것이다. 다음을 참고하라.

  A. 엘리멜렉의 계보(1:1-5)
    B. 나오미가 아들들을 잃음, 과부들이 각자 집으로 돌아가야 함(1:6-14)
      C. 룻의 계획 선언과 나오미의 침묵(1:15-19a)
        D. "이 사람이 나오미냐?"(1:19b-22)
          E. 룻이 보아스의 밭에서 보리를 주움(2:1-7)
            F. 보아스와 룻의 첫 번째 만남(2:8-13)
              G. 보아스가 비밀스러운 명령을 내림(2:14-17)
                H. 룻이 나오미에게 좋은 소식을 전함(2:18-23)
                  1. 룻이 보아스의 밭에서 주운 이삭을 나오미에게 줌
                  2. 나오미가 룻에게 질문한 후 자비를 베푼 자를 축복함
                  3. 룻이 그의 이름이 보아스임을 밝힘
                  4. 나오미가 여호와의 이름으로 그를 축복함
                  4'. 나오미가 여호와께서 마음에 둔 '회복

              F'. 3:1-5 대화: 나오미와 룻
            E'. 3:6-15 대화: 룻과 보아스
          D'. 3:16-18 대화: 룻과 나오미
        B'. 4:1-12 법 집행: 땅, 며느리의 결혼, 상속자
      C'. 4:13-17 나오미의 '가득 찬' 삶
    A'. 4:18-22 계보: 다윗의 가족

---

4 1:19를 두 절로 나눌 때 이런 분석이 가능하다(Schwab).

　　　　　　시키는 자'를 의식함
　　　　　3'. 룻이 보아스가 보리를 더 내준 것에
　　　　　　　대하여 말함
　　　　　2'. 나오미가 상황이 좋다고 선언함
　　　　　1'. 룻이 이삭줍기를 계속하며 나오미와 삶
　　　　G'. 나오미가 비밀스러운 명령을 내림(3:1-7)
　　　F'. 보아스와 룻의 두 번째 만남(3:8-13)
　　 E'. 보아스가 보리를 룻의 치마에 담아 줌(3:14-18)
　 D'. "이 사람이 회복시키는 자냐?"(4:1-8)
　C'. 보아스의 계획 선언과 증인들의 축복(4:9-12)
 B'. 나오미에게 아들이 태어나 가문을 회복시키는 자가 됨(4:13-17)
A'. 베레스의 계보(4:18-22)

 룻기를 무대에 펼쳐지는 하나의 극으로 상상해본다면 서막(prologue)과 결말(postlude) 사이에 네 개의 짜임새 있는 막들로 구성된 것을 알 수 있다(Howard, cf. Block, Younger, Bush, Sakenfeld, Nielsen).[5]

막	장		본문
서막	텅 빈 나오미	배경, 등장인물 소개 주제 암시: 죽음과 텅 빔(Emptiness)	1:1-5
1막	여호와, 재난의 원인?	1장: 베들레헴으로 가는 길(Emptiness Compounded) 2장: 베들레헴 도착(Emptiness Expressed)	1:6-18 1:19-22

---

5 블록(Block)은 1:22-23을 2장과 함께 2막으로 구분하지만, 이 같은 분류는 책의 자연스러운 장절 구분을 무시할 것일 뿐 특별히 따를 이유가 없다. 그러므로 대부분이 제안하는 것처럼 룻기의 장절 구분을 존중하여 책을 섹션화하는 것이 바람직하다.

2막	여호와의 헤세드	1장: 룻의 계획(양식) 2장: 보아스의 추수 밭, 떡과 보리 이삭을 얻음 3장: 룻의 보고(Fullness Anticipated)	2:1–7 2:8–16 2:17–23
3막	룻의 헤세드	1장: 나오미의 계획(남편) 2장: 보아스의 타작마당(룻의 결혼 요청) 3장: 룻의 보고(Fullness Foretasted)	3:1–6 3:7–15 3:16–18
4막	보아스의 헤세드	1장: 기업 무를 자와 협의 2장: 보아스와 룻의 결혼	4:1–8 4:9–12
결말	가득 찬 나오미	룻의 출산: 생명과 채움(Fullness) 다윗의 족보	4:13–17 4:18–22

네 개의 막을 중심으로 책을 분석하는 위 도표가 다음과 같은 교차대구법적 구조로 표현되기도 한다(Luter & Rigsby).

    1막(1:1–5): 죽음을 통해 텅 빈 가족의 미래에 대한 절망
      2막(1:6–22): 헌신과 신실함으로 소망을 향한 첫걸음을 뗌
        3막(2:1–23): 기업 무를 자를 통한 채움과 보호.
          4막(3:1–18): 기업 무를 의지를 지닌 자에게 보호를 제안함
        5막(4:1–12): 헌신과 지혜로 소망적인 미래를 향한 마지막 걸음을 뗌
      6막(4:13–17): 가족의 탄생을 통해 미래가 기쁨으로 채워짐
    결말(4:18–22): 가족의 과거, 현재, 미래가 왕의 출생을 기다림

룻기는 또한 핵심 단어를 책 곳곳에서 매우 효율적으로 반복하고 있다. 이러한 반복은 책 전체에 일관성을 더할 뿐만 아니라 플롯을 진행하는 데 매우 중요한 역할을 감당한다(Bush, Campbell, Block).

핵심 단어	1장	2장	3장	4장
아기	1:5			4:16
자비(חֶסֶד)	1:8	2:20	3:10	
안식	1:9		3:1	
붙좇다/함께 있다(דָּבַק)	1:14	2:8, 21, 23		
유숙하다/머물다	1:16		3:13	
돌아오다	1:21			4:15
텅 빔(רֵיקָם)	1:21		3:17	
친족/언약 형제 (covenant brother)		2:1	3:2	
유력한(현숙한)		2:1	3:11	4:11
주목하다		2:10, 19		
날개		2:12	3:9	

위와 같은 내용을 바탕으로 룻기는 다음과 같이 구분할 수 있다. 이야기 흐름의 핵심은 어떻게 대가 끊긴 집안이 대를 잇게 되었는가이다.

I. 대가 끊긴 집안의 슬픔(1:1-5)
   A. 엘리멜렉 집안의 피난(1:1-2)
   B. 엘리멜렉 집안의 위기(1:3-5)

II. 대가 끊긴 집안의 해체(1:6-22)
   A. 대책(1:6-18)
   B. 베들레헴으로(1:19-22)

III. 대를 이을 수 있는 실낱 같은 희망(2:1-23)
   A. 만남 준비: 이삭 줍는 룻(2:1-3)

B. 룻과 보아스의 만남(2:4-16)
   C. 만남의 결과: 희망의 불씨(2:17-23)

IV. 대를 잇기 위한 노력(3:1-18)
   A. 만남 준비: 나오미의 계획(3:1-5)
   B. 룻과 보아스의 만남(3:6-15)
   C. 만남의 결과: 확고한 희망(3:16-18)

V. 대를 잇게 된 가족(4:1-17)
   A. 보아스의 법적 노력(4:1-12)
   B. 결과(4:13-17)

VI. 대가 이어진 가족의 기쁨(4:18-22)

엑스포지멘터리
역사서 개론

사무엘

EXPOSItory comMENTARY

사무엘

여호와를 대적하는 자는 산산이 깨어질 것이라 하늘에서 우레로 그들을 치시리로다 여호와께서 땅 끝까지 심판을 내리시고 자기 왕에게 힘을 주시며 자기의 기름 부음을 받은 자의 뿔을 높이시리로다(삼상 2:10)

여호와께서 그의 왕에게 큰 구원을 주시며 기름 부음 받은 자에게 인자를 베푸심이여 영원하도록 다윗과 그 후손에게로다(삼하 22:51)

소개

사무엘서는 구약 정경 중 히브리어 텍스트가 가장 불확실한 책들 가운데 하나에 속하기 때문에 구약학자들에게 많은 어려움을 주는 책이다. 사무엘서의 히브리어 사본은 전수 과정에서 잘 보존되지 않아 많은 부분이 부패했을 뿐만 아니라, 일부분은 의미를 파악하기조차 어렵다(cf. BHS).[1] 이런 이유로 사무엘서는 구약의 그 어느 책보다도 본문비평의

---

1 쿰란(특히 네 번째 동굴)에서 사무엘서 사본이 몇 조각 나왔고, 그중 한 사본은 주전 3세기 중반에 저작된 것으로서 쿰란 사본 중 가장 오래된 것으로 판정 받았지만, 분량이 많지 않

중요성이 강조되며 또 많이 사용된다. 또한 책의 원(原) 모습과 변화 단계에 대한 온갖 추론도 난무한다(cf. Tsumura). 역사적으로 사무엘서의 히브리어 텍스트를 복원하는 일에 있어서 헬라어 번역본인 칠십인역(LXX)과 라틴어 번역본인 불가타(Vulgate) 등이 적절히 사용되었다.

텍스트가 갖는 난해함에도 불구하고 사무엘서는 유명한 성경 이야기들로 가득하다. 어린 사무엘이 하나님의 부르심을 받고 선지자가 된 이야기, 소년 다윗이 거인 골리앗과 싸워 승리한 일, 다윗과 요나단의 우정, 다윗과 밧세바 사건 등은 잘 알려져 있을 뿐만 아니라 많은 사람의 상상력을 자극하여 수많은 소설과 동화의 소재가 되었다. 이처럼 흥미진진한 이야기들로 가득한 사무엘서는, 이스라엘의 통치 체제가 사사들을 중심으로 한 지방 체제에서 왕을 중심으로 한 중앙 체제로 전환되는 매우 중요한 과도기를 회고하기 때문에, 이스라엘 역사의 매우 중요한 시기를 조명하는 귀중한 역사적 자료이기도 하다.

책은 이스라엘의 마지막 사사이자 하나님을 대신해서 새로 출범할 왕정 제도에 신학적 정당성과 정체성을 부여할 선지자 사무엘의 이야기로 시작해서 하나님의 마음에 합한 자로 평가되는 다윗의 왕조가 뿌리내리는 이야기로 끝을 맺는다. 사무엘서는 또한 이스라엘에 왕정이 설립된 과정과 그 왕정이 갖는 신학적 중요성을 언급하며, 이스라엘이 어떻게 사사 시대를 종결하고 왕정 시대를 맞이했는지, 특히 이 과도기에 하나님이 그들의 역사에 어떻게 간섭하셨는지를 묘사한다.

여호수아가 특별한 후계자를 지명하지 않은 채 세상을 떠난 일로 시작된 사사 시대는 고난의 연속이었다. 이 시대는 이스라엘 역사에서 가장 암울하고, 무질서하고, 몰락한 시기였다. 사사기 저자가 거듭 "그때에는 이스라엘에 왕이 없었기 때문에 각자 자기 소견에 옳은 대로 행하던 시대"라는 변명처럼 여겨지는 말을 반복하는 것은 사사 시대에 대해 많은 것을 증언한다. 이스라엘은 여호와께서 선조들에게 약속하

기 때문에 사무엘서 원본을 조명하는 데 큰 도움이 되지는 않는다.

신 젖과 꿀이 흐르는 땅을 모세와 여호수아를 통해 선물로 받았다. 그러나 그들은 곧 하나님을 배반하고 가나안 사람들과 구별이 안될 정도로 타락해 버렸다(cf. 삿 1장). 심지어 하나님의 심판을 받아 지도에서 사라져야 했던 소돔과 고모라에서나 볼 수 있었던 죄악을 범하기도 했다(cf. 삿 19-20장). 이와 같은 이스라엘의 극심한 타락은 사사들의 삶 속에서도 잘 드러난다. 하나님이 모태에서부터 택하여 사사로 삼으셨던 사람들이 방탕과 무분별한 삶 가운데 행한 행동들은 하나님을 대신해서 이스라엘을 통치해야 할 정치인들이 얼마나 무책임했고 부패했는가를 잘 보여 준다.

정치인들뿐 아니라 종교인들도 부패하기는 마찬가지였다. 사무엘서 첫 부분에 수록된 실로의 제사장들에 관한 이야기가 이러한 사실을 극명하게 보여 준다. 엘리의 아들들은 제사장들로서 하나님의 대변자이자 이스라엘의 중재자 역할을 감당해야 할 종교 지도자들이었다. 그럼에도 그들은 하나님께 받은 소명에는 전혀 관심이 없고 자신의 몫을 챙기기에 혼신을 다할 뿐이었다(삼상 2:12-17, 22). 아들들의 신성모독 행위를 방관한 엘리는 이미 늙었고 몸은 비대했다(삼상 4:18). 그의 모습은 낙후하고 쇠퇴하여 생명력을 잃어버린 이스라엘 종교를 상징한다. 심지어 눈까지 어두워 기도하는 한나에게 술을 자제하라고 책망하기도 했다(삼상 1:14). 당시 가장 중요한 위치에 있던 종교 지도자가 술취한 여자와 기도하는 여자를 구분 못할 정도로 영적 분별력을 상실했던 것이다. 이스라엘의 최고 종교 지도자들이었던 제사장들이 제구실을 하지 못해 어느덧 백성들의 원망의 대상이 되어 버렸다. 물론 하나님도 이러한 상황을 기뻐하지 않으셨을 뿐만 아니라, 엘리와 아들들에게 분노하셨고 이들로 인해 이스라엘에 계시와 이적을 허락하지 않으셨다. 그래서 사무엘서의 저자는 이 시대에 대해 다음과 같이 저술한다. "아이 사무엘이 엘리 앞에서 여호와를 섬길 때에는 여호와의 말씀이 희귀하여 이상이 흔히 보이지 않았더라"(삼상 3:1).

결국 가나안 땅을 모두 정복하고 그곳에 하나님의 왕국을 형성해 나가야 할 사명을 받았던 이스라엘 사람들은 사무엘이 통치하던 시대로 접어들기 전에 여호수아 시대보다 더 위축되어 있었고, 가나안 문화에 긍정적인 영향을 끼치지도 못했다. 르우벤 지파는 정복 당시 기업으로 받았던 땅의 대부분을 모압에게 빼앗겼고, 단 지파는 분배받은 땅을 아모리 사람들에게 내주고(삿 1:34-36) 북쪽으로 올라가 라이스를 점령하여 단이라 이름지었다(삿 18장). 게다가 남서쪽 해안 지역을 차지하던 블레셋은 날이 갈수록 세력이 왕성해져 사사 시대가 끝나갈 무렵에는 이스라엘의 네메시스(viz., 이길 수 없는 적)가 되어 있었으며, 이미 이스라엘 영토의 상당 부분을 빼앗아 갔다. 그래서 학자들은 사무엘서를 시작하는 한나의 불행한 처지가 사사 시대를 지나던 이스라엘의 불행과 수난을 상징한다고 여겼다.

다행히 이와 같은 절박한 상황이 이스라엘이 당면한 현실의 전부는 아니었다. 인간들의 실수와 타락에도 불구하고 하나님은 새로운 시대를 열어 가기 위해 역사의 무대 뒤에서 조용히 모든 준비를 진행해 오셨기 때문이다. 하나님은 사무엘, 사울, 다윗을 통해 거의 무너져 내린 이스라엘이라는 장막을 믿기지 않을 만큼 위대하고 화려한 궁전으로 바꾸셨다. 이스라엘은 반세기 만에 초라하고 협력이 잘 되지 않던 지파들의 연합체에서 팔레스타인 지역에서 가장 강력한 중앙집권적 국가로 떠올랐다. 특히 다윗 시대는 정치와 군사력뿐만 아니라 종교에서도 르네상스를 이루어 냈다. 결과적으로 아브라함에게 처음 약속되었고, 모세-여호수아를 통해 상징적으로나마 성취되었던 약속의 땅에서의 안식이 드디어 이 시대에 현실화되었다.

사무엘서 저자는 이 모든 것이 여호와의 은혜였음을 누누이 강조한다. 즉, 이스라엘이 불안과 격동의 사사 시대를 마감하고 안정과 평화의 왕정 시대로 접어들 수 있었던 것은 전적으로 하나님의 역사였다. 소망이 사라지고 종교적 형식주의의 먹구름이 온 땅을 덮을 때, 하나님은 새 시대가 열릴 것을 예고하는 여명이 이스라엘에 드리우게 하셨다. 이스라엘 중에 이적과 계시를 다시 풍성하게 하신 것이다. "여호와께서 실로에서 다시 나타나시되 여호와께서 실로에서 여호와의 말씀으로 사무엘에게 자기를 나타내시니라 사무엘의 말이 온 이스라엘에 전파되니라"(삼상 3:21-4:1). 한나가 하나님의 은혜를 입어 아이를 낳은 것처럼 이스라엘은 하나님의 은혜의 말씀을 의지하여 새 시대를 열어 가야 한다.

1. 저자와 저작 연대

탈무드는 선지자 사무엘이 사무엘상 1-24장을, 선지자 나단과 가드가 나머지를 집필했다고 한다(b. B. Bat. 14b, 15a). 아마도 사무엘이 다윗에 대해 기록을 남겼다는 역대상 29:29-30에 근거한 결론으로 생각된다. "다윗 왕의 역사는 처음부터 끝까지, 선견자 사무엘의 기록과 선지자 나단의 기록과 선견자 갓의 기록에 다 올라 있는데, 그의 통치와 무용담 및 그와 이스라엘과 세상 모든 나라가 겪은 그 시대의 역사가 기록되어 있다"(새번역). 그러나 그가 다윗에 대해 얼마나 세세하게 기재했고 사무엘서가 이 책을 얼마만큼 인용했는지는 아무도 알지 못한다. 선지자 사무엘은 사무엘상 15장 이후에 더 이상 등장하지 않는다. 또한 이때는 이미 그가 사울과 다윗에게 기름을 부은 뒤다. 게다가 책이 채 끝나기도 전인 사무엘상 25:1에 그의 죽음이 언급된다. 이러한 이유로 인해 최근에는 학자들 가운데 탈무드의 주장에 동조하는 사람은 거의 없다. 그러므로 책의 이름이 사무엘서로 불리게 된 것은 그가 이 책의 저작권과 연관되서가 아니라 사무엘이 이 책에서 주요 인물로 등장하며, 이스라엘의 초대 왕을 인준한 킹메이커(king-maker)였기 때문일 것이다(Tsumura).

다윗의 통치와 업적에 대해 사무엘보다 더 많은 자료를 남긴 사람은 선지자 나단과 갓이었을 것이다(cf. 대상 29:29-30). 다윗뿐만 아니라 사울을 처음 만났을 때도, 사무엘은 이미 노년에 접어든 지 오래였다(cf. 삼상 8:5; 9장). 반면에 나단과 갓은 사울에게 쫓기던 다윗의 광야생활부터(cf. 삼상 22:5) 그의 통치 말년까지 다윗 주변에 있었다(cf. 왕상 1장). 그러므로 사무엘서는 사무엘이 남긴 자료보다는 나단과 갓이 남긴 자료와 더 깊은 연관성이 있어 보인다. 안타깝게도 이 세 선지자가 다윗에 대해 남긴 자료들이 우리에게는 전해지지 않기에 사무엘서와 그 자료들의 관계를 조명하기는 불가능하다.

사무엘서가 세 선지자가 남긴 글과 연관성이 있는 것은 거의 확실하지만, 책이 구약의 여러 책처럼 익명으로 전해졌기 때문에, 정확히 언제 기록되었는지 혹은 최종적으로 정리된 시기가 언제인지를 추측하는 것은 매우 어려운 일이다. 학자들은 사무엘서의 출처를 논할 때 크게 세 가지 핵심 문서를 논한다. (1) 법궤 내러티브(Ark Narrative), (2) 다윗의 상승기(History of David's Rise), (3) 계승 내러티브(Succession Narrative. cf. Hapern).[2] 법궤 내러티브는 사무엘상 4:1b-7:1과 사무엘하 6장 일부로 구성되어 있으며, 실로에 있던 법궤를 중심 요소로 다루고 있다(Rost; Miller & Roberts; McCarter). 그러나 일부 학자들은 여러 가지 이유로 인해 법궤 내러티브(AN)에 사무엘하 6장을 포함시키지 않는다(cf. Gordon). 법궤 내러티브(AN)는 사무엘서에서 가장 오래된 부분으로 간주되며, 상당 부분 선지자 사무엘 시대에서 유래한 것이다(Tsumura; cf. Alter).

다윗의 상승기(HDR)는 사무엘상 15장 혹은 16장에서 시작해 사무엘하 5장 혹은 6장까지 지속되는 것으로 간주되지만(Mettinger), 이러한 주장에 대해서도 의견이 분분하다(Howard; cf. Gordon). 이 상승기(HDR)의 목적은 다윗이 왕위에 오른 일을 정당화하기 위한 것이다. 이러한 맥락에서 다윗이 사울의 목숨을 거두지 않은 일(삼상 24, 26장), 사울의 죽

---

[2] 이 세 가지에 몇 가지를 더하는 학자들도 있다(cf. Bergen; Long).

음에 대한 다윗의 반응(삼하 1장), 아브넬의 죽음(삼하 3장), 이스보셋의 죽음(삼하 4장) 등은 다윗이 사울의 죽음과 무관하며 사울 집안에 대해 어떠한 악의도 가지고 있지 않았음을 강조한다. 이런 유형의 문서가 필요한 역사적 정황은 다윗 정권의 정당성에 문제 제기가 있었을 시기였으리라고 상상할 수 있다. 그래서 학자들은 이 문서가 사울이 죽은 직후 다윗이 유다의 왕이 되어 사울 집안을 지지하던 북쪽 지파들과 갈등을 빚던 시기(주전 10세기 초)에 저작되었다고 이해한다(McCarter; Ishida).

계승 내러티브(SN)는 사무엘하 9-20장과 열왕기상 1-2장으로 구성되어 있으며, 가장 확고한 통일성과 짜임새를 지닌 문서로 여겨진다(Ishida). 이 내러티브(SN)는 솔로몬의 왕권 계승을 정당화하기 위한 것으로 간주된다(Rost). 물론 이 같은 이해에 심각하게 문제 제기를 하는 사람들도 있다(Gunn; Ackerman; Alter). 더 나아가 이 섹션을 계승 내러티브(SN)가 아니라 '왕궁 역사'(Court History)라고 부르는 학자도 있다(Eissfeldt). 이야기의 핵심 이슈가 결코 '솔로몬 왕권의 정당성'이 될 수 없기 때문이다. 학자들은 세월이 흐르면서 이 세 개의 독립적인 문서를 중심으로 사무엘서가 편집된 것으로 이해한다. 물론 이 같은 주장은 일부 학자들의 가설일 뿐, 모든 사람이 동의하지는 않는다(cf. Alter; Arnold).

이와 같은 가정(假定)에 대해 어떻게 생각하든, 사무엘서에 수록된 내용이 세부적이고 자세한 것을 감안하면 다윗의 일(주전 1050-970년쯤)을 옆에서 지켜본 사람이 상당 부분을 집필한 것으로 생각할 수 있다(그가/그들이 나단과 갓이었을 가능성도 있다). 그가/그들이 누구였는지는 알 수 없지만, 대단한 문필가였다는 점은 의심할 여지가 없으며, 특히 사무엘하는 문장력에 있어서 성경의 다른 어떤 책보다도 섬세하고 매끄럽게 전개된 것으로 평가된다. 이러한 이유를 근거로 학자들은 저자가 모든 사건을 직접 지켜본 실제 증인이었을 것이라고 생각한다. 탈무드가 주장한 선지자 사무엘의 저작권에 만족하지 않는 학자들 사이에서 다윗이 성전 건축에 대해 자문을 구했던 나단(삼하 7:2), 다윗 정권 때 서기관으로 활약했던 스라야(삼하 8:17), 사독의 아들로 압살롬의 반란 때 다윗을 도왔던 아히마아스(삼하 15:27), 다윗의 광야 시절부터 그와 함께했던 제사장 아비아달(삼하 20:25) 등이 가능성 있는 저자로 논의되기도 했다(cf. Howard).

저자가 누구였는지는 도저히 가늠할 수 없더라도 저작이나 편집 시기는 어느 정도 추측할 수 있다. 사무엘서 자체가 암시하는 바를 생각해 보자. 첫째, 사무엘상 27:6은 유다 왕들을 언급한다. "그래서 시글락이 이 날까지 유다 왕들의 소유가 되었다"(새번역). 그러나 사무엘서가 회고하는 시대가 사울과 다윗의 통치 아래 이스라엘이 한 국가로 존재하던 때임을 감안한다면, '유다 왕들'(מַלְכֵי יְהוּדָה)이라는 말은 여로보암과 르호보암 때 나라가 분열된 이후를 의미하는 것임을 알 수 있다. 이 텍스트가 말하는 '이 날'(הַיּוֹם)은 나라가 분열된 이후 상당한 시간이 지난 때를 뜻하는 것이다. 그러므로 이 텍스트는 사무엘서가 왕국이 분열된 다음에 최종 편집되었음을 암시한다.

둘째, 학자들은 주전 722년에 있었던 사마리아의 멸망에 관한 언급이 책에 없다는 사실을 근거로 사무엘서가 722년 이전에 저작되었다고 주장한다. 그러나 사마리아 멸망 이후에 저작되었을지라도, 사무엘서가 굳이 이 사건을 언급할 필요는 없다. 책의 저작 시기와 연관하여 마지노선을 722년으로 정할 필요는 없다는 뜻이다. 반면에 사무엘서가 기록한 내용 대부분을 다윗과 솔로몬 시대에 저작된 것으로 간주하는 데는 별문제가 없다. 이때 저작된 자료들을 근거로 누군가가 왕국 분열 직후 혹은 몇백 년 후에 최종적으로 정리한 것으로 추정된다.

그렇다면 사무엘서는 어떤 정황에서 최종적으로 정리된 것일까? 대부분의 비평학자는 이 책이 신명기적 사가(Deuteronomistic Historian)에 의해 주전 5-6세기경에 바빌론에서 저작된 것으로 생각한다. 신명기적 사가와 연관된 '신명기적 역사'(Deuternomistic History)는 독일의 구약학자 노트(Martin Noth)가 1943년에 처음 제시한 설이다. 그는 신명기에서부터 열왕기까지가 문체적·신학적으로 단일성을 지니고 있으며, 이 책들(신명기-열왕기하)을 주전 550년경에 바빌론에서 한 사람이 집필했다고 주장했다.[3] 다소 이견이 있기는 하지만, 오늘날 대부분의 학자는 그의 주장을 전적으로 수용하거나 비중 있게 받아들이는 실정이다.

책의 최종 편집 시기를 추정하는 일에 있어서 사무엘서와 열왕기의 유기적 관계가 중요한 단서를 제공할 수도 있다. 주전 2-3세기에 히브리어 성경을 헬라어로 번역한 칠십인역(LXX)은 사무엘서를 1&2 Reigns(lit., 열왕기 1·2서)라고 했으며, 오늘날 우리가 열왕기라고 부르는 책은 3&4 Reigns(열왕기 3·4서)라고 불렀다. 만일 칠십인역 번역자들이 원래 한 권이었던 책을 사무엘서와 열왕기로 나누면서 이 호칭을 사용했다면, 사무엘서는 열왕기와 같은 시기에 같은 사람에 의해 저작/편집되었을 가능성이 있다(cf. Gordon).

사실 사무엘서의 주인공이라 할 수 있는 다윗이 사무엘서가 아닌 열왕기상 2장에서 생을 마감하는 것과 사무엘서에서 열왕기로 이어지는 이야기가 어떠한 끊김도 없이 자연스럽게 진행되는 점 또한 이 같은 관계를 암시하는 듯하다. 이 사실을 근거로 추측해 보면, 사무엘서는 열왕기와 함께 주전 550-540년대에 바빌론에서 최종적으로 편집되었을 것이다. 왜냐하면 열왕기가 마지막으로 기록한 사건이 주전 597년에 바빌론으로 끌려가 투옥된 여호야긴이 37년 만에 감옥에서 풀려나 여생을 바빌론 왕의 하사품을 받고 살았다는 이야기이기 때문이다(왕하 25:27-30). 여호야긴은 주전 560년에 바빌론 감옥에서 풀려났고, 열왕기 저자는 수년이 지난 후에야 비로소 이 일을 회고할 수 있었을 것이

---

3 신명기적 사가와 신명기적 역사에 대해서는 하워드(Howard)를 참고하라. 노트(Noth)가 주장하는 신명기적 사가와 신명기적 역사가 안고 있는 문제와 평가에 대해서는 필자의 『엑스포지멘터리 여호수아』(EM)를 참고하라.

다. 물론 이 최종 편집자는 자신에게 전수되어온 여러 가지 역사적 자료를 바탕으로 하나님의 영감을 받아 사무엘서를 집필했을 것이다.

2. 역사적 정황

사무엘서는 주전 12세기 말부터 약 150년 동안의 이스라엘 역사를 정리하고 있다. 책이 시작되면서 탄생한 사무엘은 적어도 20년 동안 사사로서 이스라엘을 통치했다(삼상 7:2). 그러나 실제 기간은 이보다 훨씬 긴 50년 정도였을 것으로 추정된다(cf. 삼상 2:18-21; 3:1-2; 8:1, 5; 12:2). 사무엘이 노년에 이스라엘의 초대 왕으로 세운 사울은 베냐민 지파에 속했던 기브아 사람이었다(삼상 10:26). 기브아는 예루살렘에서 북쪽으로 5km 떨어진 곳에 있었으며, 사울은 그곳을 자신의 집권 중심지로 삼았다(삼상 15:34; 22:6; 23:19). 훗날 그의 뒤를 이어 왕이 된 후 다윗과 내란을 일으켰던 이스보셋(cf. 삼하 2:10)은 사울이 왕이 되었을 때 아직 탄생하지 않았던 것 같다(삼상 14:47-51과 대상 8:33, 9:39을 비교해 보라). 모든 정황을 고려할 때, 사울은 주전 1050년쯤 왕으로 취임했을 것이다. 다윗은 사울의 40년 통치 후인 주전 1010년경에 유다 지파의 왕으로 즉위했고, 7년 반 동안 나머지 지파들이 지지하던 사울의 아들 이스보셋과 내전을 치른 후 아브넬의 중재로 통일왕국의 왕이 되었다. 다윗의 통치 시대와 업적에 대해서는 사무엘하가 회고하고 있다.

블레셋 사람들은 사무엘서에 등장하는 엘리-사무엘-사울-다윗 시대에 이스라엘을 자주 괴롭혔을 뿐만 아니라 40년 동안 지배하기도 했다(cf. 삿 13:1). 이때가 주전 1120-1080년 즈음이다. 삼손은 여러 차례에 걸쳐 블레셋 사람들을 대적해서 싸웠으나, 개인적인 보복을 했을 뿐 사명의식을 가지고 주의 백성을 그들의 손에서 완전히 자유롭게 하지는 못했다. 이스라엘은 주전 1104년경에 아벡에서 블레셋에 패해 법궤를 빼앗겼다(cf. 삼상 4:1-11). 다행히 법궤는 다시 돌아왔지만, 블레셋 사람들은 사무엘이 그들을 물리칠 때까지 계속 이스라엘을 위협했다(삼상 7:2-14). 사울의 시대에도 블레셋 사람들은 계속 이스라엘을 괴롭혔으며 결국 그들은 사울의 생명을 앗아가기에 이르렀다(cf. 삼상 13-14장; 23:1-5, 27-28; 27-29장; 31장). 블레셋 사람들은 다윗 시대에 접어들어서야 완전히 퇴치되어 다시는 이스라엘을 괴롭히지 못했다(삼하 5:17-25; 8:1, 12). 실제로 다윗이 쌓은 군사적 명성의 상당 부분은 블레셋 사람들과의 전쟁에서 비롯된 것이다. 다윗은 이스라엘의 숙적을 대파하며 자신에게 주어진 기회를 최대한 살린 왕이었다.

다윗이 통치하던 시대(주전 1010-970년)의 국제 정세는 상대적으로 매우 평온한 편이었다. 아시리아는 국제 무대에 첫발을 내딛기 시작하던 상황이었기에 자신의 힘을 키우는 데 급급하여 제국 형성이나 영토 확장에 관심을 둘 겨를이 없었다. 아시리아는 다윗이 죽은 지 100여 년이 지난 후에야 비로소 국제 무대의 강자로 발돋움했다. 다윗 시대에 이집트에서는 제20대 왕조(주전 1070-930년)가 쇠퇴해 가고 있었으며, 소아시아에서는 헷족(Hittite)의 영화가 막을 내리고 있었다(Howard). 이처럼 국제적 강자가 없는 상황에서 이스라엘을 포함한 가나안 지역의 약소국가들은 상당한 자유를 누리고 있었으며, 외부 세력의 압력을 염려하지 않아도 되었다.

다윗 시대에 이스라엘은 한걸음 더 나아가 근동 지역의 국제적 강자로 자리매김했다. 이스라엘은 이처럼 상대적으로 평온한 시대를 누리며 뿌리를 내렸다. 이것도 하나님의 축복이었다. 만약 이스라엘이 100년 후에 왕권을 수립했다면 뿌리를 내리기 어려웠을 것이다. 세상 사람들은 이런 정황에 대해 우연이었다고/운이 좋았다고 말할지 모른다. 그러나 역사를 주관하시는 하나님을 믿는 우리에게 이 일은 결코 우연일 수 없다.

다윗은 통일왕국의 왕이 된 후 얼마 지나지 않아 여부스족을 물리치고 예루살렘을 정복했다(삼하 5:6-9). 다윗이 차지한 예루살렘성은 가로 100m, 세로 400m의 작은 성에 불과했지만, 지형적으로는 적은 수의 군사로 많은 군사를 대적할 수 있는 천연요새였다. 예루살렘은 여호수아에 의해 베냐민 지파에게 기업으로 주어졌다(수 18:28). 예루살렘은 또 유다 지파에게 할당되기도 했다(수 15:8). 예루살렘이 유다와 베냐민 지파의 경계선에 있다 보니 여호수아가 두 지파에게 공동 소유로 준 것으로 생각된다. 그러나 예루살렘은 이스라엘 정복군이 점령하지 못한 성읍 목록에 등장하기도 한다(수 15:63). 사사기를 마무리하는 레위 사람과 그의 첩 이야기(삿 19-21장)는 이스라엘이 아직 예루살렘을 평정하지 못한 데서 발단했다(삿 19:10-12). 즉, 다윗의 예루살렘 정복은 앓던 이를 빼낸 것과 같은 효력을 거둔 것이다.

다윗이 예루살렘을 정복해 통치상의 수도로 삼은 것은 정치적으로도 큰 의미를 지녔다. 그때 벌써 이스라엘의 북쪽 세력과 남쪽 세력 사이에는 견제 혹은 경쟁 구도가 상당히 진행되어 있었다(cf. 삼하 2:9, 17; 3:10, 17, 19, 37; 4:1). 이러한 상황에서 예루살렘을 정복해서 이스라엘의 영토에 더하게 된 것은 7년 동안 내란을 치렀던 남과 북이 하나가 되는 데 매우 중요하게 작용했을 것이다. 또한 다윗이 새로 정복한 예루살렘을 자신의 통치상의 수도로 삼은 일 역시 남북 화합에 크게 기여했다. 만일 다윗이 유다 지파에 속한 성읍을 수도로 삼았다면 새로 편입된 북쪽 지파들이 소외감을 느꼈을 것이고, 북쪽 지파에 속한 성읍을 집권 중심지로 삼았다면 7년 동안 내란을 치르며 다윗과 함께했던 유다 지파가 불평했을 것이다. 이러한 정황에서 이스라엘이 그동안 소유하지 못했던 성읍을 정복하여 새로운 수도로 삼은 것은 다윗이 모든 지파를 하나로 묶을 수 있는 좋은 계기가 되었다. 또한 예루살렘이 온 이스라엘의 중간 지역에 위치했던 것도 다윗의 통치에 장점으로 작용했다.

다윗은 정부 관료를 채용할 때도 여러 지파 출신을 고루 등용함으로써 자신의 정치적 능력을 잘 드러냈다. 그의 명장 목록을 살펴보면(삼하 23:8-39; cf. 대상 11:10-47), 이스라엘에 속하지 않은 사람들도 많이 등용했음을 알 수 있다. 30인의 명장 목록에 이름을 올린 밧세바의 남편 우리아도 이방인이었다.

다윗은 온 이스라엘을 하나로 묶는 '띠' 역할을 해 왔던 레위 지파를 성전에 등용하여 범민족적인 통일성을 추구했다(cf. 대상 23-26장; 26:30, 32). 다윗이 자신의 장기 집권을 위해 종교적인 요소를 효과적으로 이용하고 있다고도 볼 수 있으나, 이 일은 그의 신앙적 확신에 근거한 것이라고 보는 것이 옳다. 다윗은 또한 정치적·군사적 각료들을 능률적인 행정가들로 삼았으며(cf. 대상 27장), 건축을 위해 백성들에게 상당한 양의 강제 노동을 요구하기도 했다(cf. 삼하 20:24). 이 제도는 솔로몬 시대에 더욱더 강화되었다(왕상 4:6; 9:15-22).

3. 다른 책들과의 관계

사무엘서가 사사 시대와 솔로몬 통치 시대 사이에 있었던 일을 기록하다 보니 자연스럽게 사사 시대에 있었던 사건들을 회고한 사사기와 솔로몬 즉위 이후 이스라엘을 지배했던 왕들에 관한 이야기를 묘사하는 열왕기 사이에서 교량 역할을 하고 있음을 알게 된다. 이렇게 사사기-사무엘서-열왕기는 계속적으로 이야기의 맥을 이어간다. 사사기는 사무엘서에서 뿌리내리게 되는 왕정 제도의 필요성을 강조하며(cf. 삿 21:25), 열왕기는 사무엘서에서 뿌리를 내린 왕정 제도가 어떻게 전개되었는지에 대해 회고한다. 왕정 제도의 수립을 기록한 사무엘서는 이세 책의 유기적인 관계의 중심에 서 있는 것이다.

사무엘서가 사사기, 열왕기와 구체적으로 어떻게 연관되어 있는지 생각해 보자. 먼저 사사기와의 관계다. 사무엘서는 크게 두 가지 측면에서 사사기와 긴밀하게 연결되어 있다. 첫째, 사사기는 가치관의 혼란과 배교로 얼룩진 사사 시대를 묘사하며 머지않아 올바른 가치관과 질서가 확립될 시대가 올 것을 기대하는데(삿 17:6; 21:25), 사사기 저자가 갈망하는 시대가 바로 사무엘서에서 묘사하는 사무엘-다윗 시대라고 할 수 있다. 사무엘은 사사로서 이스라엘 사회가 다시 여호와를 경외하도록 했을 뿐만 아니라 제사장과 선지자로서 쇠퇴하여 제구실을 못하던 종교도 개혁했다. 사무엘이 개혁한 이스라엘은 사울 시대를 지나며 잠시 혼란을 겪지만, 다윗 왕조가 시작되면서 사사기 저자가 그토록 갈망하던 올바른 질서와 가치관이 확립된 시대가 도래했다. 둘째, 사사기가 소망했던 올바른 질서와 가치관이 확립된 사회는 이러한 공동체를 만들어 갈 왕의 등장과 밀접한 연관이 있는데(삿 17:6; 21:25; cf. 18:1; 19:1), 사무엘서는 사사기 저자가 학수고대했던 왕, 곧 주의 백성들에게 거룩한 질서와 가치관을 확립해 줄 왕이 다름 아닌 다윗이라고 말하고 있다. 다윗이 역사의 무대에 등장하기 전에 이스라엘에는 자칭 왕이라고 선언했던 아비멜렉이 있었고(삿 9장), 하나님을 따르되 온 마음으로 순종하지 못한 사울이 있었다(삼상 10-16장). 그러나 이들은 사사기가 기대했던 왕이 결코 아니었다. 사무엘서는 다윗을 '하나님의 마음에 합한 자'(삼상 13:14)라고 칭함으로써 그가 바로 사사기가 갈망한 왕이었음을 암시한다.

사무엘서는 열왕기와도 밀접한 관계를 갖고 있다. 사무엘서의 주인공이라 할 수 있는 다윗이 열왕기에서 생애를 마감한다는 사실(왕상 2장) 외에도, 사무엘서와 열왕기는 최소한 네 가지 주제로 매우 긴밀하게 연결되어 있다. 첫째, 다윗이 세우고자 했던 성전을 솔로몬이 건축한다는 점이다. 자신이 다스리던 나라가 평안해지자 다윗은 예루살렘의 임시 처소에 안치되어 있던 하나님의 법궤가 마음에 걸려 성전을 짓고자 했다(삼하 7장). 그러나 하나님은 성전을 건축하는 영광을 다윗이 아닌 솔로몬에게 주셨다(왕상 5-8장; cf. 삼하 7:12-16). 아버지 다윗이 꾼 꿈을 아들 솔로몬이 실현한 것이다. 둘째, 죽은 후에도 다윗이 긴 그림자를 드리우며 그의 뒤를 이어 유다의 왕이 된 후손들을 평가하는 잣대가 된다는 점이다. 열왕기에 기록된 유다의 모든 왕은 '아비 다윗'에 비교되어 신실한 자들은 "다윗과 같았더라", 그렇지 못한 자들은 "다윗과 같지 않았더라"라는 평가를 받는다. 셋째, 사무엘서에서 시작된 인간 왕정의 한계와 문제를 역사적으로 규명한 책이 열왕기라는 점이다. 사무엘은 인간 왕을 요구하는 이스라엘에게 왕정은 득(得)보다 실(失)이 많은 제도이며, 최악의 경우에는 온 이스라엘이 자신들이 세운 왕들의 노예가 될 것이라고 경고했다(삼상 8장). 열왕기는 바로 어떻게 해서 이스라엘이 자신들이 세운 왕들의 노예가 되었는지 회고하는 책이다. 넷째, 이 두 책을 가장 확고하게 연결하는 주제가 '다윗 언약'이라는 점이다. 하나님을 위해 집을 짓고자 했던 다윗의 마음을 갸륵하게 여기신 하나님이 오히려 그를 위해 집을 지어주시겠다고 하신 것이 다윗 언약의 배경이다(cf. 삼하 7장). 하나님은 이 언약을 통해 다윗과 그의 후손들이 영원히 주의 백성을 통치하게 될 것이라고 약속하셨다. 그렇다면 이 약속은 이스라엘 역사 속에서 얼마나 잘 지켜졌는가? 열왕기는 유다의 왕들이 하나님 앞에 죄를 범하여 몇 차례 다윗 왕조가 위기를 맞지만, 그때마다 하나님이 다윗과의 약속을 기억하셔서 그의 왕조를 보존하셨다고 증언한다. "여호와께서 그의 종 다윗을 위하여 유다 멸하기를 즐겨하지 아니하셨으니 이는 그와 그의 자손에게 항상 등불을 주겠다고 말씀하셨음이더라"(왕하 8:19. cf. 대하 21:7; 왕상 11:36; 15:4). 열왕기는 바로 하나님이 다윗과 맺으신 언약을 이스라엘 왕정 시대에 얼마나 잘 지키셨는가에 관한 역사적 주석인 것이다.

이 외에도 사무엘서는 구약 성경의 여러 책과 깊이 연관되어 있다. 여러 선지자가 장차 오실 메시아를 하나같이 새로운/제2의 다윗 혹은 다윗의 후손으로 언급하는 것은 다윗 언약을 자신들의 예언의 근거로 삼았기 때문이다. 신약 시대에 이르러서 예수님이 다윗의 후손으로 오신 것은 예수님이 바로 사무엘서에 기록된 다윗 언약을 근거로 선지자들이 선포한 메시아이시기 때문이다. 사무엘서는 또한 창세기에 기록된 예언의 성취이기도 하다. 하나님은 아브라함에게 그의 후손 중에서 왕들이 나올 것을 약속하셨으며(창 17:6), 이 약속은 야곱에게도 이어졌다(창 35:11). 그렇다면 이 약속은 누구를 통해 성취될 것인가? 죽기 전에 야곱은 아들들을 모아 놓고 복을 빌어 주었다(창 49장). 그는 그 자리에서 형제들을 다스릴 지파로 유다를 지목했으며(창 49:8-12), 드디어 사무엘서에서 야곱의 예언대로 유다 지파에 속한 다윗과 그의 후손들이 이스라엘을 다스리게 된 것이다.

4. 신학적 주제와 이슈들

구약 성경의 다른 책들과 마찬가지로 사무엘서는 여러 가지 주제와 해석학적 이슈들을 포함하고 있다. 그중 왕권, 선지자권, 왕권과 선지자권의 필연적인 갈등, 죄의 영향력, 하나님의 영, 하나님의 주권과 후회, 한나의 노래 등을 살펴보고자 한다.

(1) 왕권

사무엘서는 왕권에 대한 백성들의 최초의 요청, 사무엘을 통해 이루어진 실제적 왕권 수립, 첫 왕 사울의 비극적 통치, 그의 대를 이은 다윗 왕의 중앙 집권 체제, 다윗 왕과 그의 집안에 허락하신 하나님의 영원한 통치권 약속 그리고 다윗 왕권의 쇠퇴와 최후 등 책 전체가 이스라엘의 초기 왕들과 왕정 이야기로 구성되어 있다. 저자가 이스라엘의 초기 왕들에게 이처럼 각별한 관심을 쏟는 것은 당연한 일이다. 하나님의 백성으로서 출범한 이스라엘이 안정적이고 거룩한 왕권의 통치를 받아야만 번성할 것이기 때문이다.

　이스라엘은 사사 시대를 지나면서 왕의 필요성을 절실히 느꼈다(삿 17:6; 18:1; 19:1; 21:25). 이웃 국가들은 날이 갈수록 소규모 도시 국가 형태를 탈피하여 상당한 세력이 규합된 연합 국가 형태를 띠기 시작했는데, 이 같은 팔레스타인 지역의 정치적 분위기는 이스라엘에 상당히 위협적이었다. 더군다나 당시 이스라엘 열두 지파의 연합 체제 운영은 부실했고, 급변하는 국제 정세의 소용돌이 속에서 자주적 독립을 유지하려면 강력하고 효율적인 새 정치 체제가 필요했던 것도 사실이다. 즉, 이스라엘도 한 국가로 존재하기 위해서는 왕을 중심으로 한 강력한 중앙 집권 체제를 지향해야 했던 것이다.

더욱이 명맥이나마 유지되어 오던 사사의 통치도 막을 내리고 말았다. 물론 사무엘이 이스라엘의 마지막 사사였던 것은 사실이지만, 사무엘서의 저자는 그를 사사로 여기기보다 선지자로 여겨 왕정 성립 과정 가운데 있는 그에게 매우 독특한 위치를 부여한다. 이러한 사실은 저자가 '보좌/의자'(כסא)라는 단어를 어떻게 사용하는가에서 역력히 드러난다. 책이 시작할 무렵 몸이 늙고 비대하며 시력이 매우 약한 제사장 겸 사사 엘리가 졸며 의자(כסא)에 앉아 있다. 초라하다 못해 처량하기까지 한 엘리의 모습에 대한 이 같은 묘사는 당시 이스라엘의 리더십이 안고 있던 문제를 매우 현실적으로 표현한다. 엘리는 블레셋과의 전쟁에 아들들의 손에 법궤를 떠나 보낸 다음 길가에서 의자(כסא)에 앉아 전쟁 소식을 초조하게 기다리고 있었다. 그리고 아들들은 죽고 법궤는 빼앗겼다는 비보를 접하자 의자(כסא)에서 떨어져 목이 부러져 죽었다(4:18). 엘리가 죽는 순간부터 이스라엘 통치를 상징했던 의자/보좌(כסא)는 공석이 되었으며, 독자들은 과연 그 자리에 누가 앉을 것인가에 관심을 갖게 된다. 엘리의 대를 이어 사무엘이 이스라엘의 사사로서 사역했지만 저자는 그와 연관하여 의자(כסא)를 말하지 않는다. 사울이 40여 년 동안 왕으로 군림했지만, 그 또한 엘리가 비운 의자(כסא)에 앉지는 못했다. 결국 이 의자(כסא)는 다윗과 그의 후손들이 채우게 된다(삼하 3:10; 7:13, 16; 14:9). 저자는 이처럼 보좌/의자를 가리키는 '킷세'(כסא)라는 단어를 전략적으로 사용함으로써 사무엘-사울 시대는 사사 시대(엘리)와 왕정 시대(다윗)의 전환기였음을 역설하고, 이 과정에서 사무엘이 사사로서보다 선지자로서 더 중요한 역할을 감당했음을 강조한다.

이스라엘 백성들은 그들의 마지막 사사이자 선지자였던 사무엘에게 장로들을 보내어 왕을 세워 달라고 했다(삼상 8장). 하나님은 이미 아브라함과 사라에게 왕들을 약속하셨으며(창 17:6, 16), 야곱에게 재확인까지 해 주셨다(창 35:11). 또한 모세를 통해서도 이미 왕의 규례를 주셨기에(신 17:14-20), 그들은 사무엘에게 "때가 찼으니 왕을 세워달라"고 하는 것이 문제가 되지 않을 거라고 생각했을 것이다. 그러나 사무엘과 하나님의 반응은 매우 뜻밖이었다. 사무엘은 마음이 상하여 하나님께 기도했고, 하나님은 선지자에게 "그들이 너를 버린 것이 아니라 나를 버린 것이니 그들이 원하는 대로 왕을 세워주어라"라고 말씀하셨다(삼상 8:6-7; cf. 12장). 하나님은 이스라엘의 왕 요구에 상처를 받으셨던 것이다.

그런데 하나님이 이미 이스라엘에게 왕을 주실 계획이었다면, 왕을 세워 달라는 장로들의 요구에 어떤 잘못이 있단 말인가? 하나님은 정당해 보이는 요구에 왜 이러한 반응을 보이셨을까? 장로들의 발언을 자세히 들여다보면 그 실마리를 찾을 수 있다. 장로들은 이스라엘에 왕을 세움으로써 두 가지 목적을 달성하고자 했다. 첫째, 사무엘이 이스라엘의 사사들로 세운 그의 아들들의 횡포를 막고자 했다(cf. 삼상 8:1-5). 둘째, 신정을 지향했던 이스라엘에 인간 왕을 세워 "열방처럼"되기를 원했다. 이스라엘이 열방처럼 된다는 것은 무엇을 의미하는가? 장로들은 "열방처럼 왕이 우리를 다스리고, 왕이 우리를 이끌고 나가서 전쟁에서 싸우는 것"(삼상 8:20)이라고 말한다. 간단하고 순박한 바람으로 보이는 이들의 염원은 매우 심각한 신학적 문제를 야기했다. 그들은 더 이상 보이지 않는 하나님의 통치 아래 사는 것을 원치 않고 오히려 그들과 호흡을 같이하는 인간 왕의 군림을 선호했던 것이다.

하나님은 이스라엘을 이미 구별하셨다. 그리고 뭇 백성들과 달리 자신이 직접 통치하시는 신정 국가로 통치 이념을 삼으셨다. 그런데 이스라엘은 이제 와서 더 이상 열방들과 다르게 살고 싶지 않다고 호소한다. 자신들의 신학적 정체성을 거부한 것이다. 이스라엘이 한 나라로 출범했을 때의 신학적 기반이 무너져 내리고 있다. 그래서 사무엘은 이스라엘이 하나님의 반대에도 불구하고 왕을 세운다면 훗날 그 일을 후회하더라도 다시 돌이킬 수 없으며 하나님은 더 이상 그들의 부르짖음을 들으시지 않을 것이라고 경고한다(18절).

하나님과 이스라엘이 시내 산에서 맺은 언약의 가장 기본적인 체제는 '이스라엘의 부르짖음-하나님의 응답'이었다. 이 체제가 상당히 이상적으로 작동되었을 때가 사사 시대였다. 사무엘이 새로운 왕으로 취임한 사울에게 권력을 이양한 순간까지도 이 체제는 순조롭게 작동되었다(cf. 삼상 12장). 그러나 선지자는 더 이상 이 체제가 작동되지 않을 수 있음을 경고했다. 앞으로는 인간 왕이 이스라엘을 구원해야 한다는 뜻이다. 설령 왕이 이스라엘을 구원하지 못하더라도 그들은 더 이상 하나님의 도움을 바랄 수 없는 처지가 되고 말 것이다.

그러므로 새로이 형성될 왕정 제도가 시내산 언약을 대체할 것인가, 아니면 상호 보완 관계는 아니더라도 어느 정도의 명분을 가지고 공존할 것인가는 매우 중요한 이슈였다. 저자는 이 문제에 대해 사무엘상 12:14-15을 중심으로 논리를 전개하며, 아주 재치 있고 명쾌하게 풀어 나간다. 이 본문은 성경에서 찾아볼 수 있는 언약에 관한 언급 가운데 매우 구체적이고 확실하게 정의된 것 중 하나에 속한다(Brueggemann). 다음의 구조를 생각해 보라.

너희가 만일 여호와를	경외하여
그를 섬기며	
그의 목소리를	듣고

	여호와의 명령을 너희의 하나님 여호와를	거역하지 아니하며 따르면
(Then)	좋으리라(14절)	

	너희가 만일	듣지 아니하고 거역하면
(Then)	너희와 너희 왕을	치시리라(15절)

위 문장에 포함된 '너희 왕'(15절)이란 문구는 마소라 사본(MT)에 포함되어 있지 않다. 그러나 칠십인역(LXX)에는 "καὶ ἐπὶ τὸν βασιλέα ὑμῶν"(lit., '그리고 너희의 왕 위에')라는 문구가 포함되어 있다. 어느 쪽이 더 원본에 가까운 것일까? 히브리어 사본들을 살펴보면, 14절 마지막 부분에 이미 백성들 가운데 왕이 포함되어 있음을 볼 수 있다. 그리고 15절은 14절과 평행을 이루므로 당연히 왕에 대한 언급이 포함되어야 한다. 또한 25절에서도 왕과 백성이 함께 다뤄진다는 점을 감안할 때, 15절이 왕을 언급하는 것은 당연하다. 따라서 이 문구는 마소라 사본을 필사하던 사람의 실수로 빠졌을 가능성이 크다.

그렇다면 저자는 이스라엘의 왕정 도입을 언약 파기 행위로 해석하지 않고, 오히려 왕을 이스라엘 언약 공동체의 일원으로 끌어들이는 것이다. 이는 옛 체제(신정)가 새 체제(왕정)를 수용할 것이라는 의미일 뿐만 아니라 과거의 언약이 앞으로도 유효할 것이라는 의미다. 신·구의 합의점, 곧 옛 체제는 왕정의 정당성을 인정하고 새 체제의 우두머리인 왕은 옛 체제의 권위에 복종할 것이라는 사실이 도출된다. 하나님이 자신의 통치를 거부하고 반역하는 백성들을 끝까지 버리지 않고 그들의 새 요구를 껴안으신 것이다.

이스라엘의 왕정 요구는 그들의 신학적 정체성만을 흔든 사건이 아니었다. 왕을 세운다는 것은 현실적으로 많은 부담과 위험을 감수해야 했다. 사무엘은 왕에 대한 밑그림을 '취하는 자'로 그렸다. 왕이 세금, 압수, 징병 등을 통해 백성들로부터 끊임없이 취할 것을 경고한 것이다(삼상 8:11, 13, 14, 16). 더 나아가 사무엘은 고별 설교(삼상 12장)에서 자신은 평생 한 번도 다른 누구의 것을 취한 적이 없다고 회고함으로써 이 점을 다시 부각시켰다. 하나님의 통치는 사무엘의 일생처럼 끊임없이 주는 것이었다. 그런 하나님을 거부하고 인간 왕을 택한 이스라엘은 이제 자신들이 세운 왕에게 끊임없이 바쳐야 한다. 그렇다면 왕과 백성의 근본적인 관계는 어떤 것인가? 사무엘은 분명히 경고한다. "너희가 그의 종이 될 것이라"(17절).

이스라엘에 왕을 세워 주라는 하나님의 명령이 사무엘에게 임한 후, "과연 누가 왕이 될 것인가?"라는 질문에 집중하게 된다. 첫 번째로 등장한 인물은 사울이었다. 사울은 용모가 준수하고 군사적 작전 수행 능력도 있어 보여 호감을 갖게 했지만, 곧바로 하나님과 백성들에게 실망을 안겨 준 인물이었다. 그의 통치력이나 군사력에 문제가 있었던 것이 아니라, 하나님에 대한 불신과 불순종이 문제였다. 신명기 17장에 기록된 왕에 관한 규례는 하나님이 이스라엘의 왕에게 정치적·군사적 능력이 아닌 단 한 가지를 요구하신다는 점을 역설한다. 왕은 온 백성에게 믿음의 본이 되어야 한다. 이스라엘은 하나님의 통치와 보호를 받는 사회이기 때문에 군사적으로 무능한 왕이 즉위하더라도 문제가 되지 않는다. 필요하면 하나님이 천군천사를 보내서라도 그들을 도우실 수 있기 때문이다. 반면에 왕으로 세워서 안 될 사람은 믿음이 없는 자다. 이스라엘의 왕이 하나님께 불순종하면 이 나라와 하나님의 관계는 단절될 수밖에 없기 때문이다. 이러한 이유 때문에 율법은 왕에게 그가 통치하는 모든 백성의 본이 되는 믿음을 요구하는 것이다. 안타깝게도 사울은 백성에게 순종의 본이 되지 못했다. 사무엘이 다윗에게 기름을 부어 왕으로 세우는 과정에서 하나님이 다음과 같이 말씀하셨는데, 이 말씀은 사울에 대한 하나님의 실망을 극적으로 나타낸다. "내가 보는 것은 사람과 같지 아니하니 사람은 외모를 보거니와 나 여호와는 중심을 보느니라"(삼상 16:7).

비록 하나님과 이스라엘 백성에게 버림받았지만, 사울은 이스라엘의 평안을 위해 죽는 날까지(ca. 주전 1010년) 나름대로 열심히 싸웠다. 어떻게 생각하면 아무도 알아주지 않는 외로운 몸부림의 연속이었다. 그래서 사무엘서를 읽어 내려가다 보면 사울이 참으로 불쌍한 사람이었으며, 하나님이 그를 지나치게 심판하셨다는 생각도 든다. 그가 치른 전쟁들을 생각해 보라.

적	장소	공격자	승리자	이유	사무엘상
암몬	야베스-길르앗	암몬	이스라엘	야베스-길르앗의 지배권	11:1-11
블레셋	게바	이스라엘	이스라엘	블레셋 사람을 이스라엘 영토에서 내몰기 위해	13:3
블레셋	믹마스	블레셋	이스라엘	이스라엘의 근거지를 다시 구축하기 위해	13:5-14:46
모압, 암몬, 에돔, 소바	여러 지역	이스라엘	이스라엘	경계의 보호와 확장	14:47
아말렉	팔레스타인 남서 지역	이스라엘	이스라엘	진멸하라는 하나님의 명령 수행	15:1-9
블레셋	엘라 골짜기	블레셋	이스라엘	이스라엘 침략	17:1-54
블레셋	길보아산	블레셋	블레셋	이스라엘 침략	31:1-6

이와 같은 노력에도 불구하고 사울은 하나님께 버림받았다. 왜 버림받았을까? 저자도 이 부분에 대해 어느 정도 갈등을 빚고 있는 듯하다. 그러나 그는 순종이 제사보다 낫다는 사무엘의 말을 인용하여 사울의 불신앙적인 삶을 요약 평가한다. 비록 사울이 많은 전쟁을 치르

며 동분서주했지만, 결국 그의 삶은 하나님을 만족시킬 만한 믿음과 순종의 삶이 아니었고, 제물보다는 순종을 요구하시는 하나님의 기준에 미치지 못한 삶이었다. 이스라엘처럼 신정 통치를 고백하고 지향하던 공동체의 지도자인 왕의 불순종은 용납될 수 없었던 것이다. 이스라엘 왕정 제도의 첫 단추를 꿰는 과정에서 하나님의 기대가 참으로 컸는데, 사울은 그 기대에 부응하지 못하고 큰 실망을 안겨줬다.

오늘날도 주변에서 비슷한 실수가 되풀이되는 것을 목격하곤 한다. 많은 사역자가 '하나님이 주신 사역'을 진행하기에 너무 바빠서 그분의 음성을 듣지 못한다. 하나님의 나라를 위해 많은 일을 하더라도 그분의 음성을 듣지 못하여 순종의 삶을 살지 못한다면 이 모든 업적(제물)이 무슨 의미가 있는가? 하나님의 사역을 한답시고 하나님을 무시하거나 그분의 말씀을 등한시하는 과오를 저질러서는 안 된다. 윤리적이고 도덕적이며 하나님의 방식대로 사역하는 것이 하나님의 일을 많이 하는 것보다 훨씬 중요하다.

하나님께 버림받은 사울을 대신해서 이스라엘을 통치할 왕으로 다윗이란 소년이 기름 부음을 받았다. 그러나 문제는 사울이 버젓이 살아있다는 사실이다. 사무엘상 후반부는 "과연 다윗이 사울의 손에서 살아남을 수 있을 것인가?"하는 질문을 중심으로 이야기가 전개된다. 사무엘상의 끝부분에 가서 이 질문은 다음과 같은 답변을 얻는다. 다윗은 죽을 고비를 몇 번씩 넘겼지만, 그때마다 하나님의 은혜로 생명을 보존할 수 있었다. 저자는 하나님이 선택하시면 모든 것을 책임지신다고 주장하는 것이다. 그러나 하나님이 책임지신다는 것은 고난이나 괴로움을 면제시켜 주신다는 뜻이 아니다. 하나님이 견디고 이길 만한 시험을 주시며 필요에 따라서는 기적적으로 헤어날 길을 열어 주신다는 뜻이다.

사무엘하에서는 다윗의 왕권 정착에만 모든 것이 집중된다. 이 책은 그의 왕권이 시작되는 것으로 이야기를 시작한다. 비록 다윗이 하나님의 선택과 인준을 받은 왕이었지만, 그는 자신의 정권을 확립하기 위해 대내외적인 적들과 싸워야 했다. 하나님의 축복이 자연스럽게 현실화된 것만이 아니라, 그의 피나는 노력의 결과이기도 했던 것이다. 다윗이 자신의 왕권 정착을 위해 치른 전쟁들을 생각해 보라.

대적자	왕	장소	공격자	승리자	사무엘하
내부의 적: 사울 집안	이스보셋	기브온 못가	상호 협정	이스라엘	2:12-29
모압		예루살렘	이스라엘	이스라엘	5:4-7
블레셋		르바임 골짜기	블레셋	이스라엘	5:17-25
여부스			이스라엘	이스라엘	8:2
소바와 수리아	하닷에셀	유프라테스강 근처	이스라엘	이스라엘	8:3-6
암몬, 소바와 수리아	하눈 하닷에셀	헬람	이스라엘	이스라엘	10:1-19
암몬	하눈	랍바	이스라엘	이스라엘	12:26-31
내부의 적: 압살롬	압살롬	마하나임 (에브라임 수풀)	다윗	다윗	18:1-16
내부의 적: 세바	세바 (지도자)	아벨 (벧마아가)	다윗	다윗	20:1-22
블레셋		곱	블레셋	이스라엘	21:18-22

다윗이 이룩한 나라 역시 사울이 이룩한 나라처럼 많은 수고, 피나는 노력, 격렬한 전쟁에서 치러진 핏값에 의해 세워졌다. 하나님이 그에게 나라를 약속하시고 복을 주셨지만, 그 나라를 이룩해 가는 일은 결코 쉽지 않았다. 사역도 이런 성격을 띠지 않을까? 하나님이 주신 비전과 도움으로 사역을 이루어 나갈지라도 우리의 많은 수고와 노력이 있어야 어느 정도 안정을 찾고 열매를 맛볼 수 있다. 사역은 많은 눈물과 땀으로 범벅된 축복인 것이다.

그러나 다윗이 죽은 후에는 이와 같은 군사적 용맹이 더 이상 거론되지 않는다. 반면에 많은 부분이 그가 이상적인 왕으로서 어떻게 언약을 잘 이행했는가 그리고 그의 왕국이 언약 준수와 어떤 관련이 있는가에 대해 언급된다. 하나님과의 관계에서 다윗이 얼마나 뛰어난 행정가-전략가였는가는 중요하지 않다. 저자의 초점은 그가 하나님과의 언약 관계를 어떻게 잘 유지할 것인가에만 맞추어져 있다. 저자는 이스라엘의 왕이 여느 나라의 왕들과 다른 점이 바로 여기에 있다고 역설한다. 하나님은 이스라엘 왕들의 삶에서 능력이 아니라 신앙을 보길 원하신다. 이 점은 이스라엘 왕조를 이해하는 데 매우 중요한 포인트다. 열왕기 저자는 종교적 기준을 잣대 삼아 이스라엘의 모든 왕을 평가하고 있다. 이스라엘의 왕이 올바른 신앙을 유지하는 것이 그토록 중요한 이유는 무엇인가? 이스라엘은 열방과 달리 하나님이 통치하시는 신정 국가였기 때문이다. 그리고 이 신정 국가라는 구조 안에서, 왕은 백성 앞에서는 하나님을, 하나님 앞에서는 백성을 대신하는 자였기에 영성이 능력보다 중요했다. 그리스도인 지도자들은 자신을 돌아보며 다음과 같은 질문을 지속적으로 해야 한다. "하나님이 내게 가장 바라시는 것이 무엇인가?" 다윗의 삶은 하나님이 우리 모두에게 가장 원하시는 것은 우리가 지닌 그 어떠한 능력이 아니라 믿음이라고 증언한다. 믿음은 무능한 자를 유능하게, 어리석은 자를 지혜롭게 하는 능력이기 때문이다.

다윗은 그동안 지속적으로 이스라엘을 괴롭혀 왔던 주변 네 나라도 평정했다. 가나안 땅에 입성할 때 하나님이 허락하셨음에도, 이스라엘이 불순종함으로써 자신들의 것으로 만들지 못했던 평안/안식이 드디어 다윗의 통치를 통해 그들에게 임했다. 그러므로 다윗의 통치는 출애굽과 함께 시작된 가나안 정복 과정에 마침표를 찍었다는 매우 중요한 상징성을 띤다. 다윗이 평정한 주요 주변 국가들은 다음과 같다.

	에돔	모압	암몬	아말렉
족장시대	에서: 이삭의 아들.	모압: 롯과 그의 첫째 딸 사이에 난 아들.	벤암미: 롯과 그의 둘째 딸 사이에 난 아들.	아말렉: 에서의 아들인 엘리바스의 아들.
출애굽시대	상당 부분 아모리 사람들의 지배를 받음. 이스라엘 백성이 그들의 땅을 통과하지 못하게 함 (민 20:14-21).	시혼과 아모리 사람들에 의해 정복됨 (민 21:26). 발락 왕은 이스라엘을 두려워하여 발람에게 저주를 요청함 (민 22장).		르비딤에서 이스라엘에게 패함 (출 17:8-16). 정탐꾼의 보고가 있었던 이스라엘이 호르마에서 이들에게 패함 (민 14:45).
사사시대	주전 1350년경 계속하여 일부가 아모리 사람들의 지배 아래 있었음(삿 1:35-36).	주전 1350년경 에글론왕이 18년 동안 이스라엘을 억압함. 에훗이 그를 살해하고 이스라엘을 구함 (삿 3:12-30).	주전 1350년경 모압왕 에글론의 동맹국. 주전 1100년경 18년간 이스라엘을 압박했으나 입다에 의해 패함 (삿 10-12).	주전 1350년경 모압왕 에글론의 동맹국.
통일왕국시대	주전 1030년경 사울이 이들로부터 성읍을 취함 (삼상 14:47). 주전 1000년경 다윗이 정복하여 속국으로 만듦 (대상 18:12).	주전 1030년경 사울이 이들로부터 몇 성읍을 취함(삼상 14:47). 주전 1000년경 다윗이 정복하여 속국으로 만듦 (삼하 8:2).	주전 1050년경 나하스왕이 야베스-길르앗에서 사울에게 패함 (삼상 11:1-11). 주전 1030년경 사울이 몇 성읍을 빼앗음 (삼상 14:47). 주전 990년경 하눈왕이 다윗에게 패함. 이스라엘이 랍바를 빼앗고 암몬을 속국으로 삼음(삼하 12:26-31).	주전 1020년경 아각왕이 팔레스타인 남서 지역에서 이스라엘에게 패함. 사울이 하나님을 거역하고 아말렉을 진멸하지 않음(삼상 15:1-9). 주전 1010년경 시글락에 머물던 다윗과 군사들의 가족들을 습격함. 다윗이 추격하여 소탕함. 이것이 그들에 대한 마지막 언급 (삼상 30장).

드디어 하나님은 다윗과 그의 후손을 통해 이스라엘을 영원히 통치하실 것을 선언하셨다(삼하 7장). 이것이 바로 '다윗 언약'이다. 다윗이 하나님께로부터 받은 이 언약은 그의 일생에 가장 중요한 사건이었다.

또한 사무엘서에서 가장 중요한 텍스트일 뿐만 아니라 신약 시대에 이르기까지 이스라엘의 역사에 그리고 이스라엘 선지자들의 신학에 가장 커다란 영향을 끼쳤다.

더 나아가 다윗 언약은 그가 왕이 된 것이 우연이거나 인간이 만들어 낸 결과가 아니라는 점을 확실히 하는 효과도 발휘했다. 다윗 왕권은 하나님이 이미 이스라엘의 선조들에게 약속하셨던(창 17:6, 16; 35:11; 49:8-12) 것의 성취였기 때문이다. 사사기, 룻기 등도 훌륭한 왕이 하루속히 이스라엘을 통치하기를 기대했던 책이다. 사무엘서에 묘사된 다윗 정권은 이스라엘 역사의 결정판이었다. 그럼에도 불구하고 사무엘서는 이스라엘 사람들에게 왕정에 대해 경고한다. 아주 조심스럽게 이 제도를 사용하라는 것이다.

(2) 선지자권

만일 왕정이 실행되면서도 하나님의 언약이 계속 유효하다면, 이스라엘의 왕이 하나님께로부터 위임받은 권력을 남용하지 않고 자신의 위치에 걸맞은 정치를 하도록 보장할 만한 제도적 장치가 있어야 한다. 다시 말해 이스라엘의 왕이 '하나님 행세'를 하지 못하도록 만드는 어떤 안전 장치가 있어야 한다는 것이다. 또한 사무엘이 경고한 것처럼 왕이 취하는 자라면, 어떻게 그가 '지나치게 취하는 것'을 견제할 수 있는가? 하나님은 이 안전 장치 역할을 하도록 선지자 제도를 설계하셨고, 선지자들에게 그 역할을 담당시키셨다.

아브라함 이후 많은 사람이 선지자 사역을 했지만, 선지자들과 그들의 사역이 전문화되고 제도화되기 시작한 것은 사무엘 시대였다. 사무엘은 어렸을 때부터 이스라엘의 선지자로 자리매김했다(삼상 3:20; 9:9). 사무엘이 머리에 기름을 부어 왕으로 세웠던 사울은 사무엘이 예언한 대로 집으로 돌아가는 길에 선지자들의 행렬을 접한다(cf. 삼상 10:5,

10-12). 여기서 중요한 것은 선지자들이 무리를 지어 다니는 것에 관한 최초의 성경 기록이 이곳이라는 점이다. 이때부터 선지자들은 공동체 생활을 하게 되었고, 그로 인해 선지자 제도가 궤도에 오른 것이다. 훗날 다윗을 추격하던 사울은 또다시 선지자 무리를 접하게 된다(삼상 19장). 저자가 사무엘과 이 선지자 무리와의 관계를 명확히 설명하지는 않지만, 사무엘이 그들의 우두머리로 암시된다는 점을 감안하면 제도화된 선지자 사역의 창시자는 바로 사무엘이었을 가능성이 크다. 사무엘 시대에 즈음하여 선지자들이 처음으로 단체 생활을 하며 '선지 동산' 공동체를 세웠던 것이다.

사무엘 시대에 선지자들의 사역이 전문화되기 시작한 것을 계기로 그들의 권위도 새로운 위치에 오르게 되었다. 이전에는 선지자들의 출현이 산발적이었으며, 그들의 사역과 권위 역시 지극히 제한적일 수밖에 없었다. 그러나 선지자들의 사역이 제도화되면서 그들의 종교적·정치적 역할과 비중도 자연히 커졌다. 이러한 분위기는 '하나님의 사람'(viz., 선지자)이 엘리 집안에 선포한 심판과 저주에 내포되어 있다(삼상 2장). 사울에게 쫓겨 아둘람 광야를 방황하던 다윗은 선지자 갓이 선포한 신탁을 듣고는 위험 부담이 더 컸던 유다 땅으로 돌아갔다(삼상 22장). 밧세바와 간음하고, 심지어 그녀의 남편마저 살해하고도 태연했던 다윗 왕을 회개케 했던 것은 선지자 나단의 사역이었다. 그뿐만 아니라 나단의 한 마디는 다윗 정권의 가장 큰 건축 업적이 되었을 성전 건축 계획을 솔로몬 시대로 보류하는 위력을 발휘했다. 왕은 하나님의 언약을 해석해 나가는 선지자들의 음성을 잘 들어야 한다고 저자는 말하고 있는 것이다(La Sor).

위의 사례들도 선지자들의 위엄을 잘 드러내지만, 그들의 권위에 관한 묘사는 사무엘과 이스라엘 초기 왕들과의 관계에서 절정에 달한다. 이스라엘의 첫 번째 왕이었던 사울이 누구로부터 '임명장'을 받았는가?(cf. 삼상 9-10장) 이스라엘의 두 번째 왕이었던 다윗은 또 누구로부터 왕으로 세움을 입었는가?(cf. 삼상 16장) 그리고 이미 하나님의 버림을 받은 사울의 왕복을 벗김으로써 그의 폐위를 상징적으로 세상에 드러냈던 사람은 누구였는가?(cf. 삼상 19:20-24) 사무엘은 선지자로서 사람을 왕으로 세우는 '킹 메이커'(King Maker)인 동시에 폐위도 시키는 '킹 브레이커'(King Breaker)였다. 이처럼 이스라엘의 왕들은 선지자들을 통해 하나님으로부터 정당성을 인정받아야 했다.[4] 선지자들의 인준은 곧 하나님의 섭리를 의미했으며, 선지자의 인정이 없는 정권은 하나님의 인정을 받지 못한 서자 정권에 불과했다. 선지자와 왕 사이의 이 같은 관계는 이스라엘 역사에서 지속되었고, 열왕기에도 이러한 사례들이 잘 기록되어 있다(왕상 19:15-16; cf. 왕하 8:13).

(3) 왕권과 선지자권의 필연적 갈등

선지자가 왕에게 정당성을 부여한다고 하여 왕들이 선지자들을 절대적으로 따르고 그 권위에 복종한 것은 아니었다. 상당수의 선지자가 왕에게 하나님의 말씀을 전하다 순교를 당했다고 성경과 위경(유대인들의 전통을 담은 책)은 기록하고 있다. 선지자들이 하나님의 권위를 위임받아 말씀을 선포했지만, 하나님을 경외하지 않는 왕들에게는 아무런 위력을 발휘하지 못했다. 선지자들은 세속화된 권력에 의해 무시되거나 희생되기 일쑤였다.

 이러한 정서를 감안하면 밧세바 사건으로 인해 나단이 다윗을 책망한 일은 대단한 용기와 결단이 필요한 일이었으리라 생각된다. 나단은 다윗과의 만남을 위해 상당 기간 기도했을 것이다. 그리고 마침내 다윗을 만나러 가던 날에는 '새벽 기도' 후 가족들을 불러 모으고 걱정스런 눈으로 바라보는 아내에게 "여보, 가난한 선지자에게 시집와서 고

---

4 다윗의 아들 솔로몬이 왕위에 즉위하는 일에도 나단 선지자의 역할이 결정적이었다(cf. 왕상 1장).

생 많았소. 그저 고맙고 미안할 뿐이오. 오늘 내가 집을 나서면 영영 못 돌아올지도 모르오. 아이들과 잘 살기를 바랄 뿐이오"라고 말했을 것이다. 그리고 자녀들을 향해서는 "혹시 내가 살아서 돌아오지 못하더라도 어머니 모시고 잘 살아야 한다. 그동안 아비로서 별로 해준 것이 없어 미안하구나. 너희 어머니는 나를 만나 고생만 하셨다. 이제 너희가 잘 모시도록 해라"라는 내용의 유언을 남기고 집을 나섰을 것이다. 물론 이러한 시나리오는 필자의 가상이지만 선지자와 왕의 권력을 비교해 보면 충분히 있을 법하지 않은가! 비록 선지자에게는 하늘의 권세가 위임되었지만, 그들은 하나님을 두려워하지 않는 세상 권세의 무력(武力) 앞에서 너무나 쉽게 희생될 수 있었기 때문이다. 사실 다윗이 위대하고 하나님의 마음에 합한 자라고 평가받는 것은 그가 온 나라와 부하들 앞에서의 온갖 수치와 수모를 감수하면서까지 선지자를 통해 선포된 하나님의 말씀에 자신을 복종시켰기 때문이다.

선지자권과 왕권의 관계를 이해하는 데 있어서 한 가지 의식해야 할 것은 이 둘은 본질적으로 공존할 수 없다는 점이다. 선지자의 기본적인 역할은 청중에게 그들이 속한 사회의 중심이 되는 문화적 의식(consciousness)과 자각(perception)에 대처할 수 있는 대체 의식(alternative consciousness)과 자각(alternative perception)을 불러일으키고 그것을 육성하는 일이었다. 따라서 왕이 제아무리 하나님을 경외하는 자로서 이상적인 정치를 펼치고, 성경의 원리에 따라 경건하게 통치할지라도, 선지자는 왕의 통치로부터 비롯된 의식과 자각에는 동조할 수 없을 뿐만 아니라 그의 소명의 본질상 동조해서도 안 되는 것이었다. 왜냐하면 선지자는 항상 '선지자적 상상력'(prophetic imagination)을 사용하여 현세에 드러나 있지 않은 하나님의 이상과 가능성을 선포할 책임이 있는 자였기 때문이다(Brueggemann). 따라서 구약의 선지자들은 항상 이스라엘의 왕들과 최소한의 '거룩한 거리감'(holy distance)을 유지했다. 거룩한 거리감이란 아무리 친밀해져도 결코 무너져서는 안 되는 일정한 간격을 말한다. 오늘날에도 목회자들과 성도들은 이러한 거리감을 서로 유지하고 존중해야 한다.

그렇다면 선지자들은 어떻게 세상에 휘말리지 않고 지속적으로 하나님으로부터 나온 대체 의식과 자각을 추구할 수 있었는가? 무엇보다도 그들의 삶에서 하나님과의 꾸준한 동행이 가장 중요한 요소였을 것이다. 또한 선지자들이 생명을 걸고 지켜야 할 지침이 있었다. 그것은 바로 기득권자들과 연합하거나 그들의 녹을 먹지 않겠다는 절대적인 각오와 실천이었다. 만일 선지자가 왕을 비롯한 특권층과 어울린다면, 그들의 사역이 그만큼 어려워지는 것은 당연한 일이었다. 선지자가 즐길 것 다 즐기고 누릴 것 다 누린다면 그의 눈과 귀는 안락과 평안으로 가려져 서민들의 신음도 들리지 않고 그들의 고충 따위는 안중에 두지도 않게 된다. 더군다나 자신들의 행동이 떳떳하지 못한데 어떻게 이 특권층에게 경고와 심판 메시지를 올바르게 선포할 수 있겠는가? 선지자가 특권층의 녹을 받고 함께 먹고 마시며 그들과 환락을 즐긴다면 그는 그를 후원하는 자들의 애완견으로 전락하고 말 것이다(cf. 왕상 22장). 이러한 이유에서 선지자는 결코 정권자들과 합세해서는 안 되었다.

이처럼 왕과 선지자 사이에는 언제나 일정한 거리가 존재했기에 선지자들은 세력가들로부터 경제적 도움을 받을 수 없었고 늘 가난하게 살아야 했다. 먹을 것이 없어 들에 나가 나물을 잘못 뜯어먹고 떼죽음을 당할 뻔한 이야기(왕하 4:38-41)와 한 선지자의 죽음으로 인해 온 가족이 노예로 팔려갈 위험에 처했던 이야기(왕하 4:1-7) 등은 후세에 얼마나 큰 교훈을 주는가! 이처럼 선지자들은 메시지의 순수성을 보존하기 위해 고독과 고난을 자청했다.

이미 언급한 것처럼 왕정과 선지자 제도는 사무엘 시대를 기점으로 함께 출범하는데, 거기에는 하나님의 깊은 뜻이 포함되어 있다. 이론적으로 말하자면, 이스라엘의 왕은 여호와의 권위를 위임받아 백성들을 통치해야 한다. 그러나 현실적으로 생각할 때 하나님을 경외하지 않는 왕이 보좌에 오르면 이 이론은 무너질 수밖에 없다. 폭군과 독재자를 견제할 제도적 장치가 없었던 것이다. 이러한 상황에서 왕이 잘못되면 온 나라가 소용돌이에 휘말릴 것이고, 심지어 온 나라, 온 민족에게 영적 몰락이 임할 것은 충분히 예견되는 일이다. 그렇다면 잘못된 왕에게 누가 하나님의 진정한 뜻을 선포할 수 있는가? 제사장들은 결코 할 수 없다. 제사장 제도는 본질적으로 상류층과 관련되어 있기 때문에 그러한 역할을 기대하기 어렵다. 생명을 걸고라도 왕에게 하나님의 말씀을 권면하고 경고하는 것은 선지자의 몫이었다. 이 두 제도를 동시에 출범시키신 하나님의 의도가 바로 여기에 있다. 선지자 제도의 기본적인 사명은 왕정을 꾸준히 견제하는 일이었다. 그러다가 왕이 행여 잘못된 길로 나아가면 선지자는 가차없이 하나님의 말씀을 선포했고, 목숨을 잃는 한이 있어도 그 일은 감당해야 했다. 선지자 제도는 이스라엘 왕정의 부패와 타락을 미연에 방지하고자 하신 하나님의 최종적인 경고 장치였던 것이다. 이처럼 선지자 제도와 왕정은 처음부터 대립과 긴장의 관계로 설계되었다.

  선지자들의 이 같은 삶이 오늘을 살아가는 우리에게 시사하는 바는 매우 크다. 구약의 제도 중 교회의 목회자 개념에 가장 많이 반영된 부분은 선지자 제도다. 그래서 신학교를 아직도 '선지 동산'이라고 부른다. 그럼에도 불구하고 상당수의 목회자가 삶의 방식에 있어서 선지자들을 따르지 않는 것은 왜일까? 아직도 '예수 믿는 사람들은 물질적으로 잘 살 권리가 있고, 목회자들은 이 세상의 최고의 것들을 즐길 특권이 있다'라고 가르치는 목회자들을 주변에서 종종 볼 수 있다. 이들의 숫자가 많지 않아 다행이지만, 이런 목회자들에게 질문하고 싶은 것이 하나 있다. "굶주린 배를 움켜쥐면서도 끝까지 부와 권력에 굴하지 않고 청렴결백하게 살다가, 구슬픈 노래를 부르며 세상에서 사라져간 선지자들과 지금의 목사들과는 어떤 관계가 있다고 생각하는가?"

  이 세상에서 가능한 모든 환락과 권력을 다 갖는다면 하나님은 과연 우리에게 어떤 평가를 내리실까? 우리가 기대하는 평가를 분명히 받을 것이라고 누가 말할 수 있을까? 결코 긍정적인 평가를 받지 못할 것이다. 예수의 제자로서의 삶은 현존하는 권력과 부와 어떤 관계를 유지해야 하는 것일까? 선지자들은 그들의 세계에서 펼쳐졌던 그 어떠한 정치·경제 제도에도 만족하지 않았고, 그 제도를 하나님이 인정하시고 기뻐하시는 것으로 받아들이지 않았다. 그렇다면 이 세상에 존재하는 그 어떠한 정권도 하나님을 만족시킬 수 없다는 말이 아니겠는가! 그러므로 선지자들의 전통을 이어받은 목회자들 역시 선지자적 상상력을 동원하여 현존하는 사회와 다른 사회를 그리고 다른 가치관을 선포하고 가르쳐야 한다. 아무리 기존의 정권이 흡족한 듯 보여도 결코 만족해서는 안 된다. 옛적 선지자들이 본능적으로 그들의 사회와 정권을 예리하게 평가하고 비판하는 시각을 가졌듯이, 오늘날의 목회자들도 지금의 한국 사회를 선지자적인 안목으로 바라볼 수 있는 통찰력을 키워 나가야 할 것이다.

(4) 죄의 영향력

사무엘서는 아이를 낳지 못하여 눈물짓는 한나라는 한 신실한 여인의 이야기로 시작한다. 그녀는 무너진 가슴을 안고 하나님 앞에서 눈물로 기도하지만 엘리 제사장은 그녀를 술 취한 여자로 생각한다. 이스라엘에서 영적 분별력이 가장 밝아야 할 사람의 눈이 이토록 어두웠던 것은 사무엘서의 이야기가 시작될 무렵 이스라엘이 어떠한 영적 암흑 속에서 헤매고 있는가를 단적으로 보여 주는 듯하다. 사무엘서의 중요한 첫 사건이 한 선지자가 엘리에게 나타나 그의 아들들의 죄와 이를 방관하는 아버지에 대한 하나님의 심판을 선언하는 것이라는 점을 생각할 때, 당시 죄가 얼마나 온 이스라엘을 장악하고 있었는가를 짐작할 수 있다.

온 이스라엘을 지배하는 듯한 죄의 영향력은 특별히 파편화된 가정들을 통해 극적으로 묘사된다. 엘리가 추락하고 그의 집안이 제사장 자리를 박탈당한 이유는 그가 하나님 앞에 죄를 범한 아들들을 잘 지도하지 못했기 때문이다(삼상 2장). 죄가 그의 집안을 풍비박산(風飛雹散)하게 만든 것이다. 선지자 사무엘도 아들들을 경건하게 키우지 못해 노년에 백성들의 원성을 들었다(삼상 8:1-5). 당시 가장 경건했던 사무엘도 자식들은 경건한 사람으로 양육하지 못했던 것이다. 사울이 시기와 질투로 인해 다윗을 죽이려 할 때, 사울의 자식들은 죄에 사로잡혀 이성을 잃은 아버지의 행동에 동조하지 않았으며 급기야 아버지가 그렇게 죽이고자 했던 다윗을 축복하고 피신시켰다(삼상 18-20장). 사울과 자녀들의 관계 또한 지극히 원만하지 못했음을 보여 준다.

죄의 영향력은 조각난 다윗 집안에서 절정에 이른다. 다윗은 유능한 정치인이었고 하나님께도 신실한 사람이었지만, 가정을 다스리는 일에 있어서는 매우 무능한 아버지였다. 사건의 발단은 그가 많은 아내를 둔 데서 비롯되었다. 암논은 이복 누이인 다말을 강간했으나 다윗은 이 사실을 안 뒤에도 아무런 조치를 취하지 않았다(삼하 13장). 아버지가 범죄자를 질책하지 않자 다말의 친오빠 압살롬이 암논을 죽이고는 모압으로 망명했다. 이후에도 압살롬은 아버지 다윗에 대한 서운함과 분노를 이기지 못했고, 이러한 상황은 결국 압살롬의 난으로 이어졌다(삼하 15-18장). 압살롬은 아버지의 첩들을 대낮에 공개적으로 욕보임으로써 다윗을 모욕했다. 결국 아버지와 아들의 갈등은 아들의 처참한 죽음으로 막을 내렸다. 그러나 다윗 집안의 분열은 여기서 멈추지 않았다. 훗날 솔로몬에게 가야 할 왕권을 그의 이복 형 아도니야가 가로챘다가 결국 동생에게 죽임을 당했다(왕상 1장).

위에 언급된 여러 가정 이야기는 우리에게 교훈이 되어야 한다. 사실 사람이 온 세상을 얻는다 해도 가정이 경건한 연합을 이루지 못하여 불화가 끊이지 않으면 무슨 소용이 있겠는가? 온 세상을 호령하던 다윗도 말로에는 자신의 가정을 통해 참담한 일들을 경험했다. 사무엘서는 죄가 가장 큰 영향력을 행사할 수 있는 영역이 우리 가정임을 역설한다. 불행히도 아직 상당수의 그리스도인이 '하나님 일'을 하느라 가정 돌보는 일에 소홀하다. 균형과 조화가 필요한 일이다.

(5) 하나님의 주권과 후회

하나님이 모든 것을 자신의 의지에 따라 처리하시는 분이라는 것도 사무엘서에서 볼 수 있는 또 하나의 주요 주제다. 하나님은 "가난하게도 하시고 부하게도 하시며 낮추기도 하시고 높이기도 하시는" 분이다(삼상 2:7). 그분은 고통 속에 있는 자들을 구원하시고, 피해자들이 가해자들을 이길 수 있도록 도우신다. 한나가 브닌나를 이기게 하셨고, 다윗이 사울을 이기게 하셨다. 반면에 여호와를 대적했던 엘리의 아들들과 블레셋과 그들의 신 다곤, 사울, 압살롬은 산산이 부서지게 하셨다.

하나님의 주권은 이스라엘 초기 왕들의 엇갈린 운명에서 가장 확실하게 드러난다. 저자는 사울을 상당히 겸손한 사람으로 소개한다(삼상 9-11장). 그러나 그는 왕이 되고 나서 하나님께 불순종함으로써 자신을 왕권에서 몰아냈다(삼상 13:13-14; 15:22-29). 한 가지 이해가 되지 않는 것은 사울의 죄가 "왕권을 박탈당할 정도로 심각한 것인가?"하는 점이다. 어떤 면에서는 다윗이 훨씬 더 심각한 죄를 많이 범했다. 그럼에도 불구하고 그는 축복을 받고 사울은 마치 '회개하고 싶어도 회개하지 못하는' 죄인의 모습으로 일생을 마쳤다. 물론 여러 가지 설명이 가능하지만, 사울의 입장에서는 상당히 불합리한 대우라고 할 수도 있었을 것이다.

사무엘서 저자는 또한 하나님이 사울을 왕으로 세우신 것을 후회하셨다고 두 차례나 기록한다(삼상 15: 11, 35). 절대적인 주권자께서 후회하셨다는 말을 어떻게 이해할 것인가? 이 본문들이 '후회'라는 의미로 사용하는 히브리어 동사(נחם)의 니팔형(Niphal)은 '후회하다/유감으로 여기다'를 뜻한다(HALOT). 그 외 나머지 형태에서는 '위로하다/격려하다'가 가장 기본적인 의미다(cf. 사 40:1). 그러나 이 동사는 사람이 '돌이키다'나 '후회하다'라는 의미로는 쓰이지 않는다. 이런 경우에는 '돌아오다'(שוב)가 사용된다. 성경에서 이 동사(נחם)는 오직 하나님이 마음/계획을 바꾸실 때 사용된다. 또한 이 단어가 사용될 때는 하나님의 도덕이나 생각이 짧음을 의미하는 것이 아니다(cf. 렘 18:7-10). 오히려 인간에게 자비를 베풀기 위해 계획을 수정하실 때 이 동사가 사용된다(암 7:3, 6). 그러므로 하나님이 사울을 왕으로 세우신 일을 후회하셨다는 것은 조직신학에서 말하는 하나님의 전지하심(omniscience), 전능하심(omnipotent) 혹은 불변성(immutability)과 무관한 일이다. 우리는 또한 성경이 인간의 언어로 하나님을 묘사하다 보니 표현에 있어서 어느 정도의 한계가 있음을 인식해야 한다.

사울에 이어 이스라엘의 왕이 된 다윗은 성경에 등장하는 인물 중에서 매우 믿음이 좋았던 사람 중 하나였다. 그는 하나님의 마음을 품은 자였다. 그러나 그에게도 많은 허물이 있었다. 그는 모든 것을 가진 자였으나 남이 가진 작은 것을 빼앗았다. 우리아의 아내 밧세바와 간음한 것이다. 다윗은 또 자신의 죄를 감추기 위해 정부(情婦)의 남편 우리아를 살해했다. 하나님은 그 죗값으로 불륜으로 인해 태어난 아이의 생명을 앗아가셨다. 또한 이스라엘에 커다란 내란이 일게 하여 많은 사람의 생명을 잃게 만드셨다. 한번은 다윗의 거짓말 때문에 수많은 제사장이 죽기도 했다. 또한 그는 주변의 만류에도 불구하고 자신의 위상을 가늠하고자 무리한 인구 조사를 단행했다가 교만으로 인해 많은 백성을 죽게 만들었다. 그런데도 하나님은 다윗을 버리지 않으시고 그를 사랑하셨다.

다윗과 사울의 대조적인 운명이 여러 가지 요소를 통해 부분적으로나마 설명될 수는 있겠지만, 이 둘의 희비를 갈라놓은 가장 기본적인 요소는 하나님의 절대적인 주권이다. 아울러 다윗의 왕권은 인간 다윗의 노력으로 빚어진 성취라기보다 하나님이 그분의 주권으로 그에게 주신 선물이었다는 것이 사무엘서 저자의 주장이다. 다윗의 위대함은 그가 탁월한 군사적-정치적 지도자였다는 데 있지 않았다. 그의 위대함은 바로 하나님의 마음에 합한 자였다는 데 있다. 이로써 하나님이 그와 함께하시고(삼하 5:10; 7:3), 다윗의 아들을 자신의 아들로 삼으시며, 다윗에게 '영원한 집'(왕조)을 약속하신 것이다.

(6) 여호와의 영

'여호와의 영'(רוּחַ יְהוָה) 혹은 '하나님의 영'(רוּחַ אֱלֹהִים)이라는 표현은 사무엘서에서 열다섯 차례나 등장한다. 이들 중 일곱 차례는 '여호와께로부터 온 악령'(רוּחַ־רָעָה מֵאֵת יְהוָה)이란 표현 중에서 사용된다(삼상 16:14, 15, 16, 23×2; 18:10; 19:9). 나머지 여덟 차례는 '하나님/여호와의 영'에 대한 언급들이다. 또한 다섯 차례는 선지자들이 예언하는 상황을 묘사한다(삼상 10:6, 10; 19:20, 23; 삼하 23:2). 나머지 세 차례 중 한 번은 군사력을(삼상 11:6), 한 번은 다윗에게 임하는 은사적 능력(삼상 16:13)을, 나머지 한 번은 하나님이 사울을 버리시는 상황에서 사용된다(삼상 16:14). 이러한 정황에서 '여호와의 영'이 사울을 떠났고, 그 자리를 '여호와께로부터 온 악령'이 차지했다는 사실은 자칫 내재하시는 성령이 떠난 자리를 사탄/귀신이 차지했다는 혼란을 야기할 수도 있다. 또한 '신약 시대처럼 성령이 한번 내재하시면 다시는 떠나지 않는 것과 달리, 구약 시대에는 성령이 오셨다가도 떠나셨다'라는 신학적 오해를 낳을 수도 있다. 그러나 우리가 잘 알다시피 구약의 하나님과 신약의 하나님은 같은 분이며, 구약의 성령과 신약의 성령도 같은 분이다. 이 쟁점에 대해 결론을 내리기 전에 다음 사항을 고려해 보자.

구약 성경에서 하나님의 영이 어떻게 사용되는가? 요셉은 창세기의 인물 중 유일하게 하나님의 영을 받은 사람이다(창 41:38). 이집트의 바로가 요셉의 해몽을 듣고 감탄해서 "너는 진정으로 하나님의 영을 소유한 자로다"라고 하는 말에 이 표현이 사용된다. 하나님의 영이 요셉의 해몽하는 은사와 연관되어 있는 것이다. 모세오경에서 세 사람이 추가로 하나님의 영을 받은 것으로 묘사되는데, 하나같이 은사와 연관되어 사용된다. 장막과 장막에서 사용하는 도구를 디자인하고 만들었던 브살렐은 하나님의 영을 받았을 때 공사를 감독하고 진행할 수 있는 지혜를 얻었다(출 31:2-3). 그를 도왔던 오홀리압에 대해서는 하나님의 영을 받았다는 말이 기록되어 있지 않다. 돈을 받고 이스라엘을 저주하려 했던 발람이 하나님의 영을 받은 후에 이스라엘을 축복하기에 이르렀다(민 24:2). 그가 내리려던 저주가 하나님의 강권으로 인해 축복으로 바뀐 것인데, 이 일 역시 은사나 기능과 관련이 있다. 모세의 종 여호수아는 하나님의 영을 받은 후 리더십을 발휘하기 시작했다(민 27:18). 이처럼 모세오경에서 '하나님의 영'이 사용될 때는 모두 기능/은사와 연관되어 있으며, 오늘날 우리가 이해하는 성령 하나님의 인격적 내재와 차이가 있다.

위 사람들과 그 외 구약 성경에서 하나님의 영을 받은 것으로 기록된 사람들을 살펴보면 하나님의 영은 특별한 역할을 감당하도록 세움을 받은 사람들에게 그 일을 수행할 수 있는 능력을 주려는 목적으로 임하셨음을 알게 된다. 모두 성령의 은사적인 면을 강조할 뿐, 인격적인 내재는 전제되지 않는 것이다. 다음 도표를 참고하라.

	인물	관련 구절
기능/재주	요셉	창 41장
	브살렐	출 31:3; 35:30-31

지도력	모세	민 11:17
	여호수아	신 34:9
	옷니엘	삿 3:10
	기드온	삿 6:34
	입다	삿 11:29
	삼손	삿 14:6, 19; 15:14
	다윗	삼상 16:13
	사울	삼상 10:10; 11:6; 19:23
예언	70장로	민 11:25
	발람	민 24:2
	사울의 전령들	삼상 19:20
	아마새	대상 12:18
	아사랴	대하 15:1
	스가랴	대하 24:20
	이사야	사 61:1
	에스겔	겔 3:24; 11:5

사람에게서 여호와의 영이 떠난다는 표현은 구약 성경에서 사울에게만 사용된다(삼상 16:14). 사사기 16:20은 삼손이 삭발했을 때 여호와가 떠나셨다고 말한다. 그러나 '하나님의 영'이라는 표현은 사용하지 않는다. 반면에 구약 성경은 하나님의 영이 한번 임하면 그 임재가 계속 지속된다고 가르친다(사 30:1; 59:21; 슥 4:6). 먼저 '여호와에게서 온 악령'(רוּחַ־רָעָה מֵאֵת יְהוָה)이라는 표현이 성경에서 어떻게 사용되는지 생각해 보자. 이 문구는 구약 전체에서 여덟 차례 사용된다. 사사기 9:23은 아비멜렉과 세겜 사람 사이에 여호와에게서 온 악령이 임했다고 기록하고 있다. 나머지는 사무엘서에서 어떻게 사울이 하나님의 버림을 받고 괴로워하는가를 묘사하는 데 사용된다(삼상 16:14, 15, 16, 23a, 23b; 18:10; 19:9).

하나님이 악령을 보내신 유일한 경우는 이스라엘의 초기 왕들(자칭 왕이었던 아비멜렉과 백성들이 세운 왕 사울)에게 보내셨을 때다. 성경에서도 두 사람에게만 적용된 표현이다. 두 사람 다 하나님 보시기에 악했으며, 하나님이 악령을 보내신 것도 그들의 죄 때문이었다. 아비멜렉 사건에서는 이 영이 그와 세겜 사람들 사이를 갈라놓았다(삿 9:1-9). 사울의 경우에도 이 영이 분명 외부적인 힘으로 이해되고 있다(삼상 13, 15장, 특히 15:23b을 참고하라). 그러므로 오늘날도 이런 일이 이루어진다고 볼 필요는 없다. 이 표현은 이스라엘의 통치권과 관련하여서만 이해하는 것이 바람직하다. 두 사람의 경우도 각기 나라의 지도자로서 자리를 잘 잡지 못한 것과 연관되어 있다.

(7) 한나의 노래와 다윗의 노래

통일성에 있어서 한나의 노래(삼상 2:1-10)와 다윗의 노래(삼하 22:1-23:7)는 매우 중요한 자리를 차지하며, 많은 학자의 연구 대상이 되고 있다. 두 텍스트는 많은 공통점을 지니고 있을 뿐만 아니라 이른바 수미쌍관(inclusio) 구조를 형성함으로써 사무엘서 전체를 해석하는 데 매우 중요한 열쇠를 제공한다. 이 노래들은 기쁨으로 가득 차 있는 어머니의 노래와 승리에 취한 왕의 모습을 잘 담고 있다. 다음 사항들을 참고하라.

공통 주제	한나의 노래	다윗의 노래
원수로부터의 해방을 노래함	2:1	22:3-4
하나님을 반석으로 찬양	2:2	22:32
"땅의 기둥들은 여호와의 것이라"	2:8	22:16
여호와께서 우레로 적들을 무찌르심	2:10	22:14-15

여호와께서 겸손한 자들을 구원하시고, 거만한 자를 낮추심	2:3-4	22:28
여호와께서 자신의 종들의 발을 지키심	2:9	22:37
여호와께서 자신을 의지하는 자에게 "힘으로 띠를 띠우신다"	2:4	22:40
여호와께서 자신의 기름 부음 받은 자를 형통케 하신다	2:10	22:51
적으로부터의 구원	2:1	22:3-4
스올 언급	2:6	22:6

한나와 다윗의 노래의 초점은 절대적인 하나님의 주권에 맞추어져 있다. 그들은 '내리시기도 하고 올리시기도 하는' 하나님, '땅 끝까지 심판을 베푸시는' 하나님, '자기 왕에게 힘을 주시는' 하나님을 찬양하고 있다. 즉, 이 두 노래는 일종의 수미쌍관 구조를 형성함으로써 그 사이에 놓인 이야기를 제대로 해석할 수 있는 배경을 그려 주는 것이다. 사무엘서는 하나님이 어떻게 '내리시기도 하고 올리시기도 하시는지'를 보여 주는 책이다.

(8) 대조되는 관점

벨하우젠(Wellhausen)은 사무엘서 저자가 현저한 관점 차이를 지닌 두 개의 문서를 인용했다고 주장했다. 사무엘서 안에 왕권 정치에 관한 두 개의 대립된 견해가 공존한다는 것이다. 먼저, 그는 반왕조(anti-kingship)적인 관점을 제시하는 텍스트로 사무엘상 7:2-8:22, 10:17-27 그리고 12, 15장을 꼽는다. 또한 친왕조(pro-kingship)적인 관점을 제시하는 텍스트로 사무엘상 9:1-10:16, 11장, 13-14장을 꼽는다. 그는 반왕조적인 텍스트는 포로기 이후에 삽입된 것이지만, 친왕조적인 텍스트들은 상대적으로 아주 오래되었으며 사무엘서가 저작될 때부터 포함되었던 것이라고 주장했다.

벨하우젠은 이 두 부류의 텍스트를 사무엘서에서 사용되는 순서대로 나열해 다음과 같은 구조를 제시했다. A는 친왕조, B는 반왕조 성향을 띤 텍스트들이다. 특이하게도 반왕조 텍스트들은 하나같이 회중 모임의 형식을, 친왕조 텍스트들은 하나같이 이야기 진행 형식을 취하고 있다.

- B: 7:1-8:22 회중 모임(Assembly): 열방과 같아지기 위해 백성이 왕을 요구함
  - A: 9:1-10:16 이야기(Story): 사무엘이 비밀리에 사울에게 기름을 부음
- B: 10:17-27 회중 모임(Assembly): 사울의 첫 소개와 백성들의 실망
  - A: 11:1-15 이야기(Story): 사울의 첫 승리가 군사적 지도자로서의 그의 자격을 입증
- B: 12:1-25 회중 모임(Assembly): 왕을 가진 것의 위험을 알리는 사무엘의 설교

많은 학자가 벨하우젠의 주장을 수용하여 사무엘서는 최소한 친왕조적 문서와 반왕조적 문서를 편집하여 제작된 것으로 간주했다. "왕정 제도에 대한 태도가 너무 다르게 나와 있기 때문에 상호 보완으로 볼 수가 없다"(Anderson). 노트(Noth)도 친왕정 텍스트는 처음부터 책의 일부였으며, 반왕정 텍스트는 훗날 도입되었다고 주장했다. 그는 또한 사무엘서는 여러 개의 독립적인 이야기들이 꼬리에 꼬리를 물고(end-to-end) 모아져서 책을 구성하기에 이르렀다는 설을 제시하여 벨하우젠의 주장을 한 단계 더 발전시켰다. 다음은 그가 사무엘서를 큰 섹션으로 구분한 것이다.

A. 법궤 이야기(삼상 4-6장; 삼하 6장)
  B. 다윗이 왕이 된 동기(삼상 16-31장)
  C. 다윗의 왕궁 이야기(삼하 9-20장; 왕상 1-2장)

그러나 많은 학자는 노트의 주장이 그다지 설득력이 없다고 판단한다. 예를 들면, 그는 법궤 이야기가 왜 둘로 나뉘어 있는지 충분히 설명하지 못했다. 또한 노트가 언급을 회피하는 사무엘상 10-15장의 기능과 의미는 무엇인가? 중간에 등장하는 텍스트에 관한 충분한 설명이 없다면 우리는 이 설을 수용할 필요가 없다. 또한 다윗의 왕궁 이야기는 그의 죽음(삼하 21-24장)에 의해 중단되었다. 그리고 사무엘하 21-24장은 구조적으로 확실한 통일성을 지니고 있다. 저자는 사무엘하 21-24장에서 다윗의 일생에 관한 요약과 평가를 제시함으로써 사무엘서 전체에 대해 적절한 결론을 내리고 있다.

  A. 내러티브(Narrative): 3년의 기근과 죽음. 제물로 해결(21:1-14)
    B. 다윗의 용장들(21:15-22)
      C. 다윗이 사울로부터 해방되었을 때 부른 노래(22장)
      C′. 다윗 생애의 마지막 노래(23:1-7)
    B′. 다윗의 용장들(23:8-39)
  A′. 내러티브(Narrative): 3일의 재앙과 죽음. 제물로 해결(24장)

위 텍스트의 일부는 분명히 다윗의 정치적 삶이 시작되었을 때 있었던 일들이다(특히 A와 C는 거의 확실하다). 만일 사무엘서가 역사적인 순서를 따라 정리된 책이라면 이 부분은 훨씬 앞에 등장해야 한다. 반면에 이 이야기들이 여기에서 인용되는 것은 성경의 역사서는 시대적 순서에 큰 비중을 두지 않는다는 점을 드러낸다. 저자는 이 이야기들을 책의 마지막 부분에 인용함으로써 다윗의 일생에 신학적인 평가를 부여하려는 듯한 느낌을 준다.

복음 성가 중 "예수 인도하셨네"라는 찬양이 있다. 이 노래의 가사는 다음과 같이 한 성도의 간증을 묘사한다. "내 일생 여정 끝내어 강 건너 언덕 이를 때 하늘 문 향해 말하리. 예수 인도하셨네. 매일 발걸음마다 예수 인도하셨네. 나의 무거운 죄짐을 모두 벗고 하는 말 예수 인도하셨네." 이 순간 다윗은 이 노래를 부르고 있다. 보잘것없는 목동으로 태어나 한 나라의 왕이 되기까지, 또한 앞으로 그의 집안에 영원히 복을 주시겠다는 약속을 받기까지 이 모든 것이 하나님의 은혜라는 것이다.

구조 중앙에 놓여 있는 두 개의 노래를 살펴보자. 첫 번째 노래는 여호와의 구원의 행위들을 찬양하고 있다(22장). 두 번째 노래는 이스라엘의 미래의 소망의 기초가 되는 다윗 언약을 찬양하고 있다(23:1-7). 하나님의 구원 행위와 그분이 주신 언약이 한 민족으로 지속되고 있는 이스라엘의 역사의 기초임을 잘 드러낸다. 다윗의 부하들의 명단(B, B′)은 하나님이 역사를 이루어 나가시는 과정에서 사용하신 인간 도구들을 보여 준다. 전체를 감싸고 있는 여호와의 진노에 대한 사건(A, A′)은 사울뿐만 아니라 다윗마저도 여호와의 진노의 대상이 되었다는 것을 전함으로써 이스라엘의 진정한 왕은 오직 여호와 한 분임을 강조한다. 여호와는 세상의 그 누구에게도—심지어 그분이 가장 사랑하시는 자에 의해서도—이용당할 수 없는 분이다. 그분은 모든 사람으로부터 참으로 자유하신 분이며, 경우에 따라서는 그분을 가장 사랑하는 이들에게도 '뜨거운 감자'가 되실 수 있는 분이다.

에스링거(Eslinger)는 사무엘상 8-12장에 등장하는 인물들의 관점을 분석한 후에 이런 결론을 내렸다. "본문을 친왕정, 반왕정 문장으로 나누는 것이 얼마나 잘못된 것인가를 금방 알 수 있다. 오직 한 인물, 사무엘만이 이스라엘 위에 인간 왕을 세우는 것을 결정적으로 반대하고 있다. 하나님이 인간 왕을 세우실 것을 결정하시자 사무엘은 마지못해 사울의 편에 섰으며, 단지 열방처럼 왕을 세워 달라는 요구에 대해서만 동기의 불순함을 꼬집어 비판하고 있다.…여호와와 사무엘이 반대한 것은 이스라엘의 요구에 들어 있는 반언약적 분위기였다."

그렇다면 사무엘서의 친왕정과 반왕정 텍스트를 중심으로 하는 구조를 어떻게 이해해야 할 것인가? 저자는 왕정 제도의 필요성과 그 제도가 내포한 위험성을 동시에 제시하는 것 같다. 즉, 저자는 이스라엘을 괴롭히는 주변 국가들이 갈수록 조직화되는 상황에서 이스라엘도 생존을 위해서는 왕정 제도가 필수적이었음을 인정한다. 당시 이스라엘을 괴롭히는 블레셋은 고도로 조직된 군사력을 가지고 있었을 뿐만 아니라 철제 무기까지 가지고 있었다(Bright). 이런 상황에서 아직도 도시 국가 체제를 벗어나지 못했던 이스라엘이 왕을 갈망했던 것은 당연한 일이고, 하나님도 이들의 요구를 무작정 무시하실 수는 없었던 것이다.

왕정 제도는 근본적으로 두 가지 문제를 안고 있다. 첫째, 왕이 잘못되어 백성을 잘못 인도할 때, 백성이 하나님께로부터 멀어질 수 있다. 이스라엘은 신정주의를 추구하는 나라였기에 이 문제가 매우 심각하게 부각될 수 있다. 둘째, 백성들이 신적(神的) 왕이신 하나님이 아니라 인간 왕을 의존하고 그에게 지나친 기대를 건다면, 그들은 신적 왕을 무시하거나 망각할 수 있다. 그러므로 진정한 문제는 신정 정치냐 왕정 정치냐가 아니라 '왕정 정치를 통한 신정 정치의 실현'이었다(La Sor).

학자들이 사무엘서 저자가 사용한 것으로 추정되는 출처들을 찾아 나서는 데 가장 확실한 동기를 제공한 것은 무엇보다 소위 두 번씩 반복되는 것들(doublets)이었다. 벨하우젠이 분류해 낸 친왕정 텍스트와 반왕정 텍스트도 이러한 현상에 속하는 한 예라 할 수 있다. 추가적으로 다음 사항들을 생각해 보자. 사무엘서는 사울이 왕이 된 경위를 두 가지로 밝히고 있다. 한 번은 온 이스라엘 백성이 모인 곳에서 사무엘이 그들의 요구에 의해 왕을 세우는 과정 중에 사울이 지명된 경우이고, 한 번은 사무엘이 여호와의 명령에 의해 잃어버린 나귀를 찾아 나섰던 사울을 왕으로 세웠던 경우다(삼상 10장).

사울은 두 차례나 왕으로서 거부당했다. 첫 번째 사건은 사무엘상 13:13-14에 기록되어 있다. 사울은 사무엘로부터 그가 전쟁터에 도착할 때까지 기다리라는 명령을 받았다. 그러나 블레셋 사람들은 시간이 갈수록 사기가 충천한 반면 이스라엘 사람들은 불안에 떨며 하나씩 진영에서 빠져나가기 시작했다. 보다 못한 사울은 사무엘이 도착하기 전에 스스로 제사장 노릇을 하며 하나님께 제물을 드렸다. 결국 그는 사무엘뿐만 아니라 하나님의 진노까지 사게 되었고, 결국 왕으로서의 자격을 박탈당했다. 두 번째 사건은 사무엘상 15:10-31에 기록되어 있다. 아말렉 사람들과 전쟁을 하러 떠나는 사울에게 사무엘은 전쟁에 이긴 후 아말렉 사람들과 그들의 소유물을 진멸하라는 하나님의 명령을 전달했다. 그러나 사울은 시키는 대로 하지 않았다. 좋은 물건과 짐승에 대한 개인적인 탐욕과 버릴 것이 아니라 소유하자는 여론에 마음이 흔들렸던 것이다. 이는 사울이 진정한 지도자의 자질을 가지지 못했음을 드러내는 사건이었다. 그가 여러 말로 변명하고 사무엘을 설득하려 했지만, 사무엘은 "순종이 제사보다 낫다"라는 말과 함께 그가 여호와께 버림받았음을 선포하고는 그곳을 떠났다.

다윗은 사울을 두 번씩이나 처음 만난 듯 보인다. 다윗은 악신이 사울에게 임할 때마다 그를 위해 수금을 탔다(삼상 16장). 이때 사울과 다윗은 처음 만났다. 그런데 다윗이 골리앗과 대결하는 기회를 제공했던 전쟁터에서도 처음 만난 듯 보인다(삼상 17장). 이 두 사건은 어떠한 설명을 통해서도 잘 조화가 되지 않는 어려움을 안고 있다.

다윗은 블레셋 사람들에게 자신을 두 번 맡겼다. 그는 사울이 두려운 나머지 무작정 블레셋 성읍을 찾아갔다가 위험을 느끼고 미친 사람처럼 행세하여 위기를 모면했다(삼상 21:10-15). 훗날 사울의 창을 피해 다시 블레셋 왕을 찾았으며, 그때는 블레셋 왕이 그를 환대했다(삼상

27:1-4).

다윗은 사울을 두 번 살려 주었다. 한 번은 호위병도 없이 굴속에서 용변을 보던 사울의 옷깃만을 자르고 그를 살려서 보낸 일이고(삼상 24장), 나머지 한 번은 곤히 잠든 사울의 진영에 숨어 들어가 그의 창과 물통을 가지고 나옴으로써 그가 마음만 먹으면 사울을 죽일 수 있었음을 입증했던 일이다(삼상 26장).[5]

이와 같이 두 번씩 반복되는 것들이 각 이야기에 대한 두 개의 다른 전통을 사용했기 때문이라고 전제하는 논리 뒤에는, 모든 일은 비슷한 형태로 반복될 수 없다는 가정이 담겨 있다. 그러나 실제로 구약 문학 연구에 있어서 비슷한 이야기가 반복될 때는 이러한 모형장면(type-scene)들의 위치와 유사하면서도 약간씩 다르게 사용된 단어나 이미지의 중요성을 감안해야 한다. 최근에는 사무엘서를 하나의 통일성 있는 작품으로 바라보는 관점에서 연구가 진행되고 있다.

5. 개요

사무엘서는 여러 곳에서 마소라 사본과 우리말 성경의 장/절 구분이 다르게 나타난다. 여기에 제시된 장/절 표기는 우리말 성경에 준한 것이다. 사무엘서는 상승과 쇠퇴라는 주제로 접근하면 어느 정도 쉽게 섹션으로 나눌 수 있는 책이다. 다음을 참고하라.

   Ⅰ. 사무엘의 상승과 엘리의 쇠퇴(삼상 1:1-7:17)
      A. 사무엘의 탄생(1:1-2:11)

---

[5] 여기에 골리앗이 두 번 죽었다는 사실도 더할 수 있다. 골리앗은 한 번은 다윗의 손에 죽었고(삼상 17장), 또 한 번은 다윗의 용장 목록에 등장하는 사람에 의해 죽었다(삼하 21:19). 물론 동명이인(同名異人)일 수 있다.

B. 엘리 집안의 쇠퇴와 사무엘의 상승(2:12-4:1a)
   C. 이스라엘의 패배와 하나님의 승리(4:1b-7:1)
   D. 사무엘의 사역(7:2-17)

Ⅱ. 이스라엘의 첫 왕권(8:1-15:35)
   A. 백성들의 왕 요구(8:1-22)
   B. 사울의 선택과 기름 부음(9:1-10:27)
   C. 사울의 첫 번째 승리(11:1-15)
   D. 옛 언약과 새 왕(12:1-25)
   E. 왕으로서 버림받은 사울: 첫 번째 이야기(13:1-23)
   F. 사울과 요나단의 군사적 공훈들(14:1-52)
   G. 왕으로서 버림받은 사울: 두 번째 이야기(15:1-35)

Ⅲ. 다윗의 상승과 사울의 쇠퇴(16:1-삼하 5:10)
   A. 다윗이 왕으로 기름 부음을 받음(16:1-13)
   B. 다윗이 사울을 치료함(16:14-23)
   C. 다윗이 골리앗을 죽임(17:1-18:5)
   D. 다윗의 왕궁 생활(18:6-20:42)
   E. 다윗이 사울에게서 도주함(21:1-30:31)
   F. 사울의 죽음(31:1-삼하 1:27)
   G. 다윗이 이스라엘의 왕이 됨(2:1-5:10)

Ⅳ. 뿌리내리는 다윗의 왕권(5:11-8:18)
   A. 물질적 성공A(5:11-25)
   B. 영적 성공(6:1-7:29)
   C. 물질적 성공B(8:1-18)

Ⅴ. 다윗의 쇠퇴(9:1-24:25)
    A. 다윗과 므비보셋(9:1-13)
    B. 암몬과의 전쟁A(10:1-19)
    C. 밧세바와의 간음(11:1-12:25)
    D. 암몬과의 전쟁B(12:26-31)
    E. 두 아들의 반역(13:1-18:33)
    F. 다윗의 회복(19:1-20:26)
    G. 다윗의 마지막 행보(21:1-24:25)

엑스포지멘터리
역사서 개론

열왕기

EXPOSItory comMENTARY

열왕기

… 너희는 돌이켜 너희 악한 길에서 떠나 나의 명령과 율례를 지키되 내가 너희 조상들에게 명령하고 또 내 종 선지자들을 통하여 너희에게 전한 모든 율법대로 행하라(왕하 17:13)

여호와께서 그의 종 다윗을 위하여 유다 멸하기를 즐겨하지 아니하셨으니 이는 그와 그의 자손에게 항상 등불을 주겠다고 말씀하셨음이더라(왕하 8:19)

소개

열왕기는 역사적 내러티브(historical narrative)로서 솔로몬이 다윗의 뒤를 이어 왕이 된 때(971 BC)로부터, 주전 597년에 포로로 바빌론에 끌려가 감옥에 수감되었던 여호야긴이 37년 만에 출옥한 때까지(viz., 560 BC)를 역사적 배경으로 삼고 있다. 400여 년에 이르는 이스라엘과 유다의 왕정 시대의 역사를 신학적인 관점에서 정리하고 있는 것이다. 열왕기는 오늘날의 기준에 비추어볼 때 그 시대 이스라엘에 관한 객관적이고 공정한 역사 교과서라고 할 수는 없지만, 분명한 역사성을 띤다(cf.

Brueggemann). 왜냐하면 열왕기는 그 시대의 이스라엘의 역사를 일정한 관점에서 정리하고 있기 때문이다. 또한 저자는 자신이 조명하고자 하는 시대의 모든 일을 총망라한 백과사전적인 정보를 제공하는 것이 아니라, 여느 역사가처럼 자신의 역사 철학과 의식을 바탕으로 한 일정한 기준으로 특별히 선별한 일부 사건들만을 조명하여 해설을 첨부해 책을 집필했다(cf. Sweeney).

우리는 또한 열왕기가 교훈적인 문헌이라는 사실도 인정해야 한다. 저자는 단순히 이스라엘의 과거를 객관적으로 정리하기 위해 이 책을 쓰지 않았다. 그는 기록을 통해 독자들에게 하나님과 그의 백성에 관한 교훈과 도전을 주고자 한다(House). 독자들의 삶과 가치관을 바꾸고자 이 책을 집필한 것이다. 이러한 차원에서 열왕기는 최소한 세 가지 성격을 지닌다(Provan). 첫째, 열왕기는 내러티브(narrative literature)이다. 둘째, 열왕기는 역사서(historical literature)이다. 셋째, 열왕기는 교훈서(didactic literature)이다.

1. 저자와 저작 연대

성경은 열왕기가 누구에 의해서 저작되었는가에 대해서는 언급하지 않는다. 탈무드는 선지자 예레미야가 이 책을 저작했다고 한다. 아마도 열왕기하 24:18-25:30이 예레미야 52장에서 인용되고 있음을 근거로 이러한 결론을 내린 것으로 생각된다. 탈무드는 성경의 모든 책이 선지자들에 의해 저작되었다고 주장하기 때문에, 예레미야 선지자를 열왕기의 저자로 여기는 것은 충분히 이해가 된다. 그러나 예레미야는 주전 582년경에 인질로 이집트에 끌려갔다는 사실을 감안할 때(렘 42-43장), 바빌론의 포로 생활이 끝나가고 있음을 전제로 하고 있는 열왕기를 예레미야가 저작했을 가능성은 없어 보인다.

열왕기하에 마지막으로 기록된 사건은 여호야긴이 바빌론으로 끌려가 감옥에 갇힌 지 37년 만에 풀려나는 일이다(왕하 25:27-30). 이때가 주전 560년이다. 그렇다면 이 책의 최종적인 정리와 편집은 여호야긴이 감옥에서 풀려 나온 후에 가능한 일이다. 더 나아가 저자는 37년만에 자유인이 된 여호야긴이 바빌론 사람들이 내려준 하사품을 먹으며 나머지 여생을 편안하게 살았다는 말을 더한다(왕하 25:29). 이 같은 회고는 열왕기의 최종 편집이 아무리 빨라도 주전 550년대에 있었던 일임을 암시한다. 물론 저자 혹은 편집자가 인용하고 있는 자료들과 정보는 훨씬 더 오래된 것들이다.

열왕기의 일부 텍스트는 포로 시대와 예루살렘의 파괴를 전제한다. 이러한 텍스트가 일부 보수적인 학자들이 주장하는 것처럼 예언으로 선포된 것들인지, 아니면 진보적인 학자들이 주장하는 것처럼 훗날 열왕기 사가가 역사를 정리하면서 이미 일어난 일들을 마치 예언적으로 읽히도록 기록한 것인지 확실히 알 수는 없다. 그러나 이러한 텍스트는 책의 성향이나 저작 목적을 연구하는데 큰 도움을 줄 수 있다(왕상 9:1-9; 11:9-13; 왕하 17:19-20; 20:17-18; 21:11-15; 22:15-20 등등).

저작 연대를 논할 때 중요한 단서는 '오늘날/지금까지'라는 표현이다. '오늘날까지'(עַד הַיּוֹם הַזֶּה)는 열왕기에서 열세 번(왕상 8:8; 9:13, 21; 10:12; 12:19; 왕하 2:22; 8:22; 10:27; 14:7; 16:6; 17:23, 34, 41), "지금까지"(עַד־עָתָּה)는 한 번 등장한다(왕하 13:23). 이 모든 '오늘'에 대한 언급은 과거에 일어난 사건들이 어떻게 저자가 이 책을 집필할 때 영향을 미쳤는가를 설명한다. 그리고 이때는 560년 이후라는 것은 쉽게 생각되나 정확히 언제인지는 각자의 추측에 맡길 수밖에 없다.

'오늘날까지'라는 표현 중 최소한 두 개는 포로기 전(前) 시대를 언급하는 듯하다. 열왕기상 8:6-9은 "제사장들이 여호와의 언약궤를 자기의 처소로 메어 들였으니 곧 성전의 내소인 지성소 그룹들의 날개 아래라 그룹들이 그 궤 처소 위에서 날개를 펴서 궤와 그 채를 덮었는데 채가 길므로 채 끝이 내소 앞 성소에서 보이나 밖에서는 보이지 아니하며 그 채는 오늘까지(עַד הַיּוֹם הַזֶּה) 그 곳에 있으며 그 궤 안에는 두 돌 판 외에 아무것도 없으니 이것은 이스라엘 자손이 애굽 땅에서 나온 후 여호와께서 저희와 언약을 맺으실 때에 모세가 호렙에서 그 안에 넣은 것이더라"라고 한다. 그런데 이 구절을 번역하고 있는 칠십인역(LXX)에는 법궤에 대한 언급이 없다. 그래서 일부 학자들은 이 구절이 매우 늦은 시대에 첨부된 것으로 간주한다.

그러나 이 표현의 출처는 저자가 열왕기를 집필하면서 인용한 책인 '솔로몬 행전'일 수도 있다(왕상 11:41). 열왕기하 13:23은 "여호와께서 아브라함과 이삭과 야곱과 더불어 세우신 언약 때문에 이스라엘에게 은혜를 베풀며 그들을 불쌍히 여기시며 돌보사 멸하기를 즐겨하지 아니하시고 이 때까지(עַד־עָתָּה) 자기 앞에서 쫓아내지 아니하셨더라"라고 말한다. 그렇다면 '이때까지'와 주전 722년은 어떤 관계를 지니고 있는가?

'이때'는 북 왕국의 멸망이 있었던 주전 722년 전이 확실하다. 열왕기 저자는 남 왕국 유다가 하나님의 진노를 사지 않게 된 동기를 한결같이 하나님이 다윗에게 주신 약속 때문이라고 한다. 반면에 본문은 북 왕국의 경우 아브라함, 이삭, 야곱 등 선조들과의 약속 때문이라고 한다. 물론 이 말씀은 남 왕국에도 적용된다. 남 왕국은 일차적으로는 다윗 언약 때문에, 이차적으로는 선조들과의 언약 때문에 하나님의 은혜와 보호를 받았던 것이다.

대부분의 학자들은 여호야긴이 바빌론 감옥에서 풀려난 560년 이후인 550년대에 열왕기가 최종적으로 정리되었을 것으로 추정한다. 노트(Noth)는 열왕기뿐만 아니라 여호수아, 사사기, 사무엘서 등도 모두 동일한 저자/학파에 의해서 저작된 것으로서 신명기적 가치관에 근거하여 이스라엘의 역사를 정리했다고 생각했다.[1] 그는 이 저자/학파를 '신명기적 사가'(Deuteronomistic Historian)라고 불렀다(cf. Fretheim).

---

1 『엑스포지멘터리 역사서 개론』 서론 섹션을 참조하라.

2. 다른 책들과의 관계

열왕기는 성경의 다른 책들의 존재를 전제로 하고 쓰여진 책이다. 바로 앞에 등장하는 사무엘서와 밀접한 관계가 있을 뿐 아니라 필연적인 연결성을 지닌다. 사무엘서와 열왕기를 계속 읽어내려 가면 마치 한 작품으로 생각될 수 있게 하는 흐름이 있다. 심지어는 모세오경, 특히 신명기와도 매우 깊은 연관이 있다는 것이 학자들의 일반적인 견해이다(Cogan). 열왕기는 또한 선지서들의 시대적 배경을 제시해주는 매우 중요한 자료이기도 하다. 그러므로 열왕기를 해석하는 과정에서 구약성경 전체를 염두에 두고 주해해 나가는 것은 필수적인 부분이다.

히브리어 성경에서 열왕기는 '전 선지서'(Former Prophets)의 네 번째 위치에 있는 책이다. 칠십인역(LXX)은 사무엘상·하를 제1,2열왕기/왕국기(1 & 2 Reigns)로 열왕기상·하를 제3, 4열왕기/왕국기(3 & 4 Reigns)라고 부른다. 또한 라틴어 번역 불가타(Vulgate)도 역시 이 책들에 같은 이름을 주었다. 고전들이 사무엘서-열왕기를 이렇게 취급하는 것은 한때는 사무엘서와 열왕기가 한 권이었다가 훗날 이 책들이 어떠한 기준보다는 편리성을 고려하여 임의적으로 나누어졌음을 시사한다(Sweeney, Patterson & Austel, cf. Fretheim, Fritz). 사무엘서의 주인공이라 할 수 있는 다윗에 관한 이야기가 끝을 맺는 곳이 사무엘서의 마지막 부분이 아니라 열왕기상 2:10-11이라는 사실도 이 같은 사실을 입증하는 듯하다. 또한 일부 헬라어 사본들은 사무엘하의 끝부분을 열왕기상 2:11로, 혹은 열왕기상 2:46까지 연장하고 있다(cf. Konkel).

더 나아가 열왕기가 상·하 두 권으로 나누어지게 된 것에도 특별한 이유가 있었던 것은 아니다. 아하시야 왕의 이야기는 열왕기상 22:51에서 시작되어 열왕기하 1:18에서 끝이 난다. 엘리야의 이야기는 열왕기상 17장에서 시작되며 열왕기하 2장에 가서야 막을 내린다. 이와 같은 사항들은 이 책이 임의로 나누어졌음을 뒷받침하고 있다.

구약의 책 중에서 사무엘서, 열왕기, 역대기만 각각 두 권으로 나뉘어져 있는데 이 책들은 다른 책들보다 분량이 많다. 히브리어로 열왕기는 2만 5천여 단어, 사무엘서는 2만 4천여 단어, 역대기도 2만 4천여 단어로 구성되어 있다. 반면에 이사야서는 1만 7천여 단어, 예레미야서는 2만 2천여 단어로 구성되어 있다. 히브리어 성경이 헬라어로 번역이 되면 단어 수가 최고 50%까지 늘어난다는 점을 감안할 때, 한 권의 정경을 상·하로 나누는 것은 칠십인역(LXX)에서 비롯되었을 것이다(Cogan).

히브리어 정경은 이 책에 '왕들'(מְלָכִים)이라는 이름을 주었으며, '전 선지서'(former prophets)의 마지막 자리를 내주었다. 열왕기 이후로는 '후 선지서'(latter prophets)(이사야, 예레미야 등등)가 등장한다. 열왕기는 대부분의 후 선지서의 역사적인 해석틀(frame)을 제공한다. 또한 열왕기의 일부분은 별 차이 없이 후 선지서 안에서 발견되기도 한다. 예를 들어 열왕기하 18:13-20:19이 거의 그대로 이사야 36-39장에서 발견되며, 열왕기하 24:18-25:30은 예레미야 52장에서 인용되었다.

3. 저작 목적

열왕기는 이스라엘 두 왕국의 역사와 왕들의 업적과 실패를 조명한다. 그러나 저자가 정확히 어떤 목적으로 이 시대를 조명한 것인지 확실하게 파악하기는 어렵다. "저자가 전하고자 하는 테마는 무엇인지, 그의 목적이 무엇인지를 결정하는 것은 매우 어렵다"(Jones). 학자들이 이렇게 느끼는 것은 과거에 열왕기 연구가 매우 열악했던 점을 반영한다. "내 생각에는 열왕기가 어떤 의미를 가지고 집필되었는가를 연구하는 것은 구약 학계가 가장 관심 갖지 않은 부분 중의 하나이다"(McConville). 실제로 학자들의 열왕기 주석들을 살펴보면 책의 분량에 비해 서론이 참으로 짧다는 생각이 들 때가 많다(Fritz, Seow,

Brueggemann). 그만큼 열왕기는 전체적으로 아우르기가 어렵거나 많이 연구되지 않은 책이다.

반세터스(van Seters)는 이 책은 이스라엘 두 왕국이 자신들의 과거를 정리하기 위해서 기록한 것이라고 주장한다. 반면에 노트(Noth)는 바벨론의 포로가 된 이스라엘이 "하나님의 백성인 우리가 왜 바빌론으로 끌려와야만 했는가?"라는 신학적 질문을 조명하기 위해 이 책을 저작한 것이라고 생각했다. 한 가지 주목할만한 것은 열왕기에는 이스라엘의 과거, 회개의 필요성, 현재의 어려움과 함께 미래에 대한 소망이 기록되어 있다는 사실이다. 저자는 또한 이스라엘의 왕들의 죄를 상세하게 기록함으로써 포로로 끌려온 이스라엘 백성들이 이제는 하나님 앞에 죄를 범하지 말 것을 경고하고 있다.

열왕기는 끊임없이 죄를 짓는 이스라엘이 진정으로 회개할 때마다 하나님이 구원의 손길을 내미시는 모습도 거듭 강조한다. 특히 부패하고 타락한 왕들이 하나님 앞에 엎드릴 때마다 그들을 용서하시는 하나님의 모습이 매우 인상적이다. 하나님은 죄를 범한 이스라엘이 돌아오기만 한다면 언제라도 용서할 의향이 있으시다는 사실을 분명히 하고 있다. 저자는 바빌론에 포로로 끌려와서 하나님에 대한 실망과 온갖 피해의식에 빠져 있는 이스라엘 백성들의 유일한 살 길은 진정한 회개임을 암시하고 있는 것이다.

열왕기는 이스라엘이 바빌론에 포로로 끌려오게 된 것은 그들과 조상들의 죄의 결과라고 말하고 있다. 그러나 저자는 책의 끝부분에서는 포로가 된 이스라엘의 비통하고 아픈 현실에도 불구하고 미래를 소망적이고 낙관적으로 보는 듯하다. 여호야긴이 바빌론에 끌려와 감옥 생활을 한 지 37년 만에 풀려나 여생을 편안하게 살았다는 이야기로 책의 마지막 부분을 장식한 것에서 이러한 시각을 찾을 수 있다.

4. 역사적 정황

열왕기는 이스라엘의 초대 왕 사울의 뒤를 이었던 다윗 왕의 통치 말년(ca. 970 BC)의 이야기로 시작해서, 여호야긴이 바빌론의 감옥에서 37년을 복역하고 출감한 이야기(560 BC)로 막을 내린다. 총 400여 년의 세월을 정리하고 있는 것이다. 또한 모든 것이 좋은 여건에서 시작되었던 왕국이 하향 곡선을 그리다가 결국 추락하는 일대기를 그리고 있다. 이러한 차원에서 열왕기의 진행은 '제2의 사사기'라고 할 수 있다.

북 왕국 이스라엘을 주전 722년에 멸망시켰던 아시리아 제국은 초기부터 시리아-팔레스타인 지역을 끊임없이 침략했다. 아시리아의 기록에 의하면 이 제국이 침략했던 가나안과 주변 지역은 다음과 같다(Howard).

연대	왕	대상	결과
877	앗수르나시르팔 1세 (Ashur-nasirpal I)	두로-시돈-비블로스 (Tyre-Sidon-Byblos)	공물 징수
853	살만에셀 1세 (Shalmaneser I)	서쪽 나라들의 연합군과 카르카르(Qarqar)에서 전쟁	아시리아 제국의 팽창이 주춤함
841	살만에셀 3세 (Shalmaneser III)	다메섹-므깃도-두로-시돈 (Damascus-Megiddo-Tyre-Sidon)	갈멜산에 기념비가 세워졌고 예후가 공물을 바침
805	아다드니라리 3세 (Adad-nirari III)	다메섹(Damascus)	다메섹을 취하고 요아스에게서 공물을 받음
743-738	디글랏빌레셀 3세 (Tiglath-pileser III)	북시리아에서 우라르투족 (Urartians)과 전쟁	다메섹과 이스라엘의 므나헴이 공물을 바침
734	디글랏빌레셀 3세 (Tiglath-pileser III)	악고-아벡-게셀-가자-아스글론 (Acco-Aphek-Gezer-Gaza-Ashkelon)	아하스가 공물을 바침

733	디글랏빌레셀 3세 (Tiglath-pileser III)	하솔므깃도 (Hazor-Megiddo)	북 왕국(이스라엘)이 대부분의 영토를 빼앗김
732	디글랏빌레셀 3세 (Tiglath-pileser III)	다메섹(Damascus)	사마리아가 항복하고 호세아가 왕위에 오름
724 -722	살만에셀 5세 (Shalmaneser V)	두로-세겜-사마리아 (Tyre-Shechem-Samaria)	사마리아가 함락당하고 이스라엘이 완전히 멸망함
720	사르곤 2세 (Sargon II)	하맛-블레셋-두로 (Hamath-Philistia-Tyre)	하맛, 가사, 두로가 함락됨 유다와 이집트가 공물을 바침
712	사르곤 2세 (Sargon II)	다메섹-벧산-므깃도-아스돗 (Damascus-Beth-shan-Megiddo-Ashdod)	아스돗을 차지함 히스기야가 공물을 바침
701	산헤립 (Sennacherib)	두로-에글론-가드-라기스-예루살렘(Tyre-Ekron-Gath-Lachish-Jerusalem)	예루살렘성 밖에서 수많은 아시리아군이 떼죽음 당함

디글랏빌레셀 3세(Tiglath-pileser III) 시대부터 아시리아 제국이 정복한 나라들에게 펼친 외교 정책은 다음과 같이 세 단계로 시행되었다. 첫 번째 단계는 정복한 나라를 속국으로 삼았다. 속국은 아시리아에게 매년 미리 합의한 조항에 따라 조공을 바쳐야 했으며, 아시리아가 필요로 할 경우 군대를 조직하여 제국의 전쟁을 도와야 할 의무가 있었다. 그러나 속국의 자치성을 인정하여 상당한 정치적 자율권을 수용했다. 문제 일으키지 않고 조공만 잘 바치면 상당히 관대하게 대했던 것이다.

두 번째 단계는 속국이 처음으로 반기를 들었을 때에 관한 것으로 다음과 같은 정책이 적용되었다. 현재 속국을 통치하고 있는 왕가(王家) 내에서 아시리아에 충성할 수 있는 인물을 찾을 수 있다면 그를 새 왕으로 임명했다. 아울러 반역한 나라의 영토 중 상당 부분을 빼앗아 주변의 다른 속국에게 주거나 아시리아 제국이 관료들을 파견하여 직접 통치하는 주(province)로 만들었다. 또한 속국의 반란과 반역의 가능성을 줄이기 위해 상당수의 상류층 사람들을 끌고가 낯선 땅에 강제로 이주시켰다. 속국이 바치는 조공의 액수와 전쟁에 동원하는 군인 수도 매년 늘려서 요구하였다.

세 번째 단계는 속국이 한 번 이상 반기를 들었을 때에 적용하는 정책이다. 통치하던 왕/반역한 왕을 폐위시키고 정치적 독립권을 빼앗았다. 국가의 모든 영토는 아시리아의 주로 편입되었으며, 아시리아인 총독과 관리들이 통치하게 된다. 반역한 나라는 자치권을 완전히 상실하게 되는 것이다. 남아 있던 상류층은 모두 강제로 끌려갔으며 그들의 자리를 타국에서 끌어온 상류층이 채웠다. 온 나라에 혼합/혼혈 결혼이 강요되었다. 이 같은 결혼 정책을 강요했던 것은 민족의 정체성을 없애기 위해서였다. 피가 섞이면 반역도 줄어들 것이라는 생각에서 강요한 정책이었으며 상당한 부분에 있어서 성공적이었다. 북 왕국 이스라엘이 주전 722년에 아시리아의 손에 멸망한 이후 순수 혈통의 열 지파가 희귀해진 것도 바로 이러한 이유에서였다.

약 130여 년 후에 남 왕국 유다를 멸망시켰던 나라는 신바빌론 제국이었다. 바빌론은 85년이라는 비교적 짧은 기간에 존재했던 제국이지만 근동 지역에 끼친 영향은 실로 대단했다. 특히 바빌론이 가나안 지역에 끼친 영향력은 아시리아를 능가했다. 바빌론의 외교 정책은 아시리아의 정책보다 훨씬 더 관대했다. 민족의 정체성을 곤경에 빠뜨리는 국제결혼도 강요하지 않았다. 바빌론 제국은 각 나라에서 바빌론으로 끌려온 모든 사람에게 재산권을 인정해 주었으며 많은 자유를 허락했다. 그들은 또한 포로 중에서 능력 있는 자들을 선별하여 제국 정치에 대거 참여시켰다.

유다의 관점에서 볼 때 바빌론의 관대한 외교 정책은 한마디로 하나님의 은혜였다. 만일 유다가 주전 701년에 산헤립에 의해 멸망했다면 다시는 재건되지 못할 가능성이 매우 컸다(cf. 사 36-37장). 북 왕국 이스라엘의 예를 생각해 보라. 아시리아의 손에 망한 북 왕국에 속했던 대부분의 지파는 흔적을 감추었다. 하나님이 다윗과 맺은 언약을 생각하셔서 남 왕국만큼은 잔인한 아시리아 사람들의 손에 멸망하지 않도록 자비를 베푸신 것이다. 특히, 이사야 36-39장이 기록하고 있는 701년의 산헤립 사건의 전모를 살펴보면 아찔한 생각이 든다. 이때의 이스라엘은 건국 이후 최고의 위기를 맞고 있었다. 한마디로 그들의 운명이 풍전등화(風前燈火)였던 것이다. 하나님은 히스기야의 믿음을 보시고 그의 생명을 연장해 주신 것처럼, 멸망할 수밖에 없는 유다의 생명을 연장해 주셨다. 신바빌론 제국의 왕들은 다음과 같다.

왕	연대	성경
나보폴라사르(Nabopolassar)	625-605	
느부갓네살(Nebuchadnezzar)	605-562	왕하 24-25장; 다니엘서
에윌므로닥 (Amel-Marduk; Evil-Merodach)	562-560	왕하 25:27-30; 렘 52:31-34
네르글리살(Neriglissar)	560-556	렘 39:3, 13
라바쉬 마르둑 (Labashi-Marduk)	556	
나보니두스 (Nabonidus; Nabunaid)	556-539	

아시리아와 바빌론이 대를 이어 고대 근동의 군주로 군림했던 시대를 배경으로 하고 있는 열왕기는 이스라엘과 유다의 왕 40명에 대해 기록하고 있다. 이들에 대한 저자의 전체적인 평가는 분명하다. 열왕기 저자는 이스라엘과 유다의 왕들(때로는 그들의 아내들)이 악을 행했다는 표현을 무려 38차례나 사용한다. 저자는 이스라엘의 두 왕국이 멸

망하게 된 가장 큰 원인은 왕을 중심으로 한 기득권자들과 지도자들의 부패와 종교적 타락에 있다고 주장한다. 저자의 이러한 주장은 그가 왕들이 범한 죄에 관해서 얼마만큼의 공간을 할애하고 있는가를 보아서도 알 수 있다.

저자가 왕들의 죄를 이렇게 낱낱이 기록하고 있는 것은 단순히 이들을 비난하기 위해서가 아니다. 그는 이스라엘 지도자들의 죄를 온 이스라엘 백성들이 범한 죄의 축소판 혹은 모형으로 제시하고 있는 것이다. 정치적, 영적 지도자들이 이렇게 부패했으니 그들이 통치하던 백성들은 얼마나 더 부패했는지 상상할 수 있다. 즉, 왕들의 죄를 보는 것은 곧 온 이스라엘의 죄를 보는 것과 같다는 것이다.

이스라엘의 두 왕국에는 각각 20명의 왕이 있었다.[2] 같은 수의 왕으로 남 왕국 유다는 북 왕국 이스라엘보다 135년 더 지속되었다. 북 왕국의 20명의 왕 중 일곱 명은 암살당했다. 암살당한 북 왕국의 왕들은 나답(Nadab), 엘라(Elah), 요람(Joram), 스가랴(Zechariah), 살룸(Sahllum), 브가히야(Pekahiah), 베가(Pekah)이다. 북 왕국의 왕, 시므리(Zimri)의 통치기간은 7일에 불과했다. 불과 210년 동안 한 나라로 존재했던 북 왕국에 20명의 왕이 있었다. 한 왕의 평균 통치기간은 10년에 불과했다. 그뿐만 아니라 북 왕국에는 도합 아홉 개의 왕조가 형성되었다. 한 왕조에서 나온 왕의 숫자는 평균 두 명꼴이다. 북 왕국의 역사는 한마디로 '왕권 쟁탈전'의 연속이었다.

반면에 남 왕국 유다는 20명의 왕을 통해 345년 동안 한 나라로 존재했다. 왕 한 명이 평균 17년을 통치한 것이다. 남 왕국 왕들이 북 왕국 왕들에 비해 70% 이상 더 오래 통치한 셈이다. 또한 남 왕국이 다윗 왕조였다는 것을 감안하여 다윗과 솔로몬의 80년 통치를 더해서 평균을 내면 한 왕당 19년의 통치 기간이 나온다. 남 왕국 왕들의 통치는 북 왕국의 왕들에 비하면 훨씬 더 안정적이었던 것이다.

---

2 북 왕국 왕들에서는 디브니(왕상 16:21-22)를 빼면 19명이 된다.

북 왕국의 아홉 왕조와는 달리 남 왕국은 한 왕조가 이 모든 기간을 통치했다. 다윗 왕조가 그대로 유지되었던 것이다. 북 왕국의 20명의 왕은 모두 다 한결같이 악했다. 반면에 남 왕국의 왕 중 8명은 좋은 평가를 받았다. 열왕기 저자에게 좋은 평가를 받은 남 왕국의 왕들은 아사, 여호사밧, 요아스, 아마샤, 아사랴(웃시야), 요담, 히스기야, 요시야이다. 이 여덟 명 중 처음 여섯 왕은 나름대로 훌륭한 왕들이었으며, 일반적으로 "그의 아비 다윗의 길로 행했다." 그러나 그들에게는 "산당(high places)을 제거하지 않았다"라는 꼬리표가 붙었다. 히스기야와 요시야만 유일하게 산당을 제거함으로써 저자의 절대적인 칭찬을 받는다. 즉, 저자는 예루살렘 성전을 중심으로 한 예배의 중앙화를 모든 왕을 평가하는 가장 큰 잣대(canon)로 사용하고 있다.

　산당을 제거하는 것은 큰 정치적, 종교적인 부담을 지닌 일이었다. 이스라엘은 가나안에 정착한 후 산당에서 예배를 드렸다. 물론 장막에서도 예배를 드렸다. 그러나 실제적으로 이스라엘은 여호수아 시대부터 장막보다는 산당을 중심으로 예배를 드렸다. 사무엘, 다윗 그리고 솔로몬도 산당에서 예배를 드렸다. 이렇듯 이스라엘의 숨결이 오랜 세월 동안 스며들고, 이스라엘의 가장 중요한 전통의 한 부분이 되어 버린 산당을 없애기란 그리 쉬운 일이 아니었다.

　이스라엘에 대대적인 종교개혁을 단행했던 히스기야 왕도 산당을 제거한 것 때문에 큰 곤욕을 치른 일이 있다. 주전 701년에 유다는 산헤립의 공격을 받아 온 땅을 점령 당하고 예루살렘만 남게 되었다(왕하 18장; 사 36-37장). 산헤립이 파견한 랍사게는 예루살렘을 포위한 후 유다에 임한 모든 재앙이 히스기야가 여호와의 산당을 없앴기 때문이라고 주장했다. 산당이 제거되는 것에 분노하신 여호와께서 그 일의 장본인인 히스기야와 이스라엘을 징벌하기 위해서 아시리아 군을 보낸 것이라며 민심을 동요시켰다. 물론 곧 거짓으로 드러났지만, 히스기야는 '혹시, 내가 진짜로 잘못한 것인가?' 하는 생각에 사로잡혀 매우 곤혹스러웠을 것이다.

요시야의 죽음이 이스라엘에 끼쳤던 영향을 생각해 보자. 요시야는 유다 전역에 히스기야에 버금갈만한 종교개혁을 실행했다. 하나님은 그에게 여호와의 말씀이 기록된 책까지 주셨다. 그러나 그는 이집트의 바로 느고의 진로를 막다가 살해당했다. 장례식을 치르는 이스라엘 사람들의 마음은 어떠했을까? 과거에 히스기야는 산당을 제거했다가 아시리아 사람들에게 된통 당한 적이 있었다. 이번에는 요시야가 산당을 건드렸다가 시체가 되었다. 아마 그들은 산당을 건드리는 것을 일종의 금기(taboo)로 생각하기 시작했을 것이다.

그럼에도 불구하고 열왕기 저자의 입장은 분명하다. 예루살렘에 성전이 세워진 이후로 이스라엘의 모든 산당은 사라져야 한다는 것이다. 대부분 왕은 정치적, 종교적 부담감 때문에 산당들을 제거하지 못했으며, 이러한 왕들의 소극적인 자세가 하나님 앞에 죄를 범한 대표적인 예라는 것이 저자의 주장이다. 왕들이 산당들을 제거하지 못한 것은 이스라엘 백성들을 의식했기 때문이다. 백성들이 원하지 않는 일을 과감히 행동으로 옮길만한 자신이 없었다. 그러므로 산당을 제거하지 못하고 그곳에서 예배드린 것은 온 이스라엘 백성이 얼마나 여호와께 불순종했는가를 보여주는 징표가 된다. 이렇게 열왕기 안에서 산당은 하나님과 이스라엘의 관계에서 최고의 걸림돌이다. 아담과 하와에게 선악과가 있었다면 이스라엘에게는 산당이 있었다.

왕들의 일생을 살펴보면서 한 가지 아쉬운 점은 히스기야와 요시야처럼 훌륭한 왕들도 유다를 하나님의 진노에서 구하지 못했다는 것이다. 이스라엘이 얼마나 오랫동안 하나님을 노하게 했던지, 이렇게 위대한 순종과 믿음을 지닌 왕들도 이 나라에 임박했던 하나님의 심판을 잠시 보류시킬 수는 있었지만 완전히 철회시킬 수는 없었다. 성경 저자들에 의하면 유다는 주전 701년 히스기야 시대에 아시리아의 산헤립의 손에 의해 멸망했어야 했다. 그러나 하나님이 히스기야의 믿음을 보시고 이스라엘의 수명을 115년 연장해 주셨다. 요시야 시대 때, 하나님은 이 백성이 당장 심판을 받아야 하지만, 요시야가 죽어 조상에게 돌아간 후 그의 후손이 다스리는 시대가 되어서야 이 일이 일어날 것이라고 말씀하셨다. 아이러니한 것은 위대한 왕 히스기야의 뒤를 이은 왕이 바로 유다 최악의 왕 므낫세였다는 사실이다(왕하 24:3-4). 만약에 므낫세가 아닌 경건한 왕이 이스라엘을 통치했다면 그들의 역사는 어떻게 달라졌을까? 역사는 항상 한 사람의 역할이 얼마나 중요한지를 가르쳐준다. 오늘날도 하나님은 '한 사람'을 찾고 계신다. 우리 모두가 하나님이 찾으시는 한 사람이 되기를 원한다.

5. 인용된 자료들

저자는 열왕기에서 이야기하는 내용이 여러 문서에서 인용한 것임을 본문 중에 직접 밝힌다(cf. Jones). 그가 언급한 출처들은 그 당시 널리 알려져 있던 책들로, 크게 네 가지로 분류할 수 있다.[3] 일부 학자들은 여기에 '성전 기록'이라는 다섯 번째 자료를 더한다(Cogan). 그들은 이 자료가 열왕기 저자가 인용하고 있는 성전에 관한 모든 정보의 출처인 것으로 이해한다. 그러나 대부분 학자는 '성전 기록'이 따로 존재했던 것이 아니고 '솔로몬 행장'의 일부였을 것이라는 추측을 내놓는다. 저자가 사용한 것으로 생각되는 자료들을 살펴보자.

첫째, '솔로몬의 행장'(עַל־סֵפֶר דִּבְרֵי שְׁלֹמֹה)이다(왕상 11:41). 열왕기상 3-11장의 대부분이 이 책에서 인용하여 저작된 것으로 생각되며 다음과 같은 특징이 있다. (1) 솔로몬의 지혜와 부를 잘 드러낸다(3:3-

---

[3] 히브리어 성경에서는 열왕기상 8:12-13(LXX에서는 8:53) 끝부분에 다음과 같은 문자적 변이(textual variant)가 존재한다. "이것이 그 노래책(the book of song)에 적혀있지 않느냐?" 이 책이 정확히 무엇인지는 모르나 마지막 단어(הַשִּׁיר)에서 가운데 두 글자의 위치를 바꾸면 야살(הַיָּשָׁר)이 된다. 이 야살의 책에 관해서는 『엑스포지멘터리 여호수아』와 『엑스포지멘터리 사무엘하』의 여호수아 10:13, 사무엘하 1:18에서 접한 바 있다.

28; 4:29-34; 5:9-14; 10:1-13, 14-25), (2) 솔로몬의 훌륭한 연설과 기도가 포함되어 있다(8:14-61), (3) 솔로몬의 왕정의 기록을 담고 있다(4:1-6, 7-19, 22-28), (4) 솔로몬의 왕궁과 성전에 대해서 자세히 기록했다(6:1-7:51).

둘째, '이스라엘 왕 역대지략'(עַל־סֵפֶר דִּבְרֵי הַיָּמִים לְמַלְכֵי יִשְׂרָאֵל)이다. 이 책은 열왕기 안에서 열여덟 차례 언급된다(왕상 14:19; 15:31; 16:5, 14, 20, 27; 22:39; 왕하 1:18; 10:34; 13:8, 12; 14:15, 28; 15:11, 15, 21, 26, 31). 북 왕국 이스라엘의 20명의 왕 중 17명의 죽음을 이야기할 때 '이스라엘 왕 역대지략'이 언급된다. 저자는 이스라엘 왕들에 대한 더 자세한 사항은 이 책을 참조하라고 권면한다. 즉, 저자가 열왕기를 집필할 때만 해도 이 책은 상당히 알려진 책이었기 때문에 그는 주저하지 않고 독자들에게 이 책을 권하고 있다. 그러나 불행하게도 우리는 이 책을 전수받지 못했다.

셋째, '유다 왕 역대지략'(עַל־סֵפֶר דִּבְרֵי הַיָּמִים לְמַלְכֵי יְהוּדָה)이다. 열왕기 기자는 이 책을 열다섯 차례 언급한다(왕상 14:29; 15:7, 23; 22:45; 왕하 8:23; 12:19; 14:18; 15:6, 36; 16:19; 20:20; 21:17, 25; 23:28; 24:5). 그가 남 왕국 유다의 왕 중 15명의 왕의 죽음을 기록하는 과정에서 언급하는 출처이다. 그러나 저자는 틀에 짜인 왕들의 '죽음 언급'을 아하시야, 아달랴, 여호아하스, 여호야긴, 시드기야의 다섯 왕의 죽음을 기술할 때에는 사용하지 않으며, 또한 이들의 삶을 정리하면서 사용했던 출처도 밝히지 않는다.

넷째, 선지자들에 대한 기록물들이다. 열왕기는 선지자들의 삶과 사역에 대해 많은 이야기를 담고 있다. 북 왕국 이스라엘 출신의 선지자는 실론 사람 아히야(왕상 11:29-38; 14:1-18), 하나니의 아들 예후(왕상 16:1-4, 7), 엘리야(왕상 17-19장; 왕하 1:1-2:18), 엘리사(왕하 2:19-25; 3:3-9:13; 13:14-21), 이믈라의 아들 미가야(왕상 22:2-38), 아밋대의 아들 요나(왕하 14:25), 이름이 밝혀지지 않은 하나님의 사람들(왕상 13:1-

32; 20:13-14, 33, 38, 35-43)이다. 남 왕국 유다 출신 선지자들은 이사야(왕하 19-20장), 훌다(왕하 22:13-20) 그리고 이름이 밝혀지지 않은 선지자들(왕하 21:10-15) 등이 있다. 종합해 보면 북 왕국 출신 중 6명, 남 왕국 출신 중 2명의 이름이 밝혀진 선지자 8명과 여기에 남·북 왕국의 이름이 밝혀지지 않은 선지자들을 더하면 총 10명이 된다.

위 책 중 이스라엘과 유다 왕의 역대지략은, 바빌론이나 아시리아에서도 많이 발굴된 왕들의 역대기들(Kings' annals/chronicles)과 그 성향이 매우 비슷하다. 고대 근동 왕들의 역대기는 매년 그 해에 군림했던 왕의 정치적, 군사적, 종교적 업적들을 기록했다. 각 왕에 대한 소개는 아주 간단하고 몇 년 통치한 것을 밝힌 후 각 해의 하이라이트를 짤막하게 기록했다.

열왕기가 수많은 출처를 인용하고 있는 부분은 고대의 편집 과정을 연구하는 데 도움이 된다. 아울러 책 안에서 종종 발견되는 순간적인 주제 변화와 연대에 대한 혼선 등 책을 읽는 데 매끄럽지 못하고 방해가 되는 요소들이 왜 나타나는가를 이해하는 데도 도움이 된다. 열왕기를 제외한 구약 성경의 다른 부분에 언급된 출처들은 다음과 같다.

	자료 문서	관련 구절
시가	야훼의 전쟁기	민 21:14
	야살의 책	수 10:13; 삼하 1:18
왕의 기록들	다윗 왕의 역대 기록들	대상 27:24
	이스라엘과 유다의 왕들의 책 유다와 이스라엘의 왕들의 책	대하 27:7; 35:27; 36:8 대하 16:11; 25:26; 28:26; 32:32
	이스라엘의 왕들의 책	대상 9:1; 대하 20:34
	열왕기 주석	대하 24:27
	이스라엘의 왕들의 말들	대하 33:18
	이스라엘 왕 다윗과 그의 아들 솔로몬의 칙령	대하 35:4

선지자의 기록들	선견자 사무엘의 글	대상 29:29
	선지자 나단의 글	대상 29:29; 대하 9:29
	선견자 갓의 글	대상 29:29
	실로 사람 아히야의 예언	대하 9:29
	선견자 잇도의 묵시	대하 9:29; 12:15; 13:22
	선지자 스마야의 글	대하 12:15
	하나니의 아들 예후의 글	대하 20:34
	선지자 이사야가 기록한 웃시야의 행적	대하 26:22; 32:32
	호새(선견자들)의 역대기	대하 33:19

저자는 밝히지 않지만 위에 언급된 것들 이외에 다른 출처들을 사용했을 가능성도 많다. 열왕기를 읽어내려 가면서 염두에 두어야 할 것은 우리가 열왕기에서 계속 접하게 되는 왕들에 대한 종교적 평가는 저자가 사용했던 출처에는 없었을 것이라는 사실이다. 저자가 왕들의 정치적, 경제적 업적을 기록한 책을 인용하지만, 저자는 이 왕들의 종교적 업적에 제일 많은 관심을 쏟고 있다. 그래서 그는 각 왕들의 정치적 업적이나 국제적 위치와는 상관없이 그들을 종교적으로만 평가한다. 이 부분은 하나님이 저자에게 직접 주신 영감에 근거한 평가였을 것이다.

한 예로 북 왕국의 오므리 왕을 생각해 보자. 오므리(왕상 16:21-28)는 매우 능력 있는 이스라엘의 왕이었으며 그에 대한 언급은 근동 문헌들에서도 발견되었다. 그러나 열왕기 저자는 이 왕의 통치의 이모저모와 업적을 묘사하는 일에 있어서 고작 여덟 절밖에 할애하지 않는다. 반면에 엘리사는 성경 외에는 전혀 알려지지 않은 인물이다. 그러나 열왕기 저자는 그에게 일곱 장이라는 큰 공간을 할애한다(왕하 2-8장). 엘리야 역시 열왕기상 17-19장, 21장 등 상당히 비중 있는 자리를 차지하고 있다.

열왕기 저자는 이스라엘의 모든 왕에게 동일한 관심을 쏟지 않는다. 그는 특별한 왕들을 중심으로 책을 구성한다. (1) 솔로몬(왕상 3-11 장), (2) 여로보암(왕상 11-14장), (3) 아합(왕상 16-22장), (4) 예후(왕하 9-10장), (5) 히스기야(왕하 18-20장), (6) 요시야(왕하 22-23장). 저자는 자신의 가치관, 철학, 관심 등에 근거하여 선별적으로 이스라엘의 통치자들을 평가하고 있다. 북 왕국 이스라엘의 20명의 왕은 모두 다 부정적인 평가를 받는다. 또한 거의 모든 왕에게 '여로보암의 죄'를 범했다는 꼬리표가 붙는다. 북 왕국의 왕들에 대해서 주요 학자들이 제시한 재위 기간은 다음과 같다. 도표에서 보듯이 연대에 대해서 학자들 사이에 상당한 차이가 존재한다.

	Hayes/Hooker	Thile	Bright	Cogan/Tadmor
여로보암(요람)	927-906	931-910	922-901	928-907
나답	905-904	910-909	901-900	907-906
바아사	903-882(880)	909-886	900-877	906-883
엘라	881-880	886-885	877-876	883-882
시므리	7 days	885	876	882
오므리	879-869	885-874	876-869	882-871
아합	868-854	874-853	869-850	873-852
아하시야	853-852	853-852	850-849	852-851
여호람(요람)	851-840	852-841	849-843/2	851-842
예후	839-822	841-814	843/2-815	842-814
여호아하스	821-805	814-798	815-802	817-800
요아스(여호아스)	804-789	798-782	802-786	800-784
여로보암 2세	788-748	793-753	786-746	789-748

스가랴	6 months	753-752	746-745	748-747
살룸	1 month	752	745	747
므나헴	746-737	752-742	745-737	747-737
브가히야	736-735	742-740	737-736	737-735
베가	734-731	740-732	736-732	735-732
호세아	730-722	732-722	732-724	732-724

위 목록에는 열아홉 명의 왕이 제시되어 있다. 그러나 열왕기상 16:21에는 기낫의 아들 디브니(885-880 BC)(왕상 16:21)가 기록되어 있다. 디브니를 더하면 북 왕궁의 왕은 20명이 되는데 이것은 남 왕국의 20명과 균형을 이룬다. 또한 분열왕국을 통치했던 왕들의 숫자가 40(=20+20)이라는 것도 나름대로 의미가 있다. 구약에서 '40'은 수난과 심판의 숫자이다(cf. 40년의 광야생활). 남·북 왕국의 왕들의 숫자가 '40'이라는 것은 분열왕국의 시대가 수난과 심판의 세월이었다는 상징적인 메시지를 지닌 것으로 해석될 수 있다.

시므리(Zimri)라는 사람은 엘라를 죽이고 북 왕국의 왕이 되어 겨우 7일 동안 통치했다. 그러나 그에 대한 평가를 보면 그는 여호와 보시기에 악을 행했다고 전하고 있다(왕상 16:19). 일주일 동안 나라를 얼마나 망가뜨렸기에 이러한 평가가 꼬리표로 붙었을까? 우리는 이 사람의 경우에서 "여호와 보시기에 악을 행하였더라"라는 말은 모든 이스라엘 왕에게 적용되는 일종의 공식화된 표현(stereotyped formula)임을 알 수 있다. 반면에 유다 왕들에 대한 평가는 긍정과 부정이 섞여 있다. 주요 학자들이 제시한 남 왕국 왕들의 연대기는 다음과 같다. 북 왕국 이스라엘 왕들의 연대에서처럼 남 왕국 유다 왕들의 연대에 관해서도 학자들의 견해 차이는 상당하다. 필자는 딜레(Thiele)의 연대를 기준으로 유다와 이스라엘 왕들의 이야기를 주해해 나갈 것이다.

	Hayes/Hooker	Thiele	Bright	Cogan/Tadmor
르호보암	926-910	931-913	922-915	928-911
아비야	909-907	913-911	915-913	911-908
아사	906-878(866)	911-870	913-873	908-867
여호사밧	877-853	872-848	873-849	870-846
여호람	852-841	853-841	849-843	851-843
아하시야	840	841	843/2	843-842
아달랴	839-833	841-835	842-837	842-836
요아스(여호아스)	832-803(793)	835-796	837-800	836-798
아마샤	802-786(774)	796-767	800-783	798-769
아사랴(웃시야)	785-760(734)	792-740	783-742	785-773
요담	759-744	750-732	750-735	758-743
아하스	743-728	735-716	735-715	743-727
히스기야	727-699	716-687	715-687/6	727-698
므낫세	698-644	697-643	687/6-642	698-642
아몬	643-642	643-641	642-640	641-640
요시야	641-610	641-609	640-609	639-609
여호아하스	3 months	609	609	609
여호야김	608-598	609-598	609-598	608-598
여호야긴	3 months	598-597	598/7	597
시드기야	596-586	597-586	597-587	596-586

저자가 자신의 책을 정리하기 위해서 여러 출처를 사용한 것은 확실하지만 그 문서들이 같은 시대에 남과 북 왕국을 통치한 왕들에 대해서 번갈아 가며 동시에(synchronistic) 정리했을 가능성은 없다. 남과 북 왕국의 왕들을 시대에 따라 번갈아 가며 정리하는 것은 열왕기 저자의

고유 표기법이다(cf. Fritz). 열왕기 기자는 분명히 남 왕국 사람으로 유다에서 포로가 되어 바빌론으로 끌려갔던 사람이 거의 확실하다. 그럼에도 불구하고 그는 왜 이미 140여 년 전에 멸망한 북 왕국 이스라엘의 역사와 남 왕국 유다의 역사를 시대적인 평행을 유지하며 정리한 것일까?

성경 기자가 두 내러티브/주제를 평행적으로 엮어가는 것은 열왕기에서만 발견되는 현상이 아니다. 예를 들면 창세기에서 이집트에 있는 요셉 이야기와 가나안에 있는 야곱 이야기가 이런 방식으로 전개된다 (창 41:47-47:12). 사무엘서에서는 압살롬이 반역을 일으켰을 때 저자는 두 진영을 오가면서 이야기를 진행한다(삼하 15-17장). 그러나 열왕기가 남북 왕국의 왕들을 통시적으로 정리하는 일은 그 규모에 있어서 '열왕기 크기'(Kings-size alternation)이다(Sternberg). 이러한 전개 방식은 무엇보다도 남 왕국 이야기와 북 왕국 이야기를 하나로 묶어 통일성을 부여하고자 한 저자의 노력을 반영한다. 저자는 이 두 왕국의 이야기를 한 나라의 이야기처럼 전개하여 두 나라가 원래 한 민족이었음을 암시하며, 언젠가는 다시 이 두 나라가 통일이 되기를 소망하는 마음을 자신의 책에 담았다.

열왕기 저자는 또한 이러한 기술 방식을 통해 남 왕국과 북 왕국의 차이점들—남 왕국 왕조의 안정과 북 왕국 왕조의 불안, 다윗과 여로보암의 대조적 모델, 하나님을 향한 충성과 배반 등등—을 두 왕국 역사의 공통점들—하나님의 자비에 호소하는 것, 하나님이 두 왕국의 역사를 주관하시는 것, 두 왕국에 유효한 언약 등등—에 종속시키고 (subordinate) 있다(Cohn). 이스라엘이 분열된 것은 주의 백성이 저지른 죄의 결과였으며, 하나님의 선하신 뜻은 이 두 나라가 하나로 존재하는 것이었다는 사실을 암시한다. 저자가 어떻게 이스라엘과 유다의 역사를 평행적으로 정리해 나가고 있는지 다음 도표를 참조하라. 다음 예는 주전 930-840년을 배경으로 한다(House).

이스라엘	유다
1. 여로보암1세 930-909 BC(왕상 12장-14:20)	
	2. 르호보암 930-913 BC(14:21-31)
	3. 아비얌 913-910 BC(15:1-8)
	4. 아사 910-869 BC(15:9-24)
5. 나답 909-908 BC(15:25-32)	
6. 바아사 908-886 BC(15:33-16:7)	
7. 엘라 886-885 BC(16:8-14)	
8. 시므리 885 BC(16:15-20)	
9. (디브니) 885-880 BC(16:21)	
10. 오므리 885-874 BC(16:22-28)	
11. 아합 874-853 BC(16:29-22:40)	
	12. 여호사밧 872-848 BC(22:41-50)
13. 아하시야 853-852 BC(22:51-왕하 1:18)	
14. 여호람 852-841 BC(3:1-8:15)	

앞에서 언급했듯이 열왕기 저자가 사용한 문서들에는 왕들에 대한 신학적 평가는 없었을 것이다. 저자는 자신의 책에서 무엇보다도 두 나라 왕들에 대한 정확한 역사적 정보를 제공하기 위해 노력한다. 물론 열왕기에서 이 왕들의 업보를 낱낱이 기록하는 것은 저자가 목적한 바가 아니다. 그는 이스라엘 역사의 전반적인 성향을 회고하면서 각 왕에 대해 필요한 만큼만 언급한다. 또한 저자가 자신의 필요에 따라 제한적으로 제공하는 '정확하고 포괄적인' 역사는 '신학적' 역사이다. 열왕기가 제공하는 역사적 정보는 많은 경우 신학적인 해석과 교훈을 첨가한 것이라는 뜻이다.

열왕기는 이스라엘 역사의 한 부분을 조명하는 것으로 이해된다. 저자는 각 왕에 대해서 자세하게 기록함으로써 이 나라는 매우 오랜 역사와 전통을 가진 자랑스런 나라라는 것을 암시한다(cf. 왕상 6:1). 그는 북 왕국이 아시리아에 의해 멸망할 때까지 지속적으로 남 왕국과 북 왕국의 왕들을 번갈아가며 언급한다. 저자는 이스라엘과 유다가 비록 두 개의 정치 체제를 유지했지만, 하나의 민족임을 강조하고자 했다.

열왕기는 또한 유다와 이스라엘의 역사를 주변 나라들의 이야기들과 지속적으로 연결하는데, 이러한 현상은 이 두 나라의 역사를 온 세상 역사의 한 부분으로 이해하려는 저자의 노력을 반영하고 있다. 저자의 이 같은 의도는 포로 시대를 거치면서 이스라엘의 세계관이 현저한 변화를 경험한 결과이다. 선조 시대 때부터 자신들을 세계의 중심으로 여기며 자신들의 관점으로 모든 것을 판단했던 이스라엘이, 바빌론의 포로가 된 일을 계기로 세계의 일부로서의 자신의 위치에 눈을 뜨게 된 것이다.

6. 연대(chronology)

열왕기에서는 구체적인 연대가 히브리어 성경의 그 어느 책에서보다도 조직적이고 체계적으로 제시되고 있다(Cogan). 그럼에도 불구하고 열왕기는 여러 가지 설명하기 어려운 문제를 포함한다. 그중 몇 가지의 예를 생각해 보자(cf. Jones).

첫 번째 문제는 저자가 같은 사건을 두고 책 안에서 서로 다른 연대를 언급하는 현상이다. 요람 왕에 대한 연대를 생각해 보자. 열왕기하 1:17은 이스라엘 왕 아하시야가 죽고 난 후에 그에게 대를 이을 아들이 없어서 여호람(요람)이 왕이 되었다고 한다. 이때가 유다 왕 여호사밧의 아들 여호람 제2년이었다. 반면에 열왕기하 3:1은 유다 왕 여호사밧이 즉위한 지 18년째 되던 해에 이스라엘의 여호람(요람)이 왕이 되었다고 기록하고 있다(이 구절은 여호람을 아합의 아들이라고 부른다). 그렇다면 유다의 여호람은 아버지 여호사밧이 통치를 시작한 지 16년째 되던 해부터 아버지와 공동 통치를 시작한 것이다. 반면에 열왕기하 8:16은 남 왕국의 여호사밧과 여호람의 공동 통치가 시작된 후에 북 왕국의 여호람이 왕위에 오른 것이 아니라, 북 왕국의 여호람(요람)이 통치를 시작한 지 5년째 되던 해에 남 왕국의 여호람이 왕이 되었다고 한다. 서로 상충되는 증언이다.

두 번째 문제는 한 나라 왕의 연대가 대비되는 다른 나라의 연대가 일치되지 않는 현상이다. 열왕기상 16:23에 의하면 북 왕국의 오므리 왕은 남 왕국의 아사 왕 31년에 왕이 되어 12년 동안 이스라엘을 통치했다고 한다. 오므리가 죽자 그의 아들 아합이 대를 이어 왕이 되었다(왕상 16:28-29). 이때가 남 왕국 아사 왕 즉위 38년째 되던 해라고 한다(왕상 16:29). 그러나 열왕기상 16:23에 의하면 아합이 왕이 된 때가 아사 왕 즉위 43년째가 되어야 한다. 이 두 문구 사이에는 설명할 수 없는 5년의 차이가 존재한다. 어떻게 된 것일까? 아마도 세월이 지나면서 성경을 반복적으로 필사한 과정에서 빚어진 실수일 것이다.

세 번째 문제는 주어진 숫자가 더해져서 특정한 기간을 채워야 하는데 그렇지 못하는 경우이다. 북 왕국의 여로보암과 남 왕국의 르호보암은 솔로몬이 죽은 후 통일왕국이 분열되었을 때에 왕이 되었다. 이 두 사람이 각각 왕이 된 때는 동일한 시점이거나 몇 달 차이에 불과할 것이다. 또한 기록에 의하면 훗날 북 왕국의 예후와 남 왕국의 아하시야가 같은 해에 왕이 되었다(왕하 9:23-27). 그렇다면 여로보암/르호보암 시대부터 이때까지 흐른 시간이 같아야 한다. 그런데 그때까지의 시간을 계산해 보면 서로 다르다.

북 왕국의 기록을 따져 보면 98년의 세월이 흐른 것에 비해 같은 기간에 남 왕국은 95년에 불과하다. 열왕기의 남 왕국과 북 왕국 역사 정리에서 같은 기간에 대해서 3년의 차이를 보이고 있는 것이다. 게다가 만일 한쪽이 다른 쪽보다 더 길다면 남 왕국이어야 한다. 남 왕국의 르호보암은 아버지 솔로몬이 죽자마자 왕이 되었으므로, 여로보암보다 몇 달이라도 더 왕으로 군림했을 것이기 때문이다. 비슷한 맥락에서 더 현저한 차이는 다음 사항에서 드러난다. 예후 때부터 북 왕국이 멸망할 때까지의 햇수를 더해 보면 북 왕국은 143년 7개월이 된다. 반면에 같은 시기의 남 왕국의 숫자를 더해 보면 166년이나 된다. 열왕기 저자가 같은 기간을 묘사하면서 유다의 역사를 이스라엘의 역사보다 거의 23년(15%) 더 길었던 것으로 묘사하고 있다.

네 번째 문제는 고대 근동의 역사 자료와 비교해볼 때 잘 어울리지 않는 부분들이다. 산헤립이 예루살렘을 침략하여 포위한 것은 주전 701년에 있었던 일이 확실하다.[4] 이때는 남 왕국의 히스기야가 왕위에 오른 지 14년째 되던 해이다(왕하 18:13). 그렇다면 히스기야는 주전715년에 왕위에 올랐다. 그러나 열왕기하 18:1은 히스기야가 호세아 3년에 왕위에 오른 것으로 기록하고 있다. 그때가 729년이다. 그렇다면 14년의 혼선은 어떻게 설명해야 하는가?

이와 같은 혼선은 오늘날 우리에게 알려진 모든 고대 사본, 번역본들에 그대로 반영이 되어 있다. 심지어는 마소라 사본과 번역본들 사이뿐만 아니라, 번역본들도 서로 현저한 차이를 보인다. 다음은 헬라어 번역본인 칠십인역과 다른 헬라어 번역본인 루시안 버전(Lucianic Version)의 차이를 정리해 놓은 것이다(Jones).

본문	마소라 사본	칠십인역	루시안
왕상 15:9 아사	여로보암 즉위 20년째	24년째	24년째
왕상 16:8 엘라	아사 즉위 26년째	20년째	20년째
왕상 16:15 시므리	아사 즉위 27년째	——	22년째

---

4 이 시대의 이스라엘 역사와 고대 근동의 역사에 대하여는 거의 확실한 연대 편성이 가능하다. 이 시대를 조명하는 매우 중요한 역사적 자료 두 가지가 있다. 첫 번째 자료는 주후 2세기에 알렉산드리아(Alexandria)에서 살았던 천문학자 톨레미(Ptolemy)가 주전 747년 이후의 고대 근동 왕들의 연대를 정리해 놓은 문서이다. 톨레미는 고대 근동 왕들의 여러 역대기에 등장하는 별들의 이동, 여러 천체적인 변화를 잘 정리하며 기재했기 때문에 그가 제시하는 연대들이 거의 확실하다는 것이 학자들의 공통적인 평가이다. 두 번째 자료는 아시리아 제국의 역대기이다. 이 책은 주전 649년 때까지를 기록하고 있다. 이 자료에서 추출한 성경과 연관된 내용은 다음과 같다. (1) 북 왕국 이스라엘은 살만5세 (Shalmaneser V)에게 주전 722년에 멸망했다. (2) 요시야는 주전 609년에 므깃도에서 느고에게 죽임을 당했다. (3) 예루살렘은 주전 586년에 함락됐다.

왕상 16:29 아합	아사 즉위 38년째	여호사밧 2년째	여호사밧 2년째
왕상 22:41 여호사밧	아합 즉위 4년째	오므리 11년째	오므리 11년째
왕상 22:52 아하시야	여호사밧 즉위 17년째	14년째	24년째
왕하 1:17 여호람	여호람 즉위 2년째	여호사밧 18년째	여호람 2년째
왕하 3:1 여호람	여호사밧 즉위 18년째	18년째	———
왕하 8:16 여호람	여호사밧 즉위 8년째	40년째	8년째
왕하 8:25 아하시야	요람 즉위 12년째	12년째	11년째
왕하 9:29 브가히야	2년	2년	10년

그러므로 대부분의 학자는 몇 개의 확실한 연대를 정리해 놓고 나머지 연대들에 대해서 여러 가지 창조적인 방법으로 접근해서 설명하고 정리한다. 이때 거의 모든 학자의 설이 마소라 사본(Masoretic Text)이 숫자를 잘못 기록하고 있거나 오류를 담고 있는 것을 전제로 한다. 가장 합리적이면서 가능하면 마소라 사본에 제시된 연대를 최대한 존중하려는 노력의 결과가 딜레(Edwin R. Thiele)의 *The Mysterious Numbers of the Hebrew Kings*(Grand Rapids: Zondervan, 1983)이다. 필자도 딜레의 연대가 가장 균형 있고 합리적이라 생각하여 이 책에서도 그가 제시하는 연대를 따른다.

이스라엘과 유다 왕들의 엇갈리는 연대를 재구성하는데 있어서 학자들은 다양한 방법을 사용한다. 그중 다섯 가지 주요 방식은 다음과 같다(cf. Jones).

첫 번째 접근 방법은 열왕기 안에 제시된 연대는 완전히 가상적인 것이므로 실제 숫자나 상황과 전혀 관계가 없는 것으로 간주해야 한다는 주장이다. 이러한 주장을 펼치는 사람 중 크레이(E. Krey)와 베그라이크(Begrich)가 대표적인 학자들이다. 이들은 자신들의 주장의 성경적 근거를 열왕기상 6:1에서 찾는다. 열왕기상 6:1은 이스라엘이 출애굽한 해부터 솔로몬이 성전 건축을 시작한 해 사이에 480년의 세월이 지났다고 한다. 학자들은 480년이 두 사건 사이에 흐른 시간을 정확하게 표현하는 실제적인 숫자보다는 이스라엘의 지파들 숫자(12)에 구약에서 한 세대를 의미하는 시대(40년)를 곱한 결과(480=12x40)라고 한다. 그러나 실제로 한 세대는 40년이 아니라 20년에 불과하므로 이 본문이 제시하는 숫자를 문자 그대로 480년으로 간주할 것이 아니라, 240년 정도로 생각해야 한다. 그러므로 이 방법을 사용하는 학자들은 성경이 제시하는 숫자들의 현실성을 거의 무시하다시피 하고 고대 근동의 자료를 바탕으로 이스라엘의 역사를 재구성한다.

두 번째 접근 방식은 성경이 제시하는 정보의 가치를 최소화하고 대신 고대 근동의 자료들을 바탕으로 이스라엘의 역사를 재구성하려는 노력이다. 이 같은 주장을 펼치는 학자들은 성경이 제시하는 연대가 전적으로 혹은 부분적으로 수정되어야 한다고 주장한다. 원래부터 잘못된 정보를 담은 자료를 근거로 열왕기가 정리되었거나, 원래는 열왕기의 연대가 정확했는데 세월이 지나 반복적으로 필사하다 보니 실수가 들어왔을 수도 있다고 한다. 복사하던 사람들의 계산 착오나 실수로 오류가 사본에 들어오게 되었을 수도 있다는 것이다. 한 가지 확실한 것은 성경이 제시하는 연도들만으로는 만족스러운 결과를 얻을 수 없다는 것이다. 올브라이트(W. F. Albright)와 그의 제자들이 이 그룹에 속한다.

세 번째 방법은 열왕기에는 여러 가지의 연대 기록 방식이 섞여 있다는 주장이다. 이 학자들에 의하면 성경 저자들은 최소한 다섯 가지의 연대 표기 방식을 복합적으로 사용하고 있다. 구약 안에는 고대 근동의 여러 지역에서 사용되었던 다양한 연대 계산법들이 그대로 섞여 있다는 견해이다. 모빙켈(Mowinckel)과 엡센(Jepsen)이 대표적인 학자들이다. 그러나 그들은 원리를 논했을 뿐 이스라엘 역사의 정확한 연대를 정리하고 규명하는 것에는 별다른 관심을 보이지 않았다.

네 번째 방식은 고대 근동의 여러 연계법과 복잡한 가정(假定) 등을 동원해서 조화시키는(harmonize) 것이다. 이미 소개된 딜레(Thiele)가 그 대표적인 예다. 보수적인 입장에서 성경의 연대를 최대한으로 방어하려는 의도는 좋으나, 너무나도 많은 가정과 복잡한 계산법 등이 동원되다 보니 학자들의 신뢰성을 확보하는 일에는 다소 어려움을 겪고 있다. 그러나 아직까지는 가장 좋은 대안 중 하나로 평가를 받는다.

다섯 번째 방식은 칠십인역(LXX)을 기준으로 왕들의 연대를 정리하는 것이다. 셴켈(Shenkel)의 주장에 의하면 그동안 연대 연구에 있어서 마소라 사본이 필요 이상으로 중심 역할을 해왔다. 그는 개인적으로 칠십인역을 포함한 고대 번역본들의 가치를 평가한 후 연대 연구에 있어서 이 번역본들이 마소라 사본과 동등한 자격으로 비교되어야 한다고 주장했다. 원본(Urtext)을 추측하는데 있어서 고대 사본들의 가치가 새로이 부각되는 시점에서 상당한 설득력이 있어 보이나, 그동안 유대교-기독교 성경의 중심이 되어온 마소라 사본에 익숙해져 있는 우리에게 그의 제안은 쉽게 받아들여지지 않는다.

열왕기가 제시하는 연대의 신빙성을 논하기 전에 우리는 먼저 열왕기가 과연 어떤 책인가에 대한 충분한 논의를 해보아야 한다. 열왕기는 단순히 이스라엘 역사의 주요 연대들을 알리고자 저작된 책이 아니다. 열왕기는 설교되고 고백된 역사이다. 저자의 초점은 독자들의 삶을 변화시키고 자신의 정체성을 재평가하도록 유도하는 데 맞추어져 있다. 만약에 저자가 단순히 주요 사건들의 연대를 알리기 위해서 이 책을 저작했다면, 우리는 책 안에서 제시된 연대기의 신빙성을 논해야 할 것이다. 그러나 그가 만약에 전적으로 다른 목적을 가지고 이 책을 집필했고 이 과정에서 필요에 따라 연대들을 부수적인 (secondary) 사항들로 열거하고 있다면, 나열된 연대들의 신빙성을 논하는 것은 저자가 이 책을 집필한 목적과 의도를 벗어나므로 바람직하지 않을 수도 있다.

7. 이슈

열왕기는 처음에는 통일왕국의 역사, 이후에는 분열왕국의 역사를 정리하다가 북 왕국 이스라엘이 망한 다음에는 오로지 남 왕국 유다의 역사만을 정리하고 있다. 열왕기는 늙어 죽어가는 다윗 왕의 이야기로 시작한다. 솔로몬이 왕국을 계승해서 초기에는 거의 이상적인 통치를 하지만, 말년에 가서는 하나님을 멀리하게 된다. 결국 그의 죄 때문에 이스라엘은 솔로몬이 죽은 직후인 주전 931년에 두 나라로 나뉜다. 다윗-솔로몬 시대 때 가나안 지역의 정치 무대에서 중요한 위치를 차지했던 이스라엘은 나라가 분열하는 바람에 두 개의 약소 국가로 몰락했다. 그 이후 이스라엘과 유다는 음탕한 두 자매와 같이(cf. 겔 16, 23장) 지속적으로 하나님의 말씀을 거역하며 죄를 쌓아간다. 결국 북 왕국이 하나님의 심판을 받아 주전 722년에 먼저 멸망한다. 남 왕국은 그 후 약 130여 년 동안 홀로 존재하다가 여호와의 심판을 받아서 주전 586년에 종말을 맞았다. 열왕기는 이처럼 이스라엘이 다윗 시대에 누렸던 번영과 영화를 어떻게 잃게 되었으며 어떠한 우여곡절 끝에 바빌론으로 끌려가는 수치와 멸망을 맞게 되었는지를 설명해 준다.

(1) 실패와 소망

열왕기는 사울 왕부터 시작된 이스라엘의 통일왕국 시대의 이야기를 계속해 나가는 것으로 시작된다. 사사 시대를 마치고 이스라엘이 정식으로 한 국가로 출범한 후 이스라엘을 통치했던 사울, 다윗, 솔로몬 등 통일왕국의 왕들의 시작, 성공, 그리고 실패의 결과는 다음과 같이 요약될 수 있다.

	사울	다윗	솔로몬
선택	사무엘에 의해 대중들에 의해 성령이 왕권을 시작하게 함	사무엘에 의해 기나긴 과정 대중들에 의해	다윗에 의해 사독과 나단에 의해
성공과 가능성	암몬족을 이김	예루살렘을 취함 블레셋을 물리침 언약궤를 가져옴 다윗 언약 제국 확장	꿈과 지혜 요구 지혜와 제국 통치 성전 건축
실패	제사장 역할 지혜롭지 못한 맹세 불순종(아말렉 족)	밧세바와 간음 우리아 살인 인구 조사	이방 아내들과 영적 타락 강제 노동과 높은 세금
실패의 결과	판단력 상실, 무능력, 시기(猜忌)	집안의 갈등(암논, 압살롬, 아도니야) 반란(압살롬, 세바)	군사적 위기들 나라 분열

솔로몬의 죄로 인해 나라가 둘로 분열된 이후 열왕기는 표면적으로는 이스라엘 두 왕국의 여러 왕의 성공과 실패만 서술하고 있다. 저자는 계속되는 악한 왕들의 통치와 지속되는 왕국의 어려운 삶을 낱낱이 기록한다. 그러나 이러한 첫인상을 초월하면 열왕기는 형편없는 왕들의 통치가 연속되는 어려운 상황에서도 살아 계신 하나님의 약속이 주의 백성들로 하여금 미래에 대한 소망을 가지게 했음을 증언하는 책이다. 이 소망은 하나님이 사무엘하 7장에서 다윗과 맺으신 언약에 기초를 두고 있다. 다윗은 죽은 지 오랜 세월이 지난 후에도 이처럼 이스라엘의 역사에 위로와 소망이 되었던 것이다.

열왕기 기자는 변치 않는 하나님의 사랑과 자비를 약속하는 다윗 언약에 근거하여, 하나님이 바빌론에 끌려와 있는 자기 백성과 함께하시며 머지않아 그들을 꼭 회복시켜 주실 것이라는 소망을 제시하는 사건을 책의 가장 마지막 부분에 기록하고 있다. 바로 여호야긴왕 사건이다(왕하 25:27-30). 유다의 여호야긴왕은 주전 597년(에스겔 선지자도 이때 바빌론으로 끌려왔음)에 바빌론으로 끌려가 곧장 감옥에 수감되었다. 그는 투옥된 지 37년 만에 감옥에서 풀려났다. 바빌론 왕은 감옥에서 풀려난 그에게 하사품을 주었으며, 여호야긴은 바빌론 왕의 배려로 나머지 여생을 편안하게 보낼 수 있었다.

저자가 여호야긴 이야기를 열왕기의 마지막 사건으로 장식하는 것은, 바빌론에서 살고 있는 유다의 모든 백성에게 머지않아 그들의 삶에 찾아올 자유와 풍요로움에 대한 소망을 품게 하기 위해서이다. 이 이야기의 중요성은 유다 사람들이 바빌론으로 끌려와 포로 생활을 하고 있는 암울한 상황에서 선포되고 있다는 점에 있다. 주의 백성이 가장 비참하고 절망적으로 느끼는 그때에 구원을 베푸실 하나님이 가장 가까이에 계시는 것이다. 그러므로 크리스천들은 어떤 순간에도 좌절할 필요가 없다. 가장 포기하고 싶을 때가 하나님의 구원과 은혜를 기대하기에 가장 좋은 순간이기 때문이다.

열왕기 기자는 여호와의 선민이라고 자처하던 이스라엘이 어떻게 바빌론까지 끌려오게 되었는가 하는 이슈와 씨름했다. 그는 유다가 바빌론으로 끌려온 것은, 그들의 하나님 여호와가 바빌론의 신 마르둑보다 약해서 그에게 패배하여 자기 백성인 이스라엘을 노획물로 내준 것이 아니라고 한다. 저자는 그들이 바빌론에 와 있는 것은 여호와 하나님이 자기 백성인 유다를 손수 바빌론으로 보내셨기 때문이라고 한다. 주의 백성이 하나님의 끊임없는 경고에도 불구하고 너무 오랫동안 죄에서 돌이키지 않았기 때문에, 하나님이 이스라엘과 시내산에서 맺으신 언약대로 이들을 약속의 땅에서 몰아내셨다는 것이다.

저자에 의하면 이스라엘이 바빌론으로 끌려오게 된 것은 여호와께서 그들의 하나님으로서의 권한과 의무를 실행하신 결과이다. 여호와께서 손수 자기 백성을 바빌론으로 보내셨다면, 그들을 바빌론에서 인도해 다시 고향으로 돌아오게 하실 수 있는 유일한 분도 하나님이시다. 귀향의 영광이 있으려면 바빌론에 끌려와 살고 있는 이스라엘은 오직 그들을 이곳까지 내치신 여호와만을 바라보아야 하며, 여호와만이 그들을 구원하실 수 있다는 사실을 의식해야 한다. 저자는 이러한 이해를 전제로 이스라엘의 역사를 정리하며 사건들을 해석해 나가고 있다. 그가 이러한 관점에서 책을 저작했다는 것은 열왕기의 구조에서도 역력하게 드러난다(Savran, cf. Konkel).

  A. 솔로몬 왕국의 단독 역사와 몰락(왕상 1-11장)
    B. 여로보암과 북 왕국의 분리(왕상 12-14장)
      C. 유다 왕들/이스라엘 왕들(왕상 15:1-16:21)
        X. 오므리 왕조; 바알 숭배(왕상 16:22-왕하 12:21)
      C'. 유다 왕들/이스라엘 왕들(왕하 13-16장)
    B'. 북 왕국의 멸망(왕하 17장)
  A'. 유다 왕국의 단독 역사와 멸망(왕하 18-25장)

열왕기는 솔로몬의 영화로운 왕정의 출범으로 시작하여 유다 왕국의 멸망으로 막을 내린다(A-A'). 솔로몬이 아버지 다윗으로부터 정권을 계승 받았을 때에는 모든 것이 좋았다. 그러나 그는 통치 말기에 하나님의 말씀에 순종하지 않음으로 왕국 분열에 직접적인 원인을 제공했다. 두 왕국은 시간이 흐를수록 계속 추락해 갔고 회복의 기미는 전혀 보이지 않았다. 결국 북 왕국은 주전 722년에 아시리아의 손에 멸망했고, 남 왕국은 586년에 바빌론 군에 의해 종말을 맞았다. 더할 수 없는 번영으로 시작한 나라가 민족의 몰락으로 막을 내린다.

여로보암이 북방 열 지파를 통솔하여 북 왕국 이스라엘을 건국했지만 이 나라는 210년 만에 멸망했다(B-B'). 북 왕국이 멸망하게 된 가장 큰 동기는 자신을 왕으로 세우신 여호와께 등을 돌렸기 때문이다. 그는 자신이 통치하는 북 왕국의 백성들이 예배 때문에 예루살렘을 찾는 것을 막기 위해서, 벧엘과 단에 금송아지를 세움으로써 아론의 죄(cf. 출 32장)를 반복했다. 그는 다윗처럼 하나님으로부터 영구적인 통치를 약속받을 수도 있었지만, 이처럼 가증스러운 죄를 지음으로써 자기 왕조의 몰락을 자처했다. 이후의 북 왕국 왕들도 벧엘과 단에 있는 예배 처소들을 정치적으로 이용해 하나님께 죄를 범했다.

북 왕국 이스라엘과 남 왕국 유다는 분열왕국 시대 내내 서로 경쟁하고 다투는 나라였다(C-C'). 왕국이 분열할 때 시작되었던 여로보암과 르호보암의 갈등이 이 두 자매 나라를 계승한 왕들 사이에 지속되었기 때문이다. 외부 세력에 대항하려면 힘을 합해도 부족한 때에 이들의 질투와 시기는 서로의 멸망을 부추기는 결과를 초래했다. 남 왕국은 북 왕국이 막을 내린 지 130여 년 후에 종말을 맞았다.

열왕기 구조의 중심을 차지하고 있는 오므리 왕조의 이야기는 40년의 상대적으로 짧은 시간을 정리하고 있다. 열왕기가 정리하고 있는 시간이 400년에 달한다는 것을 감안할 때 이 시대는 전체 시간의 10분의 1 밖에 되지 않는다. 그러나 저자는 책의 3분의 1을 오므리 왕조 시대를 조명하는데 할애한다. 저자가 열왕기의 플롯 진행에 있어서 그만큼 이 기간에 비중을 두고 있는 것이다. 그렇다면 열왕기가 오므리 왕조의 이야기를 통해 강조하고자 하는 것은 무엇인가?

오므리는 그 당시에 기록된 고대 문헌들에도 언급될 정도로 고대 근동의 정치 무대에 잘 알려져 있고 영향력을 행사하던 능력 있는 정치가였다. 그러나 열왕기 저자는 이 시대를 조명하면서 오므리 왕조의 정치력에 대해 어떠한 관심도 두지 않는다. 그는 단지 이스라엘 안에 바알 숭배가 성행하게 된 데 이 왕조가 어떻게 기여했는가에 초점을 맞추고 있다. 특히 왕들이 후원하는 바알 숭배에 대해서 선지자들과 제사장들은 어떻게 반응했는가를 관심있게 묘사한다. 이스라엘을 설립한 여로보암의 죄로 인해 하나님은 이미 이스라엘에게 사형선고를 내리셨다(왕상 14:15-16). 그래도 독자인 우리는 은근히 하나님의 용서와 집행유예를 기대했다. 아합과 이세벨 시대를 지나면서 이스라엘은 다시는 되돌아올 수 없는 곳까지 가버렸다는 것이 저자의 주장이다. 그동안 이스라엘이 타국의 포로가 되지는 않을 것이라는 조그만 희망이라도 남아 있었다면, 아합 시대를 지나면서는 그 소망이 완전히 소멸된 것이다. 아합과 이세벨이 바알과 아세라 종교를 이스라엘의 국교(國敎)로 정하고 여호와 종교를 노골적으로 핍박하기 시작했기 때문이다.

저자는 열왕기를 통해 바빌론에 거하고 있던 하나님의 백성들에게 세 가지 교훈을 제시한다.

첫째, 바빌론에 끌려와 사는 이스라엘 사람들은 조상들의 역사를 교훈 삼아 같은 실수를 되풀이하지 않도록 노력해야 한다. 특히 하나님의 사자인 선지자들의 가르침에 귀를 기울여야 여호와의 진노를 피할 수 있다. 이스라엘이 바빌론으로 끌려온 것은 그들의 하나님 여호와께서 바빌론의 신들에게 패하여 자신의 백성을 내어 주어서가 아니라, 이스라엘 공동체가 오랜 세월 동안 끊임없이 죄를 범함으로써 여호와의 진노를 샀기 때문이다. 그러므로 바빌론 생활은 하나님의 심판의 결과이다. 그렇다고 해서 모든 심판이 다 성취되어 끝났다고 생각해서는 안 된다. 하나님은 아직도 칼을 들고 바빌론까지 그들을 쫓아오실 수도 있기 때문이다(cf. 겔 5장).

둘째, 비록 하나님이 이스라엘을 바빌론에 포로로 보내어 그들을 심판하셨지만, 그분은 여전히 선하고 인자하신 분이시다. 그러므로 자기 백성이 진실로 회개하기만 한다면 언제라도 용서할 준비가 되어 있으시다. 하나님이 이스라엘을 바빌론으로 보내어 심판하셨다는 것은, 그들을 다시 고향으로 인도하실 분도 하나님이시라는 사실을 암시한다. 저자는 호세아 선지자의 외침을 자신의 호소로 사용하고 있다. "오라 우리가 여호와께로 돌아가자 여호와께서 우리를 찢으셨으나 도로 낫게 하실 것이요 우리를 치셨으나 싸매어 주실 것임이라 여호와께서 이틀 후에 우리를 살리시며 셋째 날에 우리를 일으키시리니 우리가 그의 앞에서 살리라 그러므로 우리가 여호와를 알자 힘써 여호와를 알자 그의 나타나심은 새벽 빛 같이 어김이 없나니 비와 같이 땅을 적시는 늦은 비와 같이 우리에게 임하시리라"(호 6:1-3).

셋째, 비록 예루살렘은 폐허가 되었고, 성전은 불에 탔고, 백성들은 바빌론으로 끌려왔지만, 이스라엘은 아직도 하나님의 백성이다. 그리고 여호와께서는 이 순간에도 자기 백성에게 소망과 힘을 주기를 원하신다. 하나님이 다윗과 맺으신 언약은 유효한 것이며, 시내산 언약과 함께 '새로운 출애굽'을 기대하게 하는 중요한 요소로 자리매김을 한다. 이스라엘 백성들이 하나님을 바라는 한 새로운 시대에 대한 소망이 지속된다.

(2) 선지자와 예언

열왕기에는 열 명의 선지자가 등장한다. 저자가 선지자를 일컫는 명칭이 다양하다. 때로는 '종'(עֶבֶד)(왕상 14:18; 왕하 14:25)으로, '하나님의 사람'(אִישׁ־הָאֱלֹהִים)(왕상 12:22; 13:1)으로 부르기도 하지만, '선지자'(נָבִיא)라는 명칭도 자주 사용된다. 열왕기는 '하나님의 사람'(선지자의 칭호)이라는 표현을 60차례 사용하며, 일반적인 명칭인 '선지자'(נָבִיא)를 54회 사용한다. 이 외 다른 단어들을 포함하여 선지자를 가리키는 호칭을 총 94차례 사용하고 있다(Howard). '선지자'(נָבִיא)의 기본적인 개념은 선포/외침이다. 즉, 선지자는 가르치는 사람이다. 무엇을 가르치는가? 하나님의 뜻을 가르치는 것이 선지자들의 기본적인 역할이다.

하나님의 대변인 역할을 했던 선지자들은 누구를 가르쳤는가? 물론 백성들을 가르쳤다. 그러나 그들 사역의 주요 대상은 왕을 중심으로 한 정치, 종교 지도자들이었다. 그러므로 악한 왕들과 제사장들이 가장 싫어했던 사람이 바로 선지자였다(cf. Fretheim). 열왕기를 살펴보면 왕과 선지자 사이에 끊임없이 갈등이 있었음을 알 수 있다. 즉, 선지자의 밥은 악한 왕과 제사장들이었고 왕의 천적은 선지자였던 것이다. 왜 선지자는 왕과 제사장을 그토록 책망했을까? 선지자가 제도화된 시기가 이스라엘에 왕정이 들어설 때쯤이라는 것이 우리에게 큰 진리를 가르쳐 주는 것 같다. 역사적으로 살펴볼 때 잘못된 왕(권력자들)을 견제할 수 있는 유일한 사람은 선지자였다. 그래서 이스라엘에서 선지자 제도가 왕정 제도와 동시에 출범한 것이며, 선지자는 왕을 포함한 정치적·종교적 권력자들에게 직언하는 것을 소명으로 삼았다. 오늘날 목사가 대를 잇고 있는 구약의 제도가 있다면 바로 선지자 제도일 것이다. 그렇다면 이러한 구약 선지자들은 우리에게 무엇을 도전하고 있는가?

선지자는 어떤 사람인가? 그들은 먼저 윤리적인 삶을 사는 사람들이다(cf. 겔 13장; 렘 23장; 나단; 엘리야). 또한 그들은 미래를 예언하는 사람들이다. 성경 전체의 4분의 1이 예언적인 요소를 포함하고 있다(Payne). 폰 라드(von Rad)는 열왕기 안에서 최소한 11개의 예언이 성취된 것을 지적한다. 각 성취에는 '여호와의 말씀대로'라는 꼬리표가 붙는다. 선지자의 말은 하나님의 말씀이다. 선지자들은 그들이 사역하던 시대에 하나님의 말씀으로 받들어졌던 정경(viz., 이미 선포된 하나님의 말씀)을 통해, 하나님의 이름으로 말씀을 선포할 수 있는 권위와 자신들의 예언이 그대로 성취될 것이라는 확신을 얻었다. 열왕기 안에서 성취되는 예언은 다음과 같다(von Rad).

	내용	예언	성취
1	성전 건축	삼하 7:13	왕상 8:20
2	왕국 분열	왕상 11:29 ff.	왕상 12:15
3	벧엘의 단을 파괴함	왕상 13:2	왕하 23:16-18
4	여로보암 가문의 멸망	왕상 14:6 ff.	왕상 15:29

5	바아사 집의 멸망	왕상 16:1 ff.	왕상 16:12
6	여리고 재건 시 임할 재앙	수 6:26	왕상 16:34
7	아합의 전사	왕상 22:17	왕상 22:35 ff.
8	아합 가문과 이세벨의 죽음	왕상 21:21 ff.	왕하 9:25-37
9	아하시야의 죽음	왕하 1:6	왕하 1:17
10	유다의 멸망	왕하 21:10 ff.	왕하 24:2
11	벧엘의 단 갈라짐	왕상 13:3	왕상 13:5

열왕기에 등장하는 선지자 중 엘리야와 엘리사는 매우 특별하다. 이 두 선지자의 사역은 모세 이후 그 어느 선지자의 사역보다 많은 기적들이 있었다(cf. 왕상 17장-왕하 13장). 이스라엘의 왕이 노골적으로 이방신을 숭배하며 그 종교를 국교화시키려 한 때가 이 선지자들이 사역하던 시대이다. 엘리야가 진정한 여호와의 선지자라는 것이 열왕기상 17장에서 확인된다. 엘리사의 사역은 더 자세하게 묘사되어 있으며, 엘리야의 사역보다 더 많은 기적을 동반했다(cf. 왕하 2-9장).[5] 엘리사의 삶은 예언으로 끝이 났다. 그는 또한 죽음 속에서도 기적을 행했다(왕하 13:14-21).

저자가 왕들에게 쏟는 관심만큼이나 선지자들에 대해 지대한 관심을 가지고 그들의 삶을 묘사하는 것에는 어떤 의미가 있는가? 열왕기가 이스라엘의 정치적 리더인 왕들의 부패에 그 초점을 맞추고 있는 사실을 감안하면, 저자가 선지자들의 청렴한 삶을 부각시킴으로 왕들이 마음을 먹기만 하면 부패한 삶을 살지 않고 충분히 거룩하게 살 수 있었다는 사실을 강조하는 듯하다. 선지자들은 왕들의 삶에 대안적인 삶을 제시하고 있는 것이다.

---

5 어떤 사람들은 이런 엘리사의 능력이 그가 엘리야에게 "당신의 영의 두 배를 받기를 원하나이다"(왕하 2:9)의 문자적인 성취라고 주장한다. 그러나 엘리사가 엘리야에게 원했던 것은 단순히 "당신의 수제자가 되기를 원합니다"였다(갑절을 원하는 것은 구약의 장자권과 연결이 되어 있다).

엘리야-엘리사의 사역과 기적이 뭉치로 일어나는 일을 생각해보자. 성경은 많은 기적을 기록하고 있다. 자세히 보면 기적들이 뭉치로 나타나는 특별한 시대가 있는데 그중 하나가 엘리야-엘리사 시대였다. 성경의 다른 기적 뭉치는 모세 시대, 예수님 시대에 나타난다. 이 세 시대는 하나님의 백성이 변화(transition)나 위기(crisis)를 맞은 때라는 공통점을 지닌다. 불안하고 어려울수록 하나님의 역사가 강하게 임하는 것이다. 하나님은 그의 백성들을 절대 고아같이 버려두시는 분이 아니다.

'발자국'이란 제목의 이야기를 한 번쯤은 들어보았을 것이다. 한 사람이 꿈을 꾸었다. 그 꿈에서 예수님과 동행하며 이런저런 이야기를 하고 있었다. 바닷가에 와서 보니 자신의 일생이 모래밭에 새겨진 발자국의 모습으로 표현되어 있었다. 그의 일생을 돌아보니 항상 자신의 발자국 옆에 또 하나의 발자국이 있었다. 예수님의 발자국이었다. 그런데 자신의 일생 중 가장 어려운 순간에는 발자국이 한 쌍밖에 없었다. 그는 예수님께 물었다. "주님, 제가 가장 어려울 때 주님은 어디에 계셨습니까?" 예수님은 그에게 말했다. "그 발자국을 자세히 보렴. 그 발자국은 너의 발자국이 아니라 나의 발자국이란다. 네가 힘들고 괴로워할 때 나는 너를 안고 다녔단다." 우리에게 고난과 절망이 닥친다면 그때가 하나님의 기적을 바라기에 가장 적합한 때이다.

(3) 하나님과 거짓말하는 영

미가야라는 선지자에 의하면 아합을 속이기 위해서 하늘에서 거짓 영이 아합의 선지자들에게 임했다(왕상 22:19-23). 하나님이 보내신 거짓 영을 받은 선지자들은 아합의 승리를 예언했지만, 미가야는 전쟁에서 패할 뿐만 아니라 아합도 그 전쟁에서 죽을 것을 경고했다. 참 선지자 미가야의 말을 듣기보다는 자기가 듣고 싶어한 예언을 해 준 선지자들의 말을 듣고 전쟁터로 향했던 아합은 결국 죽어서 집으로 돌아왔다.

어떤 사람들은 이 사건에서 나타난 하나님의 도덕성을 의심한다. 하나님이 속임수를 사용하여 아합을 죽이셨다는 것이다. 어떻게 생각하는가? 이 모든 일이 환상 속에서 일어나는 것은 어떤 의미를 제공하는가? 하나님이 악을 허락하시는 것과 인간의 책임에는 어떤 관계가 있는가?

사실 이 이슈에 대한 질문들은 텍스트에 대한 오해에서 비롯된 것이다. 아합이 불러온 400명은 어느 종교에 속한 선지자들이었을까? 무엇보다도 이들이 여호와의 선지자들이었을 가능성은 배제해야 한다. 왜냐하면 아합의 아내 이세벨은 바알과 아세라 종교를 국교화하면서 여호와의 선지자들을 잡아 죽이는 일을 했다. 그래서 오바댜라는 사람이 여호와의 선지자 100명을 굴에 숨겨놓고 봉양했다(왕상 18장). 이 상황에서 이세벨의 남편 아합이 여호와의 선지자를 후원할 가능성은 얼마나 되겠는가? 전혀 없다. 그렇다면 이들은 누구인가? 이들은 아세라의 선지자들이었다. 오랜 가뭄 후에 엘리야는 아합을 만나 이세벨의 녹을 먹는 바알 예언자 450명과 아세라 예언자 400명을 데리고 갈멜산으로 나오라고 했다(왕상 18:19). 과연 누가 참 신인지 가려보자는 것이었다. 결과는 여호와의 일방적인 승리였으며, 바알 선지자 450명은 그날 바로 처형당했다. 그런데 아세라의 예언자들은 그 어디에도 보이지 않았다. 바로 이들이 미가야 사건에서 모습을 드러내는 것이다(cf. 왕상 22:6).

아세라 선지자가 여호와의 이름으로 예언을 할 수 있단 말인가? 그들은 바알 숭배자들처럼 다신주의자들이었다. 그러므로 어떤 거리낌도 없이 예언을 요청하는 손님이 숭배하는 신의 이름으로 예언을 해주었다. 또한 하나님이 아합을 죽이기 위해서 아세라 선지자들에게 거짓 영을 보내시는 것은 당연한 일이라고 할 수 있다. 죄인들의 잘못된 예언에 의해 기고만장해진 죄인을 심판하신 것이다.

(4) 전무후무한 히스기야와 요시야

열왕기에서 가장 훌륭한 평가를 받는 왕들은 히스기야와 요시야이다(왕하 18:5-6; 왕하 23:25; cf. 신 6:5). 저자는 이 두 왕에 대해서 "이런 사람이 전에도 후에도 없었다"(אַחֲרָיו לֹא־הָיָה כָמֹהוּ)라고 평가한다. 어떻게 한 입을 가지고 두 말을 하는가? 비평학자들은 열왕기 기자가 하나는 히스기야를 영웅시하는 문서와 요시야를 영웅시하는 다른 문서를 편집도 하지 않은 채 사용하다 보니 빚어진 실수라고 단정한다. 즉, 걸러지지 않은 채 짜깁기 된 히스기야 전승과 요시야 전승이 빚어낸 결과라는 것이다. 그러나 성급한 결론이다. 저자는 이 두 사람을 각기 다른 방면에서 전무후무한 자로 평가하고 있다.

히스기야의 경우는 믿음과 하나님을 의지함에 있어서 전무후무한 자라는 것이 열왕기 저자의 평가이다. 그가 어떤 믿음을 소유한 자였는가는 열왕기에서 묘사하고 있는 산헤립 침략 사건에 잘 묘사되어 있다. 히스기야는 믿음으로 자기가 통치한 유다에 임박했던 하나님의 심판을 몇 세대 보류할 수 있었다. 주전 701년에 망했어야 할 나라가 주전 586년까지 지속되었던 것이다. 그의 이야기와 기도문이 이 같은 사실을 잘 묘사하고 있다.

요시야는 언약 준수에 있어서 비교할 사람이 없었다는 것이 저자의 평가이다(왕하 23:2-3, 21). 저자의 이러한 평가는 그가 요시야의 일생에 대해서 어떻게 기록하고 있는지 그 구조를 살펴보면 알 수 있다.

  A. 평가적 문장: 여호와 보시기에 정직, 다윗의 길로 행함(왕하 22:2)
    B. 제18년의 일: 율법서 발견(왕하 22:3-11)
      C. 율법서에 대해 물음, 하나님의 대답(왕하 22:12-20)
        X. 언약 갱신(왕하 23:1-3)
      C′. 율법서에 따른 요시야의 개혁(왕하 23:4-20)

B′. 제18년의 일: 유월절 지킴(율법서에 기록된 대로, 왕하 23:21-24)
　A′. 평가적 문장: 모세의 율법을 온전히 준행한 임금, 전무후무한 왕
　　　(왕하 23:25)

8. 신학

열왕기는 하나님 나라와 다윗 왕국의 발전이 어떤 연관성이 있는지를 회고하고 있다. 간단히 말하자면 이상적인 차원에서 다윗 왕국은 하나님 나라의 실제적인 모형이 되어야 했다. 그러나 현실은 사뭇 달랐다. 다윗은 자신이 다스리는 나라를 하나님 나라의 모형으로 세우는데 조금은 성공했다. 다윗은 후손들이 그의 왕국을 더 하나님 나라같이 발전시키기를 기대하며 나라를 솔로몬에게 물려주었다. 그러나 솔로몬과 후손들이 세우고 다스린 이스라엘은 결코 하나님 나라의 모형이라 할 수 없었다.

　그렇다고 해서 다윗의 노력이 물론 의미없이 허비된 것은 아니었다. 다윗은 죽은 후에도 이스라엘 역사에 매우 긴 그림자를 드리워 놓았기 때문이다. 사무엘하 22장에 묘사되어 있는 다윗의 마지막 모습은 열왕기에서도 그대로 기념된다. 심지어는 사무엘하 22장에서 사용되는 단어들과 이미지들이 열왕기에서도 사용된다. 의로운 자(삼하 22:21; 왕상 9:4), 하나님 앞에 온전한 자(삼하 22:24, 왕상 9:4), 법과 규례를 지킨 자(삼하 22:23, 왕상 11:38), 그의 길을 지킨 자(삼하 22:22; 왕상 11:33), 기름 부은 자에게 베푸시는 끊임없는 사랑(삼하 22:51; 왕상 8:23). 열왕기 저자는 이러한 기준으로 남 왕국 유다의 왕들을 평가한다. 모든 왕이 그들의 행정 능력이나 정치적인 업적 등으로 평가받는 것이 아니라, 그들의 조상 다윗과 같았는지 아니면 다윗과 같지 않았는지에 따라 신학적, 신앙적 평가를 받는 것이다.

(1) 다윗 언약

사무엘하 7장의 다윗 언약은 열왕기 신학 형성에 매우 중요한 역할을 한다. 열왕기는 하나님이 사무엘하 7장에서 하신 약속을 어떻게 이스라엘의 역사 속에서 잘 지키셨는가를 보여준다. 저자는 유다의 여러 왕들의 죽음을 묘사한 후 그들이 한결같이 "그의 아비/조상 다윗과 묻혔다"라는 고정적인 표현을 사용하여 마무리한다. 열왕기 기자는 자신의 책에서 다윗 왕조가 어떻게 끊어지지 않고 지속되었는가를 관심 있게 전한다. 수없이 묘사되는 것이 '다윗 때문에 은혜를 베푸시는' 하나님의 모습이다(왕상 11:12, 13, 32, 34, 36; 15:4-5; 왕하 8:19; 19:34; 20:6). 또한 저자는 열왕기에서 다윗이 직접 하나님께 이 약속을 받았다는 것을 거듭 강조한다(왕상 2:33, 45; 5:5; 8:15, 19, 24, 26; 11:38; 왕하 21:7).

유다와 이스라엘은 하나님 나라의 상징이다. 이스라엘과 유다의 왕은 '하나님의 아들'(삼하 7:14)로서 이 세상에서 하나님의 대리인 역할을 해야 한다. 하나님은 이 왕들이 특별해서 대리인으로 선택하신 것이 아니라, 일방적인 은총으로 이들을 선택하셨다. 상황이 이렇다는 것을 깨달았다면 왕들은 더욱더 신실하고 정직하게 나라를 다스려 하나님의 선택하신 은총에 보답해야 한다. 그러나 현실은 그렇지 않았고 경건한 왕보다는 경건하지 못한 왕의 수가 훨씬 더 많았다. 왕들이 타락하면 그들이 다스리는 나라도 부패하고 쇠퇴하기 마련이다. 그러므로 다윗이 세운 왕조가 망해갈 때 이 세상에 상징적으로 형성된 하나님의 나라도 쇠퇴해 갔다.

다윗 왕조와 밀접한 연관이 있는 것은 다윗 언약의 조건적 성향과 무조건적 성향(conditionality and unconditionality of the covenant)이다. 사무엘서는 다윗 언약의 무조건적 성향이 부각되고 있다(cf. 삼하 7:15-16). 그러면서도 다윗의 뒤를 잇는 왕들에게는 "하나님의 축복을 만끽하려면 이렇게 하라"는 조건들이 붙는 듯하다(삼하 7:14). 반면에 열왕기에서는 다윗 언약의 조건적 성향이 강조된다. 다윗에게는 언약이 무조건적으로 주어졌지만, 그의 후손들에게 이 언약이 언급될 때에는 조건성이 확연히 드러나는 것이다(cf. Fretheim). 특히 열왕기상 9:2-9, 열왕기하 17:7-23, 열왕기하 24:3-4 등은 언약의 조건성을 강력한 언어를 사용하여 강조한다. 유다의 왕들이 하나님이 그들의 조상 다윗과 맺으신 언약이 자신들 시대에도 유지되기를 원한다면, 그들은 하나님의 말씀을 반드시 순종해야만 한다.

원래 하나님이 다윗에게 주신 언약은 왕이 신하에게 내려주는 하사품과 같기 때문에, 다윗과 그의 후손들이 그 언약에 어떻게 반응하는가에 상관없이, 변함없고 무조건적인 축복으로 지속된다. 다만 각 왕들이 그 언약의 축복을 누리려면 모세 율법을 지켜야 한다는 것이 전제된다. 다윗 언약은 시내산 언약이 선포된 지 한참 후에 선포된 것이며, 시내산 언약의 요구를 무효화하는 것은 아니기 때문이다. 그러므로 왕은 자기가 통치하는 백성들처럼 이스라엘이 시내산에서 하나님과 맺은 언약을 지켜야 할 의무가 있다(신 17:18-19). 솔로몬도 언약을 잘 지키도록 권면을 받았다(왕상 3:14). 저자는 북 왕국이 몰락한 이유를 이 의무를 잘 이행하지 못해서였다고 회고한다(왕하 17:7-23; 18:12). 신분에 상관없이 이스라엘 사람이 하나님의 축복을 누리려면 시내산 언약을 준수해야 한다는 가르침은 여호수아서에서부터 계속 강조되어 왔다.

비록 주의 백성이 하나님과 맺은 시내산 언약을 준수하지 않아 포로가 되어 타국으로 끌려갔지만, 열왕기 저자가 살고 있는 바빌론에는 열왕기하 25장에 기록된 다윗의 계보를 이어받은 왕족이 함께 살고 있었다는 사실이 일부 사람들에게는 매우 희망적인 요소가 되었을 것이다. 다윗 언약은 무조건적이기 때문에 하나님이 언젠가는 이 언약을 지키기 위해서라도 그들을 구원하실 것이라는 소망이 있기 때문이다. 그렇다고 해서 바빌론에 끌려와 있는 유다 사람들이 다윗 계열 왕족들에게 희망을 걸어서는 안 된다. 저자는 이스라엘은 오직 하나님께 소망을 두고 그분만 의지해야 한다는 것을 강조한다.

(2) 미래에 대한 하나님의 은혜와 소망

노트(Noth)의 주장과는 달리 열왕기는 이스라엘과 유다가 어떻게 망하게 되었는가만을 설명하는 책이 아니다. 이 책에는 상당히 긍정적이고 희망적인 요소들이 있다. 폰라드(von Rad)는 이것을 '메시아 사상'(messianic motif)으로 설명한다. 저자가 살던 시대의 이스라엘은 이방 민족에게 침략당해 백성들은 포로가 되어 무너져 있지만, 장차 이 나라의 진정한 주인인 메시아가 오실 것이라는 소망이 열왕기 안에 제시되고 있는 것이다. 이러한 차원에서 히스기야, 요시야, 여호사밧 같은 왕들은 부족하나마 장차 오실 메시아의 모형이라고 할 수 있다.

볼프(H. Wolff)는 '회개 촉구'(call to repentance)라는 주제로 미래에 대한 이스라엘의 소망을 설명한다. 나봇을 죽이고 포도원을 빼앗은 아내 이세벨로부터 그 포도밭을 선물로 받고 기뻐하던 아합이 선지자의 신탁(神託)을 받고 회개했을 때, 주께서 그에게 내리시겠다던 벌을 그의 아들 세대로 보류해주신 은총을 경험한 것처럼, 열왕기 안에서는 아무리 흉악한 죄인이라도 회개하면 주님께서 용서하신다는 진리가 거듭 강조된다. 이 같은 진리가 강조되는 것은 하나님께 죄를 범하여 바빌론으로 끌려온 백성이 주님의 마음을 이해하고 회개하여 주님께 돌아오기를 권면하기 위해서이다. 바빌론에서 열왕기를 맨 처음으로 읽게 된 원 독자들이 진실한 마음으로 회개하면, 주님이 은혜를 베푸시고 개입하셔서 그들의 역사는 언제든지 바뀔 수 있다는 가능성이 제시되고 있다. 즉, 그들은 포로의 신분을 벗어나 본국으로 다시 돌아가 다윗 계열 왕이 다스리는 나라를 세울 수 있게 되는 것이다.

브루게만(Brueggemann)은 열왕기의 미래에 대한 소망을 '하나님의 자비'(God's graciousness)와 연계한다. 책 안에서 몇 번씩이나 강조되는 것은, 유다가 죄를 범한 대가로 나라가 망하고 백성이 바빌론에 끌려와 있는 것은 사실이지만, 그들을 심판하신 하나님은 자기 백성을 심판하시기를 즐기시는 분이 아니라는 사실이다. 심판을 받고 신음하는 주의 백성도 아프지만, 어쩔 수 없이 자기가 가장 사랑하는 백성을 심판하여 타국으로 내치신 하나님의 마음은 더 아프기 때문이다. 적절한 때가 되면 하나님은 자기 종 다윗과 맺으신 언약 때문이라도 자비를 베풀어 이스라엘 자손들을 구원하실 것이다.

맥콘빌(McConville)은 열왕기의 미래 지향적인 성향을 '신명기적 신학'(deuteronomistic theology)의 소망(hope)'과 연결한다. 신명기적 관점의 신학에는 근본적으로 소망이 포함되어 있다는 것이 그가 강조하고자 하는 바이다. 주의 백성이 죄를 지으면 분명 하나님의 심판이 임한다. 심지어 하나님 스스로 죄를 범한 백성을 약속의 땅에서 내치실 수 있다고 경고하셨다. 그럼에도 불구하고 언제든지 주의 백성이 회개하고 하나님을 찾고 말씀을 준수하기만 하면, 신명기(특히 28장 이후)에 기록된 것같이 하나님은 이들을 다시 약속의 땅으로 인도하실 것이라고 하신다. 열왕기는 이 같은 하나님의 약속에 근거하여 바빌론에 끌려와있는 주의 백성에게 소망을 주고 있는 것이다.

위에 제시된 학자들의 주장에 한 가지 더해야 할 것은 '다윗 언약의 보편성'이다. 성경은 사무엘하 7장에 소개된 다윗 언약의 영원성이 한 개인이 아닌 온 백성에게 적용되는 것으로 말한다(삼하 7:13, 16; 왕상 2:45; 8:19; 9:5). 이러한 맥락에서 열왕기 저자는 다윗이 예루살렘 안에 계신 하나님 앞(viz., 성전)에 '등'(lamp)을 받은 일(cf. 왕상 11:36; 15:4; 왕하 8:19)을 미래에 대한 소망을 제시하는 일에 있어서 매우 중요한 요소로 간주한다. 처음부터 이 소망의 메시지는 다윗의 집에만 주어진 것이 아니다. 솔로몬의 기도의 일부인 열왕기상 8:46-53은 이스라엘의 범죄와 회개에 대한 하나님의 심판과 용서까지도 전제로 하면서 하나님이 은혜를 베풀어 주실 것을 기도한다. 다윗 계열의 왕인 여호야긴의 이야기(왕하 25:27-30) 또한 책의 소망적인 메시지에 설득력을 더한다. 저자는 이 모든 예를 통해 다윗 언약을 이 세상의 그 무엇도 흔들 수 없는 소망을 주는 것으로 이해한다. 주의 백성이 바빌론에서도 희망을 잃지 않고 여호와의 구원의 손길을 갈망할 수 있는 이유는 다윗 언약 때문이다.

(3) 심판과 회개

심판은 열왕기 신학에서 중요한 자리를 차지하는 개념이다. 통일왕국이 분열된 것은 솔로몬의 죄에 대한 심판이었다(왕상 11장). 두 분열왕국이 멸망하게 된 것도 그들의 죄에 대한 심판이었다(왕하 17:7-23; 왕하 24:3-4). 심판과 함께 강조되는 것이 회개다. 하나님이 주의 백성을 심판하시는 이유는 그들이 회개하고 다시 하나님께 돌아오게 하기 위함이다. 히브리어 성경에서는 '돌아오다/돌이키다'(שוב)가 회개를 표현한다. 이 동사의 가장 기본적인 의미로 회개를 설명하자면 회개는 가던 길에서 돌아서거나 다른 길로 간다는 뜻이다. 사무엘서와 열왕기의 저자는 이스라엘에게 회개를 촉구하면서 계속 이 단어를 사용한다(삼상 12:14-15, 20-21). 그들이 죄의 길을 가면 갈수록 하나님으로부터 멀어지는 것이니, 가던 길(viz., 죄의 길)을 돌이켜 하나님 가까이로 돌아오라는 의미이다.

열왕기가 백성에게 회개를 촉구하는 것은 하나님의 선하심에 근거를 두고 있다(왕상 8:56-57). 또한 열왕기에서 하나님의 선하심은 다윗 왕조를 통해 표현된다. 그러므로 비록 죄로 인해 심각하게 타락했다 할지라도 다윗의 집안은 아직도 여호와의 좋은 소식을 전하는 전령이다(Brueggemann)(cf. 왕하 25:28). 솔로몬은 헌당 기도(왕상 8장)에서 백성이 하나님께 '돌아올 때'에 관한 다섯 가지 정황을 논한다(33, 35, 47, 48, 58절). 솔로몬은 이 기도를 통해 이스라엘이 하나님께 돌아와서(회개하고)

소리를 높일 때 하늘에서 그들의 부르짖음을 들으시고 은혜를 베풀어 달라고 간구한다(30, 32, 34, 36, 39, 43, 45절). 주의 백성이 하나님께 어떠한 죄를 짓는다 할지라도 그들이 진심으로 회개하면 그들을 용서하시고 다시 주의 백성으로 받아달라는 호소이다.

솔로몬이 하나님께 용서해 달라는 주의 백성의 죄가 어느 정도인가? 열왕기 저자는 북 왕국 이스라엘이 망하게 된 이유를 설명하면서 이들의 죄가 어느 정도였는가를 자세하게 기록하고 있다(왕하 17:7-23). 훗날 망하게 된 남 왕국도 별반 다를 바가 없다는 것이 저자의 평가이다.

이렇게 된 것은, 이스라엘 자손이 자기들을 이집트 땅에서 이끌어 내어 이집트 왕 바로의 손아귀로부터 구원하여 주신 주 하나님을 거역하여, 죄를 짓고 다른 신들을 섬겼기 때문이며, 또 주님께서 이스라엘 자손의 면전에서 내쫓으신 이방 나라들의 관습과, 이스라엘의 역대 왕들이 잘못한 것을, 그들이 그대로 따랐기 때문이다. 이스라엘 자손은 또한 주님이신 그들의 하나님을 거역하여 옳지 못한 일을 저질렀다. 곧, 망대로부터 요새화된 성읍에 이르기까지, 온 성읍 안에 그들 스스로 산당을 세웠으며, 또 높은 언덕과 푸른 나무 아래에는 어느 곳에나 돌기둥들과 아세라 목상들을 세웠으며, 주님께서 그들의 면전에서 내쫓으신 이방 나라들처럼, 모든 산당에서 분향을 하여 주의 진노를 일으키는 악한 일을 하였으며, 또한 주님께서 그들에게 하지 말라고 하신 우상숭배를 하였다. 그런데도 주님께서는 이스라엘과 유다에 여러 예언자와 선견자를 보내어서 충고하셨다. "너희는 너희의 그 악한 길에서부터 돌아서서, 내가 너희 조상에게 명하고, 또 나의 종 예언자들을 시켜 내가 너희에게 준 그 모든 율법에 따라, 나의 명령과 나의 율례를 지켜라." 그러나 그들은 끝내 듣지 아니하였고, 주님이신 그들의 하나님께 신실하지 못하였던 그들의 조상들처럼 완고하였다. 그리고 주의 율례와, 주님께서 그들의 조상과 세우신 언약과, 그들에게 주신 경고의 말씀을 거절하고, 헛된 것을 따라가며 그 헛된 것에 미혹되었으며, 주님께서 본받지 말라고 명하신 이웃 나라들을 본받았다. 또 그들은 주님이신 그들의 하나님께서 주신 그 모든 명을 내버리고, 쇠를 녹여 부어 두 송아지 형상을 만들었으며, 아세라 목상을 만들어 세우고, 하늘의 별들에게 절하며, 바알을 섬겼다. 그들은 또한 자기들의 자녀들을 불살라 제물로 바치는 일도 하였다. 그리고 복술도 하고, 주문도 외우며, 주님께서 보시기에 악한 일을 함으로써 주님께서 진노하시게 하였다. 그러므로 주님께서는 이스라엘에게 크게 진노하셨고, 그들을 그 면전에서 내쫓으시니 남은 것은 유다 지파뿐이었다. 그러나 유다도 또한 그들의 주님이신 하나님의 명령을 잘 지키지 아니하고, 이스라엘 사람들이 만든 규례를 그대로 따랐다. 그리하여 주님께서는 이스라엘의 모든 자손을 내쫓으시고, 그들을 징계하여 침략자들의 손에 넘겨 주셔서, 마침내는 주의 면전에서 내쫓기까지 하셨다. 그래서 이스라엘은 다윗의 집으로부터 갈라졌으며, 이스라엘은 느밧의 아들 여로보암을 왕으로 삼았고, 여로보암은 또한 이스라엘이 주님을 버리고 떠나서 큰 죄를 짓도록 만들었다. 이렇게 하여 이스라엘 자손은, 여로보암이 지은 그 모든 죄를 본받아 그대로 따라갔고, 그 죄로부터 돌이키려고 하지 않았다. 마침내 주님께서는, 그 종 예언자들을 보내어 경고하신 대로, 이스라엘을 그 면전에서 내쫓으셨다. 그래서 이 날까지 이스라엘은 자기들의 땅에서 앗시리아로 사로잡혀 가 있게 된 것이다.(왕하 17:7-23, 새번역)

(4) 성전 건축

열왕기의 하이라이트 중 하나는 솔로몬의 성전 건축이다. 이스라엘의 삶에 있어서 성전은 매우 중요한 종교적 요소였다. 성전은 이스라엘 사람들이 하나님 앞에서 자신들의 감정을 드러내는 곳이었다. 그들은 성전에서 기쁨의 날에는 감사의 노래를 불렀고, 고단한 날에는 탄식과 한숨 섞인 기도를 올렸다. 그들은 성전으로 인해 울었고, 슬픈 시를 읊조렸으며, 때로는 성전으로 인해 즐거움의 노래를 불렀으니, 성전은 그들의 참 안식처이자 피난처였다. 이처럼 성전은 이미 오래전부터 이스라엘의 연민과 열망의 대상이자 향수를 유발하는 매체가 되어 있었다. 그렇다면 수천 년이 지난 오늘날도 이스라엘의 마음을 사로잡고 있는 성전은 과연 어떠한 상황에서 어떻게 건축되었는가? 성전이 지닌 신학적인 의미는 무엇이었는가?

다윗이 통일왕국을 이룩한 다음 어느 정도 정치적 안정을 누리게 되자 여호와의 법궤를 예루살렘으로 모셔왔다(삼하 6장). 이후 다윗은 여호와의 궤가 거할만한 성전을 건축하고 싶어했다(cf. 삼하 7장). 다윗의 뜻을 전해 들은 선지자 나단도 좋아했다. 그러나 바로 다음날 하나님이 나단을 통해서 의외의 말씀을 주셨다. 비록 여호와께서 다윗을 무척 사랑하고 귀하게 여기시지만, 그는 결코 성전을 지을 만한 자격이 되는 사람이 아니라는 것이었다. 이 프로젝트는 훗날 다윗의 후손이 맡게 될 것이라고 하셨다. 대신 하나님이 그에게 넘치는 은혜를 베푸셨다. 다윗을 대견하게 여기신 하나님이 오히려 다윗을 위하여 집(viz., 영원한 통치권)을 지어주신 것이다. 이것이 바로 우리가 흔히 말하는 다윗 언약의 골자이다.

다윗은 그의 후손 중 성전을 건축할 자(viz., 솔로몬)를 위해 열심히 재산을 모았다. 그는 자신이 직접 성전을 건축하는 영광은 누리지 못하지만, 이 프로젝트를 위해 재정 확보 등 만반의 준비를 했다. 덕분에 솔로몬은 아무런 경제적인 어려움 없이 이스라엘 민족의 숙원 사업이었던 성전 건축을 순조롭게 진행했다. 이처럼 성전 건축은 2대에 거쳐 준비되고 진행되던 메가 프로젝트였다.

솔로몬은 당시 최고의 목재였던 레바논의 백향목과 두로의 히람왕이 제공한 잣나무를 사용하여 성전을 건축했다(왕상 9:11). 또 히람왕은 금 외에 건축에 필요한 모든 것을 준비해 주었고 심지어는 필요한 기술력까지 제공해 주었다(왕상 7:13; 9:11). 두로가 이처럼 성전 건축에 깊이 연관되었다는 사실은 상징적인 의미를 지니고 있다. 두로는 고대 근동에서 대표적인 무역 국가였다. 그들의 배는 유럽에서 이집트, 아프리카를 왕래하며 온갖 진귀한 것들을 거래했다(ABD). 그러므로 그 당시 누군가가 세상에서 가장 귀한 것들을 구하기 원한다면 당연히 두로의 도움을 받아야 구할 수 있었다. 이처럼 고대 근동의 온갖 진귀한 것을 거래하던 두로가 성전 건축에 참여했다는 것은 솔로몬의 성전이 이 세상에서 가장 좋은 재료들을 사용하여 건축되었음을 시사한다. 이것은 여호와는 단순히 이스라엘만의 수호신이 아니라 온 세상의 창조주이시자 통치자라고 고백하는 이스라엘의 신앙에 의하면 당연한 일이다.

성전 건축에 있어서 물질적인 준비뿐만 아니라 인적(人的) 준비도 완벽했다. 무엇보다도 이 프로젝트는 많은 지혜—어떻게 생각하면 이 세상의 지혜를 넘어선 초자연적인—를 요구했다. 이 같은 사실은 출애굽 시대 때 이스라엘이 광야에서 장막을 건축했던 일에서 역력하게 드러난다. 하나님은 장막과 장막에서 쓰이게 될 도구를 디자인하고 시공 과정을 관리하는 막중한 임무를 수행케 하기 위하여 브살렐과 오홀리압에게 지혜의 영을 부어 주셨다(출 31:1-11). 그들은 이 분야에서 이미 많은 노하우(know how)를 지니고 있었지만 하나님은 이들에게 신령한 지혜를 더하셨던 것이다. 장막을 건축하는 일은 그만큼 막중한 프로젝트였다. 장막 건축이 이 정도였다면 성전 건축도 당연히 막중한 일이다. 그러므로 우리는 성전 건축에 있어서 많은 지혜와 기술이 필요했음을 충분히 상상할 수 있다.

솔로몬은 당시 최고의 장인을 구해 성전 건축 공사를 관리하도록 했다. "솔로몬 왕이 보내어 히람을 두로에서 데려오니 그는 납달리 지파 과부의 아들이요 그의 아버지는 두로 사람이니 놋쇠 대장장이라 이 히람은 모든 놋 일에 지혜와 총명과 재능이 구비한 자이더니 솔로몬 왕에게 와서 그 모든 공사를 하니라"(왕상 7:13-14). 솔로몬은 성전을 건축하기 위해서 당시 최고의 자제들, 최고의 공법, 최고의 감독관을 고용한다. 그는 최고의 성전을 지어 여호와께 드리기 위해 돈을 아끼지 않았던 것이다.

여기까지는 열왕기 저자가 솔로몬의 업적을 매우 높이 평가한다. 문제는 열왕기 기자가 솔로몬의 다른 면모를 강조하고 있다는 것이다. 성전 건축 이야기(왕상 5-8장)의 중심부에 솔로몬의 왕궁 이야기(6장)가 끼어 있다. 게다가 솔로몬은 성전 건축에 7년을 사용한 것에 비해 왕궁 건축에는 13년의 공을 들였다. 물론 솔로몬의 궁이 규모에 있어서 성전보다 훨씬 더 컸기 때문이지만 왠지 독자들의 마음을 불편하게 하는 정보이다. 더 나아가 저자는 성전이 완성된 다음에도 왕궁 건축이 진행된 13년을 기다렸다가 성전 건축이 시작된 지 20년 되던 해에야 비로소 헌당식을 올린 것처럼 묘사한다.[6] 열왕기 저자는 분명 솔로몬에 대한 부정적인 측면을 암시하고 있다.

비록 히람이 공사를 감독한다더라도 솔로몬 역시 많은 부분에 조언하며 이 일을 함께 진행해 나갈 수밖에 없었을 것이다. 그렇다면 솔로몬은 성전 건축을 총괄할만한 자격이 있는 사람인가? 열왕기 저자는 솔로몬이 성전 건축을 총괄할만한 자격이 충분히 있었다고 한다. 이미 언급한 것처럼 성전 건축에 있어서 제일 중요한 것은 하나님만이 주실 수 있는 지혜를 얻는 일이다. 솔로몬에게는 이러한 지혜가 있었다. 하나님이 솔로몬에게 "원하는 것은 뭐든지 줄 테니 내게 구하라"하고 말씀하셨을 때, 그는 지혜를 구했다(왕상 3:5-9). 여호와께서는 그가 원하는 대로 큰 지혜를 주셨다. 하나님이 솔로몬에게 어떤 지혜를 주셨는지는 바로 다음에 기록된 아이의 소유권을 놓고 펼쳐진 두 여인의 재

---

[6] 본문 주해에서 언급하겠지만, 솔로몬은 성전이 완성된 후 11개월을 기다렸다가 이듬해에 헌당예배를 드렸다. 그러나 저자는 마치 왕궁이 완성된 다음(viz, 성전 공사가 시작된 지 20년이 된 시점)에야 헌당예배를 드린 것처럼 이야기를 진행해 나간다. 저자가 이야기의 흐름을 이같이 진행하는 것은 솔로몬의 마음에는 성전보다 그의 왕궁이 더 중요했음을 암시하기 위해서이다(cf. 본문 주해).

판 이야기에 잘 묘사되어 있다(왕상 3:16-28).

이 재판은 솔로몬이 주의 백성을 통치하기 위해서 지혜를 구했던 기도에 하나님이 얼마나 확실하게 응답해 주셨는가를 보여주는 좋은 예이다. 또한 이 사건은 솔로몬이 앞으로 감독하고 추진해 나가야 할 성전 건축에 필요한 신성한 지혜도 충분히 지니고 있음을 시사하는 사건이기도 하다. 열왕기 저자는 옛적에 이스라엘이 광야에서 장막을 건축할 때, 그 프로젝트를 지휘했던 브살렐과 오홀리압에게 하나님의 지혜가 충만했던 것처럼, 성전을 건축한 솔로몬에게도 여호와의 지혜가 충만했음을 암시한다. 이처럼 성전 건축은 물질적인 차원뿐만 아니라 인적 차원에 있어서도 철저하게 준비된 프로젝트였다.

솔로몬의 성전 건축 과정을 생각해 보자. 당시로서는 최첨단이라 할 만한 기술과 공법이 사용되고 있다. 성전을 완공하는 데 걸린 시간만 칠 년이었다(왕상 6:38). 사람들은 건축자재로 쓰였던 그 많은 나무를 레바논에서 운반해 왔다. 또한 엄청난 양의 돌이 필요했다. 이 모든 물자의 공급은 당연히 가장 효율적인 운반 기술을 요구했을 것이다. 이스라엘 안에서는 이 거대한 프로젝트를 지휘할 사람이 없어서 솔로몬은 반(半) 이스라엘(half-Israelite) 사람인 히람을 두로에서 초청하여 일을 맡겼다(왕상 7:13-14).

성전 공사에 사용된 기술과 공법이 어떠했는가를 보여주는 듯한 말씀이 열왕기상 6:7에 기록되어 있다. "이 성전은 건축할 때에 돌을 그 뜨는 곳에서 다듬고 가져다가 건축하였으므로 건축하는 동안에 성전 속에서는 방망이나 도끼나 모든 철 연장 소리가 들리지 아니하였다"(개역개정). 건축에 필요한 모든 석재를 채석장에서 디자인하고 다듬어서 성전에서는 간단히 조립만 할 수 있게 했다는 뜻이다. 하나님의 성전을 건축하는 공사장에서 연장 소리가 들리지 않게 했다는 것은 훌륭한 시공법이 매우 적절하게 사용된 예라고 전해지고 있다. 이처럼 솔로몬은 세상 최고의 재료를 사용하여 최첨단 내지는 가장 효율적인 방법과 기술로 성전을 건축하였다. 한마디로 말해서 성전 건축은 처음부터 끝까지 모든 면에서 완벽했다.

성전은 완벽하게 시공되었지만, 성전을 건축한다는 것 자체는 하나의 신학적 딜레마를 안고 있다. 솔로몬 성전의 건축 준비는 오래전 다윗이 '자신은 백향목 궁에 거하거늘 하나님의 궤는 휘장 가운데 있는 것'에 대해 미안하고 안타까워하며 하나님을 위하여 집을 짓겠다는 의지로 시작되었다(삼하 7:2). 하나님은 다윗의 이러한 마음 씀씀이를 대견하게 여기시고 오히려 그와 그의 집안에 큰 축복을 내리셨다. 다윗의 성전 건축 희망은 결과적으로 출애굽 이후 광야에서부터 시작된 하나님의 궤의 방랑이 드디어 막을 내리고 한 곳에 정착하게 되는 긍정적인 효과를 가져왔다. 그러나 좋은 면만 있었던 것은 아니다. 하나님이 나단을 통해 다윗에게 말씀하셨다.

"네가 나를 위하여 내가 살 집을 건축하겠느냐 내가 이스라엘 자손을 애굽에서 인도하여 내던 날부터 오늘까지 집에 살지 아니하고 장막과 성막 안에서 다녔나니 이스라엘 자손과 더불어 다니는 모든 곳에서 내가 내 백성 이스라엘을 먹이라고 명령한 이스라엘 어느 지파들 가운데 하나에게 내가 말하기를 너희가 어찌하여 나를 위하여 백향목 집을 건축하지 아니하였느냐고 말하였느냐"(삼하 7:5-7).

이 말씀을 보면 하나님은 다윗에 대한 칭찬이나 대견함보다는 오히려 당신의 불편함 내지는 불만을 토로하고 계시는 듯하다. 이러한 뉘앙스는 이미 여러 학자에 의해 포착된다(cf. Gordon, McCarter, Brueggemann). 하나님의 심기를 불편하게 하는 것은 성전이 하나님의 이동성(移動性)을 제한한다는 것이다. 장막은 성전에 비하면 초라한 천막에 지나지 않는다. 그러나 출애굽 이후 하나님의 임재의 상징이었던 궤는 장막에 거하면서 필요에 따라서 항상 이동할 수 있는 자유를 지녔다. 그런데 궤가 성전에 거하게 되면 이러한 자유가 제한을 받을 수밖에 없는 것이다. 그러므로 다윗이 성전을 건축하겠다는 의도는 본의 아니게 하나님의 자유를 구속할 수 있는 문제를 안고 있었다.

만일 성전이 하나님의 자유를 구속하는 공간이 되어 버린다면 하나님으로서는 성전 건축을 결코 받아들일 수 없다. 그러므로 성전을 건축하는 것만큼이나 이 신학적인 갈등을 해결하는 것도 중요하다. 그렇다면 과연 이 위기는 어떻게 수습이 되는가? 열왕기 저자는 솔로몬이 성전을 헌당하면서 드린 기도문에서 이 문제를 해결했다고 기록한다. 성전이 완성되고 솔로몬은 먼저 다음과 같이 고백했다. "하나님이 참으로 땅에 거하시리이까 하늘과 하늘들의 하늘이라도 주를 용납하지 못하겠거든 하물며 내가 건축한 이 성전이오리이까"(왕상 8:27). 솔로몬은 비록 그가 건축한 성전이 세상의 가장 진귀한 것들과 가장 훌륭한 기술에 의해 완성된 걸작품이지만, 하나님께 그 곳에 거하시도록 요구하기에는 너무 협소하고 보잘것없음을 통감하고 있다. 그러므로 그는 성전 봉헌기도에서 이스라엘 백성들이 여러 가지 기도 제목을 안고 성전에서 혹은 성전을 향하여 기도할 때마다 하나님이 이들의 기도를 성전이 아닌 '하늘에서 들으시고' 응답해 주시기를 수차례 간구한다(왕상 8:30, 32, 34, 36, 39, 43, 45, 49).

솔로몬은 자신이 건축한 성전이 하나님의 자유를 구속하지 않을 것이며 결코 속박할 수도 없다는 사실을 확실하게 고백하고 있는 것이다. 또한 성전은 결코 하나님의 거처가 될 수 없기에 그는 백성이 기도할 때마다 하나님은 하늘에서 들으시고 응답해 주시기를 호소한다. 성전이 만일 하나님의 거처가 될 수 없다면, 성전은 어떤 의미를 지니고 있는가? 다음 섹션에서 언급하겠지만, 성전이 하나님의 거처가 될 수 없다 하더라도 성전은 매우 중요한 신학적, 상징적 의미를 지닌다. 그러나 이 모든 것은 하나님을 위한 것이 아니라 그분을 섬기는 백성들을 위한 것임을 알 수 있다. 많은 사람이 성전은 하나님을 위한 것이라고 착각한다. 그러나 열왕기 기자는 성전은 이스라엘의 하나님 여호와를 위한 것보다는 그의 백성들을 위한 것임을 강조하고 있는 것이다.

(5) 성전의 신학적 의미

성전은 이스라엘의 종교뿐만 아니라 사회, 정치에도 많은 영향을 끼쳤다. 성전이 장막 형태로 존재할 때부터 백성들은 그곳에서 끊임없는 제물과 예배로 하나님을 섬겼다. 왕을 포함한 이스라엘의 지도자들은 성전에 있는 법궤와 제사장들을 통해 하나님의 뜻을 구했다. 이스라엘의 지도자들이 성전을 통해 하나님의 뜻을 구하는 것은 여호와의 통치권을 위임받아 주님의 백성을 다스리는 자들이 당연히 해야 할 일이었다. 또한 이스라엘 사회와 각 개인의 삶 전체는 성전을 중심으로 이루어졌다고 해도 과언이 아니다. 이스라엘은 신정(神政)통치를 지향하는 공동체였기 때문이다. 이스라엘의 삶에서 성전이 지닌 신학적인 의미를 다음의 몇 가지로 요약해 볼 수 있다.

첫째, 성전은 이스라엘 세계의 중심이었다. 구약 성경에 의하면 이스라엘은 하나님이 열방 중에서 택하신 매우 특별한 민족이었다. 하나님이 선택하신 이 특별한 민족의 삶은 출애굽 때부터 장막을 중심으로 한다. 이스라엘이 광야에서 한 민족으로 탄생하는 순간부터 하나님의 임재를 상징하는 성막은 그들의 삶의 깊숙한 곳에 자리를 잡았다. 그 이후 이스라엘은 항상 성막/성전을 중심으로 살았다.

그러나 이스라엘 백성이 쉽게 성막에 접근할 수는 없었다. 성막은 백성들이 가까이하기에는 너무나도 거룩한 공간이므로 성막을 찾는 것은 두려움이 앞서는 일이었다. 이것은 이스라엘의 광야 생활을 통해 확실히 알 수 있다. 성막이 움직일 때 철거하고 운반하는 일, 그리고 새로운 곳에 다시 세우는 모든 과정은 레위 사람들만 진행할 수 있었다(민 1:51). 또한 성막은 일반 백성들과 일정한 거리를 유지해야 했다. 그리고 이스라엘의 진과 성막 사이에는 레위 사람들의 텐트를 세워, 하나님의 진노가 이스라엘을 죽이지 못하게 하는 완충 지역이 있었다(민 1:53).

이처럼 하나님의 성막은 백성들이 가까이하기에는 너무나도 부담스러운 곳일 뿐만 아니라 결코 가까이할 수 없는 곳이었다. 그렇다고 해서 그들이 성막을 떠나서 살 수 있었던 것도 아니다. 성막이 한곳에 머물게 되면 백성들도 그곳에 머물렀으며 성막이 움직일 때까지 움직이지 않았다(민 9:15-23). 그뿐만 아니라 각 지파는 하나님의 명령에 따라 성막을 중앙에 두고 지정된 순서와 위치대로 진을 치고 살았다. 성막의 동쪽(앞쪽)에는 유다 그룹이, 성막의 남쪽에는 르우벤 그룹이, 성막의 서쪽에는 에브라임 그룹이, 성막의 북쪽에는 단 그룹이, 그리고 나머지 지파들은 사이사이에 텐트를 쳤다(민 2:1-31).

장막이 이동할 때에도 각 지파들은 이러한 대형을 유지하며 행군했다(민 2:34). 이스라엘의 회복과 성전의 회복을 예언했던 에스겔 선지자도 언젠가 이스라엘이 회복되어 다시 가나안 지역에 정착하게 되면 '성소는 그 중앙에 있을 것'을 예고한다(겔 48:8). 성전은 이스라엘이 국가로 탄생할 때부터 멸망한 이스라엘이 완전히 회복될 먼 미래에 이르기까지 이스라엘 세계의 중앙에 위치했으며 이스라엘의 삶은 성소를 중심으로 지속되었다.

둘째, 성전은 하늘과 땅이 만나는 곳이다. 성전은 거룩하신 하나님이 택하시고 언약을 맺으신 이스라엘과 관계를 유지하시기 위해 정기적이고 꾸준히 만나시는 장소이다. 레위기 16장에 의하면 아론의 두 아들이 부정으로 인해 하나님 앞에서 죽은 다음, 여호와께서는 모세를 통해 그의 형 아론에게 함부로 지성소에 들어오지 말 것을 당부하셨다. 잘못 들어왔다가는 죽을 수 있다는 것이다. 왜 자칫 잘못하면 지성소에 들어왔던 제사장이 죽게 되는 것일까? 이는 하나님이 임재하시기 때문이다. "내가 구름 가운데에서 속죄소 위에 나타남이니라"(레 16:2). 이렇듯 하나님이 그의 백성들을 만나려고 임하시는 곳이 바로 성전이며, 이 성전에서 하나님은 백성들의 기도를 들으셨다.

이미 언급한 것처럼 솔로몬의 헌당기도 역시 이러한 성전의 기능을 잘 표현한다. "주의 종과 주의 백성 이스라엘이 이 곳을 향하여 기도할 때에 주는 그 간구함을 들으시되 주께서 계신 곳 하늘에서 들으시고 들으시사 사하여 주옵소서"(왕상 8:30). 비록 성전이 하나님이 거하실 만한 곳은 결코 될 수 없지만, 이곳은 하나님이 백성을 만나시는 곳이므로 솔로몬은 이러한 기도를 드리고 있다. 심지어 솔로몬은 이스라엘이 하나님께 죄를 범하여 이방인들의 땅으로 끌려가게 되더라도 그 땅에서 뉘우치고 이 성전을 향해 기도하면 들어주실 것을 호소했다(왕상 8:46-50). 다니엘서에서도 실제로 다니엘이 페르시아 왕 다리오의 금지령에도 불구하고 예루살렘으로 향한 창을 열어 놓고 하루에 세 번씩 무릎을 꿇고 기도했다가 사자의 굴에 던져지게 되었다(단 6:10). 이처럼 이스라엘의 역사 속에서 성전은 하늘(하나님)과 땅(백성들)이 만나는 곳이었다.

셋째, 성전은 하나님이 계시는 하늘의 축소판이다. 성경은 예루살렘 성전이 인간의 지혜와 재능으로 설계되고 건축된 것이 아니라 하늘에 있는 원본을 그대로 따라 만든 일종의 복사판이라는 사실을 암시한다. 히브리서 저자는 예수 그리스도의 희생으로 이루어진 속죄를 설명하면서 다음과 같이 말한다

"그러므로 하늘에 있는 것들의 모형은 이런 것들로써 정결하게 할 필요가 있었으나 하늘에 있는 그것들은 이런 것들보다 더 좋은 제물로 할지니라 그리스도께서는 참 것의 그림자인 손으로 만든 성소에 들어가지 아니하시고 바로 그 하늘에 들어가사 이제 우리를 위하여 하나님 앞에 나타나시고"(히 9:23-24; cf. 8:5; 9:11).

히브리서 기자는 이 세상의 성전은 하늘나라에 있는 본체의 모형이라고 주장한다. 물론 우리는 하늘에 있는 성전을 본 적이 없어서 솔로몬 성전이 하늘의 성전과 비교해서 어떤 면이 비슷하고 어떤 면이 다른지는 전혀 알 수 없다. 그러나 한 가지 확실한 것은 이 두 성전은 분명히 깊은 연관성이 있다는 사실이다.

히브리서 기자의 이 같은 주장은 구약에서도 뒷받침될 수 있을까? 하나님은 모세를 시내산으로 부르셔서 앞으로 백성이 건축할 성막에서 사용하는 도구들을 어떻게 만들어야 하는가를 가르쳐 주셨다(출 25장). 구체적인 규격을 상세히 가르쳐주신 다음 모세에게 다음과 같은 당부를 하셨다. "너는 삼가 이 산에서 네게 보인 양식대로 할지니라"(출 25:40; cf. 25:9). 하나님이 시내산에서 모세에게 성전에서 사용할 도구들을 어떻게 만들 것인가를 가르쳐주시면서 동시에 무언가를 보여주셨던 것이다. 히브리서 기자는 이 말씀을 직접 인용하면서 다음과 같이 말한다. "그들이 섬기는 것은 하늘에 있는 것의 모형과 그림자라 모세가 장막을 지으려 할 때에 지시하심을 얻음과 같으니 이르시되 삼가 모든 것을 산에서 네게 보이던 본을 따라 지으라 하셨느니라"(히 8:5).

성경은 이처럼 성전이 하늘에 있는 실체의 복사본/축소판임을 암시한다. 성전은 세상에 속해 있으면서도 세상의 것과는 전혀 다른 하늘의 실체를 반영하고 있기에 이스라엘 사람들은 이곳을 세상에서 가장 거룩한 공간으로 여기게 되었다. 백성은 성전을 보면서 하늘의 실체를 상상할 뿐만 아니라 하나님이 계시는 하늘을 맛볼 수 있었다. 성전이 하늘나라의 축소판이기 때문이었다.

넷째, 성전은 하나님의 내재적·초월적 임재의 상징이다. 이미 솔로몬의 헌당기도에서 살펴본 것처럼 하나님은 결코 어떤 공간에도 제한될 수 없는 자유로운 분이시다. "하나님이 참으로 땅에 거하시리이까 하늘과 하늘들의 하늘이라도 주를 용납하지 못하겠거든 하물며 내가 건축한 이 성전이오리이까"(왕상 8:27). 그럼에도 불구하고 성경은 성전을 하나님의 거처라고 말한다. "내가 그들 중에 거할 성소를 그들이 나를 위하여 짓되"(출 25:8). 위에 언급한 것처럼 솔로몬은 자신이 건축한 성전의 압도적인 화려함과 아름다움에도 불구하고 이 성전은 결코 하나님의 거처가 되지 못한다고 고백한다. 그러면서도 그는 성전을 하나님의 처소라고 부른다. "그 때에 솔로몬이 이르되 여호와께서 캄캄한

데 계시겠다 말씀하셨사오나 내가 참으로 주를 위하여 계실 성전을 건축하였사오니 주께서 영원히 계실 처소로소이다"(왕상 8:12-13). 성전은 하나님이 그의 백성들을 만나는 장소일 뿐만 아니라 하나님이 거하시는 처소였던 것이다.

성전이 어떻게 하나님이 머무실 공간이 될 수 없으면서 또한 동시에 하나님의 처소란 말인가? 하나님의 초월성(transcendence)과 연결하여 말할 때는, 하나님은 범우주적으로 초월하시고 절대적으로 거룩하신 분이시기에 세상 그 어떤 장소나 건물도 그분을 감당할 수 없다. 그래서 성전은 하나님의 전이 될 수 없다. 그러나 이스라엘의 통치자로서 백성 사이에 내재하실(immanent) 때 하나님의 거처는 분명히 성전이다. 하나님은 성전에서 백성을 만나셨고 판결을 내려 주셨다. 그뿐만 아니라 이스라엘의 통치자이신 하나님의 내재는 이스라엘의 생존에 매우 중요한 전제조건인 이스라엘의 안보, 번영과 필연적인 관계가 있었다. 이러한 하나님의 내재하심을 강조하기 위해서 하나님은 성전에 가시적으로 임하셨다. "구름이 회막에 덮이고 여호와의 영광이 성막에 충만하매 모세가 회막에 들어갈 수 없었으니 이는 구름이 회막 위에 덮이고 여호와의 영광이 성막에 충만함이었으며…이스라엘의 온 족속이 그 모든 행진하는 길에서 그들의 눈으로 보았더라"(출 40:34-35, 38; cf. 출 25:8; 레 9:22-24; 16:2; 민 9:15-23; 왕상 8:10-13; 대하 7:1-3). 하나님은 온 이스라엘이 보는 앞에서 성전에 임하셔서 이들 사이에 내재하심을 확인시켜 주셨다.

(6) 성전의 파괴

위에서 언급한 것처럼 성전은 이 세상에서 가장 거룩한 곳이다. 그러므로 율법은 백성이 경건하지 못한 모습으로 성전에 들어오는 것을 금할 뿐만 아니라, 성전 안에서 일하는 레위 사람과 제사장도 각별히 조심할 것을 경고했다(민 18:1-7). 그들도 불경스러운 행위를 하게 되면 죽음을 면할 수 없었기 때문이다. 유대인의 전례에 의하면 대제사장이 1년 중 유일하게 지성소로 들어갈 수 있는 속죄일에, 대제사장은 허리에 방울을 달고 한쪽 발에 밧줄을 묶고 지성소에 들어갔다(Josephus). 허리에 단 방울은 대제사장의 생존 여부를 알리는 역할을 했고, 만일 방울 소리가 들리지 않아 대제사장이 죽은 것으로 생각되면 발에 묶인 밧줄을 잡아 당겨 시체를 끌어냈다. 성경에서 제사장 아론의 아들 나답과 아비후가 여호와께 불을 잘못 드려 죽음을 당한 예를 볼 수 있다(민 26:60-61; cf. 레 16:1). 이처럼 율법은 성막에서 제사장의 완벽함을 요구했다. 작은 실수나 부정은 곧 그들의 죽음으로 이어졌다.

유다의 영적 교만과 태만을 부추긴 '시온의 불가침설'(어떠한 일이 있어도 시온/예루살렘은 망하지 않는다는 신학적 주장)도 상당 부분이 성전의 절대적인 거룩함에 근거한다. 그런데 유다가 운명을 다했던 주전 586년에 그처럼 거룩하고 구별된 장소인 성전이 어떻게 바빌론 군에 의해 짓밟히고 불태워질 수 있었을까? 평소에는 이스라엘 사람도 잘못 접근하면 즉사(卽死)했던 곳을, 이방인들이 후환을 두려워하지도 않고 짓밟고 파괴할 수 있었단 말인가? 에스겔 선지자는 이스라엘 사람의 죄 때문에 속죄소를 장식하고 있던 두 그룹 사이에 머물러 있던 하나님의 영광이 성전 문지방으로 옮겨 갔다가(겔 9:3), 성전의 동쪽 문으로 이동한 후(겔 10:18), 예루살렘의 동편 산(감람산으로 추정됨) 위에 머물렀다(겔 11:23)고 기록한다. 하나님의 영광이 성전을 떠난 것이며, 하나님의 영광이 떠난 성전은 하나의 건물에 지나지 않았다. 이때가 대략 주전 592년쯤 된다. 그러므로 이방인들은 이미 하나님의 영광이 떠난 성전을 전혀 두려움 없이 짓밟을 수 있었다. 에스겔에 의하면 성전을 떠난 하나님의 영광은 그가 환상 속에서 본 새 성전이 완성된 다음에야 다시 돌아온다(겔 43:4).

9. 개요

열왕기 저자는 북 왕국 이스라엘 왕들의 행적을 평가할 때, 한결같이 그들이 악을 행하였다는 말로 간략하게 정리한다. 반면에 남 왕국 유다 왕들의 이야기는 훨씬 더 비중 있게 다루고 있으며, 각 유다 왕의 이야기는 시작과 끝이 같은 틀(frame)을 지니고 있다. 두 왕국의 왕들에 대한 기록을 비교해볼 때, 한 가지 차이점은 유다 왕들의 경우 어머니의 이름을 제공하는 반면, 북 왕국의 왕들을 언급할 때에는 어머니의 이름을 제공하지 않는다. 저자는 이 같은 차별화를 통해 하나님이 궁극적으로 유다를 지배하는 다윗 왕조를 통해 역사를 이어나가실 것을 암시한다. 신약에 와서는 예수님이 바로 다윗 계열 왕으로 오신다.

시작할 때: "이스라엘의 왕 ____ 제 ____년에 유다 왕 ____ 이 왕이 되니 ____ 이 위에 나아갈 때에 나이 ____세라. _____에서 ____년을 치리하니라. 그 모친의 이름은 _____라. 여호와 보시기에 악을 행하였더라."	다음과 같은 정보를 제공한다. 1. 왕위에 오를 때의 나이 2. 통치 햇수 3. 통치 수도 4. 어머니의 이름 5. 신학적 평가
끝 맺을 때: "_____의 남은 사적과 그 행한 모든 일은 유다 왕 역대지략에 기록되지 아니하였느냐? _____이 그 열조들과 함께 자매 그 열조들과 함께 다윗 성에 장사 되고 그 아들 _____이 대신하여 왕이 되니라."	다음과 같은 정보를 제공한다. 1. 정보의 출처 2. 죽음과 장례 3. 계승자

위와 같은 틀을 중심으로 구조를 분석하면 열왕기는 다음과 같이 세 분화할 수 있다.

   I. 솔로몬의 상승(왕상 1:1-2:46)
      A. 솔로몬이 왕이 됨(1:1-2:12)

B. 솔로몬이 정권을 장악함(2:13-46)

II. 솔로몬의 통치(왕상 3:1-11:43)
    A. 하나님의 첫 번째 현현(3:1-15)
    B. 솔로몬의 경건한 지혜(3:16-4:34)
    C. 솔로몬의 경건한 업적(5:1-7:51)
    D. 솔로몬의 믿음: 성전 헌당식(8:1-66)
    E. 하나님의 두 번째 현현(9:1-9)
    F. 솔로몬의 세상적 지혜(9:10-28)
    G. 솔로몬의 세상적 업적(10:1-29)
    H. 솔로몬의 배교: 몰락(11:1-43)

III. 분열왕국과 우상 숭배(왕상 12:1-16:34)
    A. 여로보암 집안의 상승과 쇠퇴(12:1-15:32)
    B. 오므리 왕조의 상승(15:33-16:34)

IV. 엘리야의 사역(왕상 17:1-왕하 1:18)
    A. 엘리야와 바알 종교의 대결(17:1-18:46)
    B. 엘리야가 호렙산으로 피신함(19:1-21)
    C. 엘리야의 아합 규탄(20:1-22:40)
    D. 엘리야의 마지막 날들(22:41-왕하 1:18)

V. 엘리사의 사역(왕하 2:1-13:25)
    A. 엘리사가 엘리야를 승계함(2:1-3:27)
    B. 엘리사의 기적(4:1-6:23)
    C. 엘리사와 포위된 사마리아(6:24-7:20)
    D. 엘리사의 정치적 영향(8:1-29)

E. 예후의 이스라엘 정화(9:1-10:36)

　　F. 유다의 여왕 아달랴와 여호야다(11:1-21)

　　G. 요아스의 개혁(12:1-21)

　　H. 여호아하스와 요아스(13:1-13)

　　I. 엘리사의 마지막 날들(13:14-21)

　　J. 엘리사의 마지막 예언이 성취됨(13:22-25)

VI. 이스라엘의 몰락(왕하 14:1-17:41)

　　A. 유다와 이스라엘의 전쟁(14:1-22)

　　B. 잠시 동안의 부흥(14:23-15:7)

　　C. 이스라엘의 정치적 소용돌이(15:8-31)

　　D. 유다의 정치적 연약함(15:32-16:20)

　　E. 아시리아가 이스라엘을 멸망시킴(17:1-41)

VII. 유다의 몰락(왕하 18:1-25:30)

　　A. 히스기야의 의로운 통치(18:1-20:21)

　　B. 므낫세와 아몬의 악한 통치(21:1-26)

　　C. 요시야의 의로운 통치(22:1-23:30)

　　D. 유다의 정치적, 도덕적 쇠퇴(23:31-24:20)

　　E. 바빌론이 유다를 파괴함(25:1-26)

　　F. 여호야긴 이야기(25:27-30)

엑스포지멘터리
역사서 개론

역대기

EXPOSItory comMENTARY

역대기

네 씨 곧 네 아들 중 하나를 세우고 그 나라를 견고하게 하리니 … 나는 그의 아버지가 되고 그는 나의 아들이 되리니 나의 인자를 그에게서 빼앗지 아니하기를 … 내가 영원히 그를 내 집과 내 나라에 세우리니 그의 왕위가 영원히 견고하리라 하셨다 하라(대상 17:11-14)

내 이름으로 일컫는 내 백성이 그들의 악한 길에서 떠나 스스로 낮추고 기도하여 내 얼굴을 찾으면 내가 하늘에서 듣고 그들의 죄를 사하고 그들의 땅을 고칠지라(대하 7:14)

소개

역대기는 구약의 그 어느 책보다도 해석자들에게 도전을 주는 책이다. 가장 큰 이유는 역대기 저자가 책 내용의 50% 이상을 당시 이미 정경으로 간주했던 사무엘서와 열왕기를 직접 인용하여 저작했기 때문이다. 인용한다는 것은 해석을 전제하는 행위이므로 "역대기 기자가 어떤 기준을 가지고 사무엘서-열왕기의 자료를 해석하고 편집하여 인용했을까?" 하는 이슈는 성경학자들의 지대한 관심사가 되었다. 해석학적 차원에서도 이 이슈는 구약이 구약을 해석하는 원리, 혹은 정경이 정경을 해석하는 원리와 연관되어 있기에 역대기는 성경 해석학 분야에서도 매우 중요한 자리를 차지한다.

물론 창세기, 열왕기 등을 포함한 성경의 여러 책도 집필 과정에서 다른 출처들을 인용했다. 그러나 이 책들이 인용한 자료들은 우리에게 전수되지 않았으며, 영감을 받아 저작된 정경이라고 간주할 수도 없다. 다만 성경 저자들이 인용한 부분만 성경에 삽입되면서 영감을 받은 것이다. 반면에 역대기의 출처들은 그대로 보전되어 우리에게 전수되었을 뿐만 아니라, 유대교-기독교 정경의 일부분을 구성하고 있다. 그러므로 역대기 기자가 다른 것도 아닌 성경을 재해석하고 있다는 점은 역대기 연구가 얼마나 중요한가를 깨닫게 한다. 특히 저자가 일부 사건들을 묘사하면서 사무엘서-열왕기에 언급하지 않은 정보를 추가하는가 하면, 다른 사건들을 기재하는 과정에서 상당한 양의 정보를 삭제하거나 요약하고 있다는 사실은 자연스럽게 독자들의 호기심을 자극한다.

역대기는 여러 가지 신학적 보석을 지닌 책이다(De Vries). 그러나 역대기는 우리의 인내심을 시험하는 책이기도 하다. 처음 아홉 장은 오직 계보로만 구성되어 있는데, 잘 모르는 사람들의 이름을 나열하는 계보를 계속 읽어 내려가는 것은 결코 쉬운 일이 아니다. 아마도 잠 못 이루는 성도들에게 역대상 1-9장보다 더 좋은 수면제는 없을 것이다. 성경에 보면 잠 못 이루는 밤에 역대기와 비슷한 장르의 책자를 수면제로 사용하여 잠을 청한 사람이 있다. 페르시아의 아하수에로 왕이다(에 6:1). 그는 이런 문서들의 '진가'를 알고 있었던 것이다! 물론 역대기 저자도 계보가 독자들을 잠재울 것이란 사실을 알고 있었을 텐데, 그럼에도 불구하고 그는 왜 계보를 이렇게 장대하게 정리하고 있는 것일까?

우리는 계보로 구성되어 있는 책의 첫 섹션을 통과해야만 역대기의 신학적 보석들을 찾을 수 있다. 그래서 한 주석가는 계보 섹션을 "역대기의 문을 지키고 있는 사자"(Allen)라며 우리 모두는 이 "무시무시한 사자"가 지키고 있는 문을 지나야만 역대기의 세계로 들어갈 수 있다고 표현한다. 일단 이 사자가 지키는 문만 통과하면 성경에서 "가장 감동적이고 용감하고 위대한 세상"에 도착하게 된다(Elmslie).

계보를 정리한 부분이 끝나면 사울과 다윗의 이야기로 흥미로워질까 기대해 보지만 곧바로 다시 상당한 지루함을 느끼게 된다. 사울과 다윗 이야기뿐만 아니라 역대기에 묘사된 모든 사건 사이에 목록과 계보들이 끊임없이 삽입되어 있기 때문이다. 게다가 저자는 분열왕국 시대로 접어들면서 파란만장하고 흥미로운 이야깃거리가 많은 북 왕국의 역사는 거의 언급하지 않는다. 북 왕국과 그 왕들의 이야기는 오직 남 왕국 이야기와 연관된 범위에서만 회고한다. 남 왕국의 역사에 초점을 맞춰 이야기를 진행하기 때문이다.

저자는 왜 이렇게 목록과 계보에 많은 관심을 쏟는 것일까? 이 질문에 대한 답은 역대기를 집필한 목적과 직접적인 관계가 있다. 저자는 바빌론 포로기 이후 시대를 살고 있다. 바빌론에서 돌아온 사람들의 가장 큰 신학적 관심사는 "우리와 과거의 이스라엘은 어떤 관계가 있는가, 선조들에게 주어진 언약이 아직도 우리에게 유효한가, 왕정이 없어져 버린 지금 다윗 언약은 무슨 의미를 지니고 있는가?" 등이었다. 저자는 많은 목록과 계보를 이용해서 이런 신학적·정치적 질문들에 답하고자 한다. 즉, 지루하고 따분한 계보들을 정리함으로 포로기 이후 시대를 살아가는 이스라엘 공동체의 정체성을 정의하고 있다(cf. 메시지와 이슈 부분). 이러한 사실을 깨닫고 나면, 역대기에 수록된 계보들이 꼭 지루한 것만은 아니며, 포로기 이후 예루살렘에 형성된 믿음 공동체가 신학적 정체성을 확립하기 위해 역동적으로 발버둥 치고 노력한 산물이라는 것을 알게 된다. 계보들은 더 이상 죽은 자들의 기록이 아니라, 살아있는 사람들의 이야기이기에 점점 더 흥미로워진다.

1. 저자와 저작연대

탈무드(Talmud)는 에스라가 역대기를 저작한 것으로 보며(Baba Bathra 15a), 많은 중세기 유태인 학자들과 기독교 주석가들도 대체로 이 주장을 수용했다. 만일 에스라가 역대기를 저작했다면, 책의 저작연대는 주전 5세기 후반부가 된다. 그러나 20세기에 접어들면서 역대기의 저작연대를 일찍 보는 사람은 주전 6세기 초 에스겔 시대까지 끌어올리며(Welch), 늦게 보는 사람은 주전 2세기 마카비 시대까지 끌어내린다(Lods). 학자들의 견해에 따라 400여 년의 차이를 보이는 것이다. 반면에 대부분의 학자는 중간 입장을 취한다. 이들은 대체로 5세기 말에서 4세기 말까지를 고수한다(Williamson, Johnstone, McConville, Hill, Japhet). 만일 에스라가 역대기를 집필했다고 전제하면 가장 이른 시기로 5세기 중반이 가능하다(cf. Albright).

아직도 많은 학자가 에스라를 역대기의 저자로 보는 이유는 역대기가 끝나고 자연스럽게 이어지는 '속편'과 같은 책이 바로 에스라-느헤미야서이기 때문이다. 역대기는 고레스 왕의 '종교 자유 선포문'을 책의 마지막 사건으로 싣는다(대하 36:22-23). 에스라-느헤미야서는 똑같은 선포문을 책의 서두로 삼는다(스 1:1-4). 이러한 현상이 역대기와 에스라-느헤미야서를 한 저자가 집필한 한 쌍으로 보게 하는 연결 고리 역할을 한다.

그러나 오래전부터 이러한 결론에 반론을 제기하는 학자들이 많이 있었다. 이미 19세기 몇몇 주석가들은 에스라가 역대기를 저작한 것이 아니라, 역대기 저자가 에스라-느헤미야서를 저작한 것이라고 했다(Zunz, Movers). 이러한 주장이 제기된 이후 많은 학자가 이 견해를 수용하게 되었다. 학자들이 역대기와 에스라-느헤미야서가 같은 저자에 의해 집필된 것이라고 생각하게 된 것은 두 책이 모두 고레스의 칙령을 담고 있으며, 이 책들 안에서 사용되는 단어와 문체들이 비슷하기 때문이었다.

최근에 와서 역대기 저자와 에스라-느헤미야서의 저자는 서로 다른 사람이라고 결론짓는 사람들이 늘고 있다(Eskenazi, cf. Allen). 특히 한 학자는 많은 논문과 자신의 역대기 주석에서 이러한 주장을 일관성 있게 펼친다(cf. Japhet). 저작권에서 에스라를 배제하면 누가 역대기를 집필한 것일까? 일부 주석가들은 레위 지파에 속한 아삽의 악사 중 한 사람이 역대기를 저작했다고 한다. 이 학설은 역대기가 레위 지파에 대해서 지대한 관심을 쏟고 있다는 데에서 나온 추측이다. 그러나 역시 역대기가 저자의 이름을 밝히지 않은 상태로 우리에게 전수되었기 때문에 모든 학설과 주장은 추측으로 남을 수밖에 없다. 지금까지 학계의 전폭적인 지지를 얻는 견해는 없다.

책의 저작 시기는 역대상 3:17-24의 계보에 '여고냐'(여호야긴)와 스룹바벨이 그들의 2세들과 같이 언급되는 것을 고려하면 포로기 시대 이후가 확실한 것 같다. 역대기 저자는 다윗 왕이 성전을 건축할 때 사람들이 건축 비용으로 낸 헌금을 '다릭'(אֲדַרְכֹּנִים)으로 표현하는데(cf. 대상 29:7), 다릭은 페르시아의 화폐이며 다리오(Darius) 왕의 이름에서 비롯된 단위이다. 이 동전은 주전 515년 이전에는 사용되지 않은 것으로 알려진다. 그렇다면 이 부분은 515년 이후에 처음으로 문서화된 것일까? 아니면 이미 문서화되어 돌던 것을 훗날 누군가가 개정하면서 새로운 세대를 위해서 이 단위로 환산해서 표기한 것일까? 역사적 정황과 책이 언급하고 있는 시대적·문화적 요소들을 감안하면 역대기는 포로 생활을 끝낸 세대들이 예루살렘으로 돌아온 지 얼마 되지 않은 때에 저작했을 가능성이 가장 큰 것으로 생각된다.

학자들의 역대기 저작연대에 대한 견해는 다양하지만 대체로 비슷한 시대를 제안한다(cf. Mabie). 어떤 주석가는 역대기가 주전 350년에 완성되었다고 하고(Williamson), 다른 학자는 역대기가 주전 515년쯤에 맨 처음 저작되었다가 350-300년까지 지속해서 개정되었다고 주장한다(Braun, cf McConville). 심지어는 주전 2세기 마카비 시대에 저작된 것이라는 관점도 있다. 저작 시기를 논할 때 중요한 이슈 한 가지는 주전 333년 이후로 고대 근동은 알렉산더 대왕의 정복 활동으로 인해 헬라 문화와 언어의 지대한 영향을 받게 되는데, 역대기에는 이러한 헬라 문화와 언어의 영향이 반영되어 있지 않다는 점이다(Japhet). 그러므로 대부분의 학자들은 역대기가 주전 333년 전에 집필된 것으로 간주한다.

주전 5세기 초 이스라엘이 바빌론 포로에서 돌아온 이후에 예루살렘에서 저작되었다는 주장이 있는가 하면(Sailhammer), 주전 5세기 중반에서 4세기 초 사이에 집필되었을 것이라는 추측도 있다(Longman, Allen). 에스라가 이 책을 저작했다고 생각하는 학자들은 대체로 주전 450-400년경을 제시한다. 필자는 에스라가 역대기를 저작했다고 생각하지는 않지만, 저작된 시기는 주전 450-400년쯤으로 간주하면 무난할 것으로 생각한다(cf. Mabie). 무엇보다도 주전 538년에 첫 번째 귀향민들을 이끌고 예루살렘으로 돌아온 스룹바벨과 그 자손들에 대한 계보(대상 3:19-24)가 그의 시대부터 2세대(Mabie, Hamilton)[1] 더 내려가기 때문이다.

유다가 하나님의 심판을 받아 바빌론으로 끌려간 주전 586년부터 책의 저작 시기로 여겨지는 주전 400년대 말까지, 유다와 귀향민 공동체는 영적으로 흥분되는 순간과 낙심되는 순간을 여러 차례 경험했다. 결과적으로 영적 르네상스와 절망을 몇 차례 경험한 역대기의 첫 독자들은 쉽게 흥분하거나 좌절하지 않고 그저 묵묵히 현실을 받아들이는 냉담한 마음으로 책을 대했을 것으로 생각된다. 한 주석가는 이때의

---

[1] 일부 학자들은 이 본문이 스룹바벨의 자손들을 6-7세대에 이르기까지 정리하고 있다고 생각한다(Hill). 이렇게 간주할 경우 책의 최종 저작연대는 300년대로 내려간다.

유다와 귀향민의 경험을 다음과 같이 그래프를 통해 표현한다(Mabie).

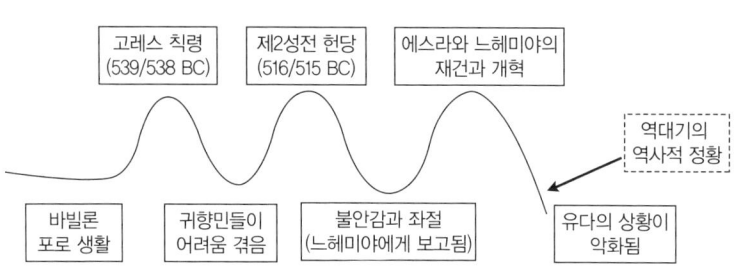

2. 역사적 정황

역대기는 구약의 그 어느 역사서보다도 최근의 책이다. 구약 정경 중 가장 늦게 집필된 것으로 간주되는 역대기는 중간사 시대(intertestamental period)의 시작을 눈앞에 두었다. 책이 구약 정경 중 가장 늦은 시기에 저작되었다는 것은 구약의 다른 책들에서 발견되는 주요 테마와 신학이 반영되고 발전되었을 것을 암시한다. 그뿐만 아니라, 구약의 가장 마지막 책으로서 아직 현실화되지 않은 미래를 기대하게 한다. 그래서 디브리스(De Vries)는 역대기에 대해서 "나는 성경에서 역대기가 가장 훌륭한 영적 광산(spiritual mine) 중 하나라고 생각한다"라고 평가했다(cf. Elmslie).

역대기에 대해서 이 같은 태도를 보인 것은 그리 오래된 일이 아니다. 학자들이 지난 2000년 동안 역대기를 일종의 '2등급 정경'으로 간주해 왔다. 역대기 사가가 저술하는 내용이 새로운 것들이 아니라 대부분 성경 다른 곳에서 찾아볼 수 있는 것들이라는 점에서 비롯된 편견이었다. 결과적으로 역대기는 구약에서 가장 연구되지 않은 책 중 하나가 되어 오늘에 이르게 된 것이다. 다행히 최근에 와서 책의 위치와 위상이 재평가되고 있다. 역대기는 포로기 이후 시대의 신학을 조명하는 매우 중요한 역할을 할 뿐만 아니라, 정경이 정경을 해석하는 원리를 파악하는 데 좋은 여건을 제공해 준다는 것이다. 그러나 역대기 연구는 아직도 초보적인 단계에 있기 때문에 앞으로 어느 정도 시간이 흘러야 중요한 결과물이 나올 것으로 생각된다.

역대기에서 묘사된 시대의 범위는 구약의 그 어느 책보다 넓다. 책은 온 인류의 조상인 아담으로 시작해 고레스 왕의 '종교 자유 선포'(538 BC)로 끝난다. 그러나 책의 대부분을 차지하는 내러티브(narrative) 섹션(대상 10장-대하 36장)은 사울-다윗 시대(ca. 주전 11세기 중반) 때부터 주전 6세기 중반까지 총 500여 년을 집중적으로 정리하고 있다.

3. 저작 목적

저자가 역대기를 저작하게 된 가장 큰 동기는 포로기 이후 시대 이스라엘 백성들에게 역사를 조명해서 신학적 정체성을 확립시키기 위함이었다. 그러나 역대기가 집필될 때에는 이미 열왕기가 그 역할을 상당 부분 감당하고 있었기에 이스라엘의 역사를 정리하는 것만이 역대기의 집필 목적은 아니었을 것이다. 한 걸음 더 나아가 역대기 사가는 이스라엘이 주전 586년에 여호와께로부터 엄청난 징벌을 받긴 했지만 여전히 여호와의 특별한 선민이라는 점과 이스라엘을 향한 하나님의 관심과 사랑은 변함이 없음을 강조한다. 여호와 하나님과 이스라엘의 관계는 다시 회복될 수 있다는 것이다. 포로 생활에서 돌아와 초라하게 살아가는 이스라엘 귀향민들에게 선민(選民)으로서의 역사의식을 심어주기 위해서 역대기를 집필했던 것이다.

저자는 또한 이스라엘이 다가올 미래에 열방 중에서 매우 중요한 역할을 할 것을 확신한다. 이러한 낙관적 미래의 근거는 바로 '성전'과

'다윗 언약'(cf. 삼하 7장)이다. 저자는 다윗 언약이 아직도 유효하다는 사실을 강조하며, 하나님의 백성들이 영구적으로 예배드릴 곳인 성전의 중요성을 부각시킨다. 저자는 이러한 노력을 통해 바빌론에서 돌아와 어렵게 살아가던 백성들이 재건한 성전이 여호와께서 내리실 큰 복의 근원이 될 것이라며 미래에 대한 소망을 갖게 한다. 그는 하나님의 섭리가 유다를 중심으로 펼쳐지는 것은 사실이지만 이미 오래전에 흔적도 없이 사라져 버린 북 왕국도 이러한 하나님의 계획에 포함되어 있음을 강력하게 시사한다. 또한 넓은 의미에서 '온 이스라엘'은 이스라엘 사람들뿐만 아니라 이방인들도 포함하고 있다는 사실도 강조한다.

열왕기는 포로민들이 던진 하나님의 능력에 대한 질문들에 답한다. '시온 불가침설'과 '다윗 언약의 영원성'은 오용과 남용될 소지를 다분히 지닌 신학적 사상이다. 그렇기 때문에 우리는 유다가 망하고 전쟁 포로가 되어 바빌론으로 끌려갔을 때 이스라엘 사람들이 얼마나 큰 충격을 받았을지 충분히 상상할 수 있다. 바빌론으로 끌려간 사람들은 아마도 다음과 같은 질문을 던지며 혼란스러워했을 것이다. "온 우주를 창조하시고 인류의 역사를 주관하시는 여호와 하나님의 백성인 이스라엘이 바빌론으로 끌려가게 된 것은 여호와께서 더 이상 이스라엘을 사랑하지 않는다는 것일까? 아니면 이스라엘의 수호신인 여호와가 무능해서 바빌론의 신 마르둑(Marduk)에게 무릎을 꿇어 자신의 백성을 내준 것일까?"

이와 같은 질문에 대해 열왕기 저자는 주의 백성이 바빌론으로 끌려가게 된 것은 하나님이 이스라엘을 버리셨거나 여호와가 무능력해서가 아니라 오히려 그분의 능력을 나타낸 사건이라고 답한다. 여호와 하나님이 지난 수백 년 동안 죄와 반역만 일삼던 이스라엘 백성에게 새로운 기회를 주기 위해 하신 일이라는 것이다. 바빌론 포로 생활은 이스라엘의 재탄생에 필연적인 용광로였으며, 이 일은 온 세상의 주권자이신 여호와께서 바빌론을 도구로 사용하여 직접 진행하신 일이다.

역대기는 또한 바빌론 포로민의 후예 중 예루살렘으로 돌아온 사람들이 자신들과 주전 586년 이전에 여호와의 백성이었던 옛 이스라엘의 관계에 관해 던진 질문들에 대해서도 답한다. "하나님이 시내산 언약을 준수하지 않은 주의 백성을 심판하여 바빌론으로 내치셨는데, 시내산 언약은 아직도 유효한가? 유다 땅으로 돌아온 바빌론 포로민의 후예들은 아직도 하나님의 백성인가?" 이와 같은 질문에 역대기 저자는 모두 긍정적으로 답한다. 백성들의 반역 때문에 586년에 끊어진 역사는 귀향민을 통해 다시 맥을 잇게 되며, 하나님의 진노는 모두 옛일이 되었다는 것이다. 또한 이스라엘은 아직도 하나님의 백성으로 그분의 자비와 은혜를 구하고 받을 자격이 있다는 것이 저자의 주장이다.

이러한 차원에서 역대기는 포로기 이후 시대를 살던 이스라엘 사람들의 삶에 소망과 활력을 불어넣어 준 책이다. 주전 538년에 세스바살과 스룹바벨을 앞세우고 바빌론에서 유다로 돌아온 귀향민들은 침략자들에 의해 파괴된 여호와의 성전만 재건하면 예루살렘에 여호와의 유토피아가 임할 것이며, 곧 자신들이 누리게 될 영적·물질적 르네상스가 도래할 것을 기대했다(cf. 사 40-55장). 그러나 귀향민들이 마주한 유다와 예루살렘의 현실은 매우 참담했고, 그들의 기대는 오래지 않아 완전히 무너졌다. 결국 귀향민들로 구성된 예루살렘 공동체는 좌절감과 패배감으로 가득하게 되었다.

이 같은 상황에서 역대기는 독자들에게 미래에 대한 비전을 제시한다. 하나님은 신실하신 분이시므로 약속하신 대로 다윗 왕국은 반드시 재건될 것이며, 그분의 백성은 하나님의 확실한 보호를 받을 것이다. 그러나 이 일은 자동적으로 이루어지는 것이 아니며, 비전이 현실이 되려면 주의 백성들의 많은 기도와 영적 회복이 필요하다고 한다. 즉, 저자는 자신의 시대를 살아가는 사람들의 세계관과 영성에 도전을 주기 위해서 이 책을 집필한 것이다.

4. 정경 안에서의 위치

칠십인역(LXX)은 이 책을 '삭제된 것들'(Paraleipomenon; 'things left out')이라고 이름했다.[2] 역대기의 역할이 사무엘서, 열왕기에 기록된 내용을 보충해 줄 뿐, 독창적인 신학과 메시지를 담고 있는 책으로 간주하지 않은 것이다(cf. Sugimoto). 이와 같은 편견은 오랜 시간 동안 교회가 역대기를 바라보는 시각에 결정적인 영향을 미쳤다. 결과적으로 지난 2000년 동안 교회는 이 책의 중요성을 제대로 인식하지 못했다. 한 비평학자는 역대기 저자가 자신이 인용한 출처를 재편집하고 변경했을 뿐만 아니라 역사적 사실을 왜곡했다고 주장하기도 했다(De Wette). 역대기를 역사적 신빙성이 전혀 없는 책으로 간주한 것이다. 이와 같은 맥락에서 한 주석가는 "구약비평에서 다음 사항보다 더 확고한 사실은 없다. 즉, 역대기 기자는 전혀 신임할 수 없는 역사가라는 점이다. 그는 역사적 사실들과 자신이 인용하는 출처들을 의도적으로, 그리고 습관적으로 왜곡했다. 이 책을 집필하면서 수많은 장(章)을 최대한의 자유(viz., 허구)를 가지고 창안했다"라고 단언했다(Torrey).

그러나 역대기에 대한 이와 같은 평가는 저자의 창의성과 선택권을 전혀 인정하지 않는 행위일 뿐만 아니라, 근대적이고 서양적인 역사관과 기준으로 고서(古書)를 평가하려는 무모함에서 비롯된 것에 불과하다. 우리는 고서들을 접할 때 우리의 선입견을 최소화하려고 항상 노력해야 한다. 저자들의 세계관과 사고체계 안에서 그들의 창의성을 인정해야 하며, 사가들의 작품을 우리의 기준에 맞추려는 열망을 의도적으로 억눌러야 한다. 오히려 우리가 그들의 세계를 세심하게 살펴 그들의 세상과 사고체계에서 작품을 해석하고 이해하도록 노력해야 한다.

---

2 이외 고대 사람들은 이 책을 다양한 이름으로 불렀다(cf. Knoppers & Harvey).

히브리어 성경은 역대기에 '그날/그 시대의 일들'(דִּבְרֵי הַיָּמִים; 'affairs of the day')이라는 이름을 붙였다. 이 표현은 역대기 안에서 33차례나 사용된다. 기독교 성경과 칠십인역 안에서 역대기는 열왕기 다음에, 그리고 에스라-느헤미야서 이전에 등장한다. 이 책이 조명하고 있는 시대를 감안하면 잘 어울리는 위치다. 그러나 히브리어 정경(viz., 유태인 성경) 안에서 이 책은 세 번째 섹션인 성문서 중 하나로 등장한다. 성문서 섹션 안에서도 역대기는 에스라-느헤미야서를 뒤따르며 구약의 마지막에 있다. 역대기가 히브리어 성경 안에서 차지하는 위치에 대해서 여러 가지 설이 있다. 그중 다음 세 가지가 학계에서 가장 많은 지지를 받는다.

첫째, 에스라-느헤미야서는 역대기보다 더 빨리 정경으로 채택되었다. 그리고 역대기는 구약의 책 중 가장 늦게 정경으로 자리를 잡았기 때문에 유태인 성경의 마지막 책으로 등장한 것이다. 이 주장은 구약의 책들이 상당한 시간을 지나서 공동체의 심의를 거쳐 정경으로 채택된 점을 전제로 하는데, 역사적으로 정경을 채택한 모임이나 과정에 대한 기록은 찾아볼 수가 없다. "책이 어떻게 정경으로 인준되는가?" 하는 문제는 풀리지 않는 수수께끼로 남을 수 밖에 없다. 한 가지 확실한 사실은 성경에 기록된 역사적 정황들이 한결같이 하나님의 말씀이 선포되자 곧바로 정경으로 권위를 인정받은 것을 증언한다는 점이다.

둘째, 정경의 순서를 정리하는 사람들이 역대기에 담긴 미래에 대한 낙관적인 요소들을 헤아려 구약 정경의 마지막 자리에 갖다 놓았다(Gordon). 역대기의 마지막 두 절은 고레스 왕의 '종교 자유 선포'로 되어 있다(대하 36:22-23). 이 섹션은 "누구든지 성경을 읽는 자는 이와 같이 '자유'를 누리게 될 것이다"라는 메세지를 담고 있다. 첫 번째 설에 제기된 문제점이 이 두 번째 주장에도 그대로 적용된다. 그뿐만 아니라, 미래에 대한 낙관적인 견해 때문에 이 책을 구약의 마지막 책으로 삼았다는 것은 큰 설득력이 없어 보인다. 그런 목적이라면 차라리 선지서들, 특히 이사야서가 훨씬 더 효과적일 것이다.

셋째, 히브리어 성경에서 역대기가 마지막 책이 된 것은 구약시대의 역사를 최종적으로 정리하고 있기 때문이다(Beckwith). 그러나 이러한 목적이라면 에스라-느헤미야서 혹은 다니엘서(주전 2세기의 근동 역사를 예언하고 있음)를 구약의 마지막 책으로 삼는 것이 더 설득력 있지 않을까? 게다가 에스라-느헤미야서는 역대기가 기록하고 있는 마지막 사건인 고레스 왕의 '종교 자유 선포'를 기점으로 그 이후의 이스라엘 역사를 묘사하는 책이다.

필자의 개인적인 견해는 이렇다. 역대기가 히브리어 정경의 마지막 책이 된 것은 다양하고 포괄적인 세계관과 역사관 때문이다. 저자는 이스라엘 역사의 중요성을 아담 때부터 시작된 인류 역사의 흐름 속에서 이해한다. 이스라엘은 여호와의 선민으로서 특권을 누리고 있지만, 이 특별한 지위는 한 사람(아담)에게서 비롯된 온 인류라는 정황 속에서 의미를 찾아야 한다는 것이다. 저자는 이스라엘이 장차 온 세상에 영향을 미치게 될 것을 확신한다. 이 점을 강조하고자 자기 세대에 이르는 이스라엘 계보를 이스라엘의 선조 아브라함이 아닌 모든 인류의 시조인 아담에서부터 시작한다. 저자의 관점은 이스라엘 역사 속에서 아시리아, 바빌론을 포함한 이방 나라들의 역할을 정의하는 데 큰 영향을 미친 것으로 생각된다. 하나님은 온 우주의 창조주이자 세상의 역사를 주관하시는 분이시기에 이스라엘이 이방 나라들로부터 당한 고통은 하나님의 뜻이었다는 세계관을 가진 것이다. 온 세상이 하나라는 관점은 북 왕국과 남 왕국의 역사를 하나로 처리하는 데에서도 엿볼 수 있다.

저자의 역사관에 의하면 여호와만이 온 인류 역사의 유일한 주인이시기 때문에, 저자는 미래에 대해 매우 낙관적이다. 그는 새 시대의 시작을 갈망하고 있다. 포로 시대 이전의 이스라엘은 성전과 예식을 통해서 하나님과의 관계를 유지했다. 제사와 성전을 부적처럼 여긴 것이다. 역대기 저자는 그 누구보다도 성전의 중요성에 대해서 잘 알고 있었지만, 결코 성전 자체가 어떤 신비력을 지녔다고 생각하지 않았다. 그는 성전의 중요성을 다른 곳에서 찾았다. 저자는 성전 재건을 통해서 주전 586년 이전의 이스라엘 역사와 포로기 이후 시대 이스라엘 귀향민의 역사를 연결하려고 했던 것이다. 끊어져 버린 이스라엘 역사의 맥을 잇는 일에 있어서 성전의 중요성을 본 것이다. 그렇기에 저자는 성전의 중요성을 강조하면서도, 동시에 기도의 힘을 더욱더 부각시킨다. 역대기는 구약의 역사서 중에서 기도에 대한 언급을 가장 많이 하는 책이다. 진정한 영성은 기도와 같이 비제도화된 신앙에 있지 결코 겉으로 드러나는 종교적 예식에 있지 않다는 사실을 말해주고 있다.

역대기 저자는 예배와 기도에 참석한 사람들에게 '온 이스라엘'이라는 표현을 자주 사용한다. 솔로몬의 죄로 이스라엘이 남 왕국과 북 왕국으로 나뉜 후에도, 북 왕국이 멸망한 후에도 이 용어를 꾸준히 사용한다. 통일왕국 시대에나 사용할 표현을 저자는 왜 분열왕국 시대에, 더 나아가 북 왕국이 망한 주전 722년 이후에도 지속적으로 사용하는 것일까? 그것은 무엇이 진정한 이스라엘 공동체를 형성하는가를 단적으로 보여주기 위함이다. 역대기 저자에 의하면 하나님 백성의 범위는 지리적으로 또는 수적으로 제한될 수 없다. 하나님을 사랑하는 사람들이 모였을 때 그 모임은 곧 '온 이스라엘'이 된다. 특히 저자가 마지막으로 기록하고 있는 고레스 왕의 '종교 자유 선포' 배경을 살펴보면 저자는 고레스를 마치 여호와를 경외하는 사람(viz., '온 이스라엘'의 한 구성원)으로 묘사하고 있는 듯하다(cf. 대하 36:22-23).

저자의 이러한 관점은 매우 포괄적이어서 온 인류가 진정으로 하나님의 백성이 될 수 있는 가능성을 제시한다. 특히 계보 정리가 온 인류의 첫 사람인 아담부터 시작하여 예루살렘 성전을 재건하고 있는 세대에서 끝나고 있는 것은 저자가 어떤 신학을 가지고 있는가를 암시한다. 성전재건은 하나님이 행하신 천지창조 사역의 확장(extension)이다.

그러므로 예루살렘 성전은 온 세상 사람들이 여호와를 알 수 있게 하는 역할을 한다고 볼 수 있다. 저자의 세계관은 이처럼 매우 넓고 포괄적이다. 이러한 점 때문에 필자는 역대기가 구약의 마지막 책인 것으로 생각한다.

예수님 시대에는 구약을 모세오경, 선지서, 성문서 등으로 구분한 히브리어 성경의 구조가 보편화되어 있었으며 예수님은 각 섹션에 속한 책들의 순서도 익히 알고 계신 것으로 여겨진다. 역대기와 연관해서 한 예를 생각해 보자. 예수님은 복음서에서 '사가랴의 순교'에 대해서 말씀하셨다(마 23:35; 눅 11:51). 그러면 이 사가랴와 우리에게 한 권의 책을 남긴 스가랴 선지자는 어떤 관계가 있는가?[3] 그리고 왜 많은 사람 중에서 사가랴를 언급하신 것일까? 예수님이 언급하신 순교자 사가랴는 베레갸의 아들로 기록되어 있으며, 이 사가랴는 곧 선지자 스가랴이다(cf. 슥 1:1). 그러나 그의 죽음에 대해서 구약성경은 어떠한 언급도 하지 않는다. 역대하 24:20-22에 의하면 여호야다의 아들 스가랴가 요아스 시대에 성전 뜰에서 하나님의 정의를 외치다가 순교했다. 많은 학자는 여호야다를 스가랴의 할아버지, 즉 베레갸의 아버지로 이해함으로 이 스가랴가 예수님이 언급하시는 사가랴일 것으로 생각한다. 그렇다면 예수님께서 지금 성경의 첫 책인 창세기에 기록된 인류 최초의 순교자 아벨과 구약 정경의 마지막 책인 역대기에 기록된 마지막 순교자를 언급함으로써, 마치 '창세기에서 계시록까지'(영어로는 'A to Z')의 총체적인 의미로 말씀하고 계시다는 것이 학자들의 생각이다. 그러므로 예수님 시대에도 구약성경에서 역대기가 마지막 위치를 차지하고 있다는 것이 확실해진다.

---

3 구약의 스가랴를 신약에서는 사가랴라고 한다.

5. 에스라-느헤미야서와의 관계

역대기와 에스라-느헤미야서는 동일한 텍스트 두 개를 지니고 있다. 고레스 왕의 칙령(대하 36:22-23//스 1:1-3)과 예루살렘으로 돌아온 귀향민 목록이다(대상 9:2-21//느 11:3-19). 이와 같은 현상에 대해서 세 가지로 추측할 수 있다. 첫째, 역대기가 에스라-느헤미야서를 인용하고 있다(Allen). 둘째, 에스라-느헤미야서가 역대기를 인용하고 있다. 셋째, 역대기와 에스라-느헤미야서가 제3의 출처를 공통으로 인용하고 있다. 이 세 가지 중 세 번째 가능성은 별로 없어 보인다. 이 텍스트들이 제3의 출처를 공통으로 인용한다고 보기에는 너무 비슷하기 때문이다. 그러므로 역대기가 에스라-느헤미야서를 인용하거나, 혹은 그 반대일 가능성이 크다. 학자들은 대체로 역대기가 에스라-느헤미야서를 인용하고 있다고 생각한다(cf. Japhet).[4] 왜냐하면 구약 정경 중 마지막으로 저작된 책이 역대기라고 생각하기 때문이다. 만일 역대기가 마지막 책이라면, 에스라-느헤미야서는 역대기가 저작된 때보다 최소한 수년 전에 저작되었을 것이고, 이미 정경으로 자리잡은 에스라-느헤미야서를 역대기가 인용한 것으로 볼 수 있는 것이다. 전통적으로 학자들은 역대기와 에스라-느헤미야서 안에서 사용되는 단어, 문체가 비슷하다는 점을 지적해 왔다. 또한 이 두 책의 전반적인 관점, 관심, 신학 성향 등과 함께 시대적 배경도 비슷하다고 했다. 그러나 최근 들어 이러한 전통적인 견해가 설득력을 잃었다. 이 두 책의 단어, 문구, 문체 등이 서로 다른 사람에 의해 저작되었음을 입증한다고 본다(Japhet, Thompson, Hill). 역대기와 에스라-느헤미야서는 다음과 같은 차이를 보인다.

첫째, 이스라엘 남자들이 이방 여인들과 결혼한 일이 에스라-느헤미야서에서는 심각한 비판을 받지만 역대기에서는 별다른 어려움 없

---

4 역대기가 에스라-느헤미야서를 인용하고 있다는 주장의 예로는 스 1:1-3이 대하 36:22-23에서 인용된 것, 느 11:3-19이 대상 9:2-17에서 인용된 것 등이 있다.

이 수용된다. 둘째, 포로기 이전 시대의 역사를 조명하는 일에 있어서 에스라-느헤미야서는 모세와 출애굽 사건을 부각시키고 역대기는 다윗과 다윗 왕조의 지속성을 강조한다.

셋째, 북 왕국 이스라엘의 멸망에 대해서 역대기는 거의 언급하지 않는 반면 에스라 4장은 구체적으로 언급한다. 넷째, 역대기는 인간의 죄에 대한 하나님의 즉결 심판을 수차례 회고하며 이 원리를 강조하는(cf. McConville) 반면에 에스라-느헤미야서는 이러한 현상이나 원리를 전혀 언급하지 않는다. 다섯째, 이스라엘의 역사를 회고하고 전개하는 방식에 있어서 역대기 저자는 많은 선지자와 기적들을 언급하지만, 에스라-느헤미야서는 선지자나 이적들에 대한 언급이 전혀 없다.

그러나 가장 큰 차이는 역대기에는 '다윗적 메시아 사상'(Davidic messianism)과 '새로운 출애굽'(second exodus)에 대한 갈망, '온 이스라엘'(whole Israel) 사상으로 가득한데 에스라-느헤미야서에서는 이러한 테마들을 거의 찾아볼 수 없다는 점이다(Japhet). 이러한 차이를 근거로 이 책들이 서로 다른 저자에 의해 집필되었다고 보는 것이 바람직하다.

6. 출처

역대기 저자는 출처를 직접 언급하지 않지만 인용하는 출처가 상당수에 이른다. 그가 정경을 인용하는 경우는 전혀 출처에 대한 언급이 없다. 저자가 아담에서 야곱의 아들들에 이르는 계보를 정리하는 섹션(1:1-2:2)에서 창세기의 계보를 집중적으로 인용하는 것은 당연한 일이다. 그러나 저자는 이 과정에서 창세기에 기록된 데이터를 모두 반영한 것이 아니라, 상당히 제한적이고 선별적으로 자신의 필요에 맞게 엮어간다. 또한 창세기에 기록된 계보라고 할지라도 부분적으로 인용하거나 아예 언급하지 않는 부분들도 있다. 이 같은 부류에 속하는 계보 정보는 아담에서 아브라함에 이르는 직선적인 족보에서 벗어난 것이다. (1) 가인(창 4:17-26), (2) 데라(창 11:26-32), (3) 나홀(창 22:21-24). 그러므로 역대상 1장은 창세기에 등장하는 모든 계보를 인용한 것이 아니라, 창세기에 등장하는 여러 계보에 대한 요약이라고 할 수 있다(cf. Japhet).

역대기 저자는 창세기뿐만 아니라 오경의 다른 부분, 특히 레위 사람들의 역할, 종교적 절기, 제사 제도에 관한 율법에 관해서 많은 지식을 가지고 있다. 여호수아서에서 시므온 지파의 족보(수 19:2-8; 대상 4:28-33), 레위 지파에게 주어진 성읍 목록(수 21:10-39; 대상 6:54-81) 등을 인용했으며, 사무엘서-열왕기에서 인용된 정보가 역대기의 중추적 역할을 하고 있다.

역대기 사가는 정경을 인용하는 경우 출처를 밝히지 않고 이용하지만, 정경에 들어가지 않은 책들의 경우 자신이 인용하고 있는 출처를 지속적으로 언급한다. 최소한 32개의 인용 자료를 밝힌다. 이처럼 역대기가 인용한 출처들을 상세하게 밝히는 것은 열왕기의 경우 확실하게 밝히는 출처가 세 개에 불과하다는 점과 대조를 이룬다. 저자가 가장 많이 인용하고 있는 정경은 단연 사무엘서와 열왕기이다. 그중에서도 여러 왕의 행보를 기록한 열왕기가 훨씬 더 많이 인용된다. 이 두 책과 역대기의 관계에 대해서 다음 도표를 참조하라.

사무엘/열왕기	주제	역대기
	계보	대상 1-9장
삼상 1-3, 7장	사무엘	
삼상 4-6장	언약궤를 빼앗김	
삼상 8-15장	사울	대상 10장
삼상 16-31장	다윗의 소년 시절	
삼하 1-10장	다윗의 성공	대상 11:1-9; 13-20장

사무엘/열왕기	주제	역대기
삼하 11-12장	다윗과 밧세바	
삼하 13-21장	다윗의 위기	
삼하 22-23장	그 외 다윗 언급	대상 11:10-12:40; 22-29장
삼하 24장	다윗의 인구조사	대상 21장
왕상 1-3장	솔로몬의 지혜	대하 1장
왕상 5:1-9:9	성전	대하 2-7장
왕상 4, 9-10장	그 외 솔로몬 언급	대하 8-9장
왕상 11장	솔로몬의 위기	
왕상 12:1-24; 14:21-31	르호보암	대하 10-12장
왕상 11:26-40; 12:25-14:20	여로보암	
왕상 15:1-8	아비얌/아비야	대하 13장
왕상 15:9-24	아사	대하 14-16장
왕상 15:25-31	나답	
왕상 15:27-28, 32-34절; 16:1-7	바아사	
왕상 16:8-14	엘라	
왕상 16:15-20	시므리	
왕상 16:21-28	오므리	
왕상 16:29-34; 20:1-22:40	아합	
왕상 17-19장	엘리야	
왕상 22:41-50	여호사밧	대하 17-20장
왕상 22:51-53; 왕하 1장	아하시야	
왕하 2:1-8:15	엘리사	
왕하 8:16-24	여호람	대하 21장
왕하 3:1-3; 9:14-24	여호람/요람	
왕하 8:25-29; 9:21-29	아하시야	대하 22:1-9
왕하 9-10장	예후	
왕하 11장	아달랴	대하 22:10-23:21

사무엘/열왕기	주제	역대기
왕하 12장	요아스	대하 24장
왕하 13:1–9	여호아하스	
왕하 13:10–25; 14:8–16	요아스	
왕하 14:1–22	아마샤	대하 25장
왕하 14:23–29	*여로보암 2세*	
왕하 15:1–7	아사랴(웃시야)	대하 26장
왕하 15:8–12	*스가랴*	
왕하 15:13–15	*살룸*	
왕하 15:16–22	*므나헴*	
왕하 15:32–38	요담	대하 27장
왕하 15:23–26	*브가히야*	
왕하 15:27–31	*베가*	
왕하 16장	아하스	대하 28장
왕하 17:1–6	*호세아*	
왕하 17:7–41	사마리아의 멸망	
왕하 18:1–20:21	히스기야	대하 29–32
왕하 21:1–18	므낫세	대하 33:1–20
왕하 21:19–26	아몬	대하 33:21–25
왕하 22:1–23:30	요시야	대하 34–35
왕하 23:31–34	여호아하스	대하 36:1–3
왕하 23:35–24:7	여호야김	대하 36:4–8
왕하 24:8–17	여호야긴	대하 36:9–10
왕하 24:18–20	시드기야	대하 36:11–14
왕하 25:1–21	예루살렘의 멸망	대하 36:15–21
왕하 25:22–26	그달리야	
왕하 25:27–30	여호야긴의 포로 생활	
	고레스의 선포	대하 36:22–23

*이탤릭 체는 북 왕국 왕들의 이름이다.

위 도표에서 드러나는 것처럼 역대기 저자는 북 왕국 왕들에 대해서 어떠한 언급도 하지 않는다. 간혹 남 왕국 왕들과 연관된 이야기를 전개하는 과정에서 필요에 따라 북 왕국 왕들을 언급할 뿐이다. 저자는 철저하게 남 왕국 유다의 관점에서 북 왕국을 대한다. 그러다 보니 저자는 남 왕국을 다스린 왕조의 근간이 된 다윗 언약을 근거로 북 왕국을 다스린 정권들에 대한 정당성을 인정하지 않는다. 즉, 통일왕국이 주전 931년에 남과 북으로 분열된 것은 하나님의 뜻이 아니며, 인간의 죄가 빚어낸 결과라는 것이다. 그러므로 저자는 다윗 언약에 근거하여 오직 남 왕국을 통치하는 다윗 왕조를 중심으로 이스라엘의 역사를 조명하고 있다.

역대기가 언급하는 32개의 출처는 공식적인 기록(official annals), 계보 기록(genealogical records) 그리고 선지자들의 기록(prophetic records)의 세 가지로 분류한다. 공식적인 기록들(official annals)에 대해서는 역대상 9:1; 27:24 역대하 16:11; 20:34; 24:27; 25:26; 27:7; 28:26; 32:32; 33:18; 35:4, 27; 36:8 등에서 언급하고 있다. 역대기에 언급된 공식적인 기록들은 다음과 같다.

	공식적인 기록	성경 본문
1	다윗왕의 역대지략	대상 27:24
2	이스라엘과 유다 열왕기	대하 27:7; 35:27; 36:8
3	유다와 이스라엘 열왕기	대하 16:11; 25:26; 28:26; 32:32
4	이스라엘 왕조실록/이스라엘 열왕기	대상 9:1; 대하 20:34
5	이스라엘 왕들의 행장	대하 33:18
6	열왕기 주석	대하 24:27
7	이스라엘 왕 다윗의 글과 다윗의 아들 솔로몬의 글	대하 35:4

계보를 기록한 책들(genealogical records)에 대해서는 역대상 4:33; 5:17;

7:9, 40; 9:1, 22; 역대하 12:15 등이 인용한다. 역대기는 다음과 같이 계보들을 언급한다.

	계보 기록	성경 본문
1	시므온 자손의 계보	대상 4:33
2	갓 자손의 계보	대상 5:17
3	베냐민 자손의 계보	대상 7:9
4	아셀 자손의 계보	대상 7:40
5	르호보암의 계보	대하 12:15
6	모든 이스라엘의 계보	대상 9:1
7	문지기들의 계보	대상 9:22

선지자들의 기록(prophetic records)에 대해서는 역대상 29:29; 역대하 9:29; 12:15; 13:22; 20:34; 26:22; 32:32; 33:19 등에서 언급하고 있다. 다음 도표를 참조하라. 역대하 20:34와 32:32에 의하면 "유다/이스라엘 열왕기"가 선지자들의 기록을 먼저 인용한 것을 역대기 기자가 재인용한 것으로 생각된다.

	선지자들의 글	성경 본문
1	선견자 사무엘의 글	대상 29:29
2	선견자 나단의 글	대상 29:29; 대하 9:29
3	선견자 갓의 글	대상 29:29
4	실로 사람 아히야의 예언	대하 9:29
5	선견자 잇도의 묵시 책	대하 9:29
6	선지자 스마야의 족보책	대하 12:15
7	선견자 잇도의 족보책	대하 12:15
8	선지자 잇도의 주석 책	대하 13:22
9	하나니의 아들 예후의 글	대하 20:34

10	아모스의 아들 선지자 이사야의 기록	대하 26:22
11	아모스의 아들 선지자 이사야의 묵시 책	대하 32:32
12	호새의 사기(선견자들의 기록)	대하 33:19

 열왕기와 비교했을 때 역대기 기자는 열왕기 저자가 언급한 출처들을 자신의 책 안에서도 똑같은 위치에 언급한다. 열왕기 기자가 출처를 언급하지 않을 때는 역대기 기자도 언급하지 않는다. 그런데 중요한 것은 출처를 밝힐 때 역대기 기자는 열왕기 저자가 언급한 출처와 다른 출처를 언급하기도 한다. 예를 들면, 솔로몬의 아들 르호보암에 대해서 열왕기 저자는 "이스라엘 왕 역대지략"에 자세한 사항이 기록되어 있다고 하는데(왕상 14:19), 열왕기를 인용해 책을 정리한 역대기 저자는 르호보암에 관한 자세한 정보는 "선지자 스마야와 선견자 잇도의 족보책"을 참조하라고 한다(대하 12:15). 열왕기는 아비얌왕의 행보에 대한 자세한 기록은 "유다 왕 역대지략"에 있다고 하는 것에 비해(왕상 15:7), 역대기 저자는 "선지자 잇도의 주석 책"을 보라고 한다(대하 13:22).

 이러한 현상을 어떻게 이해해야 하는가? 역대기 저자가 책을 저작하는 과정에서 열왕기를 집중적으로 인용하고 있는 것을 감안하면 결코 쉽게 설명될 문제는 아니다. 한 학자는 역대기 기자가 언급하고 있는 다양한 자료들의 대부분은 독자적인 자료가 아니라, 열왕기 사가가 인용한 두 자료—"이스라엘 왕 역대지략"과 "유다 왕 역대지략"—에 대한 다른 이름으로 보아야 한다고 한다(Childs). 역대기 기자가 각 왕의 행보를 언급할 때 이 정보가 기록되어 있는 출처의 이름을 변경하여 '이스라엘'이라는 단어가 포함되도록 한 일에서도 이러한 사실을 알 수 있다는 것이다(cf. 다음 도표). 물론 저자가 이스라엘이란 이름이 첨가된 이름을 가진 독자적인 책을 인용한 것으로 생각할 수도 있지만, 그보다는 역대기 기자가 하나님의 계획안에서 "이스라엘"의 위치를 강조하기 위해서 열왕기에서는 이스라엘이라는 이름이 들어가지 않은 자료명에 이스라엘이라는 이름을 첨가했을 가능성이 더 크다는 것이 학자들의 일반적인 견해이다.

  이러한 설명이 열왕기와 역대기의 모든 차이를 모든 사람이 만족할 정도로 충분히 설명할 수 있는 것은 아니다. 아예 전혀 연관성이 없는 출처들을 언급할 때는 더욱더 그렇다. 그러므로 이러한 학자들의 견해에 한 가지를 더해야 한다. 역대기 저자가 꾸준히 열왕기와 다른 책을 언급하는 현상의 상당 부분은 1차 출처(primary source)와 2차 출처(secondary source)의 차이로 설명할 수 있다. 열왕기가 인용한 왕들의 역대지략에서 인용한 출처들을 역대기 저자가 직접 접할 수 있었기에 그 출처들을 직접 언급하고 있다. 두 책이 같은 출처를 다른 이름으로 밝히고 있는 곳들에 대해서 다음 도표를 참조하라(cf. Hamilton, Hill).

열왕기		역대기	
상 14:29	유다 왕 역대지략	하 12:15	선지자 스마야와 선견자 잇도의 족보책
상 15:7	유다 왕 역대지략	하 13:22	선지자 잇도의 주석 책
상 15:23	유다 왕 역대지략	하 16:11	유다와 이스라엘 열왕기
상 22:45	유다 왕 역대지략	하 20:34	하나니의 아들 예후의 글에 다 기록되었고 그 글은 이스라엘 열왕기에 올랐더라
하 14:18	유다 왕 역대지략	하 25:26	유다와 이스라엘 열왕기
하 15:6	유다 왕 역대지략	하 26:22	아모스의 아들 선지자 이사야의 글
하 15:36	유다 왕 역대지략	하 27:7	이스라엘과 유다 열왕기
하 16:19	유다 왕 역대지략	하 28:26	유다와 이스라엘 열왕기
하 20:20	유다 왕 역대지략	하 32:32	아모스의 아들 선지자 이사야의 묵시 책과 유다와 이스라엘 열왕기
하 21:17	유다 왕 역대지략	하 33:18	이스라엘 열왕의 행장
하 23:28	유다 왕 역대지략	하 35:27	이스라엘과 유다 열왕기
하 24:5	유다 왕 역대지략	하 36:8	이스라엘과 유다 열왕기

역대기는 시편도 인용한다. 법궤가 예루살렘으로 들어올 때 부른 노래(대상 16:8-36)는 몇 편의 시를 인용하여 편집한 것이다. 역대상 16:8-36은 시편을 다음과 같이 인용하였다.

16:8–22	시 105:1–15
16:23–33	시 96:1–13
16:34	시 106:1
16:35–36	시 106:47–48

7. 역대기의 정경해석

역대기가 다른 정경을 어떻게 해석하고 인용했는지는(특히 책의 50% 이상이 사무엘서-열왕기를 인용한 것이다) 학자들의 비상한 관심이다. 그동안 역대기 기자는 인용에 참고한 출처를 왜곡했다고 비난 받아왔다. 그러나 최근 학계의 추세는 저자가 출처를 왜곡한 것이 아니라 자신이 집필하는 작품의 필요에 적합하게 재해석하고 적용한 것으로 이해한다. 다음 예들은 역대기 저자가 사무엘서-열왕기에 기록된 내용들을 인용하는 과정에서 보이는 재해석이다.

사무엘서에서는 사울이 블레셋과의 전쟁에서 패하여 스스로 자살한 것으로 기록되어 있다(cf. 삼상 31장). 아울러 사무엘서 저자는 사울이 전쟁터에 나가기 전에 엔돌에 있는 점쟁이를 찾아간 일(cf. 삼상 28장)에 대해서 신학적으로 평가하지 않았다. 사울의 죽음과 신접한 여인을 찾아간 일에 대해서 직접적인 평가를 자제한 것이다. 반면에 역대기 사가는 그의 죽음과 점쟁이를 찾아간 사건을 하나로 묶어 사울이 일생 하나님을 거역한 일의 대표적인 예로 삼았다(대상 10:13-14). 사울이 일생 하나님의 마음을 아프게 하는 불신의 삶을 살았기 때문에 결국 그 죗

값으로 전쟁에서 죽게 되었다는 결론을 제시하는 것이다.

　열왕기에 의하면 여호람은 매우 나쁜 왕이었으며 하나님을 섬기지 않았던 사람이다(cf. 왕하 8장). 역대기도 그의 삶에 대해서 같은 평가를 한다. 그러나 역대기 사가는 여호람에 대해서 더 자세한 기록을 하고 있을 뿐만 아니라 그가 하나님의 징계를 받아 창자가 흘러나오는 병에 걸려 죽게 된 내용도 기재하고 있다(cf. 대하 21장). 이미 앞에서 언급한 것처럼 역대기 저자는 죄인들에 대한 하나님의 즉결 심판을 자주 언급하는데, 여호람의 최후에 대해서도 이러한 면모를 추가함으로써 이 불손한 왕에 대한 부정적인 평가를 한층 더 강화한다.

　요시야는 참으로 위대한 왕이었다. 그의 마음은 하나님을 향했고, 그의 삶은 율법을 준수했다(cf. 왕하 22-23장). 그러나 여호와 종교의 르네상스 시대를 가져왔던 이 왕은 므깃도에서 이집트의 왕 느고의 칼에 죽고 말았다. 하나님 앞에서 참되고 진실하게 살았던 왕의 죽음은 신실한 삶에 대한 내세적인 축복보다는 현세의 축복을 갈망하고 강조하던 당시로는 신학적으로 설명하기에 참으로 어려운 문제였다. 열왕기 저자는 요시야의 죽음에 대해서 어떠한 신학적 평가도 하지 않은 채 그의 이야기를 마무리한다(cf. 왕하 23장). 반면에 역대기 저자는 이 위대한 왕의 죽음을 묘사하는 과정에서 확실한 입장을 밝힌다. 비록 요시야가 평생 여호와를 사랑하고 신실하게 섬겼지만, 그의 일생의 마지막 사건에서는 여호와를 거역했기 때문에 죽게 되었다는 것이다(대하 35:22).

　이 외에도 사무엘서-열왕기와 역대기가 보이는 여러 가지 차이점을 감안할 때, 역대기 저자는 이미 정경화된 책이 기록한 사건들의 중요성을 재해석해 자신의 시대에 맞게 적용한 해석자임이 확실하다. 그러므로 현 학계의 관심은 그가 어떤 원칙과 원리를 가지고 정경을 재해석했느냐에 초점이 맞추어져 있다. 역대기 기자에 대한 현 학계의 이러한 이해는 앞으로 역대기 연구를 새로운 방향으로 이끌어 나갈 수 있는 중요한 이정표가 될 것이다. 그러나 이와 같은 역대기에 대한 논의가 진행되기 전에 '역대기 기자의 해석'에 대한 이해의 폭이 많이 넓어져야 한다. 역대기 저자의 성경 해석 방법을 연구하는 데 있어 '해석'(interpretation)이란 용어가 의미를 지니려면 다음 사항들을 수용해야 한다. 첫째, 세부사항을 더하고 빼는 것도 해석하는 행위이다. 둘째, 단순 인용도 해석하는 행위이다. 셋째, 성경으로서 역대기의 위치와 책의 영감성과 무오성, 그리고 정경성이 전제되어야 한다.

그렇다면 역대기 기자는 정경을 인용하면서 어떠한 해석적 기술을 사용했는가? 차일즈(Childs)는 역대기 기자의 성경 해석기술을 다음과 같이 크게 네 가지로 정의한다. 첫째, 조화(harmonization)이다. 저자는 곳곳에서 사무엘서-열왕기와 성경의 다른 부분, 특히 오경에 기록된 율법과 조화를 이루기 위해 정보를 더하거나 특정한 사항을 강조한다. 예를 들면, 사무엘하 6장은 법궤가 기럇여아림(Kiriath-Jearim)에서 예루살렘으로 옮겨질 때, 레위 사람들이 옮겼다는 사실을 언급하지 않는다. 반면에 역대기 기자가 같은 사건을 재조명할 때, 레위 사람들이 법궤를 옮겼다고 한다(대상 15:26-27). 이러한 사실은 율법과 다윗의 행위를 조화시키고자 하는 저자의 의도를 반영한다. 사무엘서 저자의 경우 법궤는 레위 사람들만 옮길 수 있다는 사실을 당연시하기에 레위 사람들이 법궤를 옮겼다는 사실을 굳이 언급할 필요를 느끼지 못했다.

반면에 율법의 세부사항에 익숙하지 않았던 귀향민들을 위해서 책을 쓴 역대기 저자는 이 점을 명백히 함으로써 오해의 소지를 아예 차단한다. 신명기 10:8에 의하면 레위 사람들만이 법궤를 옮길 수 있는데, 다윗은 이 율법을 범하지 않았다는 것을 확실히 해둔다. 조화의 또 다른 예는 다음과 같다. 사무엘서에 의하면 다윗이 아라우나의 타작마당에 단을 쌓고 거기에 소들을 번제물로 드렸다(삼하 24장). 그런데 사무엘서 기자는 다윗이 그 외 다른 것을 같이 드렸다는 말을 기록하지 않았다. 역대기 기자는 같은 사건을 인용하면서 다윗이 밀을 곡물 제물로 같이 드렸다는 말을 더한다(대상 21:23). 이것은 아마도 번제물을 드릴 때는 반드시 곡물도 함께 드리라는 율법을 의식한 행위일 것이다(cf. 민 15:1-4). 사무엘서 저자는 자신의 독자들이 율법을 잘 알고 있기 때문에 번제물에 대해 언급하면 곡물도 함께 드려진 것으로 이해할 것을 전제하는데, 역대기 저자는 율법에 익숙하지 않은 귀향민들에게 이 점을 추가로 설명해야 하는 필요성을 느낀 것이다.

둘째, 보완(supplementation)이다. 역대기 저자는 필요에 따라 자신이 사용하는 출처의 내용을 다른 자료들로 보완하였다. 다음 예들을 생각해 보라. 역대기의 히스기야왕에 대한 기록(대하 29-32장)을 살펴보면 열왕기 저자가 전혀 언급하지 않은 내용을 담고 있다(cf. 왕하 18-20장). 역대기 저자는 히스기야가 이미 아시리아의 손에 망해 버린 북 왕국 이스라엘 백성들과 유월절을 함께 지내기 위해서 땅을 두루 다니면서 백성들을 예루살렘으로 초청했다고 하는데, 열왕기에는 이러한 내용이 전혀 없다. 또, 다윗이 법궤를 예루살렘으로 들여오는 이야기를 기재하는 과정에서 역대상 15:1-24는 사무엘서를 의존하지 않고 오늘날까지 보존되지 않은 완전히 다른 자료를 인용한 것으로 생각된다. 이 자료는 모세의 율법과 법궤 운송 사건을 아주 긴밀하게 연결한 것으로 보인다.

셋째, 모형(typology)이다. 많은 학자가 역대기 기자는 인물 묘사에 있어서 옛날 인물이 기억나도록 의도적으로 책을 정리하고 있다는 점을 지적했다. 이러한 관점에서 솔로몬의 일생은 학자들의 집중적인 관심을 받았다. 다음 일을 생각해 보자. 다윗이 죽기 전에 솔로몬에게 왕권을 넘겨주는 것은 마치 모세가 여호수아에게 지휘봉을 넘겨주는 일과 많은 공통점을 지니고 있다. 모세와 다윗은 둘 다 자신이 추구하던 것을 이루지 못했다. 모세는 백성들을 이끌고 가나안에 입성하고자 했지만 하나님이 허락하지 않으셨고, 다윗은 성전을 건축하려 했지만 하나님이 막으셨다. 결국 이들이 추구했던 일들을 두 사람의 후임들이 이루었다(cf. 신 1:37-38; 31:2-8; 대상 22:5-13; 28:2-8). 여호수아는 백성들을 이끌고 가나안에 입성했으며, 성전은 솔로몬이 지었다. 모세-여호수아와 다윗-솔로몬의 이야기는 장르뿐만 아니라, 사용하는 문구에서까지 비슷한 점을 포함하고 있다(cf. 대상 22, 28장; 수 1장). "강하고 담대하라", "두려워하지 말고 놀라지 말라", "여호와 하나님이 너와 함께하리라", "너를 절대 떠나지 아니하시며 버리지 아니하시리라." 또한 두 이야기에서 율법을 지켜야만 얻어지는 축복이 강조된다. 심지어는 모세와 다윗이 여호수아와 솔로몬을 자신들의 후계자로 지명하자마자, 이 후계자들이 백성들의 즉각적인 지지를 받게 되는 것도 같다(신 34:9; 수 1:16-18; 대상 29:23-24). 이와 같은 모형 관계를 성립함으로써 역대기 저자는 다윗과 솔로몬이 모든 일을 율법에 맞게 잘했으므로, 하나님이 모세와 여호수아에게 하셨던 것같이 이들을 축복하셨다는 사실을 강조한다.

넷째, 성경의 상호해석(interbiblical interpretation)이다. 역대기 저자는 성경의 다른 부분을 인용하는 과정에서 작지만 매우 중요한 단어 대치를 사용한다. 이 작은 대치들은 저자의 관점이나 신학을 이해하는 데 크게 기여한다. 한 예를 생각해 보자. 다윗이 인구조사를 하게 된 동기를 역대기 저자는 "사탄이 일어나 이스라엘을 대적하고 다윗을 충동하여 이스라엘을 계수하게 하니라"(שָׂטָן עַל־יִשְׂרָאֵל וַיָּסֶת אֶת־דָּוִיד לִמְנוֹת אֶת־יִשְׂרָאֵל וַיַּעֲמֹד)(대상 21:1)라고 기록한다. 다윗이 사탄의 농간에 놀아나 인구조사를 하게 되었다는 것이다. 그러나 사무엘하 24:1은 "여호와께서 다시 이스라엘을 향하여 진노하사 그들을 치시려고 다윗을 격동시키사 가서 이스라엘과 유다의 인구를 조사하라 하신지라"(אֶת־יִשְׂרָאֵל וְאֶת־יְהוּדָה וַיֹּסֶף אַף־יְהוָה לַחֲרוֹת בְּיִשְׂרָאֵל וַיָּסֶת אֶת־דָּוִד בָּהֶם לֵאמֹר לֵךְ מְנֵה)라고 기록한다. 사무엘서 저자는 다윗이 인구조사를 하도록 유도한 자는 사탄이 아니라 하나님이라고 한다. 이 둘의 차이를 어떻게 이해해야 하는가?

전통적으로 주석가들은 역대기 저자가 사무엘서의 내용을 사탄과 연관시켜 해석하고 있다고 생각했다. 사탄이 하나님의 '허가'하에 다윗을 유혹했다는 것이다. 하나님이 다윗이 인구조사를 하도록 유도하실 때(삼하 24:1), 사탄으로 하여금 그를 유혹하게 하셨다는 의미이다(대상 21:1, cf. Hill, Selman, Johnstone).

8. 신학

이미 언급한 것처럼 역대기는 매우 깊고 다양한 신학적 메시지를 지닌 책이다. 히브리어 정경 중 마지막으로 저작된 책답게 1000여 년 동안 축적된 여호와 종교의 신학을 다양하면서도 깊이 있게 묘사하고 있다. 그뿐만 아니라 미래를 지향하면서도 과거를 되돌아보는 역대기는 이스라엘이 그동안 잘못 이해한 하나님의 섭리와 계획에 대해서 많은 것을 깨우쳐 주는 책이다. 그중 몇 가지만 간추려 생각해 보자.

(1) 이스라엘과 열방의 관계

포로기 이후 시대를 살아가던 저자는 선민이라는 자부심 속에 매우 편협한 세계관을 가지고 있던 이스라엘에게, 창조주 하나님과 피조물인 온 인류의 관계를 조명하고자 한다. 이스라엘은 분명 하나님의 선민이지만, 열방도 여호와의 피조물로 그분에게 매우 소중하다. 그러므로 하나님의 선민으로서 각별한 은총을 누리는 이스라엘은 여호와의 모양과 형상대로 창조된 열방을 무시해서는 안될 뿐만 아니라, 하나님의 섭리적 테두리 안에서 열방과 적절한 관계설정을 해야 하며, 그들과 함께 하나님의 역사를 펼쳐 나가야 하는 것을 강조한다. 이 부분을 강조하기 위해서 저자는 이스라엘의 계보를 정리하면서 아브라함이 아닌, 아담부터 시작한다(cf. 대상 1:1). 또한 책의 마지막 사건으로 기록한 페르시아 왕 고레스의 '종교 자유 선포'를 역대기 사가는 고레스를 마치 신실한 '여호와의 종'(cf. 이사야서)으로 제시함으로써 열방 사람들 중 누구든지, 심지어는 이방인 왕도 하나님의 백성이 될 수 있고, 여호와의 종이 될 수도 있음을 시사한다(대하 36장). 역대기 안에서 하나님의 백성과 종의 범위가 인종적 벽을 뛰어넘은 것이다.

그렇다면 선민으로서 이스라엘의 특별한 역할은 끝난 것인가? 그렇지 않다. 역대기 저자는 온 열방을 '이스라엘 공동체'로 초청하는 일과 앞으로 세상 모든 민족이 모인 공동체 속에서 이스라엘 민족이 감당해야 할 역할을 논하는 일에 초점을 맞춘다. 이 과정에서 이상적 이스라엘의 모습과 그 모습을 갖추는 데 실패한 이스라엘이 빚어내는 갈등을 묘사한다. 이러한 관점에서 역대기는 크게 두 부분으로 나눈다. (1) 세상/열방 속에서 이스라엘의 위치(대상 1장-대하 9장), (2) 죄와 속죄(대하 10-36장). 저자는 첫 번째 부분(대상 1장-대하 9장)을 통해 열방에 대한 이스라엘의 사명을 깨달아가는 과정을 회고한다. 둘째 부분(대하 10-36장)에서는 이 사명대로 살아가는 일에 이스라엘이 어떻게 실패했으며, 실패한 이들에게 아직도 어떤 소망이 있는가에 대해서 논한다.

이와 같은 저자의 통찰은 그 시대에 매우 시기적절한 메시지였다. 그는 고레스 왕이 종교의 자유를 선포하고 상당한 시간이 흐른 뒤에 이 책을 집필하였다. 에스라-느헤미야서가 보여주는 것처럼, 세스바살, 스룹바벨, 에스라, 느헤미야 등과 함께 상당수의 유태인이 예루살렘에 도착하면 시온에 여호와의 유토피아가 형성될 것을 꿈꾸면서 바빌론에서 약속의 땅으로 돌아왔다. 그러나 귀향민들을 기다린 것은 낙원이 아니라 잔인한 가난과 멸시였다. 결국 귀향민들의 기대는 실망으로 끝났으며 좌절감과 패배의식이 그들을 괴롭혔다.

이러한 상황에서 저자는 이스라엘은 '귀향'을 기다려야 한다고 가르친다. 그렇다면 이미 바빌론에서부터 귀향한 주의 백성은 아직도 어떤 '귀향'을 기다려야 한단 말인가? 저자는 이스라엘이 여호와를 믿고 의지하여 조상들에게 주신 땅으로 돌아오긴 했지만, 여전히 여호와께 반역하고 있는 신실하지 못한 백성이라고 한다. 그들은 물리적으로는 바빌론을 탈출했지만 신학적으로는 아직도 '포로 생활' 중에 있었던 것이다. 저자는 여호와에 대한 백성들의 반역이 지속되는 한, 그들이 기대하는 유토피아는 임하지 않을 것이라고 단언한다. 이 점을 강조하기 위해서 '부정'으로 해석하는 히브리어 단어(מעל)를 책 곳곳에 매우 전략적으로 사용하여 고레스 왕의 '종교 자유 선포'를 종말론적으로 재해석한다. 아직 이스라엘은 '자유의 날'을 기다려야 한다.

저자는 주의 백성들에게 모든 죄에서 자유할 그날을 갈망하며 기다리라고 한다. 비록 그날이 세상에 임하지 않았지만 그리 멀지 않을 것으로 생각했다. 그는 이러한 생각을 아주 특별한 숫자를 염두에 두고 계보를 정리함으로써 드러내고 있다. 그는 아담부터 노아까지를 10세대, 노아의 아들 셈부터 아브라함까지를 10세대, 그리고 아브라함부터 요시야까지를 30세대로 정리하고 있다. 아브라함이 두 번 계산된 점을 감안해, 아담에서 요시야까지는 49세대이며 포로로 끌려간 세대가 바로 50번째 세대가 된다. 즉, 역대기 저자는 49년 만에 한 번씩 찾아오는 희년(year of jubilee)을 염두에 두고 온 인류의 계보를 정리한 것이다 (Johnstone).

(2) 주의 백성과 '온 이스라엘'

역대기 저자는 유다가 하나님의 심판을 받아 바빌론으로 끌려간 이후 많은 세월이 지났고, 북 왕국 이스라엘이 멸망한 지도 몇백 년이 지난 시대를 살고 있지만 아직도 '온 이스라엘'(כל־ישראל)을 매우 의미 있는 개념으로 사용한다. 사무엘서에 의하면 사울이 죽은 후 다윗은 헤브론에서 유다 지파 사람들에 의해 유다의 왕으로 추대되고 7년 동안 사울 집안과 내란을 치렀다(cf. 삼하 2장). 반면에 역대기 기자는 다윗을 왕으로 세우기 위해서 헤브론으로 유다 지파 사람들만 온 것이 아니라 '온 이스라엘'과 '이스라엘의 모든 장로들'이 왔다고 기록한다(대상 11:1, 3, 4, 10). 이러한 회고는 다윗이 유다 지파의 왕이 되어 7년을 지낸 일과 아브넬의 중재로 온 이스라엘의 왕이 된 일을 하나로 묶어 회고하기 때문에 빚어진 일이라고도 할 수 있지만, 12장의 내용을 감안하면 다윗이 헤브론에서 유다의 왕이 된 일을 말하는 것임이 거의 확실하다.

저자는 다윗을 왕으로 세우기 위해서 '온 이스라엘'의 각 지파에서 많은 사람이 헤브론으로 왔다는 말을 더한다(cf. 대상 12:23-40). 또한 역대기 저자는 다윗이 헤브론에서 '유다의 왕'으로 세움을 받았다는 사실을 언급하지 않는다(cf. 삼하 2:1-4). 다윗은 '온 이스라엘'에 의해서 '온 이스라엘의 왕'이 되었기 때문이다. 그 외에도 역대기 저자에 의하면 히스기야는 '온 이스라엘과 유다'에서 사람들을 초청해 유월절을 지냈다(대하 30:1, 6, 10, 11, 18; 31:1). 또한 요시야의 개혁은 '온 이스라엘'에 영향을 미쳤다고 한다(대하 34:6-7, 9). 이처럼 '온 이스라엘'이라는 말을 상당히 자유롭게 사용한다.

저자가 인용한 자료들과 '온 이스라엘'이란 표현의 연관성을 살펴보자. 첫째, 저자는 인용한 출처에서 '온 이스라엘'이라는 표현이 나오면 역대기에서도 같은 지점에서 이 표현을 활용한다(대상 18:14; 19:17; 대하 7:8; 9:30; 10:1; 10:16a). 둘째, 인용한 출처에서 '온'(לכֹּ)이라는 말을 사용하지 않더라도 본인이 강조하고자 하는 점을 적절하게 표현한다고 생각하면 이 수식어를 새로이 추가한다(대상 11:1, 4; 13:5, 6, 8; 14:8; 15:28; 21:4, 5; 대하 10:3, 16b; 11:3). 셋째, 사무엘서-열왕기 외의 출처를 인용할 때도 이 표현을 자주 사용한다(대상 9:1; 11:10; 12:38; 15:3; 28:4, 8; 29:21, 23, 25, 26; 대하 1:2a, b; 7:6; 11:13; 12:1; 13:4, 15; 29:24a, b; 30:1; 31:1; 35:3). 저자는 자신이 인용하고 있는 출처들보다 훨씬 더 광범위하게 '온 이스라엘'이라는 말을 사용한다.

'온 이스라엘'이라는 표현은 구약 성경에서 105차례 등장한다. 그중 40%를 차지하는 40차례가 역대기에서 사용되었다. 저자가 인용하는 출처에서 이 용어가 발견된 것을 그대로 사용하는 사례가 6번, 인용하는 출처에 '이스라엘'이라고만 표기된 것을 '온 이스라엘 지파/온 이스라엘'로 바꾼 사례는 12번이다. 또한 '온 이스라엘'이란 표현이 역대하 10-36장에 14차례 사용되는데, 이 부분이 솔로몬 이후 분열왕국 시대를 정리하고 있는 점을 감안하면 매우 의미심장하다. 이스라엘이 남 왕국과 북 왕국으로 나누어진 이후 다시는 하나님 앞에서 한 백성으로 선 적이 없었는데, 저자는 '온 이스라엘'이라는 말을 주저하지 않고 사용한다. 그의 관점에서 볼 때 '온 이스라엘'은 정치적·종교적 분열뿐만 아니라 백성의 수적 분열에 대한 개념이다. 더욱더 의미심장한 것은 북 왕국이 망해서 아시리아로 끌려간 이후의 시대를 조명하는 역대하 29-36장에서 '온 이스라엘'이 5차례나 사용된다는 사실이다. 역대기 기자는 회생을 염원하는 다윗 왕국에는 이스라엘 12지파가 모두 다 포함될 것을 기대하는 것이다. 이스라엘이 두 나라로 나뉜 것은 슬픈 일로, 하나님의 뜻이 아니라 자신들의 죄로 인해 초래된 일이며 이스라엘은 언젠가 하나가 될 것을 염원해야 한다는 사실을 강조하고 있다.

(3) 다윗 왕국

다윗과 다윗 왕조는 역대기 저자의 신학에 엄청난 영향을 미쳤다. 역대기 전체의 2분의 1정도가 다윗-솔로몬 시대에 관한 것이라는 점도 이 같은 사실을 확인해 준다(Allen). 한 학자는 '다윗주의'(Davidism, viz., 다윗과 그의 왕조)는 역대기 기자가 지향하는 모든 신학의 맥박이 되고 있다고 평가하는가 하면(Noth), 다른 주석가는 역대기 안에서 다윗에 대한 직접적인 언급은 역대상 10장-역대하 9장에서 두드러지고, 간접적으로는 역대하가 끝날 때까지 다윗의 영향력이 책의 곳곳에 암시되고 있다고 한다(Ackroyd). 역대상 1-9장의 계보가 다윗과 그의 족보에 강조점을 두고 있음을 쉽게 알 수 있다.

저자는 여호와 종교의 상징인 성전과 시내산 언약에서 비롯된 종교 예식에 매우 깊은 관심을 가지고 있다. 특히 다윗과 솔로몬을 이스라엘에서 여호와 종교가 뿌리를 내리고 잘 이행될 수 있도록 여건을 만들어 준 사람들로 매우 높이 평가한다. 역대기 기자에게 이 두 사람은 이스라엘 종교 역사상 가장 훌륭한 왕들이었다. 저자는 솔로몬이 성전을 건축할 수 있게 다윗이 어떻게 준비했는가를 상세히 기록함으로써 아버지 왕의 신앙을 드러낸다. 또한 역대기의 마지막 사건을 하나님이 다윗과 솔로몬에게 주신 약속은 영원한 것이라는 사실을 재차 확인하는 역사적 순간으로 간주한다(cf. 대하 36:22-23).이처럼 역대기 저자에게 다윗은 정치적 차원뿐 아니라 종교적 차원에서도 가장 중요한 인물이기에 사무엘서에서 묘사하는 것과 상당히 다른 다윗을 제시한다. 역대기는 경우에 따라서 다윗에 대해 사무엘서에 기록된 내용의 많은 부분을 아예 언급하지 않는다. 예를 들면, 다윗이 어떻게 왕이 되었는가 (cf. 삼상 16장-삼하 5장)에 대한 이야기는 별다른 언급 없이 뛰어넘는다. 다윗이 노년에 어떻게 쇠퇴했는가에 대한 회고(cf. 삼하 9장-왕상 2장)도 그냥 지나친다. 반면에 저자는 다른 출처를 인용해서 다윗과 그의 통치에 대한 새로운 면모들을 제시한다. 다윗을 지지한 자들의 명단(cf. 대상 12장), 다윗의 노래(cf. 대상 16:4-42), 다윗이 성전 건축을 위해서 준비한 것과 성전 건축에 관해서 솔로몬에게 충고한 일(cf. 대상 22:2-29:22) 등이다. 사무엘서가 다윗을 실수가 많은 사람으로 묘사하는 데 비해, 역대기는 다윗을 참으로 "여호와의 마음에 맞는 사람"(אִישׁ כִּלְבָבוֹ בִּקֵּשׁ יְהוָה לוֹ)(cf. 삼상 13:14)이라고 한다. 저자는 다윗의 신앙을 강조하기 위해서 그의 실수와 죄에 대해서 거의 침묵한다.

역대기 저자가 암울한 현실에도 불구하고 미래를 낙관하는 이유는 역대하 17장에서 구체화되는데, 다름 아닌 사무엘하 7장에서 처음으로 제시된 다윗 언약이다. 저자는 이 다윗 언약에서 장차 이스라엘을 통치하러 오실 메시아에 대한 예언을 의식했다. "네 몸에서 날 네 씨를 네 뒤에 세워 그의 나라를 견고하게 하리라"(אחריך אשר יצא ממעיך־זרעך את)(삼하 7:12)와 "네 뒤에 네 씨 곧 네 아들 중 하나를 세우고 그 나라를 견고하게 하리니"(את־זרעך אחריך אשר יהיה מבניך)(대상 17:11)는 지속적인 다윗 자손의 통치를 전제한 것으로 이해되었다. 그러나 역대기는 사무엘하 7:14의 "그가 만일 죄를 범하면 내가 사람의 매와 인생의 채찍으로 징계하려니와"(אשר בהעותו והכחתיו בשבט אנשים ובנגעי בני אדם)라는 말을 삭제했다. 다윗 왕국의 영원성을 강조하기 위해서다(대상 22:6-10; 28:2-10; 대하 6:15-17; 7:17-18)(Williamson). 역대기 저자는 주전 609년에 요시야가 죽음으로 다윗 왕조가 일단락되었다고 생각했다. 그 이후로 이스라엘은 장차 올 다윗을 기다리게 되었다. 우리는 저자의 이와 같은 관점을 예레미야의 '포로 생활 70년'을 요시야의 죽음에서 고레스의 선포 때까지를 뜻하는 것으로 해석하는 점에서 엿볼 수 있다. 그러나 이미 언급한 것처럼 저자는 고레스 왕의 '종교 자유 선포'를 종말론적으로 재해석함으로써 메시아는 아직 오시지 않았음을 시사한다.

(4) 성전과 예배

한 주석가는 역대기의 메시지를 이해하는 데 가장 중요한 요소로 '다윗 언약'과 '솔로몬의 성전 헌당 기도'를 꼽았다(Selman). 역대기 저자에게는 예루살렘 성전과 그 성전에서 드려지는 예배가 다윗 언약만큼이나 중요하다는 의미이다. 성전은 하나님의 임재를 상징하는 곳으로 이스라엘 종교에서 매우 중요한 위치에 있었다.[5] 하나님이 자기 이름을 두신 곳이며(cf. 대하 6:10-11, 20), 모세를 통해서 주신 율법대로 완공되었다(대상 28:11, 12, 18, 28:19). 이 성전이 예루살렘 안에 있었기 때문에 때로는 예루살렘이 하나님의 거처로 여겨지기도 했다(대상 23:25). 예루

---

5 성전의 신학적 중요성에 대하여는 필자의 『엑스포지멘터리 열왕기상·하』 서론 섹션을 참조하라.

살렘은 여호와께 예배드릴 수 있는 유일한 장소였다(대하 6:6; 33:7).

이처럼 역대기 기자는 예루살렘 성전을 매우 중요하게 여겼다. 그러나 성전 건물 자체보다는 성전이 상징하는 여호와의 임재에 더 큰 의미를 부여했다. 그래서 성전 건물에 대해서는 열왕기에 기록된 것보다 훨씬 짧게 회고한다. 성전 건축과 헌당식에 대해서 기록하면서 오히려 솔로몬의 봉헌기도와 하나님의 응답에 더 큰 관심을 쏟는다. 여기서 솔로몬 기도(cf. 대하 6:14-42)의 중심 요지는 하나님은 성전보다 크시다는 사실이다. 그러므로 하나님의 처소는 성전에 국한될 수 없지만(대하 6:18) 여호와의 임재는 성전에 머무시기 때문에 하나님은 백성들이 성전에서 드리는 기도를 들으실 것이다(cf. 대하 6:23, 25, 27, 30, 33, 35, 39).

(5) 축복과 심판

역대기는 순종에는 축복이, 불순종에는 심판이 임할 것을 경고한다. 역대기가 독자들에게 격려와 경고를 동시에 선언한다고 해서 이 책을 '레위적 설교'(levitical sermon)로 이해하는 학자도 있다(Williamson). 더 나아가 한 주석가는 역대하 7:14에 기록된 "내 이름으로 일컫는 내 백성이 그들의 악한 길에서 떠나 스스로 낮추고 기도하여 내 얼굴을 찾으면 내가 하늘에서 듣고 그들의 죄를 사하고 그들의 땅을 고칠지라"는 말씀을 '상벌 헌장'이라고 부른다(Dillard). 특히 이 상벌 원리는 역대하 10-36장에서 매우 중요한 테마로 등장하며, 한 학자는 "역대기 안에서 징벌은 솔로몬 이후 왕들에게 적용된 유일한 잣대(yardstick)이다"라고 한다(Braun)(cf. 대상 28:9; 대하 12:5; 15:2; 24:20). 역대기에서 수많은 선지자적 스피치가 언급되는 것도 저자가 불순종에 대한 경고를 얼마나 중요하게 여겼는가를 보여준다. 다음 도표를 참조하라.

선포자	성구	청중/대상
아마새	상 12:18	다윗왕
나단	상 17:1-15	다윗왕
스마야	하 12:5-8	르호보암왕과 방백들
아사랴	하 15:1-7	아사왕과 및 유다와 베냐민의 무리들
하나니	하 16:7-9	아사왕
시드기야	하 18:9-10	여호사밧왕과 아합왕
미가야	하 18:12-22	여호사밧왕과 아합왕
예후	하 19:1-3	여호사밧왕
야하시엘	하 20:14-17	여호사밧왕과 온 유다와 예루살렘 주민
엘리에셀	하 20:37	여호사밧왕
엘리야	하 21:12	여호람왕
스가랴	하 24:20-22	백성
무명	하 25:7-8	아마샤왕
무명	하 25:15-16	아마샤왕
오뎃	하 28:9-11	이스라엘 군대
훌다	하 34:22-28	요시야왕
느고	하 35:20-21	요시야왕

상벌 주제와 연관해서 한 가지 생각해 볼 것은 역대기 저자는 '어떠한 죄인도 용서받고 하나님의 축복을 누릴 수 있다'는 점을 강조한다. 특히 므낫세왕 이야기를 통해서 매우 의미심장한 메시지를 전한다. 유다 역사에서 가장 흉악한 왕이 회심했고 하나님은 그를 용서하셨다. 하나님의 은혜를 입은 므낫세는 답례로 종교개혁까지 단행했다(cf. 대하 33:11-16). 므낫세 이야기는 역대기 저자가 강조하는 '하나님은 회개한 자들에게 언제든지 은혜를 베푸신다'라는 주제를 가장 극명하게 보여주는 좋은 예다. 저자는 르호보암에 대해서도 매우 관대하게, 그리고

회개한 왕으로 묘사한다.

그렇다면 하나님께 순종하는 자는 어떤 축복을 기대할 수 있는가? 역대기 안에서는 순종하는 자들에게 성공과 번영, 건축 사업, 전쟁에서 승리, 자손 번성, 백성들의 지지, 큰 군대 등의 다양한 복이 주어진다.

(6) 마음가짐

'마음'(לֵב, לֵבָב)이란 단어는 구약 성경에서 850회 나온다. 이 중 역대상에서 19회, 역대하에서 44회 등 총 63회 등장한다. 저자는 '온전한 마음(בְּלֵבָב שָׁלֵם)/온 마음(בְּכָל־לֵבָב)'이라는 표현을 21회나 사용하며 예배와 하나님을 향한 마음가짐으로 온 마음과 정성을 다하는 것이 얼마나 중요한가를 강조한다. 21회 중 저자가 인용하고 있는 열왕기 텍스트에서 같은 표현은 고작 3회이며, 나머지는 저자의 독창적 회고에서 발견된다. 이런 사실로 볼 때 온 마음에서 비롯된 신앙생활의 중요성을 강조하는 것은 역대기 저자의 독특한 신학이라고 할 수 있다. 유다의 위대한 왕으로 평가받은 히스기야에 관한 이야기(대하 29-32장)에서 '마음'이란 단어가 11회 사용되었다. 히스기야의 업적을 회고하는 과정에서 인용한 열왕기 구절들에는 '마음'이 한 번밖에 사용되지 않았다(cf. 대하 29:10, 31, 34; 30:12, 19, 22; 31:21; 32:6, 25, 26, 31). 단어의 빈도수에서도 알 수 있듯이 '마음가짐'은 역대기의 한 테마로 자리를 잡는다(Braun).

역대기에서 '마음'과 어울려 자주 사용되는 단어가 '기뻐하다/즐거워하다'(שָׂמַח) 동사이다. 역대기 안에서 이 동사는 마음과 함께 15회 사용된다(대상 12:38-40; 29:9, 22; 대하 29:30, 36; 30:21, 23, 25). 아울러 하나님과의 관계에서도 '마음'은 매우 중요한 자리를 차지한다. 겸손한 마음은 하나님을 기쁘게 하지만 교만한 마음은 하나님이 받지 않으신다.

(7) 기도

기도 역시 역대기 안에서 매우 중요하다. 책 곳곳에 기도문이 등장하는데 모두 긍정적인 평가를 받은 왕들이 드린 기도들이다. 즉, 하나님이 기뻐하시는 자는 기도를 한다는 것이다. 역대기에 수록된 여러 기도문 중 중요한 것 몇 가지만 살펴보자.

① 다윗이 축복을 받고 드린 기도(대상 17:16-27)

다윗은 정권이 안정되자 여호와를 위해서 집을 짓기 원했다. 그러나 하나님은 다윗의 제의를 거절하시고 오히려 그를 위해서 영원한 '집'을 지어주시겠다고 약속하셨다. 이것이 바로 일명 '다윗 언약'이다(cf. 삼하 7장). 나단 선지자를 통해 소식을 전해 들은 다윗은 하나님이 일방적으로 선포하신 이 언약이 그와 후손들에게 무엇을 의미하는지 잘 알고 있었다. 그래서 그는 감격한 나머지 떨리는 마음으로 하나님께 이 기도를 드렸다.

다윗이 얼마나 감격했는가는 10여 절의 본문에서 여호와를 부르는 감탄사(viz., '오 여호와여')가 10차례나 된다는 사실에서 잘 드러난다. 또한 우리말 성경에는 잘 나타나지 않지만 히브리어 텍스트에는 이 기도문의 초점이 처음부터 끝까지 여호와께 맞춰져 있다. 히브리어 텍스트에 의하면 다윗은 기도문에서 '나'라는 단어를 시작하는 부분에만 사용한다(16절). 그리고 나머지 부분에서 자신을 언급할 때는 3인칭(18절) 혹은 2인칭 접미사를 사용한다(ex. '주의 종')(25절). 더 나아가 다윗은 하나님을 염두에 둔 2인칭 소유격 접미사를 20차례 이상이나 사용한다.

그의 기도는 전형적인 감사의 기도나 여호와를 찬양하고 그분에게 새 노래를 부르라는 권면적 기도가 아니라, 매우 신중하고 엄숙한 기도이다. 다윗은 이 기도를 드리는 순간 참으로 진실하고 겸손했다. 그는 마음속 깊은 곳에서 우러나는 고백을 하는 것이다. 다윗은 자신의 연약함과 한계 때문에 하나님의 놀라운 능력과 무한하심을 결코 감당할 수 없다는 내용으로 기도를 시작해서, 하나님의 은혜로 자신을 하나님의 섭리와 계획에 맞추어가겠다는 각오로 마친다. 이 기도는 다음과 같이 요약할 수 있다. (1) 하나님의 놀라운 사역을 인정하는 고백(16-22절). (2) 하나님의 놀라운 사역이 끊이지 않기를 바라는 간구(23-24절). (3) 처음 두 섹션의 요약(25-27절).

② 다윗이 헌물을 드리며 드린 기도(대상 29:10-19)

나단을 통해 자신은 여호와의 성전을 건축할 수 없다는 말씀을 받고 난 후 다윗은 열심히 재산을 모았다. 솔로몬이 여호와의 전을 건축하는 데 필요한 비용을 준비한 것이다. 드디어 인생의 모든 여정을 마친 다윗은 죽음에 임박해 그동안 모은 모든 재산을 하나님께 드렸고 백성들에게 뜻이 있는 자들은 동참할 것을 권고했다. 많은 사람이 그 권고를 선하게 받아들여 하나님께 엄청난 물질을 기쁜 마음으로 드렸다.

백성들의 헌물에 감격한 다윗이 온 회중 앞에 드린 기도가 바로 본문이다. 저자는 이 기도를 통해 우리가 하나님께 드리는 헌물마저도 하나님의 것이라는 점을 강조하기 위해 '모든'(כֹּל)이란 단어를 10차례 사용한다(Japhet). 다윗은 또한 헌물이 결코 마음의 청결함을 대신할 수는 없다는 사실도 강조한다. 이 기도 역시 세 섹션으로 구분한다. (1) 찬양(10-12절), (2) 감사(13-17절), (3) 간구(18-19절).

③ 솔로몬이 하나님의 임재를 구하며 드린 기도(대하 6:12-42)

아버지 다윗의 숙원사업이었던 성전 건축을 7년에 걸쳐 이룬 후 헌당 예배에서 드린 솔로몬의 기도이다. 이스라엘의 모든 백성이 한자리에 모여 이 역사적인 사업에 종지부를 찍고 있다. 성전의 화려함과 규모, 건축 과정에서 자신이 쏟은 정성과 심혈에도 불구하고 솔로몬은 겸손하게 하나님께 간구한다. 이 기도는 (1) 찬양(14-15절), (2) 다윗 언약을 이행해 달라는 간구(16-17절), (3) 백성들의 기도에 귀를 기울여 달라는 호소(18-40절), (4) 하나님이 성전에 거하시면서 주의 백성들을 보살펴 달라는 부탁(41-42절)으로 구성된다. 기도의 분량이 너무 방대하므로 여기서는 중심 테마인 하나님의 임재와 성전의 관계에 대한 저자의 이해만 간략하게 요약하고자 한다.

솔로몬은 화려한 성전을 지어 여호와께 헌당하면서도 성전이 결코 하나님의 거처가 될 수 없음을 잘 알고 있었다. 그래서 이렇게 기도했다. "주의 종과 주의 백성 이스라엘이 이 곳을 향하여 기도할 때에 주는 그 간구함을 들으시되 주께서 계신 곳 하늘에서 들으시고 들으시사 사하여 주옵소서"(21절). 비록 성전이 하나님이 거하실만한 곳은 될 수 없을지라도, 하나님이 이 땅에서 이스라엘 백성들을 만나시는 곳이므로 솔로몬은 이러한 기도를 드리고 있다. 심지어 그는 이스라엘이 하나님께 죄를 범하여 이방인들의 땅으로 끌려가게 되더라도 그들이 그 땅에서 뉘우치고 이 성전을 향해 기도하면 들어주실 것을 호소한다(36-39절).

솔로몬은 하나님이 어떠한 공간에도 제한될 수 없는 자유로운 분이시라는 사실도 잘 알고 있었다. "하나님이 참으로 사람과 함께 땅에 계시리이까 보소서 하늘과 하늘들의 하늘이라도 주를 용납하지 못하겠거든 하물며 내가 건축한 이 성전이오리이까"(18절). 그럼에도 불구하고 성경은 성전을 하나님의 거처라고 말한다. "내가 그들 중에 거할 성소를 그들이 나를 위하여 짓되"(출 25:8). 위에서 언급한 것처럼 솔로몬은 자신이 건축한 성전의 압도적인 화려함과 웅장함에도 불구하고 이 성전은 결코 하나님의 거처가 되지 못한다고 고백했다. 그러면서도 그는 성전을 하나님의 처소라고 부른다. "여호와 하나님이여… 주의 평안한 처소에 계시옵소서"(41절). 성전은 하나님이 그의 백성들을 만나

주시는 장소일 뿐만 아니라 하나님이 거하시는 처소인 것이다.

저자는 이 세상에 존재하는 유일한 하나님의 처소로서 성전이 독특한 위치에 있음을 시사한다. 그러나 이 처소가 하나님의 주거지는 아니다. 하나님의 주거지는 하늘이며 성전은 하나님이 자기 백성들의 기도를 들어 주시고 그들을 만나주시는 곳이다. 즉, 성전 자체에 어떠한 신비로운 힘이 있는 것이 아니라, 하나님의 임재가 그곳에 거하는 동안에만 특별한 장소가 된다. 그러므로 솔로몬은 성전을 헌당하면서도 하나님께 '이곳을 향하여 기도할 때마다 하늘에서 들으시고'라는 말을 계속 반복한다. 또한 이 과정에서 저자는 하나님의 구원과 인도가 백성들에게 임하는 것은 성전 때문이 아니라 기도 때문임을 거듭 강조한다. 기도가 하나님의 보좌를 두드리는 것이지 결코 성전 자체에 능력이 있는 것은 아니라는 것이다.

④ 여호사밧이 위기 때 드린 기도(대하 20:5-12)

지금까지 살펴본 기도들은 모두 좋은 일이 있을 때 드린 것들이다. 그러나 본문은 여호사밧이 적군의 침략을 받아 국가적 위기에 처했을 때 하나님께 드린 기도이다. 어떤 이유인지 정확히 알 수는 없지만 모압과 암몬이 중심이 된 대군이 유다를 침략했다. 사태가 매우 심각하다는 것을 의식한 여호사밧이 전 국민에게 금식을 선포했다. 금식은 인간의 무능함을 시인하며 하나님께 전적으로 의지하는 상징적인 의미를 지닌다. 그 다음 여호사밧은 한마음이 된 유다 백성들을 이끌고 성전을 찾아가 하나님께 도움을 호소하며 기도했다. 우리는 막강한 힘을 가진 의롭지 못한 침략군과 연약하지만 의로운 이스라엘, 힘없는 인간과 전능하신 여호와라는 두 가지 대조된 모습을 본다. 여기에 바탕을 둔 기도는 하나님의 자비나 친절이 아닌 하나님의 공의(justice)를 바라고 있다. 기도문의 구조는 다음과 같다. (1) 탄원의 신학적인 근거

(6-9절), (2) 당면하고 있는 위기(10-11절), (3) 여호와의 개입에 대한 호소(12절).

여호사밧은 먼저 하나님은 어떤 분이시고 어떤 일을 하셨는가를 기념하는 일로 기도를 시작한다(6-9절). 그분은 하늘에 거하면서 온 세상을 다스리시는, 그 누구도 그의 권능에 도전할 수 없는 위대한 분이시다(6절). 이런 놀라운 권능의 하나님이 가나안 사람들을 모두 몰아내고 그들의 땅을 이스라엘에게 주셨다(7절). 그리고 이스라엘은 여호와께서 기업으로 주신 땅에 성전을 건축하고 위기 때마다 이곳을 찾아 땅을 선물로 주신 능력의 하나님께 간구하기로 다짐했다.

흥미로운 것은 솔로몬은 헌당 기도에서 하나님이 백성들의 기도를 '하늘에서 들으시고'라는 말을 여러 차례 반복함으로써 성전이 결코 하나님의 거처가 될 수 없음을 강조한 반면, 여호사밧은 '이 집'(성전) 앞에 서는 것은 하나님 앞에 서는 것이라는 점을 강조하고 있다(9절). 여호사밧은 비록 성전이 하나님의 거처가 될 수는 없지만, 이 세상에서 하나님의 임재를 상징하는 건물로는 전혀 손색이 없다는 것을 잘 알고 있었다. 여호사밧과 함께 주님 앞에 선 백성들은 하나님께 도움을 요청드릴 때마다 구원의 손길을 내미실 것이라고 믿었다. 여호사밧은 국가적 위기에 처한 이스라엘이 어떤 근거로 하나님의 전을 찾았는지 명확하게 설명한다. 하나님의 인격과 과거에 베풀어주신 은혜가 이번에도 그분을 찾는 동기가 된다.

백성들과 함께 주님을 찾게 된 동기를 설명한 여호사밧은 이스라엘이 당면한 이번 위기는 사실상 하나님이 책임지고 해결해 주실 의무가 있음을 설득력 있게 호소한다(10-11절). 그는 이집트를 떠나왔을 때 일을 회상한다. 이스라엘이 이집트를 출발하여 광야를 거쳐 가나안 땅으로 입성하는 과정에서 암몬과 모압 자손을 칠 수 있었지만, 하나님은 모압과 암몬이 이스라엘과 피를 나눈 민족들이기에 그들을 치는 것은 물론이고 그들의 땅을 지나가는 것도 금하셨다(10절). 이스라엘이 일종의 자비를 베푼 것이었다. 그런데 이제 세월이 지나 그들이 오히려 이스라엘을 침략해온 것이다. 여호사밧은 이집트를 탈출할 때 하나님이 암몬과 모압을 치는 것을 허락하셨다면 이 순간에 드러난 배은망덕한 행위를 예방할 수 있었을 것이라고 생각한다. 이스라엘이 그들을 치지 않은 유일한 이유는 하나님의 명령에 순종하기 위해서였다. 결국 이 모든 일은 하나님의 말씀대로 살다 빚어진 일이라는 것이다.

암몬과 모압의 배은망덕한 침략은 이스라엘이 여호와의 말씀대로 순종하다가 초래된 일이라는 점을 상기시킨 여호사밧은 여호와의 개입을 호소한다(12절). 그가 원하는 것은 그들의 배은망덕한 행위에 대한 공의로운 심판이다. 그러므로 하나님이 그들에게 벌을 내리시기를 간구한다. 동시에 이스라엘의 연약함과 무능함을 솔직하게 고백하고 있다. "우리의 힘은 보잘것없습니다. 우리는 지금 어떻게 해야 할지 모르겠습니다." 이 상황에서 주의 백성이 유일하게 할 수 있는 것은 무엇인가? 오직 주님만을 바라보며 선처를 기대하는 일뿐이라는 것이 여호사밧의 마지막 고백이다.

이 기도는 위기에 처한 자들이 무엇을, 어떻게 기도해야 하는지를 가르쳐 준다. 무엇보다도 하나님이 어떤 분이시라는 것, 즉 하나님의 속성(attribute)에 대한 깊은 이해가 있어야 한다. 또한 하나님이 과거에 하신 일, 특히 베풀어주신 은혜를 기념해야 한다. 만일 당면한 위기가 하나님의 말씀대로 살다가 빚어진 일이라면 더욱더 하나님께 강력한 호소를 할 수 있는 근거가 된다. 위기에 처한 자가 기도할 것은 구원과 선처를 위함이 아닌 하나님의 공의가 드러나도록 간구해야 한다. 그리고 마음에서 모든 것을 드러내고 오직 주님만을 바라보아야 한다.

⑤ 히스기야의 예배를 위한 기도(대하 30:18-19)

이미 언급한 것처럼 역대기 기자는 열왕기를 매우 포괄적으로 인용한다. 동시에 자신만의 출처를 인용해 많은 정보를 새로이 추가했다. 히스기야 이야기에도 우리가 열왕기에서 접하지 못한 추가 정보들이 있다. 이 기도의 배경도 그 부류에 속한다. 북 왕국 이스라엘이 주전 722년 아시리아에 의해 막을 내린 후, 히스기야는 남아 있는 북쪽 사람들을 초청했다. 일종의 전도자가 되어 옛 이스라엘 땅에 남아 있는 사람들에게 여호와께로 돌아올 것을 호소하였다. 여호와께로 온전히 돌아오는 것을 상징하는 예배적 행위로 함께 유월절을 지내자는 것이었다. 물론 거부한 사람들도 있었지만 초청에 응하여 예루살렘을 찾은 사람들이 많았다. 그런데 문제가 하나 있었다. 북 왕국 사람들이 그동안 너무 오랫동안 성전과 상관없이 살아왔기 때문인지 유월절 규례에 대해서 전혀 알지 못하여 부정한 몸으로 성전을 찾아왔고 또한 아무런 생각 없이 유월절 양을 먹은 것이다. 평생 처음으로, 그러나 부정한 몸으로 유월절 예배에 참석하여 양을 먹음으로써 북 왕국 사람들이 자칫 잘못하면 생명을 잃을 수도 있는 위기에 처한 것이다. 히스기야는 이러한 정황 속에서 짧지만 의미심장한 이 기도를 드린다.

히스기야는 이미 서신에서 여호와께서 그의 품으로 돌아오는 모든 사람을 결코 외면하지 않으실 것이며 귀하게 여기시고 사랑해 주실 것이라고 선언했다(9절). 이 말씀을 믿고 돌아온 사람들이 익숙하지 않은 규례와 제사법 때문에 위기에 처한 사실을 깨닫고 히스기야는 중보기도를 드린다. "어지신 여호와여, 용서하십시오." 히스기야는 비록 이들이 부정한 육신을 이끌고 예배에 참석했지만, 하나님을 향한 마음만은 다른 사람들과 마찬가지로 정결하니 외형만 보시지 말고 마음가짐을 보시고 용서해 달라고 기도하고 있다.

게다가 이들은 악한 마음을 품고 일부러 부정함을 벗지 않고 온 것이 아니라 무지해서 그런 것임을 이야기의 배경을 살펴보면 알 수 있다. 예배에 참석하는 자들의 마음가짐이 얼마나 중요한가를 암시하는 기도문이다. 외적인 정결함이 내적인 정결함을 대신할 수는 없지만, 내적인 정결함이 외적인 정결함을 대신할 수 있다는 가능성을 시사한다. 물론 하나님은 히스기야의 기도를 들으셨다(20절).

10. 개요

전반적으로 역대기는 크게 세 부분으로 나눈다. (1) 서론(대상 1-9장), (2) 통일왕국의 역사(대상 10장-대하 9장), (3) 분열왕국 이후 유다의 역사(대하 10-36장). 서론(대상 1-9장)은 10장 이후부터 전개될 이스라엘 민족이 어디서부터 시작되었고, 어느 지역에 살았고, 어떤 역사적 정황에서 그들의 역사가 시작되었는가 등을 그리고 있다. 통일왕국의 역사 섹션(대상 10장-대하 9장)은 다윗과 솔로몬의 통치에 초점을 맞춘다. 물론 저자가 이 섹션에서 이스라엘의 초대 왕 사울에 대해서 언급하지만 매우 간략하게 끝내버린다(9:35-10:14). 섹션의 나머지 부분(대상 11장-대하 9장)은 다윗과 솔로몬의 통치에 할애하여 이스라엘의 정치적·종교적 전성기를 묘사한다.

왕국이 분열된 이후 시대에 대한 섹션(대하 10-36장)은 남 왕국 유다의 역사만 집중적으로 조명한다. 저자는 북 왕국 이스라엘에 대해서는 이렇다 할 관심을 갖지 않는다. 남 왕국의 왕 중에도 아사, 여호사밧, 히스기야, 요시야가 집중적인 조명을 받는다. 모두 과감한 종교 개혁을 단행하여 하나님을 기쁘게 한 왕들이다. 저자의 초점과 관심이 왕들의 정치적 능력에 맞추어져 있는 것이 아니라 그들의 신앙과 하나님을 향한 열정에 맞추어져 있다. 역대기는 다음과 같이 구분한다.

Ⅰ. 서론: 계보(대상 1:1-9:34)
   A. 아담에서 이스라엘까지(대상 1:1-2:2)
   B. 이스라엘(대상 2:3-9:1)
   C. 예루살렘에 정착한 귀향민(대상 9:2-34)

Ⅱ. 통일왕국의 역사(대상 9:35-대하 9:31)
　　A. 사울의 통치(대상 9:35-10:14)
　　B. 다윗의 통치(대상 11:1-29:30)
　　C. 솔로몬의 통치(대하 1:1-9:31)

Ⅲ. 분열왕국의 역사(대하 10:1-28:27)
　　A. 북 왕국 이스라엘의 반역(대하 10:1-11:4)
　　B. 르호보암(대하 11:5-12:16)
　　C. 아비야(대하 13:1-14:1a)
　　D. 아사(대하 14:1b-16:14)
　　E. 여호사밧(대하 17:1-21:1)
　　F. 여호람(대하 21:2-20)
　　G. 아하시야(대하 22:1-9)
　　H. 요아스(대하 22:10-24:27)
　　I. 아마샤(대하 25:1-26:2)
　　J. 웃시야(대하 26:3-23)
　　K. 요담(대하 27:1-9)
　　L. 아하스(대하 28:1-27)

Ⅳ. 유다의 마지막 왕들(대하 29:1-36:23)
　　A. 히스기야(대하 29:1-32:33)
　　B. 므낫세(대하 33:1-20)
　　C. 아몬(대하 33:21-25)
　　D. 요시야(대하 34:1-35:27)
　　E. 유다의 마지막 왕들(대하 36:1-12)
　　F. 유다의 최후(대하 36:13-21)
　　G. 고레스의 칙령(대하 36:22-23)

엑스포지멘터리
역사서 개론
에스라
느헤미야

EXPOSItory comMENTARY

에스라―느헤미야

우리 조상들의 하나님 여호와를 송축할지로다 그가 왕의 마음에 예루살렘 여호와의 성전을 아름답게 할 뜻을 두시고 또 나로 왕과 그의 보좌관들 앞과 왕의 권세 있는 모든 방백의 앞에서 은혜를 얻게 하셨도다 내 하나님 여호와의 손이 내 위에 있으므로 내가 힘을 얻어 이스라엘 중에 우두머리들을 모아 나와 함께 올라오게 하였노라(스 7:27-28)

내 하나님이여 이 일로 말미암아 나를 기억하옵소서 내 하나님의 전과 그 모든 직무를 위하여 내가 행한 선한 일을 도말하지 마옵소서(느 13:14)

소개

에스라서와 느헤미야서는 책에 등장하는 주요 인물의 이름을 근거로 제목이 붙여졌다. 에스라(עֶזְרָא)는 '[여호와의] 도움'이라는 뜻을 지녔으며 '아사리아'(עֲזַרְיָה, lit., '여호와께서 도우시다')를 줄인 것이다(cf. HALOT). 탈무드는 그를 포로기 이후 '이스라엘 총회'(the Great Assembly)를 창시한 사람이요, 바빌론 포로 생활을 지나면서 잊힌 율법을 재정립한 사람으로 회고한다(Megilla 18b; Sukkah 20a). 이 같은 맥락에서, 외경에 속한 제2에스드라서는 에스라를 제2의 모세로 부각시킨다.[1] 이 책에 의하면 모세가 시내산 위에서 40일 동안 기거하며 율법책을 쓴 것처럼 에스라도 성경을 40일 만에 기록했고(제2에스드라 14:19-48), 엘리야처럼 죽지 않고 하늘로 들림을 받았다고 한다(제2에스드라 8:19; 14:9). 외경에 기록된 내용이므로 확실한 근거는 없지만, 한때 이스라엘 사람들이 에스라를 얼마나 존귀하게 여겼는지 조금은 짐작할 수 있다.

느헤미야(נְחֶמְיָה)는 '여호와께서 위로하시다'라는 의미를 지닌 이름이다(cf. HALOT). 느헤미야는 유능한 정치가요 능력 있는 행정가이며 기도의 사람이었다. 특히 여러 가지 반대와 장애물에도 불구하고 하나님과 그의 백성을 위해 비전을 설정하고, 그 비전을 향해 모든 열정과 지혜를 불사르며 질주하는 느헤미야의 모습은 경이롭기까지 하다. 그의 업적은 외경의 집회서 49:13, 제2마카비서 1:18-36 등에서 높이 평가받는다. 요세푸스도 귀향민 공동체에서 그의 역할을 극찬했다(Ant., 159-83).

이 책들의 주인공인 에스라와 느헤미야라는 이름이 지닌 뜻은 두 책의 내용과 잘 어울린다. 사실 주전 538년에 스룹바벨과 세스바살의 주도로 1차 귀향민이 바빌론을 떠나 예루살렘으로 돌아왔을 때만 해도 그들은 유토피아를 꿈꾸고 있었다. 하나님께서 머지않아 주의 나라를 재건하시고 귀향민에게 많은 복을 내려 옛적 유다의 영화를 다시 누리게 해주실 것으로 생각했다(cf. 스 1장). 그러나 1,500여 킬로미터의 여정을 마치고 예루살렘에 도착했을 때 그들을 기다리고 있던 것은 가난과 주변 민족들의 시기와 질투였다. 심지어 생존 자체에 위협을 느낄 정도로 상황이 좋지 않았다. 귀향민들은 깊은 좌절과 실의에 빠졌고, 패배주의가 그들을 지배했다. 이처럼 절망적인 상황에서 오직 하나님

---

[1] 제2에스드라서가 외경인지, 위경인지에 대해 고대 번역본들은 다르게 취급한다. 이 책에서는 외경으로 간주한다.

의 말씀만을 의지하여 다시 약속의 땅에 뿌리내리던 시대를 회고하고 있는 에스라—느헤미야서의 내용을 생각할 때, 주인공들의 이름은 적절한 의미를 지닌 것들이라 생각된다. 하나님께서 고난 중에 있던 이스라엘 귀향민에게 큰 도움과 위로가 되어 주셨기 때문이다. 나아가 에스라—느헤미야서는 하나님의 큰 도움과 위로로 주의 백성이 열악한 환경에서 어떻게 승리했는지를 보여 주는 일종의 '인간 승리/자수성가' 이야기라 할 수 있겠다.

탈무드에 의하면, 오늘날 두 권으로 분리된 이 책은 원래 '에스라'라는 이름이 붙여진 한 권의 책이었다(Baba Bathra 15a). 한 학자는 옛적에 유대인들이 이 책들을 하나의 통일성 있는 문서로 간주했던 역사적 증거 여섯 가지를 제시했다(Ryle). 초대 교회에서도 이 책들은 한동안 한 권으로 취급되다가 주후 2세기 말 혹은 3세기 초에 이르러 오리겐(Origen, 주후 185-253)이 두 권의 책으로 언급한 것이 처음이다(Bowman). 그 후로 두 권으로 취급되는 것이 기정사실화되었다.

유대인들은 사본의 정확성을 보존하기 위해 각 정경이 끝나면 책에 대한 통계를 기록하는데(일명 'final massorah'), 에스라—느헤미야서의 경우 두 책이 끝나는 곳에 한 권으로 취급하여 통계를 기록한 것으로 보아 역사적으로 두 정경을 한 권으로 취급했음을 보여 준다(Klein). 주후 1448년에 유대인들이 히브리어 성경의 인쇄본을 출판하면서 비로소 기독교가 구약 정경을 라틴어로 번역해 놓은 불가타(Vulgate)를 근거로 이 책을 두 권으로 취급하기 시작했다. 이러한 역사적 정황을 고려해 여기서는 두 권을 하나의 통일성 있는 책으로 간주하고자 한다.[2]

---

2 에스라—느헤미야서의 통일성을 강조하여 한 권으로 읽어야 한다는 학자들이 있는가 하면(Eskenazi, Williamson, Klein), 두 권의 독립적인 책으로 취급해야 한다는 학자들도 있다(Kraemer, VanderKam). 이 같은 논쟁은 당분간 지속될 것으로 보인다.

1. 저자와 저작 연대

이미 언급한 것처럼, 탈무드에서는 에스라를 이 책의 저자라고 한다. 그러나 오늘날에는 이 같은 주장을 수용하는 사람은 별로 없다. 실제로 에스라—느헤미야서에는 여러 장르의 글이 등장하고 에스라와 느헤미야의 개인적인 회고가 포함되는 등 다양한 특성을 보이므로, 한 사람의 편집자가 편집한 책으로 볼 수는 있어도 한 사람의 저자가 저작한 책으로 보는 것은 현실적으로 불가능해 보인다.[3] 그동안 에스라—느헤미야서의 저작자에 대한 여러 학설 중 가장 많은 지지를 받은 것은 다음 세 가지이다. (1) 에스라가 에스라—느헤미야서와 역대기의 저자이다(Albright, Torrey), (2) 에스라와 느헤미야가 각자 자신의 이름을 지닌 책을 저작하였다(Harrison), (3) 역대기 저자가 에스라—느헤미야서의 최종적인 저자이다(Bowman, Clines, Myers). 다음 사항들을 참조하라.

바빌론에서 예루살렘으로 돌아온 귀향민의 삶과 신앙을 그리고 있는 에스라—느헤미야서는 역사적으로 구약 시대의 마지막 일들을 기록하고 있다. 저작된 시기는 역대기와 비슷하다는 것이 전통적인 견해이다. 그뿐만 아니라 내용에 있어서도 역대기와 깊은 연관성을 지니고 있는 것으로 간주되며, 오랜 세월 동안 학계는 역대기와 에스라—느헤미야서가 같은 저자에 의해 집필되었다는 탈무드의 기록을 별다른 이견 없이 수용해 왔다(Archer). 근대에 와서는 순츠(L. Zunz, 1832년)가 이 관점을 체계적인 논리로 관철시킨 후 1960년대까지 이 관점이 정설(定說)로 자리잡았다(Klein).

역대기와 에스라—느헤미야서를 동일 저자가 집필한 것이라고 주장

---

[3] 편집자와 저자를 구분하는 것이 에스라—느헤미야서에서는 별 의미가 없다고 생각된다. 편집 비평에서도 이미 편집자를 저자로 간주하는 점을 감안하여 이 책에서는 저자와 편집자를 구분하지 않고 간단히 '저자'로 지칭하겠다.

하는 사람들은 크게 네 가지를 증거로 제시했다. (1) 에스라서를 시작하는 고레스의 칙령이 역대기를 마무리하고 있다는 점, (2) 외경에 속한 제1에스드라서(1 Esdras)의 내용이 역대하 35-36장으로 시작해 에스라서로 곧장 연결된다는 점, (3) 역대기와 에스라—느헤미야서가 언어적·문체적으로 비슷하다는 점, (4) 이 책들의 신학적 개념과 관심사가 비슷하다는 점(cf. Williamson). 그래서 이들은 역대기와 에스라—느헤미야서를 같은 시기에 같은 저자가 집필하였거나, 혹은 역대기를 저작하고 얼마 뒤에 에스라—느헤미야서가 역대기 속편으로 저작되었다고 본다(Clines).

이러한 주장에 대한 반론은 이미 오래전부터 있었는데 최근 들어 더욱 가속화하고 있다. 특히 자펫(Japhet)과 윌리엄슨(Williamson)은 그동안 출판된 여러 글을 통해 역대기와 에스라—느헤미야서는 결코 동일인의 저작물이 아니라고 주장했다. 이들은 동일 저작자를 주장하는 사람들이 제시한 네 가지 증거에 대해 조목조목 반론을 제기했다. 그러나 이들의 반론 중 처음 세 가지 증거에 대한 반박을 살펴보면, 처음 세 가지 증거가 실제로 동일 저자임을 입증할 만한 결정적인 증거로 사용될 수 없다는 것은 분명하나, 그렇다고 해서 그것이 저자가 다르다는 것을 입증할 만한 증거가 될 수는 없다(Throntveit). 즉, 이 세 요소는 동일 저작자임을 입증하기에 부족하지만, 저작자가 서로 다름을 입증하는 증거로 사용되기에도 부족하다.

반면에 위에 제시된 네 번째 주장(역대기와 에스라—느헤미야서의 신학적 개념과 관심사가 비슷하다는 점)에 대한 반론은 이 책들이 서로 다른 저작자에 의해 쓰였음을 입증할 만하다(Williamson, Japhet, Richards). 그들은 역대기와 에스라—느헤미야서의 내용에 대해 다음과 같은 여섯 가지 차이점을 지적했다. (1) 역대기는 다윗과 다윗 언약을 매우 중요한 주제로 다루고 있는 반면, 에스라—느헤미야서는 이 주제를 전혀 언급하지 않는다. (2) 에스라—느헤미야서는 출애굽 사상을 매우 중요하게 전개하는 반면, 역대기는 이 주제를 전개하거나 발전시키지 않는다. (3) 에스라—느헤미야서가 국제결혼에 대해 부정적인 시각을 갖는 반면, 역대기는 솔로몬의 국제결혼에 대해 호의적인 시각을 갖는다. (4) 역대기는 죄에 대한 하나님의 즉결심판을 자주 언급하는데, 에스라—느헤미야서에서는 이러한 현상이 전혀 포착되지 않는다. (5) 역대기는 선지자와 예언을 매우 중요한 주제로 삼고 있는데, 에스라—느헤미야서는 예언과 선지자들을 이슈화하지 않는다. (6) 에스라—느헤미야서는 성전 막일꾼들과 솔로몬의 종들을 자주 언급하는데, 역대기는 아예 언급하지 않는다.

이들의 주장에도 불구하고 에스라—느헤미야서와 역대기의 관계에 대한 학계의 논쟁은 아직도 계속되고 있다. 일부 학자는 이 책들이 같은 저자(들)에게서 비롯되었다는 주장을 고수하고 있다(Breneman, cf. Blenkinsopp). 이러한 주장에 팽팽하게 맞서 서로 다른 저자들에게서 비롯된 것이라고 주장하는 학자들도 많다(Japhet, Williamson, Throntveit, McConville). 이 책들이 같은 저자가 집필한 것으로 보기에는 중심 주제와 관심사 측면에서 너무 많은 차이를 보이고 있음을 감안하여 에스라—느헤미야서와 역대기는 서로 다른 저자에 의해 집필되었다고 보는 것이 설득력 있다. 따라서 에스라—느헤미야서를 해석하면서 역대기와의 연계성은 최소화하겠다.

에스라—느헤미야서는 일인칭을 사용해 회고한 부분이 많다. 문제는 한 사람의 일인칭 회고가 아니라 에스라와 느헤미야 등 최소한 두 사람의 일인칭 회고가 삽입되어 있다는 점이다. 에스라가 일인칭 관점에서 기록한 것은 에스라 7:27-28, 8:1-34, 9:1-15 등이다. 학자들은 이 본문들이 '에스라 회고'(Ezra Memoir; 줄여서 EM이라 함)라는 이름의 독립적인 자료에서 비롯된 것이라고 생각한다(EM에 대해서는 cf. Kellermann).

느헤미야가 일인칭을 사용해 집필한 본문은 느헤미야 1:1-7:5,

12:27-43, 13:4-31 등이다. 학자들은 이 본문들이 '느헤미야 회고'(Nehemiah Memoir; 줄여서 NM이라고 부름)라는 이름의 독립적인 자료에서 비롯된 것으로 간주한다(NM에 대해서는 cf. Williamson). NM는 일종의 '피의자의 기도'(prayer of the accused)로 원수들의 비난에 맞서 하나님께 자신의 결백을 주장하는 데 목적을 두고 있다(Kellermann, 다른 관점들에 대해서는 cf. Williamson). 두 문서 모두 '회고'라고 불리지만 느헤미야 회고는 사적인 문서임이 역력하며 특별한 편집 없이 그대로 책에 기재된 것으로 생각된다. 반면, 에스라 회고는 상당한 편집 과정을 거친 것이 확실하다(Yamauchi). 어찌 되었건 이 같은 사실은 책 전체 혹은 최소한 일부분을 에스라와 느헤미야가 기록했음을 입증한다. 그러나 최종적으로 누가 이들의 글을 정리해서 이 책에 삽입했는지는 전혀 알 수 없다.

전통적으로 많은 사람이 역대기와 에스라—느헤미야서가 같은 저자의 책이라는 결론을 내리는 가장 큰 이유는 역대기처럼 에스라—느헤미야서도 숫자에 지대한 관심을 쏟을 뿐만 아니라 많은 목록을 포함하고 있다는 공통점 때문이다(Albright, Kidner, Fensham). 실제로 에스라—느헤미야서의 4분의 1이 다양한 목록과 명단으로 구성되어 있다. 이 책에 등장하는 목록과 명단은 다음과 같다. (1) 귀향민이 바빌론에서 가져온 성전 그릇 목록(스 1:9-11), (2) 귀향민 명단(스 2장; 느 7장), (3) 에스라의 계보(스 7:1-5), (4) 에스라와 함께 온 귀향민 명단(스 8:1-14), (5) 이방인과 결혼한 사람들 명단(스 10:18-43), (6) 성벽 재건에 참여한 사람들 명단(느 3장), (7) 언약에 서명한 사람들 명단(느 10:1-27), (8) 예루살렘과 주변에 거주하기로 한 사람들 명단(느 11:3-36), (9) 제사장들과 레위 사람들 명단(느 12:1-26). 1차 귀향민(주전 538년) 명단이 에스라 2장과 느헤미야 7장에 두 차례 등장하는 점까지 고려하면(#2), 에스라—느헤미야서에는 총 열 개의 명단이 들어 있다. 이 명단의 내용을 분석해 보면 시대적으로 비슷한 시기에 작성된 것이 아니라 100여 년의 시차를 두고 작성되었음을 알 수 있다.

에스라—느헤미야서가 구약의 다른 책들과 비교했을 때 가장 큰 차이를 보이는 것은 많은 서신을 인용하고 있는 점이다. 이 책에는 최소한 여덟 개의 갖가지 서신과 칙령이 인용되어 있다. (1) 고레스의 선포(스 1:2-4), (2) 르훔의 비방 편지(스 4:11-16), (3) 아닥사스다가 르훔에게 보낸 조서(스 4:17-22), (4) 닷드내의 서신(스 5:7-17), (5) 고레스의 칙령에 대한 서신(스 6:3-5), (6) 다리오가 닷드내에게 보낸 조서(스 6:6-12), (7) 에스라에게 전권을 주는 아닥사스다의 조서(스 7:12-26), (8) 산발랏의 봉인하지 않은 편지(느 6:6-7). 이 모든 서신은 처음 것과 마지막 것만 제외하고 모두 당시 공용어인 아람어로 수록되어 있다.

얼마 전까지만 해도 학계에서는 이 서신들의 진실성에 문제를 제기하기도 했지만, 지금은 거의 모든 학자가 이 서신들이 모두 실제로 존재했던 원본(original)에 근거한다는 점을 인정한다. 이 서신들은 언어학적으로나 역사적으로 당시 고대 근동에서 사용되던 양식과 거의 일치한다는 것이 학자들 대부분의 견해이다(cf. Williamson). 그러나 서로 다른 역사적 정황을 배경으로 하는 많은 서신과 칙령들이 누구에 의해, 어떤 과정을 통해 에스라—느헤미야서에 실리게 되었는지는 알 수 없다.

에스라서는 상당 부분이 아람어로 기록되어 있다. 아람어는 고대 근동에서 주전 1,000년대부터 통용되던 언어이다(cf. 왕하 18:26-28). 에스라서에 등장하는 여러 개의 서신도 아람어로 쓰여 있다. 에스라서를 제외하면 아람어로 쓰인 문서를 포함하고 있는 정경은 별로 없다. 성경에서 발견되는 아람어 부분은 다음과 같다. 창세기 31:47에서 아람어 단어 두 개가 사용되었으며, 예레미야 10:11에 아람어가 포함되어 있으며, 다니엘 2:4b-7:28은 아람어로 기록되어 있다. 에스라서에서는 4:8-6:18과 7:12-26 등에 아람어가 사용되었다. 이 구절들을 합하면 총 67절에 달하며 이 중 52절이 편지나 목록이다.

에스라서에 사용된 아람어는 제국 아람어(Imperial Aramaic)이며 주전 700-200년대에 사용되었다. 히브리어로 책을 집필한 저자가 왜 이 부분에서 아람어를 사용했는지는 확실치 않다. 아마도 문서의 역사성과 실재성을 강조하기 위해 히브리어로 번역하지 않고 당시 공용어인 아람어 문서로 남겨둔 것으로 생각된다. 또한 에스라서와 느헤미야서가 같은 저자라면, 그가 왜 느헤미야서에서는 아람어를 전혀 사용하지 않았는지 의문이다. 이 부분에 대해서는 다음과 같이 추측해 볼 수 있다. 에스라가 바빌론에서 2차 귀향민을 이끌고 돌아올 때(주전 458)만 해도 그들은 히브리어로 소통하지 못했다. 그래서 에스라와 레위 사람들은 히브리어로 성경 말씀을 읽은 후 그룹을 나누어 아람어로 통역하며 말씀을 설명해 주었다(느 8:6-8). 이러한 상황에서 느헤미야의 사역이 마무리될 때쯤에는 예루살렘 공동체가 어느 정도는 히브리어로 소통할 수 있었다는 점을 암시하기 위해(공동체가 조상의 언어를 회복했다는 사실을 강조하기 위해) 느헤미야서에는 아람어 문서를 포함하지 않은 것으로 생각된다.

외경과 위경 중 몇 권의 책이 에스라서와 연관되어 오늘날까지 전해져 온다. 이 중 어떤 것들은 성경의 에스라서와 비슷한 내용을 포함하고 있다. 제1에스드라서(1 Esdras)는 헬라어로 쓰였으며 9장으로 구성되어 있다. 라틴어 성경에서는 이 책이 제3에스드라서(3 Esdras; 에스라, 느헤미야는 1 & 2 Esdras라고 함)로 불리며, 칠십인역(LXX)에서는 제1에스드라서(Esdras Alpha)로 불린다. 이 책은 이스라엘의 종교개혁 역사에 요시야, 스룹바벨, 에스라가 어떤 역할을 했는가를 강조한다. 제1에스드라서는 대부분 히브리어 성경의 내용을 재현하고 있지만, 사건을 전개하는 순서 면에서 정경과 여러 곳에서 차이를 보이며 내용 면에서도 상당한 차이가 있다.

제1에스드라서가 재현하는 성경 내용은 역대하 35-36장, 에스라서 전체, 느헤미야 7:38-8:12의 순으로 구성되어 있다. 그러나 사건 전개의 순서와 내용상의 현저한 차이에 근거해 학자들은 대체로 제1에스드라서가 마소라 사본을 번역한 것이 아니라 다른 텍스트 전승을 반영하고 있다고 생각한다(cf. Harrison). 그렇다면 제1에스드라서에서 느헤미야 1:1-7:37이 누락된 것은 무엇을 의미하는가? 명쾌하게 답하기에는 만만치 않은 질문이다.

내용을 살펴보면 에스라와 전혀 상관이 없어 보이지만 그의 이름으로 불리는 또 한 권의 책이 외경에 있다. 제2에스드라서(2 Esdras)이다. 제2에스드라서는 장르상 묵시이며 내용상 성경의 에스라서와 직접적인 연관성이 없다. 책의 주요 골자는 로마('바빌론')의 사악함을 비판하는 데 있다. 제2에스드라서는 신정론(theodicy) 문제와 씨름하고 있으며, 원래 히브리어나 아람어로 저작된 것을 헬라어로 번역한 것으로 생각된다. 라틴어 성경은 이 책을 제4에스드라서로 칭하며 때로는 '에스라의 묵시'(the Apocalypse of Ezra)라 부르기도 한다. 에스라—느헤미야서, 제1 & 2에스드라서의 다른 명칭들을 정리하면 다음과 같다.

영어/한국어 성경	라틴어 성경	칠십인역
에스라(Ezra)	Esdras I	Esdras Beta
느헤미야(Nehemiah)	Esdras II	Esdras Gamma
제1에스드라(1 Esdras)(외경)	Esdras III	Esdras Alpha
제2에스드라(2 Esdras)(외경)	Esdras IV	

지금까지 살펴본 책의 특성 때문에 학자들은 에스라—느헤미야서의 저작자 문제는 매우 복잡하게 얽혀 있다고 보며 저마다 여러 가설을 제시한다. 여러 학설 중 학계에서 가장 인정받는 학설은 윌리엄슨(Williamson)의 주장이다. 그의 학설을 요약하면 에스라—느헤미야서는 다음과 같이 3단계의 생성 과정을 거쳐 오늘날 우리 손에 전해졌다는 것이다.

첫째, 에스라—느헤미야서가 회고하고 있는 역사적 사건들을 직접 목격하고 기록한 자료들이 책의 처음 단계를 형성한다. 둘째, 주전

400년경에 에스라 회고(EM), 느헤미야 회고(NM)와 그 외 몇 가지 자료들을 바탕으로 에스라 7:1–느헤미야 11:20과 느헤미야 12:27–13:31이 완성되었다(cf. Yamauchi). 셋째, 주전 300년경에 에스라 1–6장이 마지막 편집자에 의해 저작되어 책의 서론으로 첨부되었다. 이 섹션의 대부분은 주전 538–515년에 있었던 사건들을 중심으로 쓰인 역사적 내러티브(historical narrative)이다. 이러한 과정을 거쳐 에스라–느헤미야서는 주전 300년경에 최종적인 형태를 갖추게 되었다(Williamson).

그러나 에스라와 느헤미야가 활동한 때가 주전 450–430년경이라면, 굳이 100여 년이 지난 후에야 최종적으로 편집되었다고 할 만한 그 어떠한 증거도 없다. 게다가 에스라–느헤미야서에서는 주전 300년대 후반에 페르시아를 멸망시키고 세상을 장악한 알렉산더와 그리스 제국에 대한 어떠한 단서도 찾아볼 수 없다. 이러한 정황을 고려할 때 에스라–느헤미야서는 그리스가 제국으로 부상하기 전에 최종 편집이 되었을 가능성을 배제할 수 없다. 그러므로 주전 400년대 말이나 300년대 초를 최종 편집 시기로 간주하는 것이 바람직하다(cf. Clines, Japhet).

2. 역사적 정황

이스라엘이 타국으로 끌려간 것은 주전 586년의 바빌론 유수가 처음은 아니다. 기록에 의하면 아시리아 사람들은 주전 8세기에 벌써 이스라엘 사람들을 인질로 끌어갔다. 디글랏빌레셀(Tiglath-Pileser III)은 주전 732년에 유다의 왕 아하스의 요청으로 가나안 지역에 원정을 와서 시리아를 멸망시키고 가나안 주민들을 끌고 갔다(cf. 사 7장). 이때 이스라엘의 갈릴리와 길르앗 지역에서도 1만 3,520명을 끌어갔다(왕하 15:28; ANET 283–284). 이 일이 있고 10년 후 아시리아 왕 사르곤(Sargon II)은 북 왕국 이스라엘을 멸망시키고 2만 7,290명을 잡아갔다(왕하 17:6; 18:10; ANET 284–287). 이후 아시리아 왕 산헤립(Sennacherib)이 주전 701

년에 원정을 와 순식간에 유다를 정복하고 히스기야 왕을 "새장에 새를 가두듯" 예루살렘에 가두었다. 이때 아시리아 왕이 히스기야의 항복을 받아 내지는 못했지만 이 일로 인해 유다 사람 20만 150명을 잡아갔다(ANET, 22).

이후 아시리아는 더 이상 유다를 괴롭히지 못하고 주전 605년에 망했지만, 주의 백성이 포로로 끌려가는 일은 계속되었다. 주전 605년에는 다니엘과 세 친구를 포함한 무리가 바빌론으로 끌려갔다(단 1:1-2). 바빌론 왕 느부갓네살은 주전 597년에 에스겔을 포함해 거의 2만 명의 무리를 바빌론으로 끌어갔다(왕하 24:14-16; cf. 겔 1:1-2). 이후 주전 586년에는 예루살렘 주민의 25% 정도가 바빌론으로 끌려갔으며(Albertz), 주전 582년에도 상당수의 이스라엘 사람이 바빌론으로 끌려갔다(cf. 렘 52장). 이스라엘의 역사를 살펴보면, 안타깝게도 이때까지 타국으로 끌려간 이야기는 있지만 포로로 끌려간 사람들이 조국으로 돌아온 이야기는 없다.

그러다가 역사를 주관하시는 하나님께서 대반전을 이루신다. 주전 539년에 페르시아 왕 고레스를 사용하셔서 주의 백성을 억압하던 바빌론을 망하게 하셨다. 이듬해인 주전 538년에 고레스가 종교의 자유를 선포하게 하셨으며 이 일을 계기로, 바빌론에 끌려와 살던 유다 사람 중 조상의 나라로 돌아가기 원하는 사람들에게 기회를 주셨다. 하나님은 고대 근동의 역사에서 들어보지 못한 일, 더 나아가 이제껏 온 인류의 역사에도 없던 일을 행하셨던 것이다.

에스라서의 첫 부분은 스룹바벨을 중심으로 바빌론 포로 생활에서 영광스럽게 돌아오는 귀향민과 그들의 성전 재건 이야기로 시작된다. 그들의 귀향길은 흥분과 감격으로 가득 차 있었다. 특히 페르시아 왕의 축복을 받으며, 빼앗겼던 성전 그릇들을 되찾아 약속의 땅으로 돌아온다는 것은 매우 감격적인 일이 아닐 수 없었다(1:11; 5:14, 16). 그러나 예루살렘으로 돌아온 귀향민의 삶은 한마디로 '상처뿐인 영광'에 불과했다. 유다와 예루살렘 재정착은 어렵다 못해 비참하기까지 했다. 경제적으로는 바빌론에서 살던 때와 비교할 수 없을 정도로 어려웠고, 정치적으로도 평탄치 못했다. 아시리아 제국의 외교정책에 따라 오래 전 사마리아로 끌려와 정착한 이방인들을 중심으로 한 반대 세력이 예루살렘 성과 성전 재건을 끊임없이 방해했다.

주변 족속들은 '유다 사람들의 성전과 예루살렘 성벽 재건은 예루살렘의 요새화를 의미한다'라는 모함으로 페르시아 왕을 설득하여 성전 재건을 15년이나 지연시키는 데 성공했다. 결국 이스라엘 사람들은 이 기간에 성전 없이 제단을 쌓아 하나님께 예배를 드렸다. 또한 시간이 지나면서 성전 재건에 대한 열망도 점차 식어 갔다. 성전이 폐허로 남아 있는 동안 그들은 집 짓는 일에 몰두했다(학 1:1-4).

전통적인 견해에 의하면, 스룹바벨과 세스바살이 인도해 온 귀향민 무리가 유다와 예루살렘에 정착한 지 상당한 세월이 지난 후에 에스라가 페르시아 왕의 권고로 율법을 가르치기 위해 두 번째 귀향민 무리를 이끌고 예루살렘을 찾았다. 그는 무너진 예루살렘 성벽을 재건하려 했지만, 역시 대적들의 반대와 음모로 좌절을 맛보았다. 게다가 예루살렘의 경제적 여건은 날이 갈수록 악화되기만 했다. 결국 희망과 꿈을 가지고 선조들의 고향으로 돌아온 이스라엘 공동체는 실망과 절망에 발목이 묶여 있었다.

시간이 한참 지난 다음, 패배감에 젖어 있던 예루살렘에 또 하나의 방문자가 나타났다. 느헤미야가 예루살렘 성벽을 재건하기 위한 모든 여건을 마련해서 유다 땅을 찾은 것이다. 우여곡절 끝에 느헤미야가 재건을 시작한 지 정확히 52일 만에 성벽이 완성되었다. 기적적인 일이었다. 예루살렘 성벽은 이렇게 재건되었고 이 일을 기념하기 위해 귀향민들은 율법을 읽고 축제를 벌였다. 스룹바벨—에스라—느헤미야의 연관성을 이처럼 이해하는 전통적인 견해에 의하면 세 차례에 걸친 귀향은 다음과 같다.

	첫 번째	두 번째	세 번째
관련 구절	에스라 1–6장	에스라 7–10장	느헤미야 1–13장
연대	주전 538년	주전 458년	주전 444년
지도자	세스바살, 스룹바벨, 예수아(여호수아)	에스라	느헤미야
페르시아 왕	고레스(Cyrus)	아닥사스다 (Artaxerxes) 롱기마누스 (Longimanus)	아닥사스다 (Artaxerxes) 롱기마누스 (Longimanus)
칙령의 내용	모든 민족 중 조국으로 돌아가기 원하는 사람은 모두 돌아갈 수 있음. 성전을 재건할 수 있으며 성전 도구들과 그릇들이 반환됨.	조국으로 돌아가기를 원하는 사람은 돌아갈 수 있음. 국고 지원 제공.	성벽 재건 허락.
귀환자의 수	42,360 7,337(종) 총 49,697	1,500(남자) 38(레위인) 220(조력자) 총 1,758	알 수 없음.
프로젝트, 성과, 문제	성전 재건 공사. 제사를 드림. 유월절 절기. 주변 민족들이 두려워 성전 공사를 주전 520년까지 보류함. 성전이 주전 516년에 완공됨.	타민족과의 결혼	산발랏, 도비야, 게셈 등의 반대에도 불구하고 성벽이 52일 만에 재건됨. 성벽이 봉헌되고 율법이 낭독됨.

대부분 주석가는 스룹바벨—에스라—느헤미야의 활동 시대에 관해 위 표에 기록된 전통적인 이해를 따르고 있다. 스룹바벨의 연대도 그렇지만 특히 느헤미야의 연대는 엘리판틴 파피루스(Elephantine Papyri)가 발굴된 후부터 위에 제시된 연대가 그대로 받아들여지고 있다. 엘리판틴은 나일강에 있으며, 유대인들이 소유했던 조그마한 식민지 섬(오늘날의 이집트 남부이자 이집트의 수도 카이로에서 약 900km 남쪽에 있는 아스완[Aswan] 지역에 있음)이었다. 1893년에 이 섬에서 아람어로 된 법률 문서

와 상업적 기록 여러 개가 발견되었다. 이 문서들에 의하면 처음에는 이 섬이 유다에서 온 용병들(mercenary)의 근무지였으나 나중에는 그들의 자녀와 아내도 같이 기거하는 유대인 마을이 되었다.

엘리판틴에는 '야웨'(YHW)에게 헌당된 유대인들의 성전이 있었는데, 이 성전은 주전 525년 이전에 건축되었고 주전 410년경에 이집트 사람들에 의해 파괴되었다. 여호와를 섬기며 다른 이방 신들을 섬기던 사람들의 이름도 상세히 기록되어 있는 것으로 보아 이 섬에 거주하던 유대인들은 종교적 복합주의를 지향한 것 같다. 엘리판틴에서 발굴된 문서 중 하나(주전 407년경에 저작된 문서)는 느헤미야의 사역을 방해한 산발랏(Sanballat)의 두 아들이 사마리아를 통치하고 있었다고 기록한다(Williamson). 느헤미야서에 기록된 역사적 내용과 일치한다. 그래서 학자들은 전통적인 해석이 느헤미야의 활동 시기를 정확히 반영한 것으로 간주한다.

반면, 에스라의 활동 연대에 대해서는 지난 100여 년간 논쟁이 끊이지 않았다(Rowley, Kellermann, Yamauchi). 19세기 말에 밴 후내커(Van Hoonacker)가 여러 글을 통해 에스라가 주전 450년대에 예루살렘을 찾았다는 점에 대해 의문을 제기했다(cf. Harrison). 그 후 상당수의 학자가 에스라가 섬기던 아닥사스다 왕(8:1)을 아닥사스다 1세가 아니라 아닥사스다 2세라고 주장하게 되었다(Bowman). 만일 에스라가 섬기던 왕이 아닥사스다 1세였다면, 에스라는 아닥사스다 1세 즉위 7년째 되던 해인 주전 458년에 예루살렘으로 돌아왔을 것이다. 반면에 만일 그가 섬기던 왕이 아닥사스다 2세였다면, 에스라가 예루살렘으로 귀향한 때는 왕 즉위 7년째인 주전 398년이 된다.[4] 이 경우 에스라가 느헤미야보다 먼저 예루살렘을 찾은 것이 아니라, 느헤미야가 성벽 재건을 마친 후

---

4 일부 학자들은 에스라가 아닥사스다 즉위 7년에 예루살렘으로 파견되었다는 내용을 기록하고 있는 스 7:7-8에서 원래는 '즉위 37년'이었는데, 십 단위인 30이 필사자에 의해 누락된 것으로 생각한다(Bright). 이렇게 계산할 경우, 에스라는 느헤미야의 뒤를 이어 주전 428년에 예루살렘을 방문한 것이 된다. 그러나 이 논쟁에 그다지 도움이 되는 연대는 아니다.

거의 50년이 지나서야 예루살렘으로 돌아온 것이 된다. 학자들이 이러한 주장을 펼치는 데는 여러 가지 이유가 있다(Snaith). 그러나 이들이 제시하는 문제에 대해서는 충분히 합리적으로 반론할 수 있기 때문에 에스라의 예루살렘 방문을 주전 458년으로 보는 데 별문제는 없다(cf. Williamson). 이들이 제기하는 주요 문제점과 반론은 다음과 같다. 이 외 에스라가 느헤미야보다 늦게 예루살렘을 방문했다는 주장을 펼치는 학자들의 증거는 클라인스(Clines)가 제시한 열 가지 증거를 참조하라.

첫째, 에스라와 느헤미야가 같은 시대 사람이라면 일하는 과정에서 서로에 대한 언급이 더 많을 수밖에 없다. 특히 두 사람 모두 상당한 권력을 가지고 예루살렘을 찾았다는 점을 감안할 때, 서로에 대해 침묵하는 것은 쉽게 이해되지 않는다(Bowman). 그런데 성경은 고작 두 차례만 두 사람을 함께 언급할 뿐이다(느 8:9; 12:26). 게다가 두 사람이 직접 대화를 나누거나 함께한 일은 단 한 차례도 기록되어 있지 않다. 동시대에 사역한 사람들로 보기에는 둘 사이에 너무 많은 거리감이 있다. 그러나 만일 에스라에 대한 이야기가 '에스라 회고'(Ezra Memoir)를 인용한 것이며, 느헤미야에 대한 내용은 '느헤미야 회고'(Nehemiah Memoir)에서 비롯된 것이라면, 각각 독립적으로 존재했던 자료들이므로, 두 개혁자가 그다지 교류하지 않은 것처럼 느껴지는 것은 당연한 일이다(Williamson).

둘째, 만일 에스라가 아닥사스다 1세로부터 율법을 가르치라는 명령을 받았는데(스 7장), 느헤미야가 성벽을 재건한 다음에야 비로소 백성들을 모아 놓고 율법을 읽었다면(느 8장), 에스라는 예루살렘에 도착한 지 13년이 지나서야 왕의 명령을 수행한 것이 된다. 에스라는 아닥사스다 1세 즉위 7년에 예루살렘으로 파견을 받았고, 느헤미야도 아닥사스다 1세로부터 예루살렘으로 파견을 받았지만, 느헤미야는 이 왕이 즉위한 지 20년이 되던 해에 예루살렘을 방문해 성벽을 재건했기 때문에 이런 결론이 나온다. 그렇다면 아닥사스다 1세로부터 명령을 받은 에스라가 왜 13년이 지난 다음에야 백성들에게 율법을 읽어 주었을까?

이 이슈와 연관된 또 다른 문제는 에스라서에 기록된 에스라의 사역이 길어 봤자 1년 미만이라는 것이다. 그 후 느헤미야 8장에서 다시 모습을 드러낼 때까지, 그가 13년 동안 어떤 사역을 했는지 전혀 알 수 없다. 만일 에스라가 아닥사스다 2세 시대에 예루살렘을 방문했다고 가정하면, 이 문제가 쉽게 해결된다는 것이 반론을 제기하는 사람들의 주장이다. 그가 아닥사스다 2세 즉위 7년 1월에 예루살렘을 향해 수산(Susa)을 떠났고(스 7장), 긴 여행과 예루살렘 정착까지 6개월이 지난 다음에야 비로소 율법을 가르쳤다는 것이다(느 8장). 그리고 두 이야기 사이에 있는 내용(스 8장-느 7장)은 책의 필요에 따라 과거를 회상하며 삽입된 것이라고 주장한다.

그러나 느헤미야 8장에 기록된 일이 에스라 8장과 마찬가지로 에스라가 예루살렘에 도착한 해인 주전 458년에 있었던 일인데, 책의 필요에 따라 이곳에 삽입된 것이라고 간주해도 별 어려움은 없다. 구약의 역사서에서 사건의 시대적 순서(chronological order)는 자주 바뀌기 때문에 느헤미야 7장의 시대적 순서에 지나친 비중을 두어 상황을 설명할 필요가 없는 것이다.

셋째, 에스라와 느헤미야는 둘 다 이스라엘 남자들이 타민족 여인과 결혼해 혼혈아를 낳은 일을 문제 삼았다(스 9-10장; 느 13:23-38). 느헤미야가 국제결혼에 대해 문제를 제기한 해는 주전 433년이라고 결론지을 수 있다. 그러나 에스라-느헤미야서는 에스라가 언제 이 일을 주도했는지 밝히지 않는다. 반론을 제기하는 학자들은 에스라의 국제결혼에 대한 문제해결 방식이 느헤미야의 방식보다 훨씬 더 극단적이라고 본다. 논리적으로 생각할 때 먼저 '부드러운 처방'을 내렸다가 효과가 없으면 그 다음에는 '강력한 처방'을 하는 것이 합리적인데, 에스라와 느헤미야의 처방은 오히려 거꾸로 강력한 처방에서 부드러운 처방으로 가고 있다. 그러므로 느헤미야가 먼저 결혼에 대한 개혁을 추진했지만 50년이 지나도 별 성과를 거두지 못하자, 에스라가 극단적인 처방을 하게 되었다는 것이 이들의 주장이다. 이 같은 정황에 근거해 느헤미야는 아닥사스다 1세 시대 사람인 반면, 에스라는 아닥사스다 2세 시대 사람이라고 하는 것이다.

그러나 같은 문제에 대한 에스라의 극단적인 처방과 느헤미야의 부드러운 처방에 대해 다른 해석이 가능하다. 에스라 시대만 해도 타민족과의 결혼이 그다지 많지 않았기 때문에 대부분의 사람이 그 처방을 지지하여 매우 강력한 정책을 펼 수 있었다. 그러나 느헤미야 시대에는 국제결혼이 상당히 광범위하게 퍼져 있었고, 심지어는 제사장 중에도 다른 민족과 결혼한 사람이 많이 있었다. 이런 상황으로 인해 느헤미야의 정책에 훨씬 더 거센 반발이 있었을 것이므로, 느헤미야가 한 걸음 양보한 것이 부드러운 처방을 초래한 것이다(Williamson).

넷째, 느헤미야가 예루살렘을 방문했을 때 대제사장은 엘리아십이었으며(느 3:1, 20), 에스라가 예루살렘에 머무는 동안에는 엘리아십의 손자로 보이는 여호하난이 대제사장으로 있었다(스 10:6; cf. 느 12:10ff., 22). 에스라는 예루살렘에 도착한 후 이 도성에 거하던 제사장 엘리아십의 손자 여호하난을 방문한 적이 있다(스 10:6). 엘리판틴에서 발굴된 한 문서(주전 407년경 저작된 것으로 추정됨)가 요하난이란 제사장에 대해 언급하는데, 많은 학자는 에스라가 만났던 여호하난과 엘리판틴 문서의 요하난이 같은 인물이라고 한다. 그러므로 에스라는 요하난이 살았던 주전 398년에 예루살렘에 왔다는 것이다(느 12:10-11, 22). 한 학자는 이 사실이 에스라가 느헤미야보다 나중에 예루살렘을 찾았다는 가장 결정적인 증거라고 한다(Rowley). 또한 느헤미야가 예루살렘을 방문했을 때에는 예루살렘 성벽이 완전히 붕괴되어 있었는데(느 1:3; 2:13, 17), 에스라는 마치 이 성벽이 이미 보수된 것처럼 기도하고 있다는 점도(스 9:9) 에스라가 느헤미야보다 늦게 예루살렘을 찾았다는 주장의 증거로 제시된다.

　그러나 요하난이란 이름이 상대적으로 흔한 이름이었던 상황에서 굳이 이렇게 해석할 필요는 없다. 동명이인의 가능성은 언제든지 열어 두어야 하기 때문이다. 그래서 많은 학자는 에스라가 만난 여호하난을 여호하난 1세(엘리아십 1세의 아들)로, 느헤미야가 만난 엘리아십을 엘리아십 2세로, 엘리판틴 문서(주전 407)에 등장하는 요하난을 여호하난 2세로 구분해 이 이슈를 설명한다(Cross, IDB).

　전통적으로 에스라—느헤미야서에 기록된 연대를 당시 페르시아 제국의 왕들과 연결하여 간추리면 다음과 같다(cf. Harrison; ABD). 첫째, 에스라 1-6장의 일은 고레스 즉위 첫해(주전 538년, 스 1:1)에 시작됐다. 둘째, 귀향민들이 조국으로 돌아오자마자 시작했던 성전 재건 사업은 다리오 즉위 6년(주전 515년, 스 6:15)에 이르러서야 비로소 완성되었으며, 그 사이에 기초공사를 마치고 다리오 즉위 2년(주전 520)까지는 한동안 중단되었다(cf. 스 4:24). 셋째, 에스라는 아닥사스다 즉위 7년에(주전 458년, 스 7:7), 느헤미야는 아닥사스다 즉위 20년에(주전 445년, 느 2:1) 예루살렘을 찾았다. 넷째, 느헤미야의 첫 활동은 아닥사스다 즉위 32년(주전 433년)까지 12년 동안 진행되었다(느 5:14). 한동안 느헤미야는 수산(Susan)으로 돌아가서 페르시아 제국의 업무를 보다가 다시 예루살렘으로 돌아와서 총독의 일을 계속했다(느 13:6-7). 에스라—느헤미야서의 역사적 배경이 되는 페르시아 제국의 왕들은 다음과 같다.

왕	연대	성경과 연관된 사건	비고
고레스(Cyrus)	주전 539-530년	고레스 칙령(주전 538년) 스룹바벨과 예수아 귀환(스 1-3장)	

캄비스 (Cambyses)	주전 530-522년	예루살렘에서 성전 공사가 중단됨 (스 4장) 성전 공사가 재개됨 (주전 520년)	
다리오 1세 (Darius I)	주전 522-486년	학개와 스가랴의 신탁(주전 520년) 성전이 완공됨(주전 515; 스 5-6장)	그리스가 마라톤에서 페르시아를 물리침 (주전 490년)
아하수에로 (Xerxes)	주전 486-464년	에스더 이야기 (에스더서)	그리스가 터모폴리(Thermopolae)(주전 480년)와 살라미스(Salamis)(주전 479년)에서 페르시아를 물리침. 역사학자 헤로도투스(Herodotus; 주전 485-425년)
아닥사스다 1세 (Artaxerxes I)	주전 464-423년	에스라 귀환 (주전 458년) 느헤미야 귀환(주전 445년, 느 1-2장) 말라기 예언 (주전 433년)	황금시대 (주전 461-431년) 페리클레스 (주전 460-429년) 아테네의 지배
다리오 2세 (Darius II)	주전 423-404년	성경이 침묵함	그리스 남부전쟁 (Peloponnesian Wars, 주전 431-404년) 아테네 멸망 (주전 404년) 스파르타의 지배
아닥사스다 2세 (Artaxerxes II)	주전 404-359년		소크라테스 (주전 470-399년) 플라톤 (주전 428-348년) 아리스토텔레스 (주전 384-322년)
아닥사스다 3세 (Artaxerxes III)	주전 359-338년		마케도니아의 필립 2세가 캐로니아(Chaeronea)에서 그리스를 물리침 (주전 338년)

아르세스 (Arses)	주전 338-335년		
다리오 3세 (Darius III)	주전 335-331년		알렉산더대왕이 페르시아 제국을 전복시킴
알렉산더대왕 (Alexander)	주전 336-323년		그리스 제국의 확립

3. 신학적 주제와 메시지

에스라—느헤미야서는 바빌론으로부터 귀향해 온 사람들이 예루살렘 함락으로 멸망해 버린 유다의 역사와 전통의 맥을 이어가기에 흠이 없음을 암시한다. 유다가 주전 586년에 멸망한 다음 포로민 공동체에게 지속적으로 제기된 질문이 바로 이 바빌론 공동체와 옛 이스라엘 공동체의 관계였다. 그래서 이 책의 핵심적인 내용은 '하나님 백성의 회복'이다(McConville). 하나님은 아직도 그의 백성들에게 신실하시고 그의 백성들을 축복하기 원하신다는 것이 이 책의 기본적인 메시지이다. 주전 538년의 첫 번째 귀향민 이야기(스 1장)로 시작된 하나님 백성의 회복 프로젝트는 18년 후인 주전 520년 성전 재건으로 이어지며, 80여 년이 지난 주전 444년에 이르러 예루살렘 성벽 회복으로 마무리된다. 이러한 과정을 통해 주의 백성이 어떻게 온전히 회복되었는지 회고하고 있다. 에스라—느헤미야서는 구체적으로 다음과 같은 신학적 주제와 메시지를 발전시키고 있다.

(1) 하나님의 백성

에스라—느헤미야서는 무엇보다 귀향민의 신학적 정체성에 관심을 갖고 있다. 이 책은 바빌론으로부터 돌아온 귀향민들이 포로기 이전 시대의 이스라엘 백성의 전통과 맥을 이어가고 있으며, 선조 시대에 시작된 하나님의 구속 사역이 지금도 이어지고 있음을 강조한다 (Breneman). 이 같은 사실을 보여 주기 위해 귀향한 사람들이 유명하든, 유명하지 않든 지속적으로 이들을 중심 주제로 삼고 있다(Eskenazi). 즉, 역대기처럼 이 책도 주전 586년 예루살렘 멸망으로 끊어져 버린 여호와 백성의 역사적 맥을 잇는 데 지대한 관심을 갖고 있는 것이다. 에스라—느헤미야서는 여러 면에서 이 점을 강조한다.

첫째, 책은 귀향민이 바빌론에서 돌아온 일을 '새로운/제2의 출애굽' 사건으로 묘사한다(Eskenazi). 귀향민이 자유를 구속받던 바빌론을 떠나 험난한 광야 여정을 통해 예루살렘으로 돌아온 일은 이스라엘이 이집트에서 노예 생활을 하다가 그 억압의 나라를 떠나 광야를 통해 약속의 땅에 입성하게 된 일과 평행을 이룬다. 그뿐만 아니라 에스라서에 기록된 몇 가지 세부 사항들도 출애굽 때 있었던 일을 상기시킨다. 귀향민이 바빌론을 떠나올 때 이웃들에게 많은 선물을 받았는데, 이 사건은 옛적에 이스라엘이 이집트를 떠날 때 이웃들에게 많은 선물을 받은 일과 비슷하다(스 1:6; 출 12:35-36). 귀향민이 성전을 재건하기 위해 자발적인 헌물을 모으는 일은 모세가 광야에서 성막과 도구들을 만들기 위해 백성들에게 헌물을 받은 일을 연상케 한다(스 2:68-69; 출 35:20-29). 귀향민 무리가 바빌론에 약탈당했던 성전 그릇들을 돌려받아 예루살렘으로 가져오는 일도 이스라엘이 시내산 밑에서 오홀리압과 브살렐의 지도하에 만들었던 성막과 도구들을 가지고 가나안에 입성한 일을 연상케 한다(스 1:7-11; 출 35:30-35). 이 외에도 귀향민이 성전을 재건하자마자 출애굽 사건과 밀접한 연관이 있는 유월절(스 6:19-22)과 초막절(느 8장) 절기를 지킨 일 또한 귀향민의 삶을 출애굽 사건과 연결 짓는다. 옛 이스라엘이 처음 출애굽 사건을 바탕으로 시작된 백성이었다면, 포로민의 예루살렘 귀향은 새로운 출애굽 사건을 근거로 하고 있기에 이들은 옛 이스라엘 백성의 맥을 잇는다고 할 수 있다.

둘째, 시내산 율법이 아직도 유효하다(Eskenazi). 에스라—느헤미야서에 묘사된 예루살렘 공동체(귀향민으로 구성됨)는 옛적에 하나님이 모세를 통해 주신 율법에 순종하는 데 온갖 노력을 다한다. 이스라엘이 포로 생활을 하게 된 이유는 그들이 시내산 율법을 이행하지 않았기 때문이다. 그러므로 '이번에는 잘 순종하여 다시는 타국으로 끌려가지 않아야 한다'는 공동체의 의지가 잘 나타나 있다. 저자는 시내산 율법 준수의 중요성을 암시하며 이 율법을 이스라엘에게 전달해 준 모세의 이름을 열 차례(만수) 언급한다(스 3:2; 6:18; 7:6; 느 1:7, 8; 8:1, 14; 9:14; 10:29; 13:1). 새로이 형성된 예루살렘 공동체가 얼마나 모세의 율법대로 살려고 했는가는 다음과 같은 사례를 통해 확인할 수 있다. 귀향민은 율법이 규정한 대로 우림과 둠밈을 가진 제사장이 사역을 시작할 때까지 거룩한 음식을 먹지 않았다(스 2:63). 그들은 제단을 쌓고 모세 율법에 따라 그 위에 번제를 드렸다(스 3:2). 레위 사람을 세우는 일에 있어서도 모세 율법에 기록된 내용을 준수했다(스 6:18). 에스라는 모세 율법에 능한 학자였다(스 7:6). 성벽이 완성된 다음 백성들은 함께 모여 율법책을 읽으며 감격의 예배를 드렸다(느 8-10장). 이처럼 에스라—느헤미야서는 시내산에서 하나님과 이스라엘이 맺은 언약의 조건으로 주어진 율법을 귀향민이 잘 지키고 있다는 점을 강조함으로써 이 율법이 아직도 유효할 뿐만 아니라, 시내산에서 선조들에게 주어진 율법을 이들이 계승하였음을 보여 준다. 시내산에서 율법을 받은 백성들의 맥을 귀향민이 잇고 있다는 것이다.

셋째, 저자는 귀향민과 포로기 이전 이스라엘 백성이 같은 하나님의 백성임을 여러 계보를 통해 힘주어 말한다(Eskenazi). 계보는 끊어진 역사의 다리를 이어 주는 중요한 매체가 되기 때문이다(cf. 스 2장; 느 8장; 11장). 이 책이 계보를 통해 자신이 이스라엘 자손임을 입증할 수 있었던 사람들과 입증할 수 없었던 사람들을 따로 취급하는 것도 이런 맥락에서 이해되어야 한다(스 2:59-62). 저자는 다음과 같은 신학적 질문에 모두 긍정적으로 답하고 있다. 하나님께서 자기 백성을 바빌론으로 내치는 심판을 행하신 후에도 '하나님의 백성'은 존재하는가? 심판 전 (前) 세대에게 주어졌던 축복과 약속이 바빌론 심판 이후 세대에게도 유효한가? 바빌론에서 돌아온 귀향민이 '하나님의 백성' 역할을 할 수 있는가?

넷째, 하나님의 백성은 다른 민족들로부터 구별되어야 한다 (Eskenazi). 이것이 '거룩'의 기본 개념이기 때문이다. 에스라―느헤미야서를 통해, 포로 생활에서 돌아온 이스라엘은 자신의 정체성을 재정리하는 시기를 맞이했다. 그들의 고민을 가속화시킨 것은 정치적 리더십의 공백이었다. 예전에는 그나마 다윗 계열 왕들이 이 백성을 지배했지만, 귀향민 공동체에는 정치적인 리더십이 없다. 그러므로 포로기 이후에 형성된 예루살렘 공동체가 스스로 개혁하여 영성을 회복하고 민족의 정체성과 방향성을 찾지 못한다면 하나님 백성으로서 유다의 정체성은 붕괴 위기를 맞을 수밖에 없다. 그들의 정체성이 파괴되면 주변 민족들과 뒤섞여 더 이상 하나님의 선민으로 존재할 수 없는 것은 당연한 일이다. 책이 언급하고 있는 국제결혼 문제도 이러한 시대적 상황에서 해석되어야 한다. 개혁자들이 국제결혼 자체를 문제 삼는 것이 아니라, 국제결혼이 안고 있는 이스라엘 민족의 정체성에 대한 위협 때문에 극단적인 처방을 내린 것이다.

(2) 변화/변혁

제2의 출애굽 사건을 통해 바빌론에서 예루살렘으로 돌아온 이스라엘은 옛날 방식대로 살 수 없었다. 그들의 영적인 삶도 포로기 이전에 살았던 사람들과 달라야 하지만, 이미 실패한 사회적 구조와 제도에 대한 개혁도 필요했다. 에스케나지(Eskenazi)는 이스라엘이 에스라―느헤미야 시대를 지나며 겪은 세 가지 변화에 주목한다. 이스라엘 공동체는 전통적으로 소수 지도자에게 부여했던 권위를 공동체 전체에 부여하며, 일부 특정 공간과 영역에 한정되었던 성결의 범위를 확대하고, 구전(口傳)의 권위를 문서의 권위로 대체하고 있다. 이 세 가지 모두 에스라—느헤미야 시대는 '변화의 시대'임을 강조한다.

첫째, 사회를 주도하는 권위가 지도자들(leaders)로부터 공동체(community)로 옮겨 간다(Eskenazi). 스룹바벨과 세스바살의 인도하에 예루살렘으로 귀향한 이스라엘 사람들은 머지않아 '메시아 왕국/다윗 왕국'이 뿌리를 내리고 다윗 후손의 통치가 시작될 것을 기대했다. 그러나 그들의 꿈은 곧 산산조각이 났다. 역사적·사회적 여건이 여의치 않았다. 첫 귀환을 주도한 두 사람의 활약이 책에서 곧바로 사라지는 것을 보면 그들은 백성의 전폭적인 지지를 받지 못했거나, 처음 임무를 완성한 다음 조용히 평민의 신분으로 살아간 것으로 추정된다. 그렇다면 리더십의 공백(leadership vacuum)을 누가 채울 것인가? 구약은 수많은 카리스마 있는 지도자를 언급한다. 에스라와 느헤미야도 카리스마 있는 지도자였다. 그러나 그들은 쉽게 공동체에 흡수되는 모습을 보이고 있는데, 이것은 이스라엘을 소수 개인의 리더십을 바탕으로 한 사회에서 구성원 모두의 리더십을 바탕으로 한 공동체로 변환시키는 것이다.

둘째, 성결/거룩함이 더 이상 특정한 장소에 제한되지 않는다(Eskenazi). 옛적에는 성전을 중심으로 한 일부 공간이 특별한 종교적 의미를 띠며 구별되었다. 그러나 귀향민 시대에는 그렇지 않았다. 만일 특정 장소만이 거룩하다면 성전이 재건되었을 때 이 책이 끝나는 것이 맞다. 그러나 그렇지 않았다. 에스라—느헤미야서에서 성전이 완공되었을 때 '하나님의 집'이 완성된 것은 아니었다. 귀향민 공동체는 계속해서 예루살렘 성벽과 도성의 나머지 부분도 보수하였다. 성벽이 완공되었을 때 이 성벽도 '성별'(거룩하게 구별됨)되었다(느 3:1). 드디어 성전, 도시, 성벽이 복구되었을 때(느 8-13장) 거룩한/구별된 도시(느 11:1)에 대한 대단한 '헌당식'이 펼쳐졌다. 이렇듯 거룩함의 범위가 특정 장소인 성전에서 점차 확대되고 있음을 볼 수 있다.

셋째, 에스라—느헤미야서 안에서 하나님 말씀의 권위가 '구전(口傳)'에서 '문서' 위주로 변하고 있다(Eskenazi). 귀향민이 예루살렘에서 여러 공사를 시작하게 된 것도, 중간에 중단하게 된 것도 페르시아 왕들의 문서화된 편지 때문이었다. 그러나 역시 가장 중요한 문서는 '여호와의 율법책'이다. 이 율법책의 범위가 모세오경 전체인지 아니면 일부인지 혹은 당시 모든 정경을 뜻하는지에 대해 다소 논란이 있기는 하지만(Williamson, Clines), 예루살렘으로 돌아온 백성들은 이 율법책에 기록된 언약을 갱신한다(느 8-10장). 포로기 이전 공동체가 상당 부분 구전(口傳)에 의존했다면 귀향민 공동체는 문서화된 말씀에 근거해 신앙생활을 추구했던 것이다. 이스라엘이 포로기 이전에 어느 정도 규모의 정경을 지니고 있었는지 알 수 없지만, 에스라—느헤미야서는 백성들에게 이미 오래전부터 존재해 온 하나님의 말씀으로 돌아오라고 권면하고 있다(Breneman).

(3) 리더십

앞에서 언급한 것처럼 스룹바벨—에스라—느헤미야가 리더십을 발휘해 성전과 성벽을 재건하는 동안 많은 반대 세력과 어려운 요인들이 있었다. 외부적으로는 주변 민족들의 시기, 비웃음, 군사적인 위협 등이 있었다. 이들의 반대와 위협은 성전 재건을 중단시키기에 충분한 정치적 힘을 지니고 있었다. 그래서 주전 538년에 돌아온 귀향민이 성전 재건을 시작했지만, 기초공사만 마친 상태에서 중단된 공사는 주전 520년에 가서야 재개할 수 있었다. 주전 440년대에 이르러서는 느헤미야가 견제 세력에도 불구하고 허물어진 예루살렘 성벽 공사를 52일 만에 끝내는 쾌거를 올렸다. 느헤미야의 리더십이 온갖 외부적인 반대와 견제에도 불구하고 진가를 발휘한 것이다.

이스라엘을 미워하는 적들의 견제도 어려운 문제였지만, 에스라와 느헤미야는 이스라엘이 겪고 있는 내부적 위협을 더 심각하게 생각했다. 이들이 당면한 내부적인 문제는 하나님 백성의 정체성을 뒤흔들 수 있는 이슈였기 때문이다. 에스라와 느헤미야는 둘 다 이스라엘 백성들이 타민족과 결혼하는 것을 문제 삼았다. 이 두 개혁가는 귀향민 공동체가 수적으로도 연약할 뿐 아니라 신학적으로도 민족 정체성이 확고히 뿌리내리지 못한 상태에서 타민족과 결혼하는 일은 이스라엘의 생존 자체를 위협하고 하나님 앞에서 이스라엘을 영적으로 부정하게 한다고 생각했다(스 9장; 느 13장). 그래서 개혁가들은 극단적인 처방을 제시하였던 것이다.

이 외에도 느헤미야는 여러 가지 문제점을 발견하고 직접 해결했다. 땅에 떨어진 이스라엘 백성의 사기, 흔들리는 민족 정체성, 동포를 상대로 높은 세금과 폭리를 취하던 고리 대금업자들의 횡포 등이 느헤미야를 기다리고 있었다. 느헤미야는 이러한 문제들을 지혜롭게 잘 해결해 나감으로써 오늘날 우리에게 하나의 좋은 리더십 모델을 제시하고 있다.

열악한 환경에서 이 모든 문제를 성공적으로 해결한 느헤미야의 개인적인 탄원으로 책이 끝난다. "내 하나님이여 나를 기억하사 복을 주옵소서"(느 13:31). 느헤미야는 하나님이 그의 노고를 인정해 주실 것을 기대하는 순수한 바람으로 이렇게 기도한다. 느헤미야의 열정과 수고는 참으로 하나님께 복 받을 만한 자로 인정받기에 충분했다.

(4) 숨겨진 하나님의 역사

이스라엘 사람들이 나라를 잃고 강제로 끌려가 정착하게 된 바빌론을 떠나 다시 가나안 땅으로 돌아오게 된 것은 그 어느 역사에서도 찾아볼 수 없는 기적적인 일이다. 어떻게 이러한 일이 가능했는가? 페르시아 제국의 지도자들은 바빌론이 강압적인 외교 정책 때문에 통치국들로부터 충성을 얻어내는 데 철저하게 실패했다는 것을 알고 있었다.

이러한 역사적 정황 속에서 바빌론에 억류되어 있던 민족들에게 본국으로 돌아갈 자유를 줌으로써 자신들의 위치를 억압자가 아니라 해방자로 부각시키고자 했다. 또한 페르시아의 외교 정책은 새로 정권을 잡게 된 페르시아 제국에 대한 환심과 정치적 지지를 여러 민족 가운데 조성하는 데 목적이 있었다.

그러나 에스라―느헤미야서는 이 모든 사실을 알면서도 이스라엘이 조국으로 돌아오게 된 것은 전적으로 하나님이 이스라엘 백성들을 불쌍히 여겨 자비를 베푸신 일이라고 고백하고 있다(스 7:6, 28; 느 2:8). 저자는 시대적 흐름 속에서 하나님의 손이 어떻게 역사하시는지 확실히 알았던 사람이다. 저자는 하나님의 은혜를 '선한 손' 혹은 그의 '능력의 손'으로 표현한다. 책에서 아홉 차례 언급되는 '하나님의 손'(스 7:6, 9, 28; 8:18, 22, 31; 느 1:10; 2:8, 18)은 이스라엘뿐만 아니라 열방의 왕들도 주관하셔서 모든 것이 하나님의 뜻에 따라 이루어지게 하신다. 이러한 차원에서 에스라―느헤미야서는 인류의 역사를 주관하시는 하나님의 절대주권을 강조하는 책이라 할 수 있다. 하나님의 역사하심이 종종 우리 눈에 보이지 않을 수 있지만, 하나님께서 모든 역사를 주관하신다는 것이 이 책의 고백이다.

4. 구조

에스라―느헤미야서는 나라를 잃고 바빌론으로 잡혀갔다가 페르시아 제국의 선처로 예루살렘으로 돌아와 나라와 예배를 회복한 귀향민들의 이야기다. 당시의 역사적 정황을 회고하는 일종의 역사서이다. 그렇다고 해서 이 책이 오늘날의 역사서 기준을 충족시키고 있는 것은 아니다. 또한 에스라―느헤미야서는 당시에 있었던 모든 일을 기록하고 있지도 않다. 바빌론에서 돌아온 이스라엘이 주의 백성으로 뿌리를 내리게 된 일에 연관된 몇 가지 중요한 사건만 회고할 뿐이다. 또한 책이 이야기를 전개해 가는 순서가 사건들의 시대적 순서를 따르는 것도 아니다. 저자는 주제의 중요성에 따라 책을 전개해 나간다. 먼저 가장 중요한 성전 재건에 관한 회고, 공동체를 성결하게 한 일, 성벽을 재건한 일 등의 순서로 이야기를 전개하다가, 드디어 이 책의 절정인 율법 낭독으로 이어진다(Coggins). 주의 백성에게 율법이 선포되는 일을 통해 귀향민들은 하나님께로부터 시내산에서 율법을 받고 하나님의 백성이 된 그들의 조상(시내 산 공동체)의 맥을 잇게 되었다. 모든 면에서 에스라—느헤미야서는 상당한 자유와 유동성을 지닌 역사적 내러티브(historical narrative)이지 오늘날 기준으로 역사서라고 할 만한 책은 아니다. 더욱이 많은 신학적 메시지를 포함하고 있기 때문에 순수 역사서로 간주되는 것은 바람직하지 않다. 에스라—느헤미야서의 내용을 사건들이 일어난 시대적인 순서(chronological order)에 따라 재정리하면 다음과 같다(Throntveit).

A. 스룹바벨(주전 538-515년)
   1. 성전 재건(스 1:1-6:15)
   2. 유월절 예배(스 6:16-22)
B. 에스라(주전 458-457년)
   1. 율법 재(再)제정(스 7-8장; 느 7:73b-8:18; 스 9-10장)
   2. 금식과 회개 성회(느 9-10장)
C. 느헤미야(주전 446-433년)
   1. 성벽 재건과 예루살렘 주민 재정착(느 1:1-7:73a, 11:1-12:26)
   2. 헌신 예배(느 12:27-13:3)
부록: 느헤미야의 문화 개혁(느 13:4-31)

위에서 보는 것처럼 학자들은 에스라—느헤미야서가 귀향민의 이야기를 두 세대로 나누어 집중적으로 조명하는 것으로 이해한다(Klein).

첫째 세대는 스룹바벨—세스바살의 인도하에 바빌론에서 돌아온 첫 세대들의 이야기이며 에스라 1-6장에 회고되어 있다. 시간적으로는 주전 538년에서 515년 정도까지다. 이후 약 60년 정도의 침묵 기간을 지나 에스라와 느헤미야의 인도하에 바빌론에서 돌아온 제2차, 3차 귀향민의 이야기가 에스라 7장에서 시작해 느헤미야서 끝까지 이어진다. 시간적으로는 에스라가 예루살렘으로 돌아온 주전 458년부터 느헤미야가 두 번째로 예루살렘을 방문한 주전 433년까지다.

저자가 위 두 세대의 이야기를 회고하면서 대체로 당시 있었던 일을 시대적인 순서에 따라 회고하지만, 때로는 많은 시간을 뛰어넘어 미래의 일을 언급하기도 하고, 때로는 과거에 있었던 사건으로 거슬러 올라가기도 한다. 에스라—느헤미야서는 저자가 언급하고자 하는 주제의 중요성에 따라 구성된 메시지의 순서가 사건들의 시대적 순서보다 더 중요하기 때문이다. 이러한 책의 성향을 배경으로 에스라 4장이 안고 있는 순차적 문제도 이해되어야 한다. 에스라 4장은 서로 다른 시대에 있었던 일들을 마치 연결성 있는 한 사건처럼 묘사하고 있다. 그러므로 별다른 생각 없이 읽으면 마치 성전과 성벽이 동시에 복구된 것 같은 인상을 준다. 그러나 내용을 살펴보면 4장에 기록된 처음 일과 마지막 일 사이에는 80여 년의 간격이 존재한다. 이어지는 5장은 다시 60여 년을 되돌아가 주전 520년대를 배경으로 이야기를 진행한다. 이와 비슷한 현상이 솔로몬의 성전과 왕궁 헌당 이야기에서도 발견된다. 솔로몬은 성전 건축에 7년, 왕궁 건축에 13년을 투자하지만 정작 성전 헌당식은 성전이 완공된 해가 아니라 마치 20년이 지난 다음(왕궁이 완성된 다음)에 한 것처럼 묘사되어 있다(cf. 왕상 6-7장).

에스라 4:1-5, 24절은 주전 538-515년경에 있었던 일들을 기록해 책의 서론 역할을 하는 에스라 1-6장의 역사적 배경과 잘 어울린다. 내용을 살펴보면 스룹바벨, 세스바살과 함께 주전 538년에 예루살렘으로 돌아온 첫 귀향민들의 성전 재건 시도가 반대에 부딪친 일을 기록하고 있다. 바로 뒤를 잇는 6절은 시대적으로 한참 후의 일이다. 6절이 언급하고 있는 아하수에로 1세는 주전 486-464년에 페르시아를 통치했던 왕이기 때문이다. 더 나아가 7-23절은 아하수에로 1세의 뒤를 이어 왕이 된 아닥사스다 1세가 통치하던 주전 464-423년의 일(성벽 재건 반대)을 기록하고 있다.

저자가 이야기를 진행해 나가다가 잠시 멈추고 이처럼 훗날의 일을 한동안 기록한 다음 이야기가 멈춘 곳으로 다시 돌아가 재개하는 현상을 어떻게 이해해야 하는가? 먼저 4장의 내용을 살펴보면 저자의 이야기 전개 방식을 이해할 수 있다. 에스라 4장은 귀향민의 예루살렘 복구를 반대한 일들을 한곳에 모아 놓았다. 에스라 4:1-5은 에스라 1-6장의 역사적 배경인 주전 538년 직후의 반대 세력들에 대해 기록하고 있다. 6-23절은 그 후로 있었던 두 개의 주요 반대 세력에 대해 언급한다. 24절에서는 다시 1-5절의 상황으로 돌아가 계속 이야기를 진행한다. 이때가 다리오 즉위 2년째 되던 주전 520년이다. 저자는 이처럼 귀향민이 성전과 예루살렘성을 복구하면서 반대 세력들을 극복한 이야기를 에스라 4장 한곳에 모아 두었다. 책의 최종 편집 과정에서 저자는 귀향민이 얼마나 어려운 상황에서 예루살렘 재건을 이룩했는가를 강조하고자 수십 년간 지속된 주변 민족들의 반대를 한곳에 모아 놓은 것이다.

이러한 문학적 기술법(記述法)을 '반복적 재개'(repetitive resumption)라고 한다(Talmon). 반복적 재개란 저자가 이야기를 진행하다가 잠시 주제를 벗어나(digress) 다른 이야기를 한 후 다시 본 주제로 돌아와 이야기를 재개하는 것을 뜻한다. 이때 저자는 그 주제를 벗어날 때 마지막으로 언급했던 내용을 다시 회고함으로써 자신이 원래 하던 이야기로 돌아옴을 알린다. 에스라 4장에서는 저자가 5절을 마치며 "[성전 재건이] 바사 왕 다리오가 즉위할 때까지" 중단되었다고 하는데, 6-23절을 통해 한참 다른 이야기를 하다가 24절에 이르러서 "성전 공사가 바사 왕 다리오 제이년까지 중단되니라"라며 5절의 내용을 반복해 다시 본 주제로 돌아가고 있음을 알리는 것이다. 에스라—느헤미야서에는 이 같은 반복적 재개가 몇 번 더 있다(스 6:19-22a과 6:16과 6:22b; 스 2:2-69과 2:1과 2:70; 느 7:73b-10:39과 느 7:4-5과 11:1)(Talmon, cf. Williamson, Milgrom). 에스케나지(Eskenazi)는 에스라—느헤미야서의 구조를 다음과 같이 이해한다.

I. 하나님 말씀의 성취와 고레스의 명령: 하나님의 집을 건축하라(스 1장)
II. 하나님의 집 재건(스 2-7장)
   A. 귀향민의 명단(스 2장)
      B. 하나님의 집 재건(스 3장-느 6장)
         i. 성전 재건(스 3-6장): 스룹바벨이 고레스와 다리오의 명령에 따라
         ii. 거룩한 자손 재건(스 7-10장): 에스라가 아닥사스다의 명령에 따라
         iii. 예루살렘 성벽 재건(느 1-6장): 느헤미야가 아닥사스다의 명령에 따라
   A′. 포로 귀환자들의 명단(느 7장)
III. 지속적 회복과 갱신(느 8-13장)

5. 개요

이 책에서는 에스라—느헤미야서를 다음과 같은 구조로 이해한다 (Clines, Klein, Breneman).

I. 귀향과 성전 재건(스 1:1-6:22)
   A. 고레스 칙령과 포로민들의 반응(1:1-11)

B. 공동체 회복: 귀향민 명단(2:1-70)
 C. 성전 재건(3:1-6:22)

II. 에스라의 사역(7:1-10:44)
 A. 에스라의 귀향 준비(7:1-26)
 B. 예루살렘 귀향(7:27-8:36)
 C. 개혁: 이방인들과의 결혼(9:1-10:44)

III. 느헤미야의 귀환과 성벽 재건(느 1:1-7:73)
 A. 느헤미야의 귀향 준비(1:1-11)
 B. 느헤미야의 귀향(2:1-10)
 C. 느헤미야의 성벽 재건(2:11-7:73)

IV. 언약 갱신(8:1-10:39)
 A. 율법 낭독(8:1-8:12)
 B. 초막절 기념 예배(8:13-18)
 C. 회개와 고백(9:1-37)
 D. 언약 갱신(9:38-10:39)

V. 느헤미야의 나머지 행적(11:1-13:31)
 A. 유다와 예루살렘 주민 정착(11:1-36)
 B. 제사장들과 레위 사람들(12:1-26)
 C. 성벽 봉헌(12:27-43)
 D. 회복된 공동체(12:44-13:3)
 E. 느헤미야의 개혁(13:4-31)

엑스포지멘터리
역사서 개론

에스더

EXPOSItory comMENTARY

에스더서

이 때에 네가 만일 잠잠하여 말이 없으면 유다인은 다른 데로 말미암아 놓임과 구원을 얻으려니와 너와 네 아버지 집은 멸망하리라 네가 왕후의 자리를 얻은 것이 이 때를 위함이 아닌지 누가 알겠느냐 하니(에 4:14)

…유다인의 대적들이 그들을 제거하기를 바랐더니 유다인이 도리어 자기들을 미워하는 자들을 제거하게 된 그 날에(에 9:1)

소개

1994년 2월 25일 미국에서 의사 생활을 하다가 이스라엘로 이주해 온 바룩 골드스타인(Baruch Goldstein)이라는 유태인 남자가 아브라함의 묘가 있는 것으로 알려진 헤브론의 회교 사원에 침입해 팔레스타인 사람 25명을 죽이고 170명을 다치게 했다(Jobes). 그를 붙잡은 회교도들은 그 자리에서 그를 때려 죽였다. 이 일이 있기 몇 시간 전에 골드스타인은 유태인 회당에서 부림절을 기념했으며 에스더서가 낭독되는 것을 들었다고 한다. 그 사람은 에스더서를 매우 편협한 민족주의적 시각에서 해석했으며, 페르시아 제국에서 살던 유태인이 그들을 위협하던 이방인 7만 5,800명을 죽인 일을 기록하고 있는 에스더서에서 '영감'을 받아 이같은 만행을 저지른 것이다. 골드스타인 같은 사람들에게 에스더서는 인종 간의 증오, 대량 학살, 교만과 자만이 빚어내는 악에 관한 책이 될 소지가 있다(Crawford).

그러나 에스더서는 골드스타인이 간주한 것처럼 이스라엘을 위협하는 민족을 상대로 폭행을 권장하는 책이 아니다. 이스라엘을 음해하려는 음모를 먼저 꾸민 족속에게 보복한 사건을 회고할 뿐 보복을 권장하거나 폭력을 독려하지 않는다(Hazony). 에스더서는 타국에서 생존을 위협받은 유태인이 어떻게 하여 그 위기를 모면했는가에 대해 극적으로 회고하는 책이다. 이 과정에서 보잘것없는 한 유태인 고아 소녀가 어떻게 페르시아의 왕비가 되었고, 왕과의 관계를 이용해 진멸당할 위기에 처한 자기 백성을 어떻게 모두 구원하였는가를 전하고 있다.

기독교 역사에서 에스더서는 성경 그 어느 책보다도 강력하고 대조적인 반응을 일으켰다(Anderson, Bush). 많은 사람이 이 책을 세속화된, 기독교적 가치가 전혀 없다고 단정했다(Harris). 이 같은 혹평의 근본 원인은 이 책이 하나님의 이름을 한 번도 사용하지 않는다는 것, 하나님의 역사하심에 대한 직접적 언급이 없다는 것이었다. 어떤 이들은 책의 세속적인 내용을 비난한다(Jones). 심지어 '여호와' 혹은 '하나님'이란 단어가 에스더서에서 한 번도 등장하지 않는 반면, 페르시아 왕은 167절로 구성된 책에 무려 190차례나 언급되었다는 점을 그 증거로 제시한다. 게다가 에스더서에는 기도하는 사람이 하나도 없으며, 하나님의 신탁이나 환상도 없다.

에스더서가 페르시아 제국에서 있었던 일을 기록하고 있으며, 내용의 대부분이 정치적 혹은 권력의 갈등에서 빚어진 사건을 다루고 있다는 점도 문제로 지적된다(Pierce, Hozony). 이런 차원에서 볼 때 에스더서는 종교적인 성향을 거의 지니고 있지 않다는 것이다(Clines). 율법, 언약, 성전과 같은 주제는 물론, 심지어 위기 가운데서 기도로 위험을 극복했다는 말도 없다. 또한 포로기 이후 문서에서 중요한 비중을 차지하고 있는 안식일 준수, 음식 금지 규정, 국제결혼 금지에 관한 언급도 전혀 없다. 그래서 기독교가 시작된 후 처음 7세기 동안에는 에스더서에 대한 주석이 한 권도 출판되지 않았다(Jobes). 칼빈(Calvin)도 에스더서에 대해 한 번도 설교한 적이 없는 것으로 알려져 있다. 더 나아가 루터(Luther)는 에스더서를 가리켜 "이 책이 우리에게 전수되지 않았으면 좋았을 뻔했다"라고 했다(Beckwith).

반면에 에스더서는 10개의 잔치에 대해 언급하고 있다. 이러한 현상은 에스더서가 마치 흥청망청하는 이야기로 가득 찬 책으로 느껴지게 한다(Harris). 그래서 일부 그리스도인의 에스더서에 대한 부정적인 생각이 가중되었다. 다음 도표를 참고하라.

구분	번호	내용	본문
A. 왕의 잔치	1	왕이 127도의 방백을 위해 베푼 잔치	1:3
	2	왕이 수산성의 모든 백성을 위해 베푼 잔치	1:5
B. 왕후의 잔치	3	왕후 와스디가 부녀들을 위해 베푼 잔치	1:9
	4	에스더의 왕후 등극 잔치	2:18
C. 하만과 모르드개의 잔치	5	하만과 왕의 잔치	3:15
	6	모르드개의 승진을 축하하는 잔치	8:17
D. 에스더의 잔치	7	에스더의 첫 번째 잔치	5:4-8
	8	에스더의 두 번째 잔치	7:1-9
E. 유대인의 잔치	9	첫 번째 부림절 잔치	9:17, 19
	10	두 번째 부림절 잔치	9:18

그러나 에스더서의 매력은 하나님의 이름을 책이 묘사하고 있는 사건과 직접 연관시키지 않는 데 있다. 에스더서를 비판하는 사람이 주장하는 것처럼 이 책은 그 어디에도 하나님의 직접적 개입이나 신탁에 대해 언급하지 않는다. 그렇다고 해서 하나님이 온 세상을 다스리시는 것과 우리의 일상에 관여하신다는 사실을 부인하는 것은 아니다(Sauba). 오히려 보이지 않는 곳에서 인류 역사와 우리의 일상을 주관해 가시는 하나님의 손길을 의식하는 안목을 우리가 키워가기를 원한다.

마치 룻기가 우리의 삶에서 반복되는 '우연들' 속에서 하나님의 주인 되심과 인도하심을 보도록 하는 것처럼, 에스더서도 꼬리에 꼬리를 물고 일어나는 일상적 사건 속에서 하나님의 사역을 볼 것을 호소하고 있다. 그러므로 에스더서는 룻기처럼 보이지 않는 손길로 세상의 모든 일을 주관하시는 하나님의 모습을 돋보이게 하는 책이다. 또한 에스더서는 가치 판단에 있어서 '거룩한 것'과 '속된 것'을 지나치게 구분하는 일이 정말 성경적인가를 다시 한번 생각하도록 도전한다. 하나님의 사역 범위가 단순히 '거룩한 영역'에만 머무는 것이 아니라, '속된 영역'도 포함하기 때문이다.

1. 에스더

이 책에는 이야기의 중심에 있는 유태인 여성 에스더의 이름이 55차례나 언급된다. 에스더서가 167절로 구성된 점을 감안할 때, 그녀가 얼마나 중요한 인물인가를 이름의 빈도수에서도 엿볼 수 있다. 그러나 그녀의 이름은 에스더서를 떠나서는 전혀 언급되지 않는다. 또한 에스더서에 등장하는 나머지 인물 대부분도 이 책을 벗어나서는 언급되지 않는다(아하수에로 왕과 와스디 왕후 제외).

'에스더'라는 책의 이름은 여주인공 에스더를 의식해 주어졌다. '에스더'(אֶסְתֵּר)는 페르시아어로 '별'이란 뜻이다(Yahuda, cf. HALOT). 에스더는 주의 백성 위에 죽음의 먹구름이 드리워져 있을 때 생명의 빛을 발하는 샛별 같은 사람이었으며, 자신의 빛으로 많은 사람을 죽음에서 구했다. 마치 메시아의 빛이 어둠 속을 헤매는 백성을 구원하는 것처럼 말이다(사 9:1-2). 그러나 에스더가 이룬 구원은 결코 쉽게 온 것이 아니다. 에스더는 생명을 담보로 "죽으면 죽으리라"라는 비장한 각오로 하나님의 소명에 순종하여 주의 백성을 죽음에서 구했다. 그녀의 용맹과 결단이 에스더를 이스라엘 역사 속에서 영원히 샛별처럼 빛나게 한 것이다. 에스더의 히브리어 이름은 '하닷사'(הֲדַסָּה)였으며(2:7) '은매화'(myrtle)라는 의미를 지녔다(Yahuda).

저자는 에스더를 상당히 세속화된 여인으로 묘사한다. 에스더는 율법에 대하여 별 관심이 없는 듯하다(Jobes). 또한 자신이 유태인이라는 사실을 숨기고 새 왕비를 뽑는 '미녀 선발대회'(beauty contest)에 참가했다. 에스더는 증오에 가까운 복수심으로 많은 사람을 죽이는 음모에 가담하기도 한다. 오늘날 기준으로 볼 때 에스더는 절대 건전한 신앙인이라고 할 수 없는 여인이었다. 그런데 한없이 세속적 가치관에 물든 듯한 여인이 하나님이 자기 백성을 구원하는 일에 사용하신 도구가 된 것이다. 여기에 에스더의 매력이 있다. 저자는 에스더라는 여인을 통해 '겉모양' 혹은 '속됨'으로 모든 것을 단정하거나 판단하지 말 것을 권면한다.

2. 저자와 연대

에스더서는 저자나 저작 시기에 대해 전혀 언급하지 않는다. 탈무드는 율법학자 에스라가 활동하던 시대 때 '거대한 회당 사람들'(the men of the Great Synagogue)이 이 책을 저작한 것으로 기록하고 있다(Baba Bathra 15a). 요세푸스(Josephus, 37-100 AD)와 클레멘트(Clement of Alexandria, 150-215 AD)는 책의 남자 주인공인 모르드개가 집필한 것이라고 주장했다. 물론 두 견해 모두 사실 여부를 확인하는 것은 불가능한 일이다. 한 가지 확실한 것은 저자는 가나안 땅 밖에서 살았고 페르시아 제국의 문화와 수도 수산에 대하여 잘 알고 있던 유태인이었다는 점이다(Jobes, cf. Breneman, Baldwin).

저작 시기를 빠르게는 책이 문서화되었을 시대로 아하수에로(Ahasuerus)가 죽은 직후(464 BC경)로 추정한다(Baldwin). 이 같은 추측은 10:2이 그의 통치에 대해 요약적인 문구를 담고 있는데, 이 구절은 아하수에로 왕의 죽음을 전제하고 있기 때문이다. 또한 9:19은 마치 부림절이 한동안 지켜진 후에 기록된 것 같은 느낌을 준다. 또한 책을 시작하는 문구 "이 일은 아하수에로 왕 때에 있었던 일이니"(1:1)라는 말씀이 사건이 있은 뒤 많은 세월이 지난 다음에 문서화된 사실을 암시하는 것으로 이해하기도 한다.

에스더서의 저작 시기를 논할 때 가장 늦은 시대로는 주전 2세기 혹은 1세기가 제시되곤 한다(Paton). 그러나 최근 들어 에스더서 안에서 그 어떠한 헬라 문화의 영향을 느낄 수 없다고 한다(Crawford, cf. Millard, Fox, Berlin). 반면에 책은 페르시아 왕의 역대기를 여러 번 언급하고 있다(2:23; 6:1; 10:2). 그러므로 책이 헬라 제국에 대해 어떠한 암시도 하지 않는다는 것과 모든 것이 페르시아 시대를 전제하고 있다는 것을 감안할 때, 에스더서는 알렉산더 대왕이 페르시아를 물리치고 헬라 제국 시대를 열기 이전에 집필되었을 것이다(Levenson). 그래서 몇몇 학자들은 에스더서가 처음으로 집필된 시기는 주전 400년경이었으며, 몇 차례의 개정을 거쳐 주전 3세기 중반 내지 후반에 최종 버전이 출판되었을 것이라고 한다(Moore, cf. Crawford, Bush). 모든 것을 고려할 때 책이 저작되었을 가장 이른 시기로는 주전 5세기, 가장 늦은 시기로는 알렉산더대왕의 헬라 제국이 시작되는 시대(330 BC경)를 전후로 책이 집필되었다고 간주하는 것이 바람직해 보인다(Crawford, cf. Jobes).

3. 저작 목적

에스더서가 어떤 목적으로 저작되었는가를 파악하는 것은 매우 어려운 과제로 남아 있다(Morris). 주의 백성이 타국에서 경험한 역사적 사건을 회고하려고 저작된 것이라고 주장하는 사람이 있다(Berg, Shea). 그러나 성경은 어느 책이든 하나님에 대한 교훈과 가르침을 전하는 기본 목적을 지녔다는 사실을 감안할 때 이 주장은 별로 설득력이 없다. 에스더서는 무엇보다도 하나님의 섭리(providence)와 하나님의 숨겨지심(hiddenness)을 절묘하게 조화시키는 책이다(Sabua).

이미 언급한 것처럼 에스더서는 이런 면에서 룻기와 비슷한 성향을 지니고 있다. 아마도 현세에서 하나님의 손길이 실종되었다고 비관하는 자에게 보이지 않는 하나님의 역사가 얼마나 크게 일어날 수 있으며, 세상의 눈에는 우연으로 비추어지는 것이 실제로는 그분의 역사라는 사실을 주장하는 듯하다. 그렇다면 모든 희망과 꿈을 체념하고 살아가던 포로 후기 시대의 이스라엘 사람에게 격려와 소망을 주기 위해 저작되지 않았을까?

또한 에스더서가 강조하고 있는 하나님의 숨겨지심은 현대를 살아가는 우리에게 매우 적절한 메시지를 전하고 있다. 마치 이스라엘 사람이 페르시아 제국에서 소수를 이루었던 것같이 오늘날 한국 그리스도인도 세상에서 소수를 형성하고 있다. 에스더서 안에서는 이렇다 할 하나님의 직접적 개입이 없다는 것도 오늘의 현실과 매우 비슷하다. 그럼에도 하나님의 구원의 손길이 이스라엘을 향해 펼쳐졌던 것같이 그분의 보호하는 손이 오늘을 살아가는 성도에게도 펼쳐져 있는 것이다. 에스더서는 성도에게 지극히 평범하게 진행되는 일상 중에 하나님의 섭리를 보는 안목을 갖도록 권면하는 책이다.

4. 역사적 정황

책에 기록된 사건은 크세르크세스(Xerxes) 1세(486-464 BC) 시대에 페르시아 제국에서 일어난 일이며, 약 10년에 거쳐 있었던 일을 기록한다(Jobes, cf. Wright). 크세르크세스는 에스더서 안에서 아하수에로(Ahasuerus)로 알려져 있으며 그가 다스리던 페르시아 제국은 당시 근동 지역 전체를 통치하고 있었다. 고대 그리스의 역사가 헤로도투스(Herodotus)에 의하면 크세르크세스는 매우 큰 야심을 지녔으며 잔인한 독재자였다. 또한 뛰어난 용사, 질투심 많은 연애자, 훌륭한 정치가였다(Briant, Littman). 이러한 이유에서인지 에스더서 안에서 자신의 명예와 자존심에 매우 큰 관심을 가지고 있다(Klein, Laniak).

헤로도투스는 자신의 저서 『페르시아 전쟁사』(History of the Persian Wars)의 3분의 1을 크세르크세스가 군림했던 주전 481-479년대를 조명하는 데 사용했다. 이 시대가 바로 크세르크세스가 그리스/마게도니아를 침략한 시대다. 그는 처음에 승리를 거듭했으나 나중에는 완전한 패배를 맛보았으며, 다시는 소아시아 너머의 땅을 넘보지 않았다(Olmstead).

크세르크세스가 즉위할 때는 페르시아 제국이 전성기를 지나 쇠퇴기로 접어드는 시기로, 페르시아 제국은 쇠퇴를 거듭하다가 주전 330년대에 알렉산더대왕이 이끈 그리스 군대에 함락되었다. 그는 많은 건물을 증축하거나 보수했다. 크세르크세스의 선조들은 모든 백성에게 종교의 자유를 허락했지만 크세르크세스는 백성에게 종교의 자유를 허락하지 않았다.

에스더서는 주전 538년에 고레스가 바빌론을 함락시킨 일을 기념하기 위해 허락한 종교와 귀향의 자유에 따라 유다로 돌아오지 않고 바빌론과 수산에 거주하던 포로민의 생활의 한 단면을 보여주고 있다. 에스더서의 배경이 되고 있는 페르시아 제국 왕의 연대와 주요 사건은 다음과 같다.

왕	연대(BC)	성경의 관계 사항	그리스와 관계 사항
고레스 (Cyrus)	539-530	고레스의 칙령(538 BC) 스룹바벨과 예수아의 귀환(스 1-3장).	
캠비세스 (Cambyses)	530-522	예루살렘에서 성전 건축이 중단됨(스 4장) 성전 재건이 재개됨(520 BC)	
다리우스 1세 (Darius I)	522-486	학개와 스가랴가 예언함(520 BC) 성전이 완공됨(515 BC, 스 5-6장)	그리스가 마라톤에서 페르시아를 물리침(490 BC)
크세르크세스 (Xerxes)	486-464	에스더와 모르드개의 이야기(에스더서)	그리스가 터모폴리(Thermopolae, 480 BC), 살라미스(Salamis, 479 BC)에서 페르시아를 물리침 헤로도투스(Herodotus, 485-425 BC)
아르타크세르크세스 1세 (Artaxerxes I)	464-423	에스라의 귀환(458 BC) 느헤미야 귀환(444 BC, 느 1-2장) 말라기의 예언(430년대).	황금시대(461-431 BC) 페리클레스(460-429 BC) 아테네인의 지배
다리우스 2세 (Darius II)	423-404		펠로폰네소스 전쟁(Peloponnesian Wars, 431-404 BC) 아테네의 멸망(404 BC). 스파르타의 지배
아르타크세르크세스 2세 (Artaxerxes II)	404-359	성경이 침묵함	소크라테스(470-399 BC) 플라톤(428-348 BC) 아리스토텔레스(384-322 BC)
아르타크세르크세스 3세 (Artaxerxes III)	359-338		마케도니아(Macedon)의 필립 2세(Philip II)가 카이로네이아(Chaeronea)에서 그리스를 패배 시킴(338 BC)

아르세스 (Arses)	338-335		
다리우스 3세 (Darius III)	335-331	성경이 침묵함	알렉산더 대왕이 페르시아 제국을 전복시킴
알렉산더 (Alexander)	336-323		그리스 제국의 확립

5. 다른 책과의 관계

히브리어 성경 안에서 에스더서는 성문서에 포함되어 있으며 이스라엘의 종교 절기에 읽혔던 다섯 권의 책들(Megillot)의 마지막 책이며 예레미야애가와 다니엘서 사이에 위치한다. 에스더서가 예레미야애가 다음에 등장하는 것은 당연하다. 에스더서는 처음에는 슬픔의 시대 (4:1-4, 16; 8:3)를 노래하지만 나중에는 슬픔이 기쁨으로 변한 것을 노래하고 있기 때문이다.

애가가 묘사하는 참혹하고 비참한 시대가 지나면 소망과 회복의 시간이 임할 것이라고 위로하고 있는 책이 바로 에스더서다. 애가에서는 외국인이 이스라엘을 패망에 이르게 했다. 에스더서에서는 외국인(하만의 사람들)이 이스라엘 사람에 의해 패망에 이른다. 시편 기자가 전하는 것처럼 아무리 슬프고 아픔의 밤이 우리에게 임한다 하더라도 아침은 분명히 온다는 것을 기억해야 한다. 인간의 역사를 주관하시는 하나님을 믿는 자는 절망의 늪에 빠져들 필요가 없다.

에스더서가 다니엘서 바로 앞에 등장하는 것에도 논리적인 설명이 있다. 다니엘서와 에스더서는 책이 전개되는 장소가 이방 나라이고 이스라엘의 포로 시대를 조명하고 있다는 공통점을 지니고 있다. 이 책들의 두 주인공(에스더, 다니엘)은 이방 나라에서 높은 지위까지 오르게 된 유태인 포로이다. 에스더와 다니엘은 모두 주의 백성 보존에 지대한 기여를 한 사람이다.

반면에 에스더서가 기독교 성경 안에서는 에스라-느헤미야 뒤를 이어 역사서의 마지막 책으로 등장하는 이유는 시대적으로 이 책의 역사적 배경이 에스라-느헤미야와 비슷하기 때문일 것이다. 에스더서는 구약의 다른 책이나 신약에서 전혀 인용되지 않는다. 에스더서는 쿰란(Qumran) 공동체에서 사본이 발견되지 않은 유일한 정경이기도 하다. 교부들이 에스더서를 언급한 기록도 별로 없다. 에스더서에 관한 기독교 주석이 주후 831년에야 처음 나타났다는 점 역시 기독교가 전반적으로 이 책에 대해 무관심했음을 보여준다(Jobes).

6. 이슈와 메시지

에스더서는 여러 가지 다양한 이슈와 메시지를 담고 있는 책이다. 그중 대표적인 몇 가지만 생각해보자. (1) 하나님의 섭리, (2) 보이지 않는 하나님, (3) 부림절, (4) 조상의 불순종, (5) 민족주의, (6) 정경 안에서의 위치, (7) 책의 역사적 신빙성, (8) 마소라 사본과 칠십인역 에스더서의 차이.

(1) 하나님의 섭리

에스더서의 신학을 논할 때, 가장 책의 중심을 이루고 있다고 주장하는 주제는 바로 하나님의 섭리다. 저자는 마치 세상에는 인간 통치자의 권력만이 난무하는 것으로 묘사한다. 그래서 총 167절로 구성되어 있는 에스더서에는 동사 '통치하다/지배하다'(מלך)와 이 동사에서 파생한 단어들이 250차례 이상 사용되는데, 모두 인간 통치자와 연관되어 사용된다(Berg). 반면에 하나님이 사용하시는 에스더는 전혀 힘이 없다. 그럼에도 불구하고 에스더는 하만을 낮추고 모르드개를 올리는 등

왕의 권력을 원하는 대로 사용한다. 표면적으로는 페르시아 왕이 모든 것을 통치하고 있지만, 실제로 그는 연약한 여인을 통해 하나님의 섭리에 따라 움직이고 있을 뿐이다(Sabua). 이 외에도 다음 몇 가지 사항을 생각해보자.

첫째, 유태인의 금식이다(4:3, 16-17). 구약에서 금식은 거의 항상 기도와 연결되어 있다. 그렇다면 에스더서에서 유태인이 금식을 행하는 행위도 종교적 차원에서—하나님께 탄원하는 것으로— 이해될 수 있다(Fox). 둘째, 에스더서는 하만의 아내와 친구들을 통해 하만이 유태인을 이길 수 없다는 것을 선언한다(6:13). 비록 하나님/여호와의 이름을 직접 언급하지는 않지만, 하만의 아내와 친구들이 이렇게 확신할 수 있었던 데는 무엇이 가장 큰 영향을 미쳤을까? 그들은 하나님이 이적과 권능으로 이끄신 유태인의 과거를 잘 알고 있었던 것이다(Lacocque). 그렇다면 '유태인의 신'에 대해 한마디만 해도 되는데 왜 끝까지 하나님에 대한 언급을 하지 않았을까? 이는 독자가 보이지 않는 곳에서 역사하시는 하나님을 의식하도록 하려고 의도적으로 하나님의 직접적 개입을 가린 것으로 생각된다.

모르드개가 에스더에게 왕께 나아가 백성을 구하라고 했을 때, 처음에는 에스더가 주저했다. 이때 모르드개는 에스더에게 다음과 같이 말했다. "이 때에 네가 만일 잠잠하여 말이 없으면 유다인은 다른 데로 말미암아 놓임과 구원을 얻으려니와 너와 네 아버지 집은 멸망하리라 네가 왕후의 자리를 얻은 것이 이 때를 위함이 아닌지 누가 알겠느냐?"(4:14) 모르드개는 에스더가 개입하지 않더라도 주의 백성은 '다른 데'에서 구원을 얻을 것이라고 하는데, 그가 마음에 둔 '데/곳'(place)은 어디/무엇일까? 칠십인역, 탈굼, 요세푸스 등은 '데/곳'(place)을 하나님으로 해석했다. 오늘날에도 많은 학자가 이 해석을 따른다(Wiebe).

그러나 이 해석에는 문제가 있다. 만약에 '데'를 하나님으로 해석한다면 '다른'(another)은 어떻게 해석할 것인가? 다른 신을 의미하는 말인가? 이 해석은 또한 하나님의 것과 대조되는 에스더의 행동이 주님으로부터 온 것이 아니고 에스더 스스로 행한 것이라는 문제점을 안고 있다. 그러므로 '다른 데'는 또 하나의 '인간 도구'(human agent)를 염두에 둔 것으로 해석하는 것이 바람직하다(Wiebe). 그렇다면 이스라엘을 살리게 될 인간 도구를 누가 주실 것인가? 바로 하나님이시다. 그러므로 에스더서는 보이지 않는 곳에서 자기 백성의 형편을 헤아리시고 구원자를 보내시는 하나님의 섭리를 묘사하는 것이다.

한 유태인 여인이 적합한 장소(right place), 적절한 시간(right time)에 있게 된 것이 과연 우연의 일치일까? 우연이라고 보기에는 너무나도 잘 맞아 떨어진다. 하나님이 하신 일이다(Whitcomb). 또한 왕이 잠 못 이루었던 밤이 에스더가 왕 앞에 나오기 바로 전날 밤이었다는 것도 우연일까?(6:1-3) 왕은 잠 못 이루는 밤을 통해 유태인 모르드개가 왕을 해하려는 음모를 알려 준 적이 있었다는 사실을 알게 되었다. 왕은 이 일로 유태인에게 호감을 갖기 시작했다. 그러므로 왕이 잠 못 이루는 밤에 기록을 읽게 된 것도 하나님의 계획의 일부였다고 볼 수 있다(Whitcomb).

마지막으로 왕이 음모를 알려 주었던 모르드개를 치하하기로 결정했을 때 하만이 왕궁에 있었던 것도 우연일까? 그것도 왕이 잠 못 이루는 밤에 말이다. 우리는 에스더서에서 우연처럼 보이는 수많은 일 가운데 하나님의 확실한 손길과 역사하심을 목격한다. 또한 모든 것이 뒤집어져 하만과 그의 백성에 의해 죽을 뻔했던 이스라엘이 오히려 해하려던 자들을 죽일 수 있었던 일을 회고하고 있는 9:1도 하나님이 이렇게 하셨음을 암시한다.

(2) 보이지 않는 하나님

성경에는 하나님의 이름을 언급하지 않는 책이 두 권 있다. 에스더서와 아가서다. 에스더서는 성전, 언약, 기도 및 다른 유대 종교 요소에 대하여도 전혀 언급하지 않는다. 그렇다면 저자는 왜 종교적 요소, 심지어 하나님의 이름까지 언급하기를 꺼려했을까? 학자들은 다양한 추측을 내놓았다(Beal). 책이 지나치게 세속적이기에 하나님의 이름이 언급되지 않았다고 하는 사람도 있고(Pfeiffer), 부림절에는 절제하지 않고 취하고 즐거워하는 날이라 하나님의 이름이 없다는 주장도 있다(Paton). 실제로 탈무드는 "부림절에는 '모르드개는 복을 받을지어다'와 '하만은 저주를 받을지어다'라는 말이 구분이 안 될 때까지 술을 마실 의무가 있다"라고 한다(Harris, Gordis). 우리말로 하면 부림절에는 '코가 비뚤어지게 마셔야 한다'라는 것이다.

어떤 학자는 책에 등장하는 주인공(에스더, 모르드개)의 행동이 윤리적으로 문제가 있기에 하나님이 기뻐하시지 않아서 하나님의 이름이 없다는 해석을 내놓기도 했다(Harvey, Huey). 다음 사항을 생각해보자. 에스더가 국적을 밝히지 않는 것이 윤리적 문제로 해석된다. 에스더의 행동은 남을 항상 진실하게 대하고 거짓말을 하지 말라는 레위기 19:11 말씀에 위배될 수 있는 것이다. 하나님 백성인 에스더가 하나님을 모르는 이방 왕의 여인이 된 것도 문제가 된다(신 7:3; 스 10장). 모르드개가 하만에게 절을 했다면 모든 문제가 시작되지 않았을 것이고 유다 사람 7만 5,000명이 생명에 위협을 받지 않았을 것이다. 윗사람에게 절하는 것은 페르시아를 포함한 고대 근동 지역에 보편화되어 있는 예절이었다. 그러나 모르드개는 왕의 고위급 신하에게 절하는 것을 거부함으로써 자신뿐만 아니라 모든 유태인의 목숨을 위험에 빠뜨렸다(3:4). 즉, 에스더서에 비추어진 모르드개의 행동은 긁어 부스럼을 만든 것에 불과하며 모든 사람의 지탄을 받아야 한다는 것이다(Huey). 이와 같이 에스더서에 포함된 여러 가지 요소가 윤리적 문제를 안고 있으므로 하나님이 이 책에서 의도적으로 멀리 떠나 계시다는 것이다.

그러나 이런 논리가 옳다면 아예 에스더서를 정경에서 제외시켜야 한다(Bush, cf. Beckwith). 에스더서는 하나님 말씀이 아니라 실수투성이 사람에 관한 이야기일 뿐이기 때문이다. 또한 성경의 본질에 대해 생각해볼 필요가 있다. 만일 성경이 거룩한 자의 영웅적 신앙 이야기만 담고 있다면, 구약을 형성하고 있는 대부분 책은 정경에서 제외되어야 한다. 이 기준에 미치지 못하기 때문이다. 반면에 성경은 죄인의 이야기다. 거룩하신 하나님이 우리와 같은 죄인을 사용하셔서 어떻게 하나님의 나라를 이 땅에 이루어나가는가에 대한 이야기인 것이다. 그러므로 에스더와 모르드개의 윤리적 문제점 또한 이 같은 맥락에서 논의되어야 한다. 만일 에스더와 모르드개의 윤리적 결함이 이 책에서 하나님을 멀리하게 했다면, 문제 많은 야곱의 삶 속에 끊임없이 함께하시는 하나님은 어떻게 설명할 것인가?

에스더서에서 하나님이 보이지 않는 것은 인간 행동의 중요성을 강조하는 방법이다(Firth, Wiebe). 에스더와 모르드개의 행동이 온 유태인의 생사를 좌우한다. 수동적으로 하나님의 역사를 기다리지 않고 자신들을 하나님의 도구로 '스스로' 임명한다. 또한 저자는 하나님의 개입을 의도적으로 희미하게 표현하고 있다(Sabua, Wiebe). 하나님은 분명 백성의 일에 직접 참여하신다. 논리적으로 생각할 때 그는 모든 일에 개입하신다. 그러나 때로는 하나님의 손길을 분별하기가 쉽지 않다. 주님의 개입이 명확하지 않은 '미지수'(indeterminacy)로 남을 때가 많기 때문이다(Wiebe). 그러므로 에스더서는 우리 삶에 대한 매우 현실적 주해라고 이해될 수 있다. 때로는 우연히 된 일 같고, 때로는 하나님의 침묵 속에 진행되는 일같이 느껴지지만, 사실은 우리의 모든 일이 하나님의 주권 아래 주님의 은혜로운 개입에 의해 진행된다는 것을 명확하게 선언하고 있는 책이 에스더서다(Firth).

이 같은 책의 성격과 메시지에 만족하지 못한 사람은 다양한 방법으로 에스더서에서 하나님의 이름을 찾아내려 하였다. 그들은 하나님의 이름이 일종의 약자 형태(acrostic)로 등장한다고 주장했다(1:20; 5:4, 13; 7:7). 다음 예를 생각해보라(5:4). 5:4를 번역하면 "에스더가 말하기를 만일 왕이 좋게 여기시거든 왕과 하만은 오늘 제가 그[왕]를 위해 준비한 잔치에 오시옵소서"가 되는데, 두 번째 문장의 박스 안에 들어가 있는 문구를 형성하는 네 단어의 첫 글자를 따서 조합하면 "여호와"(יהוה)가 된다(Howard). 에스더서가 하나님의 이름을 표기하고 있다는 것이다! 물론 우리는 이러한 방식을 인정하지 않는다. 다음을 참고하라(Paton).

וַתֹּאמֶר אֶסְתֵּר אִם־עַל־הַמֶּלֶךְ טוֹב
יָבוֹא הַמֶּלֶךְ וְהָמָן הַיּוֹם אֶל־הַמִּשְׁתֶּה אֲשֶׁר־עָשִׂיתִי לוֹ

(3) 부림절

유태인의 절기 중 유일하게 모세 오경에 언급되지 않은 절기가 바로 부림절이다. 에스더서에서 유래가 설명되는 이 절기는 하만의 음모 때문에 위기에 빠졌던 이스라엘 사람의 운명이 전화위복(轉禍爲福)된 것을 기념하는 날이다(Hallo). '부림'(פּוּרִים)은 '제비뽑기'(פּוּר)(lot, 주사위 등과 같이 뽑는 것)의 복수형이다. 하만이 이 방법으로 유태인을 죽이기에 제일 좋은 날짜를 정한 데서 비롯되었다(3:7; 9:24). 유태인은 끝에 가서 자신의 '운명'(lot)이 뒤집어진 것을 축하한다(9:26, 28, 29, 31, 32).

차일즈(Childs)는 9:20-32의 역할을 잘 살펴보면 이 책이 쓰여진 목적을 파악할 수 있다고 생각한다. 이 텍스트는 부림절의 중요성(21, 27, 29, 31, 32절)과 절기의 시기를 제시한다(21, 31절). 모르드개와 에스더의 편지는 이 축제를 어떻게 진행해야 하는가를 가르쳐준다(19, 22절). 또한 부림절에 대한 관례를 기록으로 남길 것을 강조한다(26, 27, 32절). 즉, 에스더서의 목적은 근본적으로 부림절을 정당화할 뿐만 아니라 어떻게 지켜야 잘 지키는 것인가를 슬며시 제시하고 있다는 것이다(Childs). 그러나 역시 이 같은 통찰은 책이 지닌 여러 목적 중의 하나를 파악한 것일 뿐, 유일한 것은 아니다. 에스더서는 이 한 가지로 설명되기에는 너무나도 놀랍고 정교하고 감동적인 책이기 때문이다.

(4) 조상의 불순종

어떻게 생각하면 에스더서의 플롯은 수백 년 동안 '끝나지 않은 일'(unfinished business)이 드디어 끝이 나는 것이라고 할 수 있다. 하만과 모르드개의 계보를 생각해보자. 모르드개는 이스라엘의 초대 왕이자 베냐민 자손이었던 사울의 아버지인 기스의 후손이다(2:5). 하만은 사울이 하나님께로부터 진멸하라는 명령받았던 아말렉족속의 왕인 아각의 자손이다(3:1; cf. 삼상 15장). 사울은 진멸하라는 명령을 어기고 아각을 살려두었다가 하나님께 버림받았다. 그렇다면 하만과 모르드개의 갈등은 작게는 사울과 아각 집안의 갈등의 연속이며, 크게는 출애굽 때 시작된 이스라엘과 아말렉족 사이의 갈등의 지속이다(출 17장).

만일 사울 왕이 하나님이 명령하신 대로 아말렉 왕 아각과 집안을 진멸했더라면 후손인 모르드개가 아각의 후손 하만과 갈등을 빚고 하만의 사람들을 모두 죽일 필요는 없었을 것이다(McKane). 모르드개는 결국 조상 사울이 하나님 명령을 어기면서까지 '끝내지 않은 일' 때문에 엄청난 갈등과 대가를 치러야 했다. 이처럼 때로는 우리의 불순종이 전혀 예측하지 못한 때와 장소에서 엄청난 파장을 일으킬 수 있다. 그러므로 하나님이 명령하면 순종하는 것이 신앙의 미덕일 뿐만 아니라, 우리가 가장 염려하고 사랑하는 자(후손)를 위한 최선책이다.

(5) 민족주의

유태인 사이에 에스더서만큼 인기를 누리는 책도 드물다(Humphreys). 에스더서가 유태인의 역사 가운데 박해자를 이기고 승리한 몇 안 되는 사건 중 하나를 기록하고 있기 때문이다. 에스더에서 영웅은 유태인이고, 강조되는 것은 유태인을 해하려 하는 자는 모두 심판을 받을 것이라는 교훈으로 생각한다(Walfish). 그래서 에스더서는 지나치게 유태인의 민족주의를 지향한다고 주장하는 사람도 있다. 유태인의 에스더 서에 대한 긍정적 평가가 비평가에게는 이 책이 마치 유태인의 민족 우월주의를 지향하는 면으로 여겨지는 것이다.

비슷한 맥락에서 앤더슨(Anderson)은 에스더서가 반유대주의(anti-Judaism)/안티세미티즘(anti-Semitism) 문제를 다루고 있다고 생각한다. 물론 역사적으로 교회가 유태인을 바라보는 눈이 곱지 않았다는 점을 감안하면 앤더슨의 주장은 어느 정도 설득력이 있다고 생각한다(Humphreys). 한 학자는 기독교가 에스더서를 너무 쉽게 껴안는 데에 문제가 생길 수 있다고 경고한다(Childs). "에스더서는 유다 백성의 종교적 의미가 무엇인지를 보여주는 정경이다. 기독교 정경에 에스더서를 포함시킨 것은 '이스라엘'이라는 개념을 지나치게 영적으로 해석하려는 노력을 억제시키는 기능을 갖는다." 에스더서가 이방인과 갈등을 빚고 있는 이스라엘 사람의 이야기라는 사실을 의식하여 이방인인 우리는 자신을 지나치게 이스라엘화하려는 노력을 자제해야 한다는 의미다.

위 두 학자(Anderson과 Childs)의 견해는 에스더서의 메시지를 지나치게 단순화시킨 것에서 비롯되었다. 현실적으로 생각할 때 성경 중에 유태인이 주인공이 아닌 책이 몇 권이나 되는가? 예수님도 유태인이 아니셨는가? 그리고 다른 책에서 언급되는 '유태인 이야기'는 모두 '하나님 백성' 관점에서 해석하면서 왜 에스더서만큼은 이러한 선입견을 가지고 접근하는가? 물론 민족 우월주의는 비성경적이며 교회는 이러한 사상을 철저히 배척해야 한다. 그러나 성경은 건강한 민족애를 권장하고 있다. 하나님이 세상에 있는 온갖 백성을 창조하셨고, 각각 기업을 주어 살게 하셨기 때문이다.

(6) 정경 안에서의 위치

종교 개혁 시대 에스더서에 대해 가장 큰 반론을 제기한 사람은 루터였다. 그는 "나는 마카비 2서와 에스더서가 아예 존재하지 않았으면 할 정도로 이 책들에 대해 매우 큰 적대심을 가지고 있다. 이 책들은 [기독교 독자에게] 지나치게 유대화를 강요하고 있고 또한 세속적이고 적절하지 못한 행위를 내포하고 있다"라고 말했다(Bush, Beckwith). 이와 같은 루터의 평가는 그가 비록 훌륭한 개혁자였지만, 완벽하지 못한 한 인간에 불과했다는 점을 드러낸다. 그는 또한 야고보서를 '지푸라기 서신'이라 비난하기도 했다. 요한계시록도 정경에서 삭제하기를 원했다. 개혁가라고 모든 것을 잘 판단하고 행했다고 생각하지 말 것이며, 그들의 가르침이나 제안이 절대적이 아니라는 점을 기억해야 할 것이다. 이런 면에서는 칼빈도 마찬가지다.

 루터처럼 에스더서를 세속적인 책으로 인식하는 사람은 책이 보복을 지향한다는 점을 문제로 제기한다. 특히 9장에서 하만과 그의 백성이 대량 학살을 당하고 있는데, 이 같은 행위가 정말 의로운 보복인가 반문하는 것이다(Goldman, Harvey). 만일 지나친 살육이라면 원수를 용서하라는 예수님의 말씀을 기준삼아 사는 우리로서는 깊이 생각해볼 문제다. 그러나 만약에 이 같은 관점에서 성경을 판단하고 선별하려면 제일 먼저 시편의 상당 부분을 구성하고 있는 '저주 시편'이 성경에서 제외되어야 한다. 원수를 용서하기는커녕 오히려 벌해 달라고 하나님께 호소하고 있기 때문이다. 또한 에스더서에서 유태인이 원수 갚는 것은 하나님의 보응(retribution)의 한 부분으로 해석될 수 있다(Hallo). 그러므로 이 반론 역시 별로 설득력이 없어 보인다.

 반면에 다른 사람은 에스더서를 모세 오경의 권위와 동등한 위치에 올려놓았다. 주후 4세기에 활동했던 랍비 벤라키스(Simeon ben Lakish)는 에스더서를 예언서나 성문서보다 한 수 위인 토라(Torah: 모세 오경을 가리키는 말)와 같은 권위를 가진 것으로 그 위치를 부상시켰다(Berlin). 중세 철학자인 마이모니데스(Maimonides)는 마지막 날에 예언서와 성문서는 사라질지 몰라도 토라와 에스더서는 사라지지 않을 것이라고 했다(Howard). 이들의 에스더서에 대한 높은 평가는 세 가지에 근거를 두었다.

첫째, 세속적 차원에서 살펴볼 때 이 책은 유태인의 승리와 생존을 전함으로 하나님이 백성을 버리지 않고 이방 땅까지 보존하셨다는 점을 강조한다. 하나님의 보호와 인도하심은 특별한 지역에 국한된 것이 아니다. 하나님은 세상 어디든지 계시며 자기 백성 이스라엘을 보존하신다.

둘째, 종교적 차원에서 이 책은 하나님의 섭리를 은밀하게 보여준다(Beal, Sauba). 에스더서의 이러한 성향은 룻기와 비슷한 점이 많다. 요란하고 시각적인, 더러는 말초신경을 자극하는 극적인 역사하심보다 은밀하고 비밀스러운 방식을 통해 운행되는 그분의 섭리가 매우 아름답게 보이게 하는 책이 바로 에스더서이다.

셋째, 에스더서는 이스라엘의 절기 중 유일하게 모세 오경에 기록되지 않은 부림절(Purim)의 유래를 전하고 있다(Hallo). 그러므로 오래전부터 일부 랍비들은 에스더서를 매우 중요하게 여겼다. 예루살렘 탈무드는 "선지서들과 성문서는 없어지더라도 율법과 에스더서는 영원히 있을 것이다"라고 기록되어 있다(Harris).

(7) 역사적 신빙성

오래전부터 에스더가 묘사하고 있는 이야기의 역사적 신빙성에 문제를 제기하는 사람이 있었다(Wright). 에스더가 역사적 사건을 회고하고 있는 역사서인가, 아니면 교훈을 가르치기 위해 만들어진 훈화(exemplum)인가에 대한 논란이었다(Watson). 책이 묘사하고 있는 이야기의 역사적 신빙성에 문제를 제기하는 사람은 다음과 같은 증거를 제시했다(Paton, Bush, Berlin, Crawford).

1. 아하수에로의 아내들로 등장하는 여인들의 이름 와스디와 에스더는 헬라 역사가 헤로도투스가 그의 아내로 기록하고 있는 아메스트리스(Amestris)와 다르다. 아하수에로는 즉위 내내 아메스트리스를 유일한 왕비로 두었다.
2. 페르시아의 기록에 의하면 아하수에로왕 다음가는 제국의 2인자로 군림한 사람 중에 모르드개나 하만이라는 이름은 없다. 더 나아가 비(非)페르시아 사람이 제국의 2인자였다는 기록도 그 어디에서 찾아볼 수 없다.
3. 페르시아 왕들의 기록에 의하면 에스더서가 언급하고 있는 아하수에로왕 시대의 대학살에 대한 언급이 없다.
4. 만일 2:6이 언급하는 것처럼 모르드개가 여호야긴왕이 끌려갔을 때(597 BC)에 함께 바빌론으로 갔다면, 그는 아하수에로왕 시대에 100세가 훨씬 넘은 나이다.
5. 에스더서에 기록된 페르시아 제국의 행정 체제와 헤로도투스 등 다른 출처에 기록된 정보와 일치하지 않는다. 1:1은 페르시아 제국이 127개의 도(province)로 나누어져 있었다고 하는데, 헤로도투스는 20개, 다리오의 시대에 유래한 문헌은 23-30개였다고 한다. 다니엘은 120개였다고 한다(단 6:1).
6. 페르시아 왕들이 궁녀들을 취할 때 특별한 기준이 있지는 않았지만, 왕비의 경우 7개의 귀족 집안에서만 취한 것으로 알려졌다. 그러므로 에스더가 아하수에로와 결혼했다는 것은 불가능한 일이다.
7. 에스더서는 페르시아 왕이 선포한 칙령을 되돌릴 수 없다고 하는데 이 같은 사실을 입증할 만한 역사적 증거가 없다.

이와 같은 이슈에 대하여 이미 수많은 학자가 여러 가지로 설명한 적이 있고 상당 부분 설득력 있게 설명되었기에 이 책에서 다시 반복할 필요는 없다(Baldwin, Breneman, Jobes). 다만 한 가지 생각해볼 이슈는 에스더서의 장르에 관한 것이다. 우리는 에스더서를 역사서로 간주하지만, 에스더서의 장르에 대한 견해는 매우 다양하다. 학자들이 제안하는 장르로는 코미디(comedy), 대하소설(historical fiction/novel), 풍자(satire), 유머(humor), 익살극(farce), 단편소설(novella/short story), 종교 절기의 유래를 설명하는 이야기(*Festlegende*) 등이 있다(Willis, Fox, Berlin, Crawford). 에스더서를 역사서로만 보지 않는 것이다. 이러한 정황에서 에스더서를 순수한 역사서로만 여긴다는 것은 다소 지나친 감이 있을 수 있다.

등장인물의 이름이 에스더서의 일부분이 역사서보다는 대하소설에 더 가까울 수 있음을 시사한다(Millard). 아하수에로 왕에게 버림받은 왕비의 이름 '와스디'는 '아름다운 여인' 혹은 '사랑받는 자'라는 뜻을 지닌 고대 페르시아어 단어와 소리가 같다(Paton, Moore). 페르시아 왕 아하수에로는 히브리어로 상당히 우스운 소리를 지녔으며 '골칫거리 왕'(King Headache)이라는 의미를 지녔다(Radday). 에스더는 바빌론 사람이 사랑과 전쟁의 여신으로 숭배했던 이스타(Ishtar)와 소리가 비슷하다(Yahuda). 하만의 이름은 히브리어로는 진노(wrath)를 뜻하는 단어와 소리가 비슷하다.

이 같은 현상은 에스더서의 등장인물의 이름이 실명이 아닐 수도 있다는 가능성을 제시한다(Jobes, cf Berlin). 이야기를 재미있게 꾸며 나가기 위하여 인물의 역할에 적합한 가명을 사용했을 수도 있는 것이다. 그렇다면 만일 우리가 역사서를 정확한 정보만을 제공하는 것으로 간주한다면, 에스더서는 이 범위에서 어느 정도 벗어난 작품이다. 에스더서는 역사성을 전제하고 바탕으로 하고 있지만, 어느 정도 소설(동화)적인 성향을 지닌다는 것이다.

문제는 에스더 외에도 이 같은 성향을 보이는 책이 또 성경에 있다는 사실이다. 사무엘서에서도 실명보다는 작품 안에서의 역할에 따라 이름이 지어진 인물들이 보인다. 대표적인 예가 아비가일의 남편 나발(נבל)이다. 이 사람의 이름이 '귀족'(noble)으로 풀이될 가능성을 전적으로 배제할 수는 없지만, 거의 모든 사람이 '어리석은 자/바보'라는 뜻으로 풀이한다(HALOT). 그런데, 세상의 어떤 부모가 자기 아들에게 '바보'라는 이름을 지어주겠는가? 그러므로 그의 이름은 본명이라기보다, 사무엘상 25장에 기록된 이야기에서 그가 하는 역할을 요약해 주는 가명임이 분명하다. 사울의 아들 이스보셋(lit. 수치스러운 놈)도 본명은 이스바알(lit. 바알의 사람/숭배자)이었다. 성경 저자들이 이 같이 행하는 것을 '시적 허용'(poetic license)이라고 한다(Jobes).

우리는 위와 같은 현상을 바탕으로 구약의 역사서에 대한 이해를 새롭게 할 필요가 있다. 구약의 역사서는 실제로 있었던 일을 회고하는 역사성을 전제하며, 또 실제로 역사성을 지니고 있다. 또한 이야기를 흥미롭게 전개하기 위하여 어느 정도 문학적이지만 비(非)역사적인 요소를 배합해 사용하기도 한다. 위에서 언급한 것처럼 때로는 실명보다는 이야기 전개에 더 적절한 가명을 사용하는 것을 대표적인 예라 할 수 있다. 우리는 에스더서가 안고 있는 여러 가지 역사적 문제가 이 책의 장르의 특성과 연관이 있을 수도 있다는 사실을 인정해야 한다. 에스더서의 장르가 때로는 오늘날 기준으로 역사적이라고 확인할 수 없는 요소와 사건을 의도적으로 사용할 수도 있다는 것이다. 이러한 관점에서 구약의 역사서를 이해한다면, 하나님 말씀이 훨씬 더 풍요롭고 재미있게 다가올 것이다.

(8) 마소라 사본(MT)과 칠십인역(LXX)

마소라 사본의 에스더서는 167절로 이루어져 있다. 반면에 칠십인역본 에스더서는 여기에 107절을 더한다. 주후 4세기에 제롬(Jerome)이 완성한 라틴어 역본인 불가타(Vulgate)는 칠십인역에만 등장하는 에스더서의 부분을 에스더 11-15장으로 첨부했다. 오늘날 이 부분은 에스더서에서 분류되어 외경의 일부로 출판되지만 간혹 에스더서에 포함시켜 출판하는 사례도 있다. 칠십인역에 추가로 등장하는 에스더서의 첫 부분은 모르드개의 꿈과 그가 환관들이 왕을 저격하려는 음모를 알게 된 경위를 설명하고 있다. 이어서 이스라엘 사람을 모두 죽이라는 왕의 칙령과 모르드개와 에스더의 기도문으로 이어진다. 마지막으로 이스라엘 사람을 존귀하게 대하라는 왕의 칙령이 삽입되어 있다. 다음 내용을 참고하라(공동번역에서 '하느님'을 '하나님'으로 바꿈).

10:4 모르드개는 이렇게 말하였다. "이 모든 것은 하나님께서 하신 일이다. 나는 이러한 일들에 관하여 꿈을 꾸었는데 그 꿈 내용이 하나도 빠짐없이 실현되었다. 조그마한 샘물이 큰 강이 되었던 일과 빛이 비치던 일, 태양과 넘쳐흐르는 물, 이것들이 모두 실현되었다. 에스더가 바로 그 강인데 에스더는 그 왕과 결혼하여 왕후가 되었다. 두 마리 용은 하만과 나다. 이교국 백성들은 서로 결탁하여 유다인들의 이름을 말살하려고 한 자들이다. 나의 백성은 이스라엘인데 하나님께 부르짖어 구원을 받은 사람들이다. 과연 주님께서는 당신 백성을 구하셨고 모든 악으로부터 우리를 건져주셨으며, 하나님께서는 일찍이 어떤 백성에게도 보여주지 않으셨던 놀라운 일과 기적들을 행하셨다. 하나님께서는 당신 백성들의 운명과 이방인들의 운명을 따로 갈라놓으셨다. 이 두 가지 운명은 하나님께서 정하신 그 날, 그 시간, 그 때에 모든 백성들에게 다 이루어졌다. 그리하여 하나님께서는 당신의 백성을 기억하시고 당신의 유산을 의롭게 지켜주셨다. 하나님의 백성들에게는 아달월 십사일과 십오일은 하나님 앞에 모두 모여서 서로 기뻐하며 즐거워하는 날이며, 하나님의 백성인 이스라엘이 자손만대에 영원히 기념하는 날이 될 것이다. 11:1 프롤레마이오스와 클레오파트라의 치세 사년에, 도시데우스라는 사람이 스스로 레위족에 속하는 사제라고 하면서 부림 축일에 관한 이

편지를 가져왔다. 그들은 그 편지가 틀림없는 것이며 예루살렘에 사는 프롤레마이오스의 아들 리시마쿠스가 번역한 것이라고 하며 내놓았다. 아하스에로스 대왕 제이년 니산월 초하룻날 베냐민 지파에 속하는 모르드개가 꿈을 꾸었는데, 그는 야이르의 아들이며 야이르는 시므이의 아들이며 시므이는 키스의 아들이었다. 모르드개는 수사에 사는 유태인으로서 왕궁에서 높은 지위를 가진 사람이었다. 그는 바빌론 왕 느부갓네살이 유다의 왕 여고니야를 위시하여 예루살렘에서 잡아 온 많은 포로들 중의 한 사람이었다. 그가 꾼 꿈이란 다음과 같은 것이었다. 울부짖는 소리와 대소동, 뇌성과 지진으로 지상은 온통 뒤죽박죽이었다. 그때 두 마리 커다란 용이 다가서더니 금시라도 서로 싸울 기세를 보이며 크게 으르렁거렸다. 그 소리에 자극을 받아서 모든 민족이 의로운 백성을 치려고 전쟁 준비를 하였다. 어둡고 음산한 날이 왔던 것이다. 그날 온 땅은 고통과 번민, 불안과 대혼란으로 뒤덮였다. 의로운 백성은 자기에게 닥쳐올 재앙을 눈앞에 보고 겁에 질려 최후의 한 사람까지 죽을 각오로 하나님께 부르짖었다. 그때에 부르짖는 소리에서, 마치 작은 샘에서 물이 흘러나오듯이 큰 강이 생겨나 물이 넘쳐 흘렀다. 그러자 태양이 뜨고 날이 밝아지더니 그 비천한 백성은 높여지고 힘센 자들을 집어 삼켰다. 모르드개는 꿈에서 깨어나, 자기가 꾼 꿈과 그 속에 나타난 하나님의 계획에 대하여 생각하며 온종일 그 뜻이 무엇인가를 알아내려고 무진 애를 썼다. 12:1 모르드개는 왕궁을 지키는 어전 내시 박단과 테레스 두 사람과 함께 궁에서 살고 있었다. 그때 그 두 내시가 음모를 꾸미고 있었는데 모르드개는 이것을 눈치챘다. 마침내 그들이 아하스에로스 왕을 암살하려고 하고 있다는 것을 알아낸 그는 그 사실을 왕에게 알렸다. 왕은 그 두 내시를 심문하게 하여 자백을 받고는 그들을 사형에 처했다. 그리고 나서 왕은 이 사건을 그의 연대기에 기록하였고 모르드개도 자기대로 그것을 기록하여 두었다. 그 후 왕은 모르드개에게 궁 안의 벼슬을 내리고 많은 선물을 주어 그를 치하하였다. 그러나 아각 사람 함다다의 아들 하만은 왕의 총애를 받던 사람인 데 그 두 어전 내시의 사건에 대한 보복으로 모르드개를 해칠 생각을 품었다.

13:1 그 편지 내용은 다음과 같다. "대왕 아하스에로스가 인도에서 에디오피아에 이르는 백이십칠 개 주의 통 치자들과 그 예하 지방 장관들에게 이 편지를 보낸다. 수많은 국민을 통치하며 온 세계를 지배하는 나는, 결코 오만스럽게 권력을 남용하지 아니하고 절도를 지키며 관대하게 다스리기로 결심하였다. 그리하여 나의 백성에게 파탄 없는 평온한 생활을 영원히 보전하여 주며, 나의 왕국에 사는 사람 누구에게나 문명의 혜택과 방방곡곡 어디에든 자유로이 통행할 수 있는 권리를 보장하며, 모든 백성이 열망하는 평화를 이룩하고자 한다. 그런데 이 목적을 달성하기 위한 방법을 두고 나의 자문관들과 협의하였다. 자문관들 중에 하만이란 사람이 있는데 그는 총명하기가 우리 중에 뛰어났고 그의 꾸준한 정성과 변함없는 충성심이 증명된 사람이며 그 지위는 나 바로 다음가는 사람이다. 그 하만이 다음과 같은 정보를 나에게 알려 주었다. 즉 이 땅 위에 사는 모든 부족 가운데 한 못된 민족이 섞여 살고 있는데, 그들은 모든 민족을 적대시하는 법률을 가지고 있으며, 언제나 왕명을 거역하여 온 백성의 복리를 보장하려는 나의 통치를 방해하려고 한다는 것이었다. 그러므로 유별난 이 민족이 온 인류와 사사건건 충돌하며 괴상한 법 제도를 가지고, 우리나라의 이익을 해치며 극악한 범죄를 저질러 마침내 이 왕국의 안전을 위협하기에 이르렀다는 것을 생각하고, 나는 다음과 같이 명령한다. 공직의 제일인자이며 나에게는 제이의 아버지인 하만이 그들에게 보낸 편지 속에 지적한 자들은 금년 아달월 즉 십이월 십사일을 기하여 여자나 어린이를 가리지 말고 인정사정없이 그들의 원수의 칼로 모조리 없애 버리라. 그리하여 어제도 오늘도 우리에게 반대하는 자들을 단 하루에 힘으로 지옥에 몰아 넣고, 앞으로 이 나라가 안정과 평화를 완전히 누리도록 하라."

14:8 모르드개는 주님께서 하신 모든 놀라운 일을 생각하며 다음과 같

이 기도하였다. "주님, 주님, 온 누리의 주인이신 임금님, 만물이 당신의 권력에 예속되어 있으며, 이스라엘을 구원하시려는 당신의 뜻을, 거역할 사람은 하나도 없습니다. 진정, 하늘과 땅을 만드신 분은 당신이시며, 창공 아래 모든 놀라운 것들을 만드신 분도 당신이십니다. 당신은 온 누리의 주인이십니다. 그리고 주님, 당신을 맞설 사람은 아무도 없습니다. 당신은 모든 것을 알고 계십니다. 주님, 내가 그 오만불손한 하만에게, 굴복하기를 거부하는 것이 결코 내가 무례해서거나 오만해서거나 혹은 허영에 들떠서 하는 것이 아니라는 것을 당신은 알고 계십니다. 이스라엘의 구원을 위한 것이라면 나는 그의 발바닥에라도 기꺼이 입을 맞추었을 것입니다. 그러나 내가 한 일은 인간의 영광보다는 하나님의 영광이 더 높다는 것을 드러내기 위한 것이었습니다. 주님, 나는 당신을 제외하고는 아무에게도 굴복하지 않겠습니다. 그렇게 하는 것은 내가 오만하기 때문이 아닙니다. 그러니 주 하나님, 아브라함의 하나님이신 임금님, 당신 백성을 살펴 주소서. 원수들은 우리들을 멸망시키려는 음모를 꾸미고 있으며 당신께서 옛날 우리에게 주신 유산을 파괴하려고 계획하고 있습니다. 이집트 땅에서 당신 자신을 위해서 건져 내신, 당신의 몫을 저버리지 마소서. 나의 기도를 들어 허락하시고 당신 백성에게 자비를 베푸시어 우리의 슬픔을 기쁨으로 바꾸어 주소서. 그리하여 주님, 당신의 이름을 찬양하며 살게 하소서. 당신을 찬양하는 입술을 잠잠케 마소서." 그리고 온 이스라엘 백성도 힘껏 외쳤다. 죽음의 그늘이 눈 앞에 다가왔던 것이다. 그는 이렇게 말하였다. "왕후께서 내 손에서 자라던 그 비천했던 지난날을 생각해 보시오. 왕국에서 제2의 인물인 하만이 우리를 몰살시키라고 왕에게 탄원하였으니, 주님께 기도드리라고 왕에게 간청하여 우리들을 죽음으로부터 구해 주시오."

15:1 사흘째 되는 날, 에스더는 기도를 마치고 상복을 벗고 호화찬란한 옷을 입었다. 이렇게 눈부시게 아름다운 옷으로 치장한 에스더는 모든 사람을 지켜 주시고 그들을 구원해 주시는 하나님께 호소하였다. 그

리고 왕후는 두 시녀를 데리고 나섰다. 왕후는 한 시녀가 옷자락을 받쳐 들고 동반하는 가운데, 또 한 시녀에게 우아하게 몸을 기대고 나왔다. 왕후가 한 시녀에게 나른한 자태로 몸을 기대었던 것은 그 몸이 너무나 허약해져서 혼자서는 걸어갈 수가 없었기 때문이었다. 그리고 또 한 시녀가 땅에 끌리는 왕후의 옷을 받쳐 들고 뒤를 따랐다. 황후는 넘쳐 흐르는 자신의 아름다움에 붉게 상기되어 있었고 희색이 만면하여 마치 사랑의 꽃이 핀 듯하였다. 그러나 마음속으로는 두려움에 떨고 있었다. 여러 개 문을 지나서 왕 앞으로 나갔다. 왕은 금과 보석이 번쩍이는 왕복으로 성장을 하고 옥좌에 앉아 있었는데 그 모양이 어마어마하였다. 왕은 위풍당당한 얼굴을 들어 노기 띤 눈으로 왕후를 쳐다보았다. 왕후는 그만 주저앉아 버렸다. 실신하여 창백해진 얼굴로 자기를 따라 온 시녀에게 머리를 기댔다. 그러나 하나님은 왕의 마음을 변심시키어 그 마음을 부드럽게 만드셨다. 왕은 몹시 걱정스러워져서 옥좌에서 벌떡 일어나 왕후가 정신차릴 때까지 그를 품 안에 껴안고 부드러운 말로 위로하였다. "에스더 이게 웬일이오? 우리는 서로 남매간이오. 안심하시오. 그대는 죽지 않을 것이오! 내 명령은 평민들에게만 해당되오. 가까이 오시오." 왕은 황금장을 번쩍 들어 에스더의 목에 대고 껴안으며 "나에게 이야기하시오" 하고 말하였다. 에스더는 말하였다. "임금님, 저에게는 임금님께서 하나님의 천사처럼 보였고, 제 마음은 임금님의 위풍에 두려움을 품었습니다. 임금님, 임금님께서는 정말 훌륭한 분이시고 임금님의 얼굴에는 인자하신 정이 흐릅니다." 에스더는 이렇게 말하다가 실신하여 쓰러졌다. 왕은 몹시 근심하였고, 그의 모든 시종들은 에스더를 깨어나게 하려고 최선을 다 기울였다.

16:1 그 편지의 내용은 다음과 같다. "나 아하스에로스 대왕이 인도에서 에디오피아에 이르는 백이십칠 개 주의 통치자와 그 예하 지방 장관과 나의 충성스러운 신하에게 인사를 보낸다. 사람들은 흔히 은인으로부터 큰 은혜를 입어 많은 영예를 얻으면 점점 더 오만해진다. 그들은 나

의 백성을 해치려는 것으로 만족하지 않고 자기들이 받은 은혜를 제대로 간직하지 못하여 그들의 은인을 해치는 음모를 꾸미기에 이른다. 또한 그들은 사람에게서 감사하는 마음을 없애 버리는 것만으로 만족하지 않고, 오히려 선이 무엇인가를 알지 못하는 어리석은 자의 칭찬하는 말에 우쭐하여, 하나님이 모든 것을 내려다보고 계시는데도, 그 악인을 미워하시는 하나님의 정의를 피할 수 있다고 스스로 장담한다. 그래서 권좌에 있는 사람들이 친구에게 국사를 맡기고 그들의 말을 듣다가 죄 없는 사람들의 피를 흘리게 하고, 구제할 길 없는 불행의 대가를 치르게 하는 일이 비일비재하였다. 그리고 통치자들의 탓할 것 없는 올바른 의도가 악의를 품은 자들의 거짓 이론 때문에 잘못되는 수가 많았다. 내가 언급한 옛일을 되새길 필요도 없이, 눈을 똑바로 뜨고 네 앞을 보기만 하면, 가당치 않은 관리들의 해악으로 인하여 갖가지 죄악이 저질러졌다는 것을 알 수 있다. 그래서 앞으로 나는 모든 힘을 기울여 나라의 만백성이 안전과 평화를 누릴 수 있도록 노력하겠다. 그러기 위해서 나는 정책을 적절하게 개혁하고 내가 처리해야 할 사항들을 언제나 공정한 정신으로 판단해 나가겠다. 그런데 마케도니아 사람 함다다의 아들 하만이 좋은 예이다. 그는 페르시아의 피가 한 방울도 섞이지 않은 이국인일 뿐 아니라 온정이 없어 나와는 거리가 먼 자인데도 불구하고, 나는 그를 손님으로 우대하였고 모든 국민에게 베푸는 우정으로 그를 대하였다. 그리하여 마침내는 그를 "나의 아버지"라고 불렀고 왕 다음가는 자리를 주어서, 모든 사람이 그 앞에 엎드려 배례하게까지 하였다. 그런데도 그는 자기의 높은 지위에 만족하지 않고 나에게서 나라와 생명까지 빼앗으려고 음모하였다. 나아가서 부당한 잔꾀와 이론을 펴, 나의 구원자이며 변함없는 은인인 모르드개와 탓할 바 없는 나의 왕후 에스더를 그들의 동족과 함께 없애 버리라고 나에게 종용하였다. 그는 이렇게 하여 나를 고립무의의 상태에 빠뜨리고 페르시아 제국을 마케도니아인들에게 넘겨 주려고 생각하고 있었던 것이다. 이 가증스러운 악인이 멸망시키려고 하던 유태인들은 죄인들이 아니며, 오히려 법을 가장 올바르게 지키는 사람들이라는 것을 나는 알았다. 그들은 위대하시고 살아 계신 하나님이신 지극히 높은 분의 자녀들이다. 나와 나의 선조들은 바로 이 하나님 덕분에 나라의 끊임없는 번영을 누려 왔다. 그러므로 그대들은 함다다의 아들 하만이 보낸 편지에 적혀 있는 지시를 따르지 않는 것이 좋겠다. 그 편지를 쓴 자는 만물의 주인이신 하나님이 지체없이 내리신 합당한 벌을 받아, 이미 그 일가 권속과 함께 수산 성의 성문에서 교수형을 당했다. 나의 이 편지의 사본을 방방곡곡에 게시하여 유태인들로 하여금 그들의 법을 공공연히 지킬 수 있게 하라. 악인들은 아달월, 즉 십이월 십삼일을 공격일로 정하여 유태인을 몰살시키려고 하고 있는데, 그대들은 그날에 유태인들을 도와주라. 전능하신 하나님은 멸망의 이날을 당신의 선민들을 위하여 기쁨의 날로 바꾸어 놓으셨다. 한편, 그대들 유태인들은 성대하게 지내는 축제일 가운데서도 이날을 특별한 축일로 정하여 갖가지 잔치로써 축하하라. 그리하여 오늘 이후로는 이날이 그대들과 선량한 페르시아인들에게는 구원의 기념일이 되고 그대들의 원수들에게는 멸망의 기념일이 되게 하라. 어떤 도시든지, 나아가 어떤 주든지 이 지시를 지키지 않으면 칼과 불의 무자비한 응징을 받아 폐허가 될 것이며, 그곳은 사람이 살 수 없게 될 것은 물론이요 심지어는 야수나 새들의 영원한 저주까지 받게 될 것이다."

모든 학자는 첨부된 부분이 훗날 삽입된 것으로 간주하며 역사성이 전혀 없는 것으로 취급한다. 추가 부분에서는 하나님에 대한 언급이 많고, 하나님이 아브라함과 이스라엘을 택하셨다는 것이 강조되며, 기도의 중요성이 부각되고 있다. 이 요소는 에스더서에 없는 것이다. 왜 이런 내용이 첨부된 것일까? 에스더서의 정경적 위치가 비난을 받자 책의 지위를 정당화하기 위해 더해진 것으로 생각된다.

7. 구조와 개요

에스더서를 하나의 문학성을 띤 작품으로 살펴보면 다음과 같은 플롯 구조가 역력하다.

	단계	본문
1	발단(exposition)	1-2장
2	분규, 절정, 결말(main action)	3:1-9:19
3	부림절 부록(Purim appendix)	9:20-32
4	결언(epilogue)	10장

또한 저자가 자주 사용하는 문학적 기법은 쌍(pair)과 중복(repetition)이다. 이 기술은 역사가 우연한 사건의 연속이 아니라 쌍으로 이루어지고 균형 잡힌 대조의 연속(a sequence of paired and balanced opposition)이라는 점을 강조한다(Fox). 다음 도표를 참고하라.

항목	내용		
1	왕의 잔치	1:3-4	1:5-8
2	에스더의 잔치	5:1-8	7:10
3	유대인의 부림절 잔치	9:17	9:18-32
4	왕의 신복들의 두 개의 명단	1:10	1:14
5	에스더가 자신의 정체를 숨겼다는 두 번의 언급	2:10	2:20
6	여자들의 두 번의 모임	2:8	2:19
7	여자들의 두 개의 궁(후궁과 왕궁)	2:12-14	2:12-14
8	두 번의 금식(잔치와 대조)	4:3	4:16
9	하만이 아내와 친구들과 두 번 상담	5:14	6:13
10	예정에 없었던 에스더와 왕과의 두 번의 만남	5:2	8:3
11	모르드개가 두 번 왕복을 입음	6:7-11	8:15

12	하만의 얼굴을 두 번 가리움	6:12	7:8
13	하만의 아들들에 대한 두 번의 언급	5:11	9:6–14
14	하르보나의 두 번의 출현	1:10	7:9
15	두 번의 왕의 칙령	3:12–14	8:1–3
16	왕의 진노가 두 번 수그러짐	2:1	7:10
17	페르시아 법의 폐기 불가능성 두 번 언급	1:19	8:8
18	유대인들의 보복 가능 기간은 이틀	9:5–15	9:5–15
19	부림절 재정에 관한 두 번의 편지	9:20–28	9:29–32

에스더서는 '급변하는 운명의 책'(book of peripety)이라고 불리기도 한다(Berg). 하만이 모르드개와 이스라엘 사람을 견제하며 계획했던 모든 일이 자신과 그의 백성에게 행해지는 것이다. 다음 도표를 참고하라.[1]

	이전(원래)	이후(반전)
지위	하만의 지위: 왕 다음(3:1)	모르드개의 지위: 왕 다음(10:3)
제비	유태인을 진멸하기 위해 제비 뽑아 아달월을 택함(3:7)	제비를 뽑아 유태인을 진멸하려고 하였으나 실패하였음을 언급(9:24)

---

[1] 비슷한 맥락에서 좁스(Jobes)는 에스더서 내의 반전에 대하여 다음과 같이 교차대구법적으로 정리한다.

3:10 왕이 하만에게 자기 반지를 줌	8:2 왕이 모르드개에게 같은 반지를 줌
3:12 하만이 왕의 서기관들을 부름	8:9 모르드개가 왕의 서기관들을 부름
3:12 조서가 작성되어 인장이 찍힘	8:10 조서가 작성되어 동일한 인장이 찍힘
3:13 여자와 아이들을 포함한 유태인들이 같은 날 처형당하도록 함	8:11 여자와 아이들을 포함한 유태인들의 적들이 같은 날 처형당하도록 함
3:14 하만이 꾸민 조서가 법으로 선포됨	8:13 모르드개가 꾸민 조서가 법으로 선포됨
3:15 역졸이 칙령을 들고 급히 떠남	8:14 역졸이 조서를 들고 급히 떠남
3:15 도성 수산이 혼란에 빠짐	8:15 도성 수산이 기뻐함
4:1 모르드개가 베옷을 입고 재를 뒤집어 씀	8:15 모르드개가 왕복을 입음
4:1 모르드개가 통곡하며 시내를 지나감	6:11 모르드개가 존귀하게 되어 시내를 지나감
5:14 세레스가 모르드개 살인을 조언함	6:13 세레스가 하만의 몰락을 예측함

이익	유태인 용납은 왕에게 무익(3:8)	유태인 진멸은 왕의 손해(7:4)
반지	왕의 반지를 하만에게 줌(3:10)	하만에게서 왕의 반지를 빼앗아 모르드개에게 주고 하만의 집을 주관케 함(8:2)
임의	하만이 원하는 대로 하도록 왕이 허락(3:11)	모르드개가 원하는 대로 하도록 왕이 허락(8:8)
조서 기록	유태인을 진멸하고 재산 탈취를 허락하는 조서(3:12-13)	유태인을 공격하는 자를 진멸하고 재산을 탈취하도록 하는 조서(8:9-11)
반포	조서 초본을 각 주(州)에 배포(3:14)	조서 초본을 각 주(州)에 배포(8:13)
상황	조서 배포 후에 수산성이 어지러움(3:15)	조서 배포 후에 수산성이 기뻐함(8:15)
유태인	애통하며 금식함(4:3)	즐거워하며 잔치함(8:17)

이와 같은 정황을 감안하면, 책은 다음과 같이 교차대구법적 구조를 지녔음을 알 수 있다(Baldwin, cf. Berg).[2]

   A. 시작과 배경(1장)
     B. 왕의 첫 번째 칙령(2-3장)

---

2 책 전체에 대하여 다음과 같은 세부적 구조 분석도 가능하다(Luter & Davis).
  A. 큰 제국이 모두 평화로움(1:1)
   B. 평화로운 제국의 잔치(1:2-9)
    C. 제국적인 위기(1:10-22)
     D. 유태인의 높은 위상(2:1-23)
      E. 죽이라는 칙령을 유발한 개인적 갈등(3:1-15)
       F. 슬퍼할 시간(4:1-17)
        G. 여러 가지로 훼손이 간 명예(5:1-8)
         H. 주의 백성을 지배하는 이방인 통치의 절정(5:9-14)
        G'. 여러 가지로 훼손이 간 명예(6:1-11)
       F'. 슬퍼할 시간(6:12-14)
      E'. 죽이라는 칙령을 유발한 개인적 갈등(7:1-8:14)
     D'. 유태인의 높은 위상(8:15-17)
    C'. 제국적인 위기(9:1-19)
   B'. 평화로운 제국의 잔치(9:20-32)
  A'. 큰 제국이 모두 평화로움(1:1-3)

　　　　C. 하만과 모르드개의 갈등(4-5장)
　　　　　　D. "그 날 밤 왕은 잠을 잘 수 없었다"(6:1)
　　　　C′. 모르드개의 하만을 상대로 한 승리(6-7장)
　　B′. 왕의 두 번째 칙령(8-9장)
A′. 결말(10장)

이 모든 것을 종합하여 에스더서는 다음과 같이 섹션화될 수 있다. 이 책에서는 다음 분석을 바탕으로 본문을 주해해 나가고자 한다.

I. 유태인이 위협받음(1:1-5:14)
　　A. 아하수에로 왕의 위험한 잔치(1:1-22)
　　B. 에스더가 왕비가 됨(2:1-18)
　　C. 모르드개가 역모를 알게 됨(2:19-23)
　　D. 하만의 유태인에 대한 음모(3:1-15)
　　E. 에스더의 용맹스러운 결단(4:1-5:14)

II. 반전하는 운명(6:1-9:19)
　　A. 모르드개가 포상을 받음(6:1-14)
　　B. 하만이 죽음을 맞음(7:1-10)
　　C. 왕이 유태인을 도움(8:1-17)
　　D. 유태인의 승리(9:1-19)

III. 부림절 제정(9:20-32)
　　A. 모르드개의 서신(9:20-28)
　　B. 에스더가 모르드개의 서신을 확인함(9:29-32)

IV. 맺는 말: 모르드개의 위대함(10:1-3)